中国家庭农场
发展报告

2018年

农业农村部政策与改革司
中国社会科学院农村发展研究所　编著

中国社会科学出版社

图书在版编目（CIP）数据

中国家庭农场发展报告.2018年/农业农村部政策与改革司，中国社会科学院农村发展研究所编著.—北京：中国社会科学出版社，2018.12

ISBN 978-7-5203-4843-0

Ⅰ.①中⋯ Ⅱ.①农⋯ ②中⋯ Ⅲ.①家庭农场—农业经济发展—研究报告—中国—2018 Ⅳ.①F324.1

中国版本图书馆 CIP 数据核字（2019）第 162803 号

出 版 人	赵剑英
责任编辑	张　潜
责任校对	胡新芳
责任印制	王　超

出　　版	中国社会科学出版社
社　　址	北京鼓楼西大街甲 158 号
邮　　编	100720
网　　址	http://www.csspw.cn
发 行 部	010-84083685
门 市 部	010-84029450
经　　销	新华书店及其他书店
印　　刷	北京君升印刷有限公司
装　　订	廊坊市广阳区广增装订厂
版　　次	2018 年 12 月第 1 版
印　　次	2018 年 12 月第 1 次印刷

开　　本	710×1000　1/16
印　　张	31
字　　数	459 千字
定　　价	99.00 元

凡购买中国社会科学出版社图书，如有质量问题请与本社营销中心联系调换
电话：010-84083683
版权所有　侵权必究

要突出抓好农民合作社和家庭农场两类农业经营主体发展，赋予双层经营体制新的内涵，不断提高农业经营效率。

——习近平总书记主持中共中央政治局
第八次集体学习的讲话

本书编委会

主　任　赵　阳
副主任　杜志雄　冀名峰
成　员　刘　涛　李二超　杨凯波　张儒侠　姚杰章　徐　鹏
　　　　　郁悦平　邢　星　侯惠琴　孙　娟　包修国　杨　旭
　　　　　张建庭　李国章　徐建群　吕健魁　陈志宏　刘国昕
　　　　　李忠强　雒佩丽　蔡　晖　申海洋　吴　定　覃　伟
　　　　　郭兆平　陈光涛　杨雪山　李宗林　吴振涛　张　敏
　　　　　张旭锋　秦　松　任　梅　谈晓昀　陈旭红　郜亮亮
　　　　　张宗毅　肖卫东　王新志　蔡颖萍　危　薇　刘文霞
　　　　　谭洪业

目 录

一 发展报告

全国家庭农场监测报告(2017) ……………………………………（3）

二 地方经验

北京市家庭农场发展情况 ………………………………………（153）
天津市家庭农场发展情况 ………………………………………（156）
河北省家庭农场发展情况 ………………………………………（158）
山西省家庭农场发展情况 ………………………………………（162）
内蒙古自治区家庭农(牧)场发展情况 …………………………（165）
辽宁省家庭农场发展情况 ………………………………………（169）
吉林省家庭农场发展情况 ………………………………………（172）
黑龙江省家庭农场发展情况 ……………………………………（175）
上海市家庭农场发展情况 ………………………………………（178）
江苏省家庭农场发展情况 ………………………………………（181）
浙江省家庭农场发展情况 ………………………………………（185）
安徽省家庭农场发展情况 ………………………………………（188）
福建省家庭农场发展情况 ………………………………………（191）
江西省家庭农场发展情况 ………………………………………（193）
山东省家庭农场发展情况 ………………………………………（196）
河南省家庭农场发展情况 ………………………………………（200）
湖北省家庭农场发展情况 ………………………………………（208）
湖南省家庭农场发展情况 ………………………………………（215）
广东省家庭农场发展情况 ………………………………………（218）

广西壮族自治区家庭农场发展情况 …………………………………（223）
海南省家庭农场发展情况 ………………………………………（227）
重庆市家庭农场发展情况 ………………………………………（230）
四川省家庭农场发展情况 ………………………………………（233）
贵州省家庭农场发展情况 ………………………………………（237）
云南省家庭农场发展情况 ………………………………………（241）
陕西省家庭农场发展情况 ………………………………………（244）
甘肃省家庭农场发展情况 ………………………………………（249）
青海省家庭农(牧)场发展情况 …………………………………（254）
宁夏回族自治区家庭农场发展情况 ……………………………（256）
新疆维吾尔自治区家庭农场发展情况 …………………………（261）
西藏自治区家庭农(牧)场发展情况 ……………………………（264）

三 理论文章

家庭农场发展模式及其规范化管理问题研究报告 …………高 原（271）
家庭农场立法问题研究……………………………………蔡颖萍（298）
财政支持家庭农场发展研究………………………………尚旭东（335）
家庭农场联合与合作相关问题研究………………………穆向丽（404）
依据信息平台分析形成家庭农场精准管理体系问题
　　研究报告………………………农业农村部规划设计研究院（450）

四 政策文件

中共中央办公厅国务院办公厅印发《关于加快构建政策体系培育
　　新型农业经营主体的意见》的通知(中办发〔2017〕38号)………（483）

一 发展报告

全国家庭农场监测报告（2017）

主管单位
农业农村部政策与改革司

承担单位
中国社会科学院农村发展研究所

课题负责人
杜志雄　中国社会科学院农村发展研究所　党委书记、研究员、博士生导师

课题指导

赵　阳　农业农村部政策与改革司　司长
冀名峰　农业农村部政策与改革司　巡视员
刘　涛　农业农村部政策与改革司经营体系处　处长
李二超　农业农村部政策与改革司经营体系处　副处长
杨凯波　农业农村部政策与改革司经营体系处　主任科员

课题组成员

郜亮亮　中国社会科学院农村发展研究所　室主任、副研究员
张宗毅　农业农村部南京农业机械化研究所　研究员
肖卫东　山东师范大学公共管理学院　教授
王新志　山东社会科学院农村发展研究所　副研究员
蔡颖萍　浙江湖州师范学院　副教授
朱思柱　中国社会科学院农村发展研究所　博士后
危　薇　中国社会科学院数量经济与技术经济研究所　博士后
刘文霞　贵州大学　副教授
谭洪业　中国社会科学院研究生院　博士研究生

夏雯雯　中国社会科学院研究生院　博士研究生
杜　月　中国社会科学院研究生院　硕士研究生

一　监测工作说明

自2013年和2014年的"中央1号文件"提出发展家庭农场，特别是2014年2月底原农业部《关于促进家庭农场发展的指导意见》发布后，全国各地家庭农场呈现快速发展势头。

为了整体把握全国家庭农场发展的真实情况，原农业部农村经济体制与经营管理司（以下简称原经管司）委托中国社会科学院农村发展研究所开展家庭农场监测工作。时任中国社会科学院农村发展研究所副所长杜志雄研究员根据工作需要，组建了"全国家庭农场监测团队"，并于2014年上半年启动了"全国家庭农场发展"监测工作。目前，课题组已经开展了2014年、2015年、2016年和2017年4年监测工作。本报告是基于2017年监测数据形成的报告。

本报告是两个单位通力合作的成果。

（一）问卷设计

根据原经管司的要求，"全国家庭农场监测团队"于2014年起草了家庭农场监测问卷初稿。最终问卷经过与原经管司、各省农业厅负责家庭农场发展管理工作的同志反复讨论和修改，并经终审后确定。在2014年正式启动监测工作之前，还对问卷进行了多次试调查和问卷填写培训工作。

2017年的监测问卷做了如下调整：第一，根据2016年监测反馈，对相关问题的题干和选项表述、问题的排列顺序等进行了修改和完善；第二，监测的一个初始目标是根据需要，不定期考察家庭农场某方面特征。2017年监测问卷增加了家庭农场生产性服务业、家庭农场绿色生产、生态行为等方面的内容，以考察家庭农场在这些方面的特点。

（二）远程调查系统构建

为完成本次监测任务目标，"家庭农场监测团队"委托第三方开发了一个远程信息监测系统，并将问卷导入远程信息监测系统，农场主可以通过电脑端WEB版网络问卷填报监测信息，还可以通过手机等移动智能终端的微信APP填报监测信息。开展调查前，"家庭农场监测团队"对各省农业厅参与监测调查的专业人员就如何运用远程调查系统填写问卷开展了专门培训，并通过微信群、QQ 群等网络平台在线实时沟通、答疑。

（三）问卷填写

本次监测采取在远程调查系统线上填写方式。问卷填写方式有两种，一是家庭农场主自己在电脑或智能手机等终端进行在线填报提交；二是县乡农经站工作人员上门实地调研采集相关数据，然后网上填写和提交。"家庭农场监测团队"在线审查、反馈修改意见，农场主或县乡农经站工作人员修改提交，审查通过后为合格问卷。

（四）抽样原则

（1）本次监测农场样本采集自全国 29 个省（市、区）。

（2）各省一般在 3—4 个县（市、区）内抽样，个别省份的样本县超过 4 个。

（3）除了考虑上述抽样外，原经管司对进入监测的家庭农场样本类型选择做了原则性约定。一是每个监测县（区、市）在确定监测家庭农场时，充分借助当地各类家庭农场的比例结构等先验信息，原则上种植类家庭农场占比不多于 80%，种植类中粮食类家庭农场占比不少于 50%；二是纳入监测范围的粮食类家庭农场的土地经营规模原则上应在 50—500 亩，经济作物种植类、养殖类或种养结合型农场的规模应在当地县级以上农业部门确定的规模标准范围内；三是样本农场应是生产经营情况比较稳定、原则上从事农业经营 2 年以上的家庭农场。

（4）坚持样本动态调整原则。为了考察家庭农场整体及部分特征随时间发生的动态变迁，每年动态调整部分监测样本。第一，每年新增一定数量的新成立家庭农场样本，以保证每年的监测样本中总有一定数量的新随机样本，这些样本能更好反映家庭农场发展最新情况；第二，从 2014 年开始，一部分样本在每年都将被追踪监测，这些不同年份的同一样本将构成面板数据（Panel Data），这个数据集能在给定家庭农场条件下，更好地分析其部分特征随时间发生的变化，特别是某些生产经营行为对相关政策的反应。

（五）特别说明

需要说明的是，由于经费、协调等各种原因，每个省的抽样难免存在一定的误差，但由于样本较大，相关误差能被大幅度缓解。

本报告的相关监测结果，仅是基于实际被监测的家庭农场样本所做的统计和初步分析，对相关结果不宜做延伸和扩大化解释。本报告重在呈现统计结果，对结果形成的原因、条件等不做深入分析。

另外值得指出的是，由于大样本问卷填写必然存在一定程度的缺失值和异常值，在做统计分析时，综合考虑并进行了处理。因此，不同统计表格中统计样本数会等于或小于有效样本。

（六）致谢

在整个监测工作中，农业农村部政策与改革司和中国社会科学院农村发展研究所家庭农场监测工作团队密切配合，反复研究方案，共同攻坚克难。各省（市、区）及监测县（市、区）农业农村系统负责家庭农场发展管理工作的同志和所有纳入监测的样本家庭农场，也都为这项监测工作的完成给予了大力支持和帮助。

在此，谨向为完成本次监测任务的所有机构、人员、被监测家庭农场致以诚挚谢意！

二 监测样本情况

本部分从监测样本的地区分布、示范农场数量这两个方面简要介绍监测样本抽样的基本情况。

（一）监测样本地区分布

由于特殊原因，北京、西藏没有参与本次监测。最终本次监测省（市、区）共提交了2986个家庭农场的调查问卷，通过问卷检查、逻辑检验，我们对填报问卷中填写不规范、关键信息缺失过多、审核未通过的问题选项设置检验的样本进行了筛除，剔除无效样本39个，最终进入监测统计分析的有效样本总量共计2947个，有效样本率达到98.69%。各省进入最终监测样本的地区分布如表1-1所示，由于样本数据只保留到小数点后两位，因此个别占比相加不会完全等于100%，特此说明，后同。

表1-1　　　　　　　　2017年监测样本的地区分布情况

地区	有效农场样本 农场数量（个）	占比（%）	各省样本县分布 各省样本县个数（个）	占比（%）
全国	2947	100.00	96	100.00
天津	20	0.68	1	1.04
河北	102	3.46	5	5.21
山西	116	3.94	6	6.25
内蒙古	104	3.53	3	3.13
辽宁	101	3.43	2	2.08
吉林	216	7.33	3	3.13
黑龙江	224	7.60	6	6.25
上海	100	3.39	2	2.08
江苏	82	2.78	4	4.17
浙江	100	3.39	2	2.08
安徽	103	3.50	5	5.21
福建	103	3.50	4	4.17
江西	93	3.16	3	3.13
山东	82	2.78	7	7.29
河南	106	3.60	2	2.08
湖北	104	3.53	4	4.17
湖南	73	2.48	3	3.13
广东	94	3.19	3	3.13
广西	100	3.39	3	3.13
海南	90	3.05	3	3.13
重庆	104	3.53	3	3.13
四川	96	3.26	3	3.13
贵州	47	1.59	2	2.08
云南	162	5.50	2	2.08
陕西	100	3.39	3	3.13
甘肃	101	3.43	4	4.17
青海	87	2.95	3	3.13
宁夏	100	3.39	3	3.13
新疆	37	1.26	2	2.08

平均每个省（市、区）的农场监测样本为101.62个，占总样本平均比重3.45%，各省（市、区）监测样本主要集中在73—116个，占有效样本总数的比重在2.48%—3.94%，样本分布相对比较均衡；少数省（市、区）样本数量较均值过多或过少，如黑龙江、吉林、云南的监测样本均在160个以上，天津、贵州、新疆的监测样本分别为20个、47个和37个（见图1-1）。

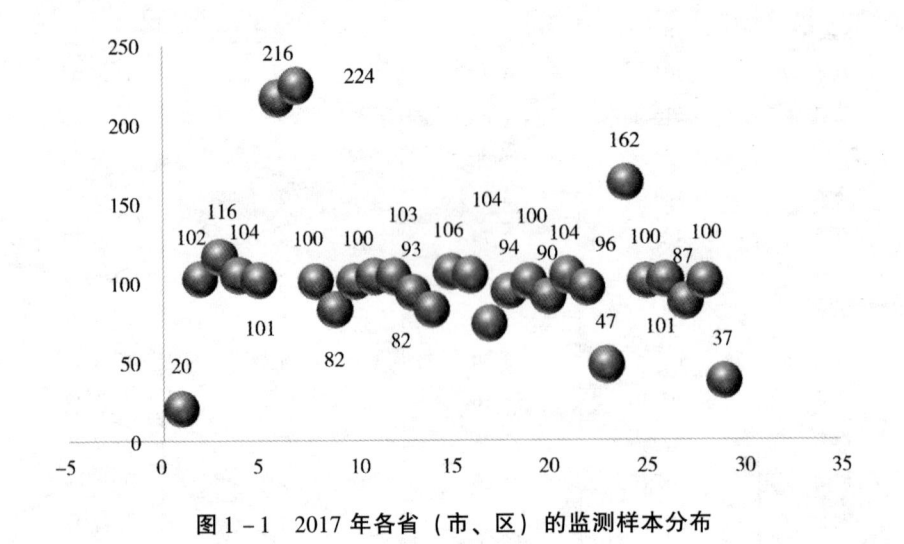

图1-1 2017年各省（市、区）的监测样本分布

各省（市、区）有效样本大多数集中在3—4个县（市、区），总体符合调查抽样原则。

（二）示范家庭农场分布

监测样本中，2017年省、市、县各级示范家庭农场占比较2016年提高5个百分点，在全部家庭农场有效样本中，示范农场1577个，占有效样本总数的53.52%，其中，省级示范农场401个，在全部农场中的占比13.61%，在全部示范农场中的占比25.43%；市级示范农场470个，在全部农场中的占比15.95%，在全部示范农场中的占比29.80%；区县级示范农场706个，在全部农场中的占比23.96%，在全部示范农场中的占比44.77%（见表1-2）。在种植类家庭农场有效样本中，示范农场966个，占有效样本总数的51.66%；其中，省级示范农场248个，占有效样本总数的13.26%，占示范农场总数的25.67%；市级示范农场296个，占有效样本总数的 15.83%，占示范农场总数的 30.64%；区县级示范农场 422 个，占有效样本总数的 22.57%，占示范农场总数的 43.69%（见表 1-3）。在粮食类家庭农场有效样本中，示范农场 536 个，占有效样本总数的 49.58%；其中，省级示范农场 137 个，占有效样本总数的 12.67%，占示范农场总数的 25.56%；市级示范农场 168 个，占有效样本总数的 15.54%，占示范农场总数的 31.34%；区县级示范农场 231 个，占有效样本总数的 21.37%，占示范农场总数的 43.10%（见表 1-4）。

表 1-2　　　　　　2017 年全部家庭农场中示范农场情况

地区	样本数（个）	示范农场 数量（个）	示范农场 占比（%）	省级示范农场 数量（个）	省级示范农场 占有效样本比重（%）	省级示范农场 占示范农场比重（%）	市级示范农场 数量（个）	市级示范农场 占有效样本比重（%）	市级示范农场 占示范农场比重（%）	区县级示范农场 数量（个）	区县级示范农场 占有效样本比重（%）	区县级示范农场 占示范农场比重（%）
全国	2947	1577	53.52	401	13.61	25.43	470	15.95	29.80	706	23.96	44.77
天津	20	10	50.00	0	0.00	0.00	5	25.00	50.00	5	25.00	50.00
河北	102	77	75.49	21	20.59	27.27	26	25.49	33.77	30	29.41	38.96
山西	116	78	67.24	11	9.48	14.10	24	20.69	30.77	43	37.07	55.13
内蒙古	104	36	34.61	9	8.65	25.00	7	6.73	19.44	20	19.23	55.56
辽宁	101	51	50.49	27	26.73	52.94	12	11.88	23.53	12	11.88	23.53
吉林	216	57	26.39	8	3.70	14.04	29	13.43	50.88	20	9.26	35.09
黑龙江	224	88	39.28	11	4.91	12.50	8	3.57	9.09	69	30.80	78.41
上海	100	16	16.00	0	0.00	0.00	16	16.00	100.00	0	0.00	0.00
江苏	82	68	82.93	29	35.37	42.65	20	24.39	29.41	19	23.17	27.94
浙江	100	70	70.00	27	27.00	38.57	19	19.00	27.14	24	24.00	34.29
安徽	103	83	80.59	29	28.16	34.94	34	33.01	40.96	20	19.42	24.10
福建	103	74	71.84	26	25.24	35.14	16	15.53	21.62	32	31.07	43.24
江西	93	59	63.43	14	15.05	23.73	27	29.03	45.76	18	19.35	30.51
山东	82	44	53.66	9	10.98	20.45	19	23.17	43.18	16	19.51	36.36
河南	106	61	57.55	8	7.55	13.11	14	13.21	22.95	39	36.79	63.93
湖北	104	91	87.50	42	40.38	46.15	25	24.04	27.47	24	23.08	26.37

续表

地区	样本数（个）	示范农场 数量（个）	示范农场 占比（%）	省级示范农场 数量（个）	省级示范农场 占有效样本比重（%）	省级示范农场 占示范农场比重（%）	市级示范农场 数量（个）	市级示范农场 占有效样本比重（%）	市级示范农场 占示范农场比重（%）	区县级示范农场 数量（个）	区县级示范农场 占有效样本比重（%）	区县级示范农场 占示范农场比重（%）
湖南	73	23	31.51	2	2.74	8.70	0	0.00	0.00	21	28.77	91.30
广东	94	58	61.70	6	6.38	10.34	11	11.70	18.97	41	43.62	70.69
广西	100	35	35.00	0	0.00	0.00	30	30.00	85.71	5	5.00	14.29
海南	90	4	4.44	0	0.00	0.00	3	3.33	75.00	1	1.11	25.00
重庆	104	60	57.70	4	3.85	6.67	30	28.85	50.00	26	25.00	43.33
四川	96	50	52.08	13	13.54	26.00	14	14.58	28.00	23	23.96	46.00
贵州	47	19	40.43	2	4.26	10.53	0	0.00	0.00	17	36.17	89.47
云南	162	20	12.34	7	4.32	35.00	7	4.32	35.00	6	3.70	30.00
陕西	100	96	96.00	39	39.00	40.63	11	11.00	11.46	46	46.00	47.92
甘肃	101	88	87.12	16	15.84	18.18	37	36.63	42.05	35	34.65	39.77
青海	87	64	73.57	18	20.69	28.13	21	24.14	32.81	25	28.74	39.06
宁夏	100	73	73.00	23	23.00	31.51	3	3.00	4.11	47	47.00	64.38
新疆	37	24	64.87	0	0.00	0.00	2	5.41	8.33	22	59.46	91.67

表1-3　2017年种植类家庭农场中示范农场情况

地区	样本数（个）	示范农场 数量（个）	示范农场 占比（%）	省级示范农场 数量（个）	省级示范农场 占有效样本比重（%）	省级示范农场 占示范农场比重（%）	市级示范农场 数量（个）	市级示范农场 占有效样本比重（%）	市级示范农场 占示范农场比重（%）	区县级示范农场 数量（个）	区县级示范农场 占有效样本比重（%）	区县级示范农场 占示范农场比重（%）
全国	1870	966	51.66	248	13.26	25.67	296	15.83	30.64	422	22.57	43.69
天津	8	3	37.50	0	0.00	0.00	0	0.00	0.00	3	37.50	100.00
河北	79	61	77.22	16	20.25	26.23	23	29.11	37.7	22	27.85	36.07
山西	69	49	71.01	9	13.04	18.37	16	23.19	32.65	24	34.78	48.98
内蒙古	36	11	30.56	5	13.89	45.45	0	0.00	0.00	6	16.67	54.55
辽宁	87	44	50.57	21	24.14	47.73	12	13.79	27.27	11	12.64	25.00
吉林	197	50	25.38	8	4.06	16.00	24	12.18	48.00	18	9.14	36.00

续表

地区	样本数（个）	示范农场 数量（个）	示范农场 占比（%）	省级示范农场 数量（个）	省级示范农场 占有效样本比重（%）	省级示范农场 占示范农场比重（%）	市级示范农场 数量（个）	市级示范农场 占有效样本比重（%）	市级示范农场 占示范农场比重（%）	区县级示范农场 数量（个）	区县级示范农场 占有效样本比重（%）	区县级示范农场 占示范农场比重（%）
黑龙江	193	74	38.34	6	3.11	8.11	6	3.11	8.11	62	32.12	83.78
上海	83	16	19.28	0	0.00	0.00	16	19.28	100.00	0	0.00	0.00
江苏	51	43	84.31	17	33.33	39.53	14	27.45	32.56	12	23.53	27.91
浙江	72	49	68.06	19	26.39	38.78	12	16.67	24.49	18	25.00	36.73
安徽	74	59	79.73	21	28.38	35.59	24	32.43	40.68	14	18.92	23.73
福建	68	51	75.00	21	30.88	41.18	12	17.65	23.53	18	26.47	35.29
江西	38	22	57.89	3	7.89	13.64	13	34.21	59.09	6	15.79	27.27
山东	59	26	44.07	4	6.78	15.38	13	22.03	50.00	9	15.25	34.62
河南	85	52	61.18	8	9.41	15.38	9	10.59	17.31	35	41.18	67.31
湖北	33	29	87.88	10	30.30	34.48	8	24.24	27.59	11	33.33	37.93
湖南	48	9	18.75	1	2.08	11.11	0	0.00	0.00	8	16.67	88.89
广东	54	33	61.11	4	7.41	12.12	7	12.96	21.21	22	40.74	66.67
广西	47	13	27.66	0	0.00	0.00	12	25.53	92.31	1	2.13	7.69
海南	54	0	0.00	0	0.00	0.00	0	0.00	0.00	0	0.00	0.00
重庆	43	29	67.44	1	2.33	3.45	16	37.21	55.17	12	27.91	41.38
四川	37	14	37.84	5	13.51	35.71	2	5.41	14.29	7	18.92	50.00
贵州	20	10	50.00	2	10.00	20.00	0	0.00	0.00	8	40.00	80.00
云南	84	17	20.24	6	7.14	35.29	6	7.14	35.29	5	5.95	29.41
陕西	54	52	96.30	26	48.15	50.00	3	5.56	5.77	23	42.59	44.23
甘肃	57	50	87.72	8	14.04	16.00	27	47.37	54.00	15	26.32	30.00
青海	52	39	75.00	12	23.08	30.77	18	34.62	46.15	9	17.31	23.08
宁夏	67	47	70.15	15	22.39	31.91	3	4.48	6.38	29	43.28	61.7
新疆	21	14	66.67	0	0.00	0.00	0	0.00	0.00	14	66.67	100.00

表 1-4　　2017年粮食类家庭农场中示范农场情况

地区	样本数(个)	示范农场 数量(个)	示范农场 占比(%)	省级示范农场 数量(个)	省级示范农场 占有效样本比重(%)	省级示范农场 占示范农场比重(%)	市级示范农场 数量(个)	市级示范农场 占有效样本比重(%)	市级示范农场 占示范农场比重(%)	区县级示范农场 数量(个)	区县级示范农场 占有效样本比重(%)	区县级示范农场 占示范农场比重(%)
全国	1081	536	49.58	137	12.67	25.56	168	15.54	31.34	231	21.37	43.10
天津	4	1	25.00	0	0.00	0.00	0	0.00	0.00	1	25.00	100.00
河北	70	52	74.29	15	21.43	28.85	17	24.29	32.69	20	28.57	38.46
山西	42	31	73.81	6	14.29	19.35	14	33.33	45.16	11	26.19	35.48
内蒙古	11	5	45.45	2	18.18	40.00	0	0.00	0.00	3	27.27	60.00
辽宁	83	42	50.60	20	24.10	47.62	12	14.46	28.57	10	12.05	23.81
吉林	193	47	24.35	7	3.63	14.89	24	12.44	51.06	16	8.29	34.04
黑龙江	107	41	38.32	1	0.93	2.44	4	3.74	9.76	36	33.64	87.80
上海	82	16	19.51	0	0.00	0.00	16	19.51	100.00	0	0.00	0.00
江苏	46	40	86.96	15	32.61	37.50	14	30.43	35.00	11	23.91	27.50
浙江	31	20	64.52	3	9.68	15.00	6	19.35	30.00	11	35.48	55.00
安徽	55	43	78.18	17	30.91	39.53	17	30.91	39.53	9	16.36	20.93
福建	10	8	80.00	4	40.00	50.00	2	20.00	25.00	2	20.00	25.00
江西	27	16	59.26	2	7.41	12.50	9	33.33	56.25	5	18.52	31.25
山东	40	19	47.5	3	7.50	15.79	8	20.00	42.11	8	20.00	42.11
河南	66	43	65.15	5	7.58	11.63	7	10.61	16.28	31	46.97	72.09
湖北	22	20	90.91	5	22.73	25.00	5	22.73	25.00	10	45.45	50.00
湖南	39	6	15.38	0	0.00	0.00	0	0.00	0.00	6	15.38	100.00
广东	4	3	75.00	0	0.00	0.00	1	25.00	33.33	2	50.00	66.67
广西	27	5	18.52	0	0.00	0.00	4	14.81	80.00	1	3.70	20.00
海南	18	0	—	0	—	—	0	—	—	0	—	—
重庆	11	6	54.55	0	0.00	0.00	1	9.09	16.67	5	45.45	83.33
四川	8	7	87.5	2	25.00	28.57	1	12.50	14.29	4	50.00	57.14
贵州	0	0	—	0	—	—	0	—	—	0	—	—
云南	1	0	0	0	0.00	0.00	0	0.00	0.00	0	0.00	0.00
陕西	23	21	91.3	17	73.91	80.95	0	0.00	0.00	4	17.39	19.05
甘肃	6	6	100	2	33.33	33.33	3	50.00	50.00	1	16.67	16.67
青海	1	1	100	0	0.00	0.00	1	100.00	100.00	0	0.00	0.00
宁夏	53	36	67.92	11	20.75	30.56	2	3.77	5.56	23	43.40	63.89
新疆	1	1	100	0	0.00	0.00	0	0.00	0.00	1	100.00	100.00

三 监测样本农场基本情况

本部分从农场的经营类型、从事农业规模经营年限、内部收支记录、工商注册登记等方面,描述监测样本农场的基本情况。

(一) 经营类型

整体看,家庭农场以种植类家庭农场为主(见图1-2)。在2947个有效监测样本中,种植类家庭农场1870个,占全部有效样本总数的63.45%,其中粮食类家庭农场1081个,占全部有效样本总数的36.68%,占种植类家庭农场有效样本总数的57.80%(见表1-5);养殖类家庭农场373个,占全部有效样本总数的12.66%;种养结合类家庭农场648个,占全部有效样本总数的21.99%;其他类家庭农场56个,占全部有效样本总数的1.90%。

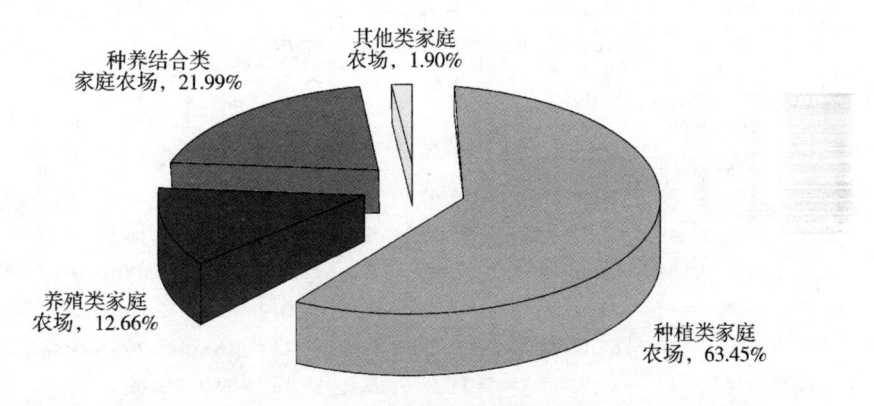

图1-2 2017年家庭农场经营类型

分省(市、区)看(见表1-5),绝大多数省(市、区)的家庭农场同样以种植类家庭农场为主。其中,5个省(市)种植类家庭农场占比在80%以上,分别是吉林(91.20%)、黑龙江(86.16%)、辽宁(86.14%)、上海(83.00%)和河南(80.19%)。4个省(市)养殖类家庭农场占比在30%以上,分别是广西(35.00%)、贵州(34.04%)、青海(33.33%)和云南(32.72%);3个省(市、区)种养结合类家庭农场占比在50%以上,分别是天津(60.00%)、内蒙古(58.65%)和湖北(57.69%)。

表 1-5　　2017 年按经营范围划分的家庭农场类型

地区	样本数(个)	种植类农场 数量(个)	种植类农场 占比(%)	其中：粮食类农场 数量(个)	其中：粮食类农场 占比(%)	养殖类农场 数量(个)	养殖类农场 占比(%)	种养结合类农场 数量(个)	种养结合类农场 占比(%)	其他类农场 数量(个)	其他类农场 占比(%)
全国	2947	1870	63.45	1081	57.81	373	12.66	648	21.99	56	1.90
天津	20	8	40.00	4	50.00	0	0.00	12	60.00	0	0.00
河北	102	79	77.45	70	88.61	7	6.86	12	11.76	4	3.92
山西	116	69	59.48	42	60.87	29	25.00	17	14.66	1	0.86
内蒙古	104	36	34.62	11	30.56	2	1.92	61	58.65	5	4.81
辽宁	101	87	86.14	83	95.40	1	0.99	12	11.88	1	0.99
吉林	216	197	91.20	193	97.97	2	0.93	16	7.41	1	0.46
黑龙江	224	193	86.16	107	55.44	16	7.14	13	5.80	2	0.89
上海	100	83	83.00	82	98.80	1	1.00	6	6.00	10	10.00
江苏	82	51	62.20	46	90.20	10	12.20	16	19.51	5	6.10
浙江	100	72	72.00	31	43.06	7	7.00	18	18.00	3	3.00
安徽	103	74	71.84	55	74.32	8	7.77	19	18.45	2	1.94
福建	103	68	66.02	10	14.71	13	12.62	20	19.42	2	1.94
江西	93	38	40.86	27	71.05	17	18.28	37	39.78	1	1.08
山东	82	59	71.95	40	67.80	2	2.44	20	24.39	1	1.22
河南	106	85	80.19	66	77.65	2	1.89	16	15.09	3	2.83
湖北	104	33	31.73	22	66.67	11	10.58	60	57.69	0	0.00
湖南	73	48	65.75	39	81.25	6	8.22	18	24.66	1	1.37
广东	94	54	57.45	4	7.41	6	6.38	34	36.17	0	0.00
广西	100	47	47.00	27	57.45	35	35.00	15	15.00	3	3.00
海南	90	54	60.00	18	33.33	19	21.11	16	17.78	1	1.11
重庆	104	43	41.35	11	25.58	23	22.12	34	32.69	4	3.85
四川	96	37	38.54	8	21.62	23	23.96	35	36.46	1	1.04
贵州	47	20	42.55	0	0.00	16	34.04	11	23.40	0	0.00
云南	162	84	51.85	1	1.19	53	32.72	25	15.43	0	0.00
陕西	100	54	54.00	23	42.59	15	15.00	30	30.00	1	1.00
甘肃	101	57	56.44	6	10.53	6	5.94	36	35.64	2	1.98
青海	87	52	59.77	1	1.92	29	33.33	6	6.90	0	0.00
宁夏	100	67	67.00	53	79.10	13	13.00	18	18.00	2	2.00
新疆	37	21	56.76	1	4.76	1	2.70	15	40.54	0	0.00

注：(1) 粮食类家庭农场是指种植玉米、小麦、水稻的家庭农场；(2) 粮食类家庭农场占比是指其在种植类家庭农场中的所占比重。

(二) 从事农业规模经营年数

在2947个有效监测样本中，家庭农场从事规模经营的平均年限为7.12年，频次最高的是5年（有722个家庭农场从事规模经营的年限为5年），从事规模经营的最大年限为28年（见图1-3和表1-6）。48.69%的家庭农场的规模经营年限在5年及以下，73.74%的家庭农场在8年及以下，89.01%的家庭农场在12年及以下，规模经营年限在20年及以上的家庭农场占比仅为3.43%。

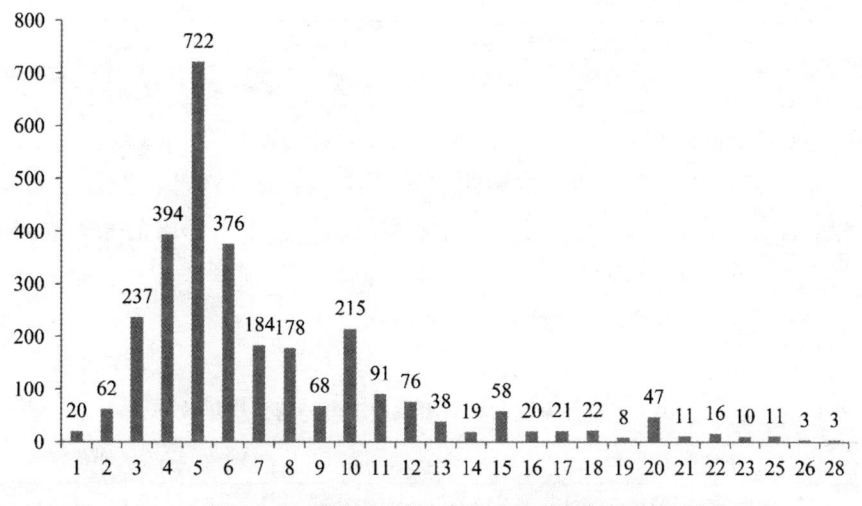

图1-3 2017年全部家庭农场按从事规模经营年限分组（单位：家）

从不同经营类型家庭农场来看（见表1-6），种植类家庭农场从事规模经营的平均年限为6.88年，最大年限为28年；其中，粮食类家庭农场平均年限为6.61年，最大年限为25年。养殖类家庭农场平均年限为7.89年，最大年限为28年。种养结合类家庭农场平均年限为7.23年，最大年限为26年；其他类家庭农场平均年限为8.89年，最大年限为22年。养殖类家庭农场、种养结合类家庭农场和其他类家庭农场从事规模经营的平均年限略高于全部家庭农场和种植类家庭农场。

16　一　发展报告

表1-6　　　　　　2017年各类家庭农场从事规模经营年数

农场类型	有效样本数（个）	平均年数（年）	最小值（年）	最大值（年）	中位数（年）
全部农场	2947	7.12	1	28	6
种植类农场	1870	6.88	1	28	5
其中：粮食类农场	1081	6.61	1	25	5
养殖类农场	373	7.89	2	28	6
种养结合类农场	648	7.23	1	26	6
其他类农场	56	8.89	3	22	8

分省（市、区）来看（见表1-7），在全部家庭农场中，14个省（市、区）家庭农场从事规模经营的平均年限超过全国平均水平，这14个省（市、区）分别是山西、内蒙古、黑龙江、上海、江苏、浙江、安徽、福建、江西、湖南、广东、云南、甘肃和新疆。其中，云南的家庭农场从事规模经营的平均年限最长，达10.24年；其次分别是江苏和新疆，平均年限分别为9.63年和9.50年。

表1-7　　　　　2017年全部家庭农场从事农业规模经营平均年数

地区	有效样本数（个）	平均年数（年）	最小值（年）	最大值（年）	中位数（年）
全国	2947	7.12	1	28	6
天津	20	4.26	1	10	4
河北	102	5.89	2	15	5
山西	116	7.46	2	28	6
内蒙古	104	7.27	1	25	6
辽宁	101	5.69	1	25	5
吉林	216	6.27	1	17	5
黑龙江	224	7.38	2	28	6
上海	100	9.16	1	22	11
江苏	82	9.63	4	25	7
浙江	100	9.33	2	25	8
安徽	103	8.17	3	21	7
福建	103	7.85	1	23	7

续表

地区	有效样本数（个）	平均年数（年）	最小值（年）	最大值（年）	中位数（年）
江西	93	7.38	2	26	5
山东	82	5.60	1	16	5
河南	106	5.19	2	15	5
湖北	104	5.74	1	21	5
湖南	73	7.41	3	20	7
广东	94	8.04	1	28	5
广西	100	6.22	2	23	5
海南	90	6.50	1	26	4
重庆	104	6.63	2	17	6
四川	96	6.04	2	20	5
贵州	47	5.93	1	21	5
云南	162	10.24	1	23	9
陕西	100	6.08	2	18	5
甘肃	101	7.94	2	22	6
青海	87	4.78	3	13	4
宁夏	100	6.33	1	14	5
新疆	37	9.50	1	23	8

（三）内部管理

在2947个有效监测样本中，74.86%的家庭农场有比较完整的收支记录；种植类家庭农场、粮食类家庭农场的这一占比分别为71.66%、69.29%（见表1-8）。分省（市、区）来看，在全部家庭农场中，11个省（市、区）90%以上的家庭农场内部有比较完整的收支记录，分别是天津（100%）、江苏（97.56%）、四川（95.83%）、河北（93.14%）、甘肃（93.07%）、浙江（93.00%）、湖北（92.31%）、安徽（92.23%）、青海（91.95%）、湖南（91.78%）和陕西（91.00%）。可见，区别于小规模农户，家庭农场的内部经营管理能力较高。

表 1-8　　　　　　　　2017年各类家庭农场收支记录情况

地区	有完整收支记录的家庭农场占比（%）		
	全部家庭农场	种植类家庭农场	粮食类家庭农场
全国	74.86	71.66	69.29
天津	100.00	100.00	100.00
河北	93.14	94.94	94.29
山西	71.55	72.46	66.67
内蒙古	46.15	36.11	54.55
辽宁	85.15	83.91	83.13
吉林	33.80	31.47	31.61
黑龙江	62.50	61.14	55.14
上海	74.00	68.67	68.29
江苏	97.56	96.08	100.00
浙江	93.00	90.28	90.32
安徽	92.23	91.89	96.36
福建	87.38	85.29	90.00
江西	84.95	78.95	81.48
山东	86.59	83.05	80.00
河南	79.25	78.82	80.30
湖北	92.31	93.94	90.91
湖南	91.78	91.67	89.74
广东	69.15	62.96	50.00
广西	44.00	46.81	33.33
海南	47.78	50.00	61.11
重庆	77.88	76.74	72.73
四川	95.83	94.59	100.00
贵州	78.72	0.00	0.00
云南	62.96	52.38	0.00
陕西	91.00	94.44	91.30
甘肃	93.07	91.23	100.00
青海	91.95	88.46	100.00
宁夏	74.00	67.16	66.04
新疆	78.38	80.95	100.00

(四) 注册登记

在2947个有效监测样本中，79.47%的家庭农场在工商部门进行了注册登记，登记类型以个体工商户为主。在工商部门登记注册的家庭农场中，有63.01%的家庭农场登记为个体工商户，34.12%的家庭农场登记为个人独资企业，1.50%的家庭农场登记为合伙企业，登记为公司和其他的家庭农场占比合计为1.37%，登记为个体工商户和个人独资企业的家庭农场占比合计为97.13%（见图1-4和表1-9）。这表明，家庭农场对工商部门注册的认可度仍然较高，这可能与家庭农场市场化参与程度较高有关，工商注册获得市场经济主体地位有利于家庭农场参与市场经营。

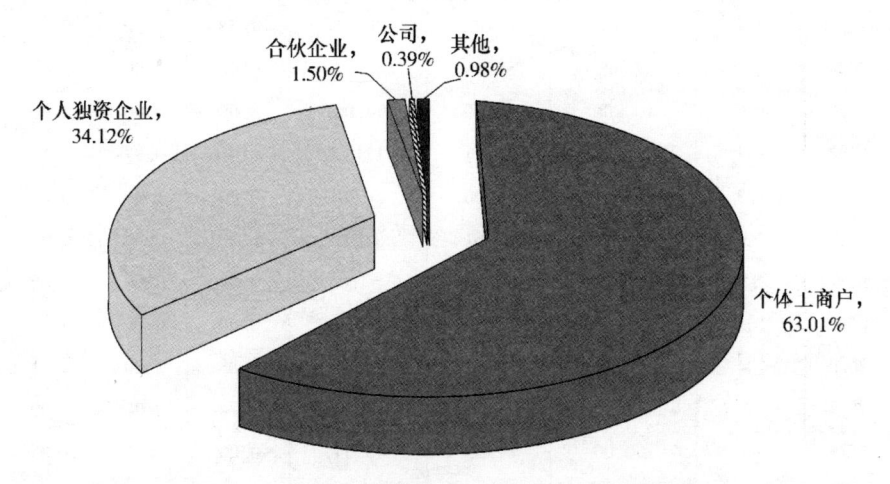

图1-4　2017年家庭农场工商部门登记注册类型

分省（市、区）来看，办理了注册登记的家庭农场占比在90%以上的省（市、区）有18个，其中，10个省（市、区）的比重为100%，这10个省（市、区）分别为天津、河北、浙江、安徽、山东、河南、湖南、广东、青海和宁夏；办理了注册登记的家庭农场占比在50%以下的省（市、区）有3个，分别为云南（43.83%）、海南（30.00%）和山西（20.69%）。各省（市、区）注册登记的类型有所不同，例如，广西、陕西、福建、山东、海南5个省（市、区）90%以上的家庭农场登记为个体工商户；宁夏、浙江、江西登记为个人独资企业的家庭农场占比分别为98.00%、74.00%、67.39%。在天津，25.00%的家庭农场登记为合伙企业。

表1-9　　2017年全部家庭农场工商部门注册登记情况

地区	有效样本数（个）	办理了注册登记的农场占比（%）	登记为不同类型组织的农场占比（%）				
			个体工商户	个人独资企业	合伙企业	公司	其他
全国	2947	79.47	63.01	34.12	1.50	0.39	0.98
天津	20	100.00	20.00	55.00	25.00	0.00	0.00
河北	102	100.00	80.39	18.63	0.98	0.00	0.00
山西	116	20.69	54.17	33.33	0.00	4.17	8.33
内蒙古	104	60.58	87.30	6.35	0.00	1.59	4.76
辽宁	101	82.18	77.11	20.48	0.00	0.00	2.41
吉林	216	68.52	35.14	62.16	2.70	0.00	0.00
黑龙江	224	69.64	49.02	46.41	4.58	0.00	0.00
江苏	82	92.68	57.89	42.11	0.00	0.00	0.00
浙江	100	100.00	23.00	74.00	3.00	0.00	0.00
安徽	103	100.00	86.41	12.62	0.00	0.97	0.00
福建	103	99.03	97.06	0.98	0.00	1.96	0.00
江西	93	98.92	32.61	67.39	0.00	0.00	0.00
山东	82	100.00	93.90	6.10	0.00	0.00	0.00
河南	106	100.00	52.83	47.17	0.00	0.00	0.00
湖北	104	99.04	35.92	57.28	3.88	0.00	2.91
湖南	73	100.00	69.86	27.40	2.74	0.00	0.00
广东	94	100.00	87.23	10.64	0.00	1.06	1.06
广西	100	99.00	98.99	1.01	0.00	0.00	0.00
海南	90	30.00	92.59	0.00	3.70	0.00	3.70
重庆	104	93.27	44.33	51.55	3.09	1.03	0.00
四川	96	98.96	87.37	9.47	2.11	1.05	0.00
贵州	47	89.36	50.00	45.00	2.50	0.00	2.50
云南	162	43.83	80.28	18.31	0.00	1.41	0.00
陕西	100	82.00	97.53	2.47	0.00	0.00	0.00
甘肃	101	91.09	61.96	38.04	0.00	0.00	0.00
青海	87	100.00	72.41	22.99	1.15	0.00	3.45
宁夏	100	100.00	2.00	98.00	0.00	0.00	0.00
新疆	37	62.16	52.17	13.04	4.35	0.00	30.43

四 家庭农场生产经营者情况

本章从农场主性别、年龄、户籍、受教育程度、从业经历、接受培训、自有劳动力和雇佣劳动力投入等方面,对家庭农场生产经营者的基本情况与构成进行统计分析。

(一) 农场主性别

在2947个有效监测样本中,87.68%的家庭农场主为男性,只有12.32%的家庭农场主为女性(见表1-10)。其中,有10个省(市、区)超过90%以上的家庭农场主性别为男性,分别为上海(98.00%)、吉林(96.76%)、内蒙古(96.15%)、海南(95.56%)、湖南(94.52%)、江苏(93.90%)、湖北(92.31%)、新疆(91.89%)、黑龙江(91.52%)、浙江(90.00%)。

表1-10　　　　　　　　2017年家庭农场主性别情况

地区	有效样本数(个)	女性农场主占比(%)	男性农场主占比(%)	地区	有效样本数(个)	女性农场主占比(%)	男性农场主占比(%)
全国	2947	12.32	87.68	河南	106	16.98	83.02
天津	20	25.00	75.00	湖北	104	7.69	92.31
河北	102	14.71	85.29	湖南	73	5.48	94.52
山西	116	12.07	87.93	广东	94	23.40	76.60
内蒙古	104	3.85	96.15	广西	100	13.00	87.00
辽宁	101	11.88	88.12	海南	90	4.44	95.56
吉林	216	3.24	96.76	重庆	104	28.85	71.15
黑龙江	224	8.48	91.52	四川	96	14.58	85.42
上海	100	2.00	98.00	贵州	47	25.53	74.47
江苏	82	6.10	93.90	云南	162	14.81	85.19
浙江	100	10.00	90.00	陕西	100	15.00	85.00
安徽	103	10.68	89.32	甘肃	101	12.87	87.13
福建	103	16.50	83.50	青海	87	20.69	79.31
江西	93	11.83	88.17	宁夏	100	20.00	80.00
山东	82	15.85	84.15	新疆	37	8.11	91.89

(二) 农场主平均年龄

在 2947 个有效监测样本中,农场主的平均年龄为 46.16 岁。其中,40 岁以下的农场主占比 20.6%,41—49 岁的农场主占比 44.62%,51—59 岁的农场主占比 28.48%,61 岁以上的农场主占比 5.57%(见图 1-5)。同时,50 岁以下的农场主占比 65.21%,而 50 岁以上的农场主占比 34.79%。2010 年全国人口普查数据表明,全国农业就业人口中 50 岁以上的占比 47.13%,由此可见,家庭农场主的平均年龄明显低于全国农业从业人员平均年龄。

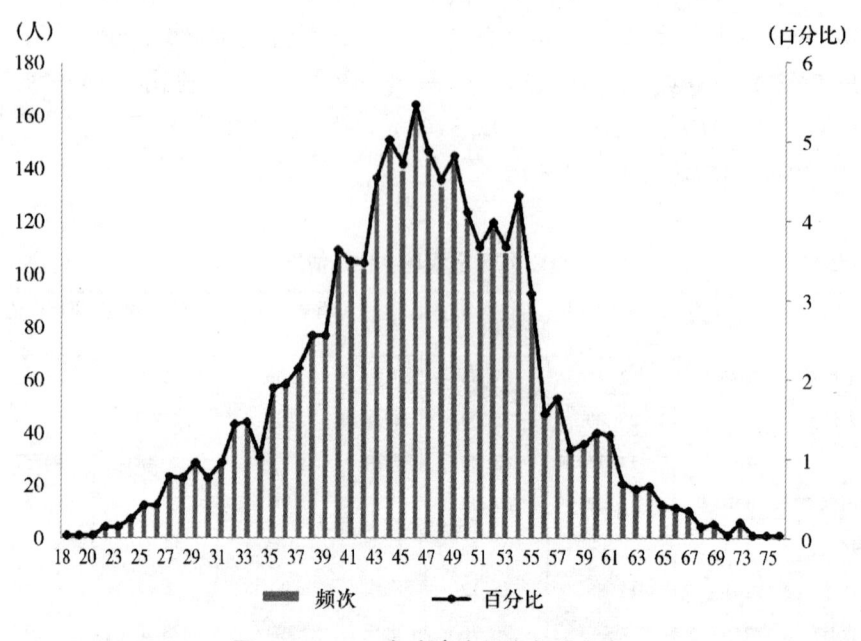

图 1-5 2017 年家庭农场主年龄分布

各省(市、区)的农场主平均年龄存在一定差异,平均年龄差距最大达 6.64 岁。在全部家庭农场主中,海南农场主的平均年龄最大(50.49 岁),超过 50 岁;新疆、宁夏、河南、天津、四川、云南、青海、陕西农场主的平均年龄偏小,分别为 44.97 岁、44.69 岁、44.58 岁、44.55 岁、44.40 岁、44.24 岁、44.05 和 43.85 岁;在粮食类家庭农场中,山西、福建、海南、重庆的平均年龄较大,均超过了 50 岁,而广东、青海、陕西、新疆农场主的平均年龄较小,均在 45 岁以下(见图 1-6 和表 1-11)。

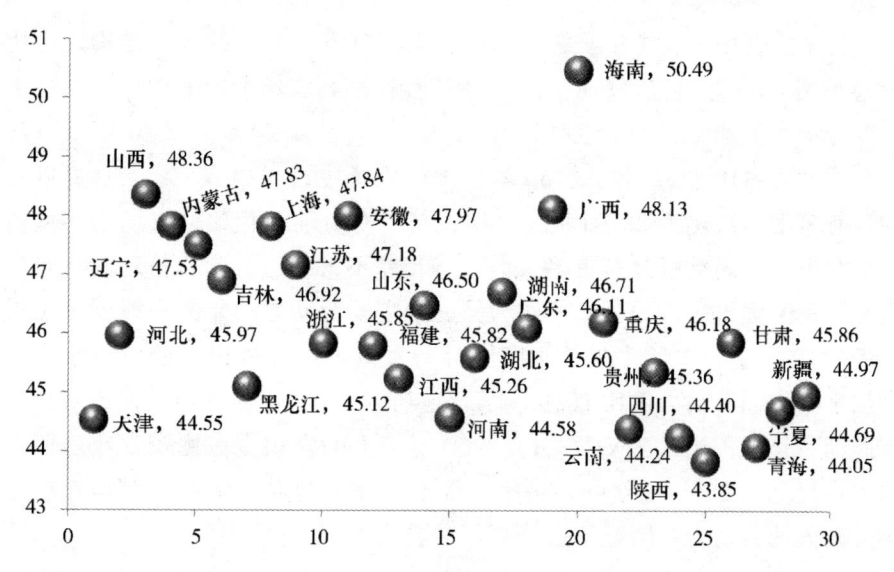

图1-6 2017年各省（市、区）全部家庭农场的农场主平均年龄（单位：岁）

表1-11　　　　　　　　　　2017年家庭农场主平均年龄　　　　　　　　　　（岁）

地区	有效样本数（个）	全部农场	种植类农场	粮食类农场	地区	有效样本数（个）	全部农场	种植类农场	粮食类农场
全国	2943	46.16	46.33	46.87	河南	106	44.58	44.92	45.33
天津	20	44.55	47.13	49.25	湖北	104	45.60	47.36	47.23
河北	102	45.97	46.09	45.47	湖南	73	46.71	46.67	45.67
山西	116	48.36	49.23	50.93	广东	94	46.11	45.59	44.75
内蒙古	104	47.83	46.25	45.27	广西	99	48.13	48.83	47.30
辽宁	101	47.53	47.64	47.86	海南	90	50.49	49.98	50.50
吉林	216	46.92	46.93	46.92	重庆	104	46.18	46.42	50.27
黑龙江	224	45.12	44.70	45.04	四川	96	44.40	43.89	47.13
上海	100	47.84	47.05	47.00	贵州	47	45.36	46.35	—
江苏	79	47.18	47.04	47.41	云南	162	44.24	43.94	45.00
浙江	100	45.85	46.11	47.58	陕西	100	43.85	44.69	43.04
安徽	103	47.97	48.84	49.56	甘肃	101	45.86	46.35	48.33
福建	103	45.82	45.96	50.70	青海	87	44.05	43.92	44.00
江西	93	45.26	46.42	46.56	宁夏	100	44.69	44.85	45.43
山东	82	46.50	47.08	47.08	新疆	37	44.97	46.05	32.00

将家庭农场主、常年雇佣劳动力、家庭自有劳动力的年龄结构进行比较（见图1-7），可以发现：(1) 整体看，家庭农场主的平均年龄要高于自有劳动力平均年龄，40岁以下的农场主占比24.24%，而40岁以下的自有劳动力占比达32.47%；50岁以上的农场主占比30.68%，50岁以上的自有劳动力占比为28.91%。也即，与自有劳动力相比，农场主的低龄段分布更少、高龄段分布更多，但大体相差不大。这较为容易理解，农场主一般是家庭男主人，其妻子作为另一个主要劳动力的年龄一般要小于男主人。(2) 家庭农场主与常年雇佣劳动力相比，40岁以下的农场主占比高出常年雇佣劳动力占比10.96个百分点，41—50岁的农场主占比低出常年雇佣劳动力占比3.71个百分点；50岁以上的农场主占比较常年雇佣劳动力占比低7.25个百分点。显然，常年雇佣劳动力的年龄一般是农村中年龄较大的劳动力，明显比农场主年龄要大。

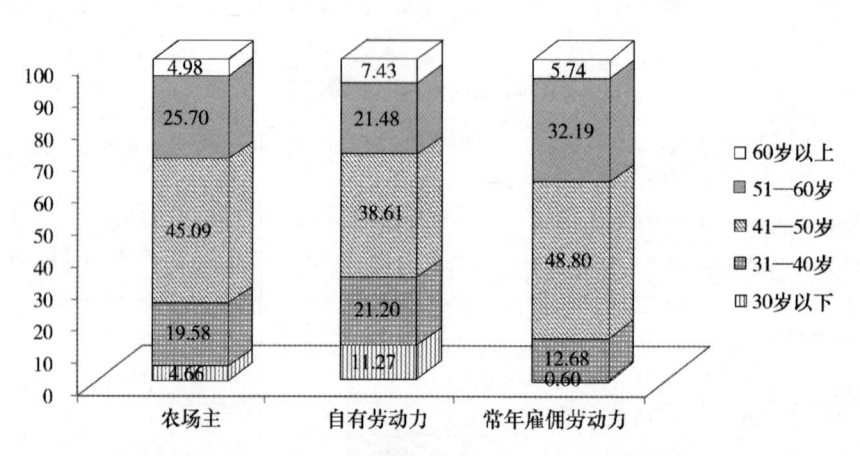

图1-7　2017年全部家庭农场的农场主、自有劳动力、常年雇佣劳动力的年龄结构（单位：%）

（三）农场主户籍情况

在2947个有效监测样本，农场主主要来自本乡、本村，其中，来自本村的农场主占比80.22%，来自本乡的农场主占比超过九成（90.64%）（见图1-8）。可见，家庭农场主主要为本地户籍农民。

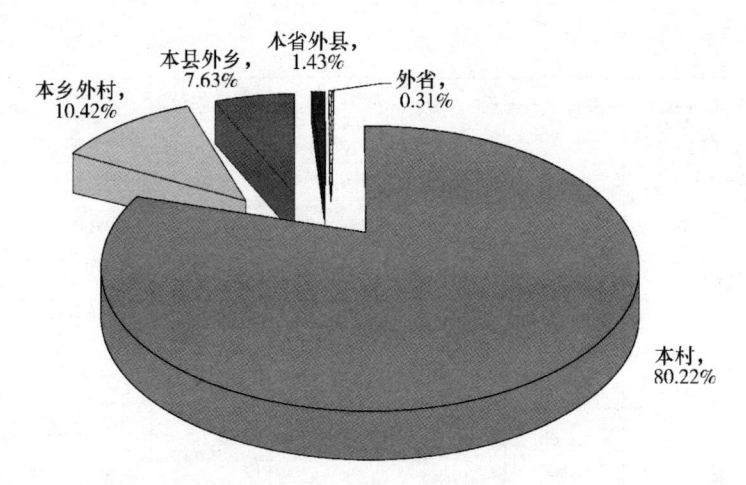

图 1-8 2017 年全部家庭农场的农场主户籍地域分布（单位：%）

从表 1-12 可以看出，在全部家庭农场中，户籍为本乡的农场主占比较高，户籍为本乡的农场主占比在 85% 以上的省（市、区）有 20 个，其中，15 个省（市、区）的这一占比在 90% 以上，山西的这一占比达到 100%。天津、浙江的这一比例在 80% 以下，分别为 70% 和 67%。

表 1-12 2017 年各省（市、区）全部家庭农场的农场主户籍地域分布

地区	有效样本数（个）	来自本乡占比（%）	来自本村占比（%）	来自本乡外村占比（%）	来自本县外乡占比（%）	来自本省外县占比（%）	来自外省占比（%）
全国	2947	90.64	80.22	10.42	7.63	1.43	0.31
天津	20	70.00	60.00	10.00	20.00	10.00	0.00
河北	102	95.09	86.27	8.82	3.92	0.98	0.00
山西	116	100.00	90.52	9.48	0.00	0.00	0.00
内蒙古	104	96.15	93.27	2.88	2.88	0.96	0.00
辽宁	101	98.02	88.12	9.90	1.98	0.00	0.00
吉林	216	98.61	95.83	2.78	0.46	0.93	0.00
黑龙江	224	96.43	88.84	7.59	2.68	0.89	0.00
上海	100	99.00	94.00	5.00	1.00	0.00	0.00
江苏	82	82.93	76.83	6.10	15.85	1.22	0.00
浙江	100	67.00	50.00	17.00	20.00	10.00	3.00
安徽	103	83.49	68.93	14.56	12.62	2.91	0.97
福建	103	85.44	74.76	10.68	12.62	1.94	0.00

续表

地区	有效样本数（个）	来自本乡占比（%）	来自本村占比（%）	来自本乡外村占比（%）	来自本县外乡占比（%）	来自本省外县占比（%）	来自外省占比（%）
江西	93	88.17	78.49	9.68	5.38	2.15	4.30
山东	82	81.70	68.29	13.41	18.29	0.00	0.00
河南	106	89.62	61.32	28.30	9.43	0.94	0.00
湖北	104	84.61	70.19	14.42	13.46	1.92	0.00
湖南	73	95.89	79.45	16.44	4.11	0.00	0.00
广东	94	82.98	61.70	21.28	14.89	2.13	0.00
广西	100	89.00	80.00	9.00	10.00	1.00	0.00
海南	90	97.78	92.22	5.56	2.22	0.00	0.00
重庆	104	92.31	80.77	11.54	7.69	0.00	0.00
四川	96	92.71	85.42	7.29	6.25	1.04	0.00
贵州	47	89.36	80.85	8.51	4.26	6.38	0.00
云南	162	84.57	70.37	14.20	15.43	0.00	0.00
陕西	100	98.00	91.00	7.00	2.00	0.00	0.00
甘肃	101	81.19	73.27	7.92	16.83	1.98	0.00
青海	87	95.41	89.66	5.75	2.30	2.30	0.00
宁夏	100	94.00	82.00	12.00	5.00	1.00	0.00
新疆	37	81.08	62.16	18.92	13.51	2.70	2.70

（四）农场主受教育程度

在2947个有效监测样本中，农场主的受教育程度以初中和高中为主，受教育程度为初中的农场主占比达45.1%，为高中的农场主占比27.52%，两者合计占比72.62%；受教育程度为中专和职高的农场主占比分别为8.59%和1.12%；受教育程度为大专及以上的农场主占比为12.42%，其中，教育程度为本科及以上的农场主占比为2.34%（见图1-9）。

2010年全国人口普查数据统计结果显示，43.45%的农业从业人员的受教育程度为小学及以下。因此，2017年监测的家庭农场农场主的受教育程度远高于2010年普查时全国农业从业人员。另外，整体上，全部家庭农场、种植类家庭农场、粮食类家庭农场中，农场主的各层次受教育程度

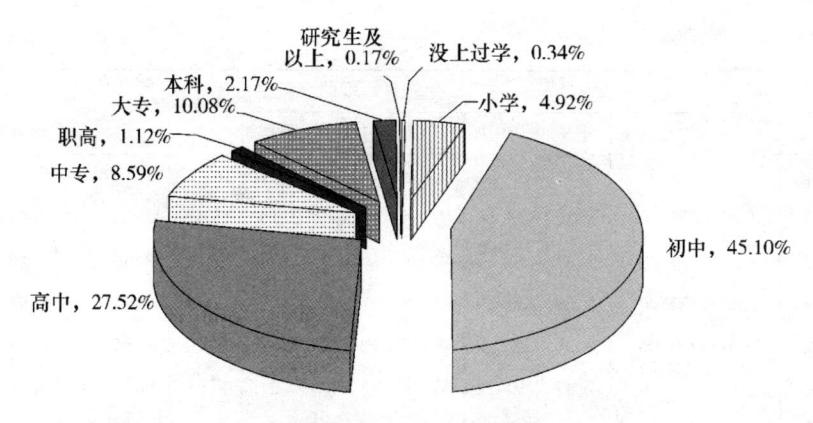

图 1-9　2017 年家庭农场主受教育程度情况（单位：%）

的分布情况大体一致。

分省（市、区）看，农场主的受教育程度结构呈现出较强的地域差异性特征，东部沿海发达地区农场主的受教育程度整体上明显高于中西部地区，特别是在天津（55.00%）、浙江（26.00%）、江苏（21.96%）、江西（20.43%）、福建（20.38%）、湖北（20.20%），受教育程度为大专及以上的农场主占比均在 20% 以上（见表 1-13）。

表 1-13　2017 年各省（市、区）家庭农场主受教育程度情况

地区	有效样本（个）	各层次受教育程度的农场主占比（%）								
		没上过学	小学	初中	高中	中专	职高	大专	本科	研究生及以上
全国	2947	0.34	4.92	45.10	27.52	8.59	1.12	10.08	2.17	0.17
天津	20	0.00	0.00	25.00	5.00	15.00	0.00	55.00	0.00	0.00
河北	102	0.00	0.98	36.27	31.37	16.67	0.98	9.80	2.94	0.98
山西	116	0.86	5.17	50.86	26.72	8.62	3.45	4.31	0.00	0.00
内蒙古	104	2.88	12.50	47.12	23.08	5.77	0.00	8.65	0.00	0.00
辽宁	101	0.00	0.99	69.31	10.89	5.94	0.00	12.87	0.00	0.00
吉林	216	0.00	6.48	66.20	18.52	5.56	0.46	2.78	0.00	0.00
黑龙江	224	0.00	1.34	63.84	13.84	11.16	0.00	9.38	0.45	0.00
上海	100	0.00	7.00	58.00	18.00	2.00	1.00	14.00	0.00	0.00
江苏	82	0.00	3.66	29.27	35.37	9.76	0.00	12.20	9.76	0.00
浙江	100	0.00	0.00	40.00	12.00	12.00	3.00	18.00	7.00	1.00
安徽	103	0.97	3.88	47.57	29.13	9.71	0.00	6.80	1.94	0.00

续表

地区	有效样本（个）	各层次受教育程度的农场主占比（%）							
		没上过学	小学	初中	高中	中专	职高	大专	本科	研究生及以上
福建	103	0.97	4.85	39.81	21.36	10.68	1.94	16.50	3.88	0.00
江西	93	0.00	5.38	23.66	40.86	7.53	2.15	15.05	4.30	1.08
山东	82	0.00	1.22	34.15	42.68	7.32	1.22	9.76	3.66	0.00
河南	106	0.00	5.66	30.19	42.45	11.32	0.00	8.49	0.94	0.94
湖北	104	0.00	0.96	20.19	43.27	12.50	2.88	16.35	3.85	0.00
湖南	73	0.00	1.37	30.14	50.68	10.96	1.37	5.48	0.00	0.00
广东	94	1.06	3.19	27.66	41.49	9.57	3.19	10.64	3.19	0.00
广西	100	0.00	6.00	36.00	37.00	7.00	4.00	8.00	2.00	0.00
海南	90	0.00	3.33	22.22	53.33	13.33	0.00	5.56	2.22	0.00
重庆	104	1.92	5.77	48.08	25.96	6.73	0.00	9.62	1.92	0.00
四川	96	0.00	3.13	52.08	28.13	5.21	0.00	8.33	3.13	0.00
贵州	47	0.00	2.13	53.19	25.53	8.51	0.00	8.51	2.13	0.00
云南	162	0.00	12.35	50.00	16.67	7.41	2.47	8.02	3.09	0.00
陕西	100	0.00	2.00	36.00	32.00	11.00	0.00	15.00	3.00	1.00
甘肃	101	0.99	2.97	41.58	27.72	5.94	1.98	17.82	0.99	0.00
青海	87	0.00	18.39	49.43	19.54	6.90	0.00	4.60	1.15	0.00
宁夏	100	0.00	3.00	59.00	30.00	2.00	0.00	5.00	1.00	0.00
新疆	37	0.00	2.70	48.65	16.22	10.81	2.70	10.81	8.11	0.00

（五）农场主从业经历

有效监测样本数据表明，农场主主要来自普通农民（见图1-10）。总体上看，71.12%的农场主来自普通农民，即大部分农场主原来是普通农民。有过个体投资经历的农场主占比32.51%，有过合作社主要负责人经历的农场主占比27.83%，有过农机手经历的农场主占比18.95%，有过村干部（大学生村官）经历的农场主占比13.86%，有过进城务工返乡经历的农场主占比11.22%，有过企业管理层经历的农场主占比仅为7.05%。但不同类型家庭农场略有不同，例如，在机农结合类家庭农场中，有过农机手经历的农场主占比70.59%。

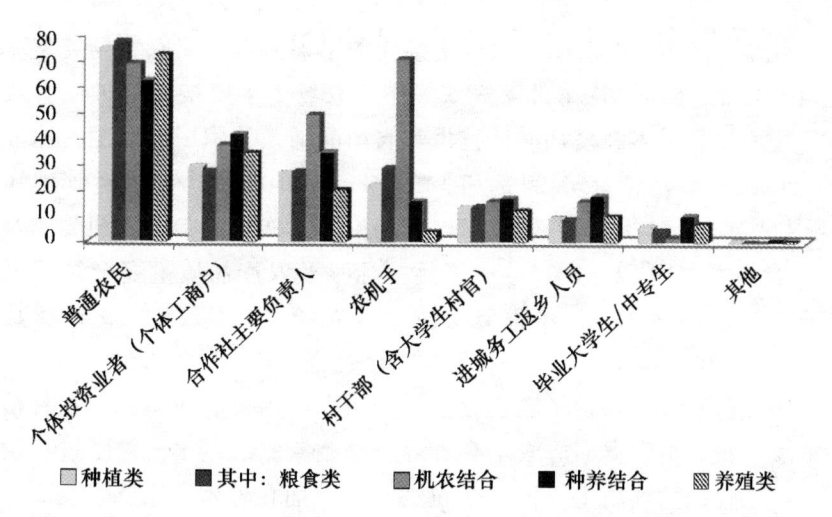

图 1-10 2017 年各类家庭农场中不同从业经历的农场主占比（单位：%）

注：机农结合的家庭农场原归属于其他类别家庭农场。具体指对外农机作业服务收入占农场经营收入30%及以上比例的农场。由于机农结合的农场在农机装备、服务作业等方面有独特的特点，因此，本报告将其列出并加以分析。

（六）农场主接受培训

有效监测样本数据表明，接受培训的农场主占比普遍较高（见图1-11）。总体上看，在各类家庭农场中，接受培训的农场主占比均在80%以上。全部家庭农场中，接受培训的农场主占比达83.73%；机农结合类家庭农场中，接受培训的农场主占比高达98.04%。

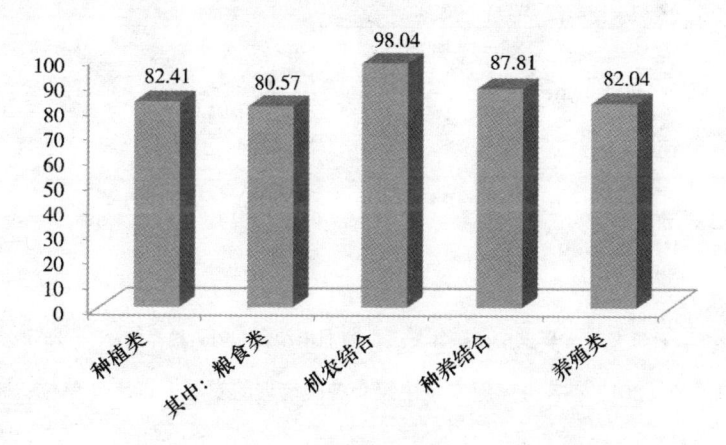

图 1-11 2017 年各类家庭农场中接受培训的农场主占比（单位：%）

30　一　发展报告

有效监测样本数据表明，农场主接受的培训内容与家庭农场类型基本匹配（见图1-12）。在全部家庭农场中，农场主主要接受育种或者栽培技术、土肥培育技术、疫病防治技术和农产品加工技术，农场主占比分别为67.30%、54.48%、50.24%和43.99%，其他的依次为经营管理知识（农场主占比27.63%）、养殖技术（农场主占比32.39%）、农机驾驶操作技术（农场主占比32.67%）、"三品一标"及农产品质量安全知识培训（农场主占比13.33%）、地膜覆盖技术（农场主占比28.14%）和其他（农场主占比0.67%）。

不同经营类型家庭农场的农场主接受培训的内容有所不同。在种植类家庭农场、机农结合类家庭农场和种养结合类家庭农场中，接受过育种或者培育技术培训的农场主占比均在60%以上，而在养殖类家庭农场中，这一占比仅为11.11%。在养殖类家庭农场中，接受过养殖技术培训的农场主占比高达86.93%，而在种植类家庭农场、机农结合类家庭农场中，这一占比不足20%。在机农结合类家庭农场中，接受过农机驾驶操作技术培训的农场主占比高达82%，而在其他类型家庭农场中，这一占比相对较低。

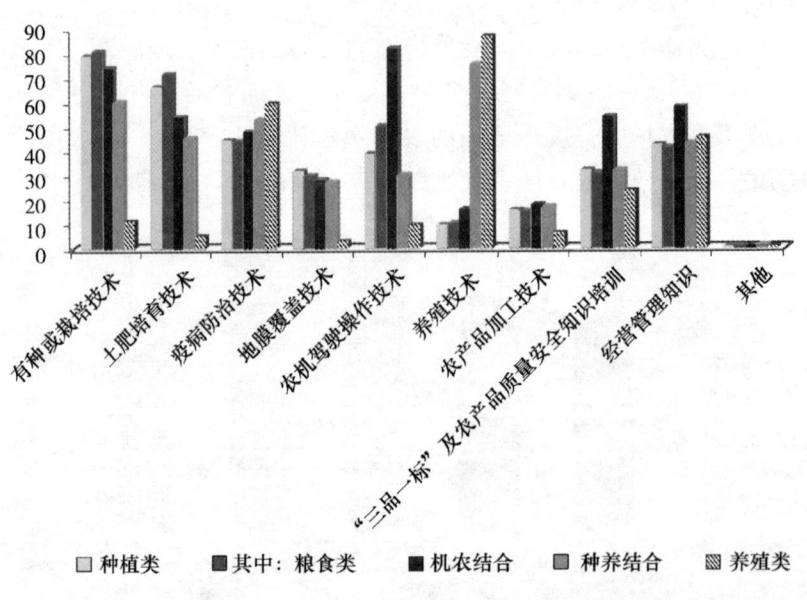

图1-12　2017年各类家庭农场中接受各类培训的农场主占比（单位：%）

（七）投放在农场上的家庭成员数量和雇佣劳动力数量

在 2947 个有效监测样本中，1066 个家庭农场没有常年雇佣劳动力，占比 36.17%，1881 个家庭农场拥有常年雇佣劳动力，占比 63.83%，其中，386 个家庭农场拥有 1 个常年雇佣劳动力，占比 13.19%；604 个家庭农场拥有 2 个常年雇佣劳动力，占比 20.64%；258 个家庭农场拥有 3 个常年雇佣劳动力，占比 8.81%（见图 1-13）。由此，79.06% 的家庭农场拥有的常年雇佣劳动力为 1—3 个。在拥有常年雇佣劳动力的家庭农场中，平均每个家庭农场拥有 4.2 个常年雇佣劳动力，单个家庭农场拥有常年雇佣劳动力的最大值为 50 个。常年雇佣劳动力的年平均工资为 25485.29 元（见表 1-14）。

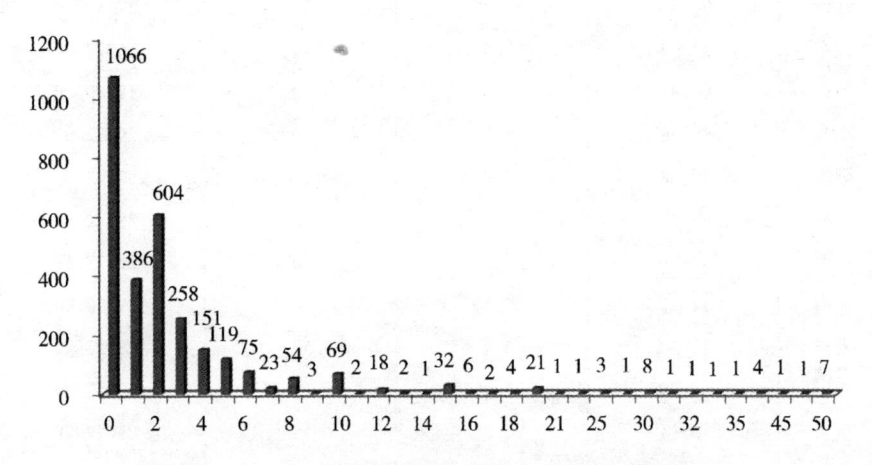

图 1-13 2017 年全部家庭农场中拥有不同数量常年雇佣劳动力的农场个数（单位：个）

注：常年雇工人数较多的农场主要为经济作物农场，如常年雇工 50 人农场主要为种植蔬菜、水果及其他经济作物农场，且经营面积较大。

表 1-14　　　　2017 年全部家庭农场的常年雇工情况

地区	有常年雇工的农场占比（%）	常年雇工个数平均值（个）	常年雇工个数最大值（个）	常年雇工年平均工资（元/人/年）
全国	63.83	4.20	50	25485.29
天津	85.00	6.12	30	32437.50
河北	70.59	3.79	20	20076.92
山西	71.55	2.54	45	21277.03

续表

地区	有常年雇工的农场占比（%）	常年雇工个数平均值（个）	常年雇工个数最大值（个）	常年雇工年平均工资（元/人/年）
内蒙古	47.12	3.89	20	30333.33
辽宁	60.40	2.67	10	20218.18
吉林	50.46	3.14	15	17800.00
黑龙江	38.84	3.84	30	26507.32
江苏	59.76	2.31	8	26761.90
浙江	92.00	7.16	50	40478.31
安徽	85.44	5.08	30	23233.75
福建	68.93	2.87	10	29940.00
江西	91.40	5.49	30	22786.49
山东	85.37	5.53	40	16273.02
河南	69.81	7.86	50	18850.00
湖北	88.46	5.81	50	29132.91
湖南	78.08	2.98	15	30042.59
广东	72.34	3.00	10	29222.41
广西	62.00	4.53	50	26527.59
海南	51.11	3.33	20	19080.00
重庆	62.50	3.71	50	23727.42
四川	57.29	4.68	31	19952.27
贵州	70.21	4.85	15	23077.78
云南	64.81	2.16	7	25953.85
陕西	45.00	2.18	10	23757.89
甘肃	87.13	5.31	40	28029.11
青海	62.07	3.81	25	25125.53
宁夏	80.00	3.05	15	30291.67
新疆	64.86	8.25	50	33068.18

在2947个有效监测样本中，每个家庭农场投放在农场上的家庭成员人数为2.76个，占家庭总人口的比重为56.4%。这说明，家庭中的超过半数的成员都投入到农场的生产经营活动中，单个家庭农场投放在农场上的家庭成员人数的最大值为12个（见表1-15）。

表1-15 2017年全部家庭农场中投放在农场上的家庭成员人数

地区	占家庭总人口的比重（%）	均值（个）	最大值（个）
全国	56.40	2.76	12
天津	53.25	2.60	5
河北	59.48	2.95	7
山西	59.10	2.72	8
内蒙古	54.95	2.57	6
辽宁	58.57	2.62	6
吉林	58.64	2.58	6
黑龙江	60.14	2.62	9
上海	61.57	2.49	4
江苏	57.29	2.54	4
浙江	56.33	2.51	4
安徽	56.23	2.70	6
福建	58.48	2.92	6
江西	56.07	3.03	8
山东	57.64	2.88	6
河南	53.70	3.16	8
湖北	55.97	2.81	6
湖南	57.11	3.02	7
广东	50.45	3.26	12
广西	43.54	2.54	7
海南	55.57	2.89	7
重庆	61.79	3.12	5
四川	54.13	2.68	9
贵州	53.41	2.44	4
云南	58.03	2.89	6
陕西	57.45	2.73	6
甘肃	54.23	2.74	6
青海	52.04	2.56	5
宁夏	57.55	2.71	6
新疆	51.43	2.62	7

五 家庭农场土地经营情况

本部分从土地经营规模、土地细碎化程度、农场土地来源构成、农场土地流转渠道、流转租期与合同情况、转入土地租金、土地经营规模意愿变化等方面,描述家庭农场的土地经营情况。

(一) 土地经营规模

1. 整体情况

在2872个有效监测样本中,家庭农场的平均土地经营面积为394.30亩(见表1-16),土地经营面积较多集中于100—1000亩,在这个区间内的家庭农场占有效样本总数的66.61%,土地经营面积占全部有效样本土地经营总面积的49.85%。土地经营面积在1000亩及以上的农场占比仅为9.78%,但其土地经营面积却占全部有效样本土地经营总面积的47.52%。从表1-16还可以看到,经营规模500亩以下的农场数量累计占比为78.76%,但500亩以下的农场土地经营规模总和占全部样本农场土地经营面积总和的比例仅为33.48%。即78.76%的家庭农场经营了33.48%的土地,21.24%的家庭农场经营了66.52%的土地,家庭农场土地经营的"二八"定律十分明显。

表1-16 2017年全部家庭农场的土地经营规模分组

规模分组	有效样本 数量(个)	占比(%)	累计占比(%)	平均经营面积(亩) 平均数(亩)	中位数(亩)	分组总面积 面积数(亩)	占比(%)	累计占比(%)
<10	91	3.17	3.17	4.61	4.90	419.22	0.04	0.04
[10, 50)	256	8.91	12.08	28.20	30.00	7219.75	0.64	0.67
[50, 100)	331	11.53	23.61	66.86	63.00	22130.21	1.95	2.63
[100, 150)	443	15.42	39.03	116.61	116.40	51658.65	4.56	7.19
[150, 200)	296	10.31	49.34	166.71	160.00	49347.49	4.35	11.54
[200, 500)	845	29.42	78.76	294.25	294.65	248642.50	21.94	33.48
[500, 1000)	329	11.46	90.22	654.52	620.00	215337.30	19.00	52.49
[1000, 2000)	194	6.75	96.97	1296.02	1200.00	251427.60	22.19	74.67
[2000, 3000)	50	1.74	98.71	2247.60	2160.00	112380.00	9.92	84.59
>=3000	37	1.29	100.00	4719.11	4200.00	174607.10	15.41	100.00
总计	2872	100.00	—	394.30	200.00	1133170.00	100.00	—

在1863个种植类家庭农场中,家庭农场的平均土地经营面积为426.00亩(见表1-17)。土地经营面积在100—1000亩的家庭农场占比为73.21%,土地经营面积占全部有效样本土地经营总面积的51.21%。土地经营面积在1000亩及以上的家庭农场占比为10.14%,但其土地经营面积却占全部有效样本土地经营总面积的46.58%。土地经营面积在50亩以下的家庭农场占比为5.21%。

表1-17　　2017年种植类家庭农场的土地经营规模分组

规模分组	样本数			平均经营面积		分组总面积		
	(个)	占比(%)	累计百分比(%)	平均数(亩)	中位数(亩)	面积数(亩)	占比(%)	累计百分比(%)
<10	1	0.05	0.05	4.00	4	4.00	0.00	0.00
[10, 50)	96	5.15	5.21	31.53	30	3027.29	0.38	0.38
[50, 100)	213	11.43	16.64	67.73	65	14425.57	1.82	2.21
[100, 150)	320	17.18	33.82	116.82	116	37381.66	4.72	6.93
[150, 200)	223	11.97	45.79	167.93	165	37448.60	4.73	11.66
[200, 500)	575	30.86	76.65	294.71	285.9	169459.50	21.41	33.08
[500, 1000)	246	13.20	89.86	654.46	618.05	160998.00	20.35	53.42
[1000, 2000)	133	7.14	96.99	1291.04	1200	171707.60	21.70	75.12
[2000, 3000)	28	1.50	98.50	2254.14	2200	63116.00	7.98	83.10
>=3000	28	1.50	100.00	4777.07	4265	133758.00	16.90	100.00
总计	1863	100.00	—	426.00	207	791326.20	100.00	—

在1079个粮食类家庭农场中,家庭农场的平均土地经营面积为442.00亩(见表1-18)。土地经营面积在100-1000亩的家庭农场占比为83.14%,土地经营面积占全部有效样本土地经营总面积的58.34%。土地经营面积在1000亩及以上的家庭农场占比为10.01%,但其土地经营面积却占全部有效样本土地经营总面积的40.66%。土地经营面积在50亩以下的家庭农场占比为1.30%。

表1–18　　2017年粮食类家庭农场的土地经营规模分组

规模分组	样本数（个）	占比（%）	累计百分比（%）	平均经营面积 平均数（亩）	中位数（亩）	分组总面积 面积数（亩）	占比（%）	累计百分比（%）
<10	—	—	—	—	—	—	—	—
[10, 50)	14	1.30	1.30	34.71	33	486.00	0.10	0.10
[50, 100)	60	5.56	6.86	70.53	70	4231.53	0.89	0.99
[100, 150)	167	15.48	22.34	118.37	119.94	19767.74	4.17	5.16
[150, 200)	152	14.09	36.42	170.16	170	25864.60	5.46	10.62
[200, 500)	411	38.09	74.51	296.25	289	121760.00	25.69	36.31
[500, 1000)	167	15.48	89.99	653.31	620	109103.00	23.02	59.33
[1000, 2000)	82	7.60	97.59	1296.96	1200	106350.60	22.44	81.77
[2000, 3000)	18	1.67	99.26	2266.78	2225	40802.00	8.61	90.38
≥3000	8	0.74	100.00	5695.25	5600	45562.00	9.61	100.00
总计	1079	100.00	—	442.00	249	473927.50	100.00	—

综上可以看出，粮食类家庭农场的平均土地经营面积高于全部家庭农场和种植类家庭农场，分别高出44.67亩和16.00亩；并且，粮食类家庭农场的土地经营面积在100—1000亩的农场占比也高于种植类和全部家庭农场占比。

2. 种植类、粮食类家庭农场土地经营规模的分省情况

分省（市、区）看，13个省（市、区）种植类家庭农场的平均土地经营面积高于全国平均水平（见表1–19），这13个省（市、区）分别为天津、内蒙古、吉林、黑龙江、浙江、安徽、江西、河南、湖北、甘肃、宁夏、新疆和青海。其中，内蒙古种植类家庭农场的平均土地经营面积最大，达1810.08亩；其次是黑龙江和新疆，平均土地经营面积分别为924.93亩和778.48亩。

11个省（市、区）粮食类家庭农场的平均土地经营面积高于全国平均水平，这11个省区分别为天津、内蒙古、黑龙江、浙江、安徽、江西、河南、湖北、甘肃、青海和宁夏。其中，内蒙古粮食类家庭农场的平均土地经营面积最大，达1674.55亩；其次是青海和天津，平均土地经营面积分别为1000亩和950亩。

考虑到平均数受极值影响较大，我们考察了土地经营面积的中位数，全部家庭农场土地经营面积的中位数为207亩，粮食类家庭农场为249亩，这与本课题组多次案例调研的结论基本一致。

表1-19　　2017年种植类家庭农场的经营土地面积情况

地区	有效样本数（个） 种植类农场	其中：粮食类	平均面积（亩） 种植类农场	其中：粮食类	中位数（亩） 种植类农场	其中：粮食类	最大面积（亩） 种植类农场	其中：粮食类
全国	1863	1079	426.00	442.00	207	249	10300	7500
全国2	1350	685	323.95	400.28	183	238	6200	6200
天津	8	4	579.21	950.00	350	570	2500	2500
河北	79	70	292.95	302.74	290	294.8	1030	1030
山西	69	42	174.55	211.73	150	200	764.5	764.5
内蒙古	36	11	1810.08	1674.55	1075	450	10300	7500
辽宁	87	83	292.03	291.54	243	243	1600	1600
吉林	197	193	431.03	406.28	200	200	4500	4500
黑龙江	193	107	924.93	735.60	560	500	7500	7500
上海	83	82	152.97	153.13	137.28	137.14	417	417
江苏	51	46	305.88	327.04	284	295.325	750	750
浙江	72	31	431.53	650.14	310	501	3000	2553
安徽	73	55	706.48	788.91	492	615	5600	2568
福建	68	10	200.11	191.79	125	132.925	1800	450
江西	38	27	569.39	578.41	370	380	2200	2200
山东	59	40	252.12	314.27	176	218	1345	1345
河南	85	66	410.55	447.33	240	284.5	2000	2000
湖北	33	22	529.44	567.34	250	238	5000	5000
湖南	48	39	215.70	223.97	205	205	510	510
广东	54	4	133.09	155.00	100	135	1050	300
广西	47	27	179.58	151.41	132	130	800	365
海南	49	16	102.71	59.50	80	55.5	500	120
重庆	43	11	186.36	255.12	108	142	800	768
四川	37	8	159.47	321.36	100	104	1023	1023
贵州	20	0	226.44	—	145	—	1000	—
云南	84	1	107.57	51.00	100	51	605	51
陕西	54	23	258.57	352.43	200	275	1004	960
甘肃	57	6	504.76	483.83	200	300	4330	1600
青海	51	1	331.75	1000.00	208	1000	2000	1000
宁夏	67	53	740.16	845.61	532.8	600	6200	6200
新疆	21	1	778.48	400.00	283	400	3800	400

注：全国2是指去掉黑龙江省、吉林省、辽宁省、内蒙古自治区4个省（区）的土地经营面积总体情况。

（二）土地细碎化与整理

从图 1-14 可以看出，种植类家庭农场地块平均面积随着经营规模的增加而增加。

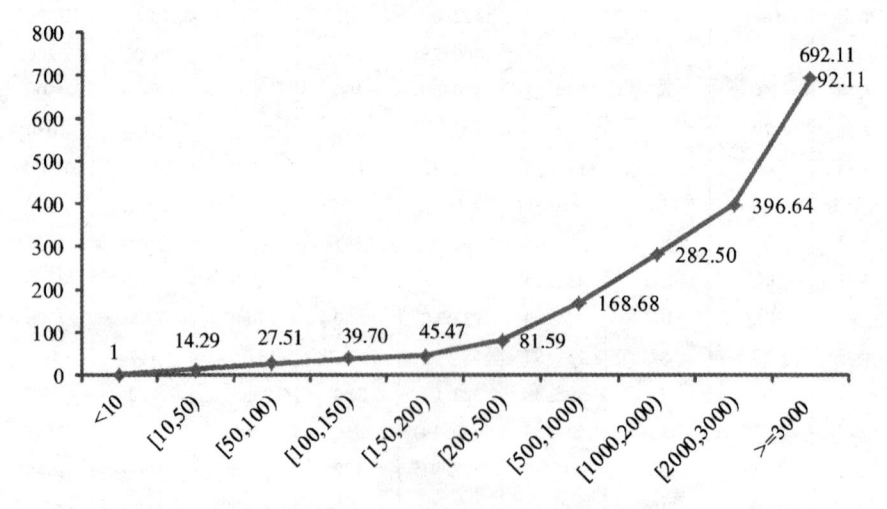

图 1-14 2017 年不同规模组种植类家庭农场的地块平均面积（单位：亩）

在地块数量大于等于 1 且不存在缺失值的 1837 个种植类有效样本家庭农场中，每个家庭农场平均拥有 19.67 块耕地（见表 1-20）；剔除家庭农场经营地块数极大值、极小值和异常值的影响，每个家庭农场经营地块数的中位数为 5 块，即每个家庭农场平均拥有 5 块地。进一步看，56.03%的种植类家庭农场拥有的地块数为 5 块及以下，86.52%的种植类家庭农场拥有的地块数在 25 块及以下。从地块面积看，最大一块土地面积的平均数为 150.31 亩，中位数为 68 亩。

从经营地块数量的中位数来看，在 29 个省（市、区）中，湖南、甘肃、贵州、宁夏和吉林种植类家庭农场拥有的地块数在 15 块及以上，分别为 39.50 块、22.00 块、17.50 块、16.50 块和 15.00 块，这表明，这 5 个省（市、区）种植类家庭农场所经营的土地较为分散，细碎化程度较严重。

表1-20　　2017年种植类家庭农场经营的地块情况

地区	平均经营面积（亩）	经营地块数量（块）		最大一块土地面积（亩）	
		平均数	中位数	平均数	中位数
全国	423.62	19.67	5.00	150.31	68.00
天津	579.21	2.25	2.00	250.14	215.00
河北	294.19	4.35	4.00	143.13	110.00
山西	174.55	16.84	10.00	47.38	26.00
内蒙古	1672.44	23.41	8.50	526.38	300.00
辽宁	292.03	10.23	5.00	100.35	78.30
吉林	428.18	19.55	15.00	81.75	25.00
黑龙江	927.15	10.19	5.00	379.75	270.00
上海	152.97	8.33	4.00	59.78	60.00
江苏	305.88	14.98	5.00	94.03	68.00
浙江	431.53	9.08	3.00	169.59	147.50
安徽	706.48	12.39	4.00	301.72	107.50
福建	200.11	4.75	2.00	122.38	100.00
江西	569.39	40.66	6.00	194.06	75.00
山东	252.12	6.27	3.00	129.00	80.00
河南	409.49	7.38	4.50	156.77	100.00
湖北	529.44	7.67	5.00	168.42	70.00
湖南	215.70	39.69	39.50	37.74	11.00
广东	133.09	9.04	3.00	56.64	52.50
广西	179.58	13.91	5.00	63.32	46.00
海南	119.86	2.57	2.00	72.00	50.00
重庆	186.36	14.40	5.00	72.95	45.00
四川	159.47	43.16	7.00	49.42	10.00
贵州	226.44	75.40	17.50	49.14	26.00
云南	108.02	3.75	2.00	79.57	60.00
陕西	258.57	6.43	5.00	123.43	70.00
甘肃	504.76	150.46	22.00	51.23	10.00
青海	331.39	23.10	5.50	105.63	30.00
宁夏	747.79	57.20	16.50	217.20	52.50
新疆	778.48	3.76	3.00	298.95	180.00

在种植类家庭农场中,43.70%的家庭农场对土地进行整理(见表1-21)。在进行土地整理的家庭农场中,38.74%的家庭农场在土地整理后其经营面积增加,土地整理后每个家庭农场平均增加了13.06%的经营面积,如果以中位数为准,平均增加了10.00%的经营面积。

分省(市、区)看,进行土地整理的家庭农场占比在60%以上的省(市、区)有5个,分别为天津(85.71%)、宁夏(71.74%)、重庆(67.74%)、湖北(60.00%)和四川(60.00%)。土地整理后经营面积增加的家庭农场占比在60%以上的省(市、区)有5个,分别为天津(80.00%)、四川(80.00%)、江西(75.00%)、新疆(71.43%)和河南(62.75%)。土地整理后每个家庭农场经营面积增加比重超过全国平均水平的省(市、区)有11个,增加比重位列前三的省(市、区)分别为云南(20.00%)、山西(19.60%)和内蒙古(19.50%)。

表1-21　2017年种植类家庭农场流转土地后对土地进行整理的情况

地区	进行土地整理的农场占比(%)	整理后面积增加的农场占比(%)	整理后土地面积增加比例(%) 平均数	整理后土地面积增加比例(%) 中位数	整理后土地面积增加比例(%) 最小值
全国	43.70	38.74	13.06	10.00	0.20
天津	85.71	80.00	5.13	5.00	0.50
河北	50.00	55.56	14.20	15.00	1.00
山西	36.96	44.12	19.60	20.00	3.00
内蒙古	20.00	19.05	19.50	19.00	10.00
辽宁	32.14	38.46	11.20	10.00	1.00
吉林	36.76	53.62	13.18	10.00	1.00
黑龙江	58.15	48.00	17.32	20.00	1.00
上海	45.45	0.00			
江苏	37.14	53.33	12.13	10.00	2.00
浙江	42.86	34.21	15.92	10.00	5.00
安徽	50.00	57.78	10.50	8.00	1.00
福建	50.91	23.91	10.55	10.00	3.00
江西	52.00	75.00	14.92	13.00	2.00
山东	27.91	19.23	11.40	10.00	2.00
河南	54.17	62.75	11.83	10.00	0.60

续表

地区	进行土地整理的农场占比（%）	整理后面积增加的农场占比（%）	整理后土地面积增加比例（%）		
			平均数	中位数	最小值
湖北	60.00	39.29	11.55	10.00	2.00
湖南	42.11	50.00	13.00	10.00	5.00
广东	14.89	21.21	17.14	20.00	10.00
广西	40.00	16.67	5.10	5.10	0.20
海南	—	—	—	—	—
重庆	67.74	53.85	9.21	6.50	1.00
四川	60.00	80.00	10.25	9.00	1.00
贵州	44.44	23.08	10.33	6.00	5.00
云南	16.67	3.23	20.00	20.00	20.00
陕西	37.50	20.00	16.83	15.50	10.00
甘肃	41.46	42.86	6.50	5.00	1.00
青海	30.43	17.95	10.71	10.00	5.00
宁夏	71.74	45.00	6.24	3.00	0.30
新疆	44.44	71.43	15.00	20.00	5.00

在地块数量大于等于1且不存在缺失值的1066个粮食类家庭农场中，每个家庭农场平均拥有18.10块耕地（见表1-22）；剔除家庭农场经营地块数极大值、极小值和异常值的影响，每个家庭农场经营地块数的中位数为6块，即每个家庭农场平均拥有6块地。进一步看，53.66%的粮食类家庭农场拥有的地块数为6块及以下，84.15%的粮食类家庭农场拥有的地块数在25块及以下。从地块面积看，最大一块土地面积的平均数为142.21亩，中位数为70亩。

表1-22 2017年粮食类家庭农场经营的地块情况

地区	平均经营面积（亩）	经营地块数量（块）		最大一块土地面积（亩）	
		平均数	中位数	平均数	中位数
全国	434.45	18.10	6.00	142.21	70.00
天津	950.00	3.00	3.00	361.25	385.00
河北	301.62	4.45	4.00	139.27	106.00

续表

地区	平均经营面积（亩）	经营地块数量（块） 平均数	经营地块数量（块） 中位数	最大一块土地面积（亩） 平均数	最大一块土地面积（亩） 中位数
山西	211.73	20.05	11.00	60.86	31.00
内蒙古	1092.00	15.60	10.00	227.10	155.00
辽宁	291.54	10.01	5.00	100.73	76.04
吉林	402.98	19.60	15.00	73.02	23.00
黑龙江	735.60	12.58	4.00	314.26	200.00
上海	153.13	8.40	4.00	59.84	60.00
江苏	327.04	16.37	6.00	95.43	70.00
浙江	650.14	6.52	3.00	242.10	240.00
安徽	788.91	15.38	5.00	277.19	140.00
福建	191.79	3.40	3.50	101.80	110.00
江西	578.41	55.63	7.00	133.89	59.00
山东	314.27	7.93	3.00	152.75	95.00
河南	446.52	8.23	5.00	158.26	100.00
湖北	567.34	8.18	5.00	185.27	50.00
湖南	223.97	45.08	45.00	30.40	9.00
广东	155.00	11.75	5.50	46.25	31.50
广西	151.41	17.78	5.00	55.64	40.00
海南	60.90	3.00	2.50	22.50	24.50
重庆	255.12	37.55	7.00	75.34	40.00
四川	321.36	42.50	18.50	76.94	8.00
贵州	—	—	—	—	—
云南	51.00	3.00	3.00	20.00	20.00
陕西	352.43	4.87	4.00	153.00	126.00
甘肃	483.83	138.50	90.00	8.37	7.50
青海	1000.00	3.00	3.00	700.00	700.00
宁夏	857.32	57.62	19.00	260.87	85.00
新疆	400.00	4.00	4.00	300.00	300.00

从经营地块数量的中位数来看，在28个省（市、区）中，甘肃、湖南、宁夏、四川和吉林粮食类家庭农场拥有的地块数在15块及以上，分

别为90块、45块、19块、18.5块和15块,这表明,这5个省(市、区)粮食类家庭农场所经营的土地较为分散,细碎化程度较严重。

在粮食类家庭农场中,42.11%的家庭农场对土地进行了整理(见表1-23)。在进行土地整理的家庭农场中,43.95%的家庭农场在土地整理后其经营面积增加,土地整理后每个家庭农场平均增加了12.97%的经营面积,剔除极大值、极小值和异常值的影响,从中位数看平均增加了10.00%的经营面积。

分省(市、区)看,进行土地整理的家庭农场占比在60%以上的省(市、区)有5个,分别为新疆(100.00%)、天津(75.00%)、湖北(71.43%)、宁夏(70.00%)和四川(66.67%)。土地整理后经营面积增加的家庭农场占比在60%以上的省(市、区)有6个,分别为天津(100.00%)、新疆(100.00%)、江西(80.00%)、四川(80.00%)、湖南(66.67%)和内蒙古(60.00%)。土地整理后每个家庭农场经营面积增加比重超过全国平均水平的省(市、区)有7个,增加比重位列前三的省(市、区)分别为内蒙古(19.33%)、山西(18.78%)和黑龙江(17.87%)。

表1-23　　　　2017年粮食类家庭农场的土地整理情况　　　　　(%)

地区	流转后进行土地整理的农场占比	整理后土地面积增加的农场占比	整理后土地面积增加比例 平均数	整理后土地面积增加比例 中位数	整理后土地面积增加比例 最小值
全国	42.11	43.95	12.97	10.00	0.50
天津	75.00	100.00	5.17	5.00	0.50
河北	50.00	51.61	14.50	15.00	1.00
山西	38.46	39.13	18.78	20.00	3.00
内蒙古	44.44	60.00	19.33	18.00	10.00
辽宁	33.96	38.46	11.20	10.00	1.00
吉林	36.30	53.62	13.18	10.00	1.00
黑龙江	54.90	48.72	17.87	20.00	1.00
上海	47.62	0.00	—	—	—
江苏	37.50	50.00	12.43	10.00	2.00
浙江	30.77	26.67	11.25	5.00	5.00
安徽	39.13	58.06	10.67	6.50	1.00

续表

地区	流转后进行土地整理的农场占比	整理后土地面积增加的农场占比	整理后土地面积增加比例 平均数	中位数	最小值
福建	44.44	37.50	6.00	5.00	3.00
江西	36.84	80.00	13.00	10.50	2.00
山东	20.00	16.67	5.67	5.00	2.00
河南	53.57	57.50	11.57	10.00	2.00
湖北	71.43	44.44	11.88	10.00	5.00
湖南	28.57	66.67	8.75	10.00	5.00
广东	25.00	0.00	—	—	—
广西	11.11	0.00	—	—	—
海南	—	—	—	—	—
重庆	28.57	16.67	1.00	1.00	1.00
四川	66.67	80.00	8.25	9.00	5.00
贵州	—	—	—	—	—
云南	—	—	—	—	—
陕西	42.86	36.36	17.50	15.00	10.00
甘肃	—	—	—	—	—
青海	—	—	—	—	—
宁夏	70.00	41.18	7.29	4.00	1.00
新疆	100.00	100.00	10.00	10.00	10.00

(三) 土地来源结构

从表1-24可以看出，种植类家庭农场的土地来源结构中，从平均数来看，81.51%的土地是转入地，其中，49.15%的转入地直接从农户转入，50.85%的转入地通过村集体和乡镇政府等中介组织转入；18.49%的土地是自家承包地。但是，从中位数来看，95.24%的土地是转入地，其中，46.81%的转入地直接来源于农户，53.19%的转入地通过村集体和乡镇政府等中介组织转入；4.76%的土地是自家承包地。相对来看，中位数视角的家庭农场土地来源结构比重更符合实际。

表 1-24　　　　　　2017 年种植类家庭农场土地来源结构

地区	平均经营面积（亩）	转入地面积占比（%）		其中：1. 从农户处转入土地面积占比（%）		2. 从中介组织处转入土地面积占比（%）		自家承包地面积占比（%）	
		均值	中位数	均值	中位数	均值	中位数	均值	中位数
全国	426.00	81.51	95.24	49.15	46.81	50.85	53.19	18.49	4.76
天津	579.21	81.90	97.83	16.67	0.00	83.33	100.00	18.10	2.17
河北	292.95	87.46	97.54	42.89	17.14	57.11	82.86	12.54	2.46
山西	174.55	68.29	83.05	45.13	1.22	54.87	98.78	31.71	16.95
内蒙古	1810.08	48.29	55.39	39.51	0.00	60.49	100.00	51.71	44.61
辽宁	292.03	89.60	95.19	54.85	80.00	45.15	20.00	10.40	4.81
吉林	431.03	76.52	80.00	73.29	100.00	26.71	0.00	23.48	20.00
黑龙江	924.93	77.72	87.50	81.23	100.00	18.77	0.00	22.28	12.50
上海	152.97	97.12	98.13	6.41	0.00	93.59	100.00	2.88	1.87
江苏	305.88	92.58	98.72	29.37	0.00	70.63	100.00	7.42	1.28
浙江	431.53	86.59	99.53	20.32	0.00	79.69	100.00	13.41	0.47
安徽	706.48	92.62	98.53	34.87	0.00	65.13	100.00	7.38	1.47
福建	200.11	87.12	100.00	43.23	0.00	56.77	100.00	12.88	0.00
江西	569.39	80.39	97.69	66.67	100.00	33.33	0.00	19.61	2.31
山东	252.12	84.30	93.75	36.74	0.00	63.26	100.00	15.70	6.25
河南	410.55	86.30	96.25	52.76	66.67	47.24	33.33	13.70	3.75
湖北	529.44	87.57	91.67	31.73	0.00	68.27	100.00	12.43	8.33
湖南	215.70	96.97	97.15	4.60	0.00	95.40	100.00	3.03	2.85
广东	133.09	38.12	25.00	60.12	87.11	39.88	12.89	61.88	75.00
广西	179.58	86.85	97.09	50.45	34.03	49.55	65.97	13.15	2.91
海南	102.71	53.55	70.29	92.88	100.00	7.12	0.00	46.45	29.71
重庆	186.36	94.59	96.30	47.87	46.19	52.13	53.81	5.41	3.70
四川	159.47	66.52	92.00	48.75	47.35	51.25	52.65	33.48	8.00
贵州	226.44	91.41	98.33	38.89	0.00	61.11	100.00	8.59	1.67
云南	107.57	85.14	100.00	51.52	54.47	48.48	45.53	14.86	0.00
陕西	258.57	80.33	95.34	45.71	35.42	54.29	64.58	19.67	4.66
甘肃	504.76	85.41	91.01	30.91	0.00	69.09	100.00	14.59	8.99
青海	331.75	91.55	98.40	87.78	100.00	12.22	0.00	8.45	1.60
宁夏	740.16	89.48	97.78	18.97	0.00	81.03	100.00	10.52	2.22
新疆	778.48	57.10	50.00	61.11	100.00	38.89	0.00	42.90	50.00

从表1-25可以看出，2017年，有新增转入土地的种植类家庭农场占比为31.45%。从平均数来看，每个家庭农场新增转入土地159.94亩，占家庭农场平均土地面积的29.03%；从中位数来看，每个家庭农场新增转入土地80亩，占家庭农场平均土地面积的22.08%，这更符合种植类家庭农场新增转入土地的实际情况。新增转入土地的平均租金为485.69元/亩，中位数为500元/亩。

表1-25　　2017年种植类家庭农场新增转入土地情况

地区	有新增转入土地的农场占比（%）	新增转入土地面积（亩） 平均数	新增转入土地面积（亩） 中位数	新增转入土地面积占平均土地面积的比重（%） 平均数	新增转入土地面积占平均土地面积的比重（%） 中位数	新增转入土地租金（元/亩） 平均数	新增转入土地租金（元/亩） 中位数
全国	31.45	159.94	80	29.03	22.08	485.69	500
天津	25.00	770.00	770	48.59	48.59	940.00	940
河北	30.77	96.55	55	30.59	21.04	597.50	500
山西	30.19	58.67	50	29.58	19.29	314.38	305
内蒙古	27.27	302.14	250	31.65	28.57	277.14	240
辽宁	35.53	111.91	80	27.34	24.17	500.74	450
吉林	39.10	187.96	60	37.21	33.33	361.11	375
黑龙江	59.57	238.69	150	26.82	22.22	457.68	500
上海	18.18	37.58	37.5	22.77	20.08	806.88	800
江苏	25.58	84.97	80	25.46	21.95	669.80	760
浙江	23.33	141.25	135	31.70	26.09	581.25	585
安徽	28.57	81.59	40	12.79	9.38	491.47	500
福建	24.62	41.30	17	29.91	23.65	419.67	375
江西	69.44	79.88	30	17.50	8.70	375.00	400
山东	7.84	39.10	24.2	30.34	12.81	700.00	700
河南	41.77	119.41	50	29.00	19.65	606.41	600
湖北	45.16	161.79	50	36.22	33.33	613.36	600
湖南	30.00	46.00	38	20.62	14.07	263.33	290
广东	17.39	80.33	61	28.72	30.00	503.33	550
广西	27.78	106.56	50	35.84	37.50	522.22	500
海南	—	—	—	—	—	—	—
重庆	5.56	100.00	100	13.02	13.02	500.00	500

续表

地区	有新增转入土地的农场占比（%）	新增转入土地面积（亩）		新增转入土地面积占平均土地面积的比重（%）		新增转入土地租金（元/亩）	
		平均数	中位数	平均数	中位数	平均数	中位数
四川	28.57	148.20	105	18.14	20.44	336.00	330
贵州	30.00	61.00	39	49.25	46.00	487.50	425
云南	6.12	20.00	20	24.03	24.03	625.00	625
陕西	22.45	302.20	197.5	33.83	30.00	580.00	650
甘肃	36.00	143.03	85	36.26	22.50	495.56	500
青海	12.24	79.50	58	18.67	17.81	210.83	85
宁夏	36.96	303.83	268.985	38.53	25.09	565.63	600
新疆	36.36	312.50	250	52.50	47.50	555.00	560

从表1-26可以看出，在粮食类家庭农场的土地来源结构中，从平均数来看，85.25%的土地是转入地，其中，48.82%的转入地直接来源于农户，51.18%的转入地通过村集体和乡镇政府等中介组织转入；14.75%的土地是自家承包地。但是，从中位数来看，即在剔除极大值、极小值和异常值影响的情况下，95.83%的土地是转入地，其中，46.81%的转入地直接来源于农户，53.19%的转入地通过村集体和乡镇政府等中介组织转入；4.17%的土地是自家承包地。相对来看，中位数视角的家庭农场土地来源结构比重更符合实际。

表1-26 2017年粮食类家庭农场土地来源结构

地区	平均经营面积（亩）	转入地面积占比（%）		其中：1. 从农户处转入土地面积占比（%）		2. 从中介组织处转入土地面积占比（%）		自家承包地面积占比（%）	
		平均数	中位数	平均数	中位数	平均数	中位数	平均数	中位数
全国	442.00	85.25	95.83	48.82	46.81	51.18	53.19	14.75	4.17
天津	950.00	72.21	94.72	33.33	0.00	66.67	100.00	27.79	5.28
河北	302.74	89.05	97.65	42.97	17.14	57.03	82.86	10.95	2.35
山西	211.73	68.92	86.03	39.01	0.00	60.99	100.00	31.08	13.97
内蒙古	1674.55	59.49	61.82	74.75	100.00	25.25	0.00	40.51	38.18
辽宁	291.54	89.28	95.05	55.11	80.00	44.89	20.00	10.72	4.95

续表

地区	平均经营面积（亩）	转入地面积占比（%）		其中：1. 从农户处转入土地面积占比（%）		2. 从中介组织处转入土地面积占比（%）		自家承包地面积占比（%）	
		平均数	中位数	平均数	中位数	平均数	中位数	平均数	中位数
吉林	406.28	76.18	80.00	74.36	100.00	25.64	0.00	23.82	20.00
黑龙江	735.60	78.00	87.37	81.51	100.00	18.49	0.00	22.00	12.63
上海	153.13	97.09	98.09	6.49	0.00	93.51	100.00	2.91	1.91
江苏	327.04	93.73	98.69	30.55	0.00	69.45	100.00	6.27	1.31
浙江	650.14	91.49	99.52	29.18	0.00	70.82	100.00	8.51	0.48
安徽	788.91	95.03	98.77	33.33	0.00	66.67	100.00	4.97	1.23
福建	191.79	89.06	96.43	30.77	0.00	69.23	100.00	10.94	3.57
江西	578.41	83.41	98.08	75.76	100.00	24.24	0.00	16.59	1.92
山东	314.27	86.73	94.70	37.02	0.00	62.98	100.00	13.27	5.30
河南	447.33	88.36	96.73	51.14	63.16	48.86	36.84	11.64	3.28
湖北	567.34	86.98	89.45	41.42	43.18	58.58	56.82	13.02	10.55
湖南	223.97	96.93	97.12	5.66	0.00	94.34	100.00	3.07	2.88
广东	155.00	42.94	40.43	100.00	100.00	0.00	0.00	57.06	59.57
广西	151.41	82.17	95.24	59.01	85.88	40.99	14.12	17.83	4.76
海南	59.50	91.43	100.00	96.15	100.00	3.85	0.00	8.57	0.00
重庆	255.12	93.81	93.75	35.65	0.00	64.35	100.00	6.19	6.25
四川	321.36	83.14	94.23	28.57	0.00	71.43	100.00	16.86	5.77
贵州	—	—	—	—	—	—	—	—	—
云南	51.00	—	—	—	—	—	—	—	—
陕西	352.43	80.60	97.62	60.66	84.35	39.34	15.65	19.40	2.38
甘肃	483.83	70.56	80.20	0.00	0.00	100.00	100.00	29.44	19.80
青海	1000.00	100.00	100.00	100.00	100.00	0.00	0.00	0.00	0.00
宁夏	845.61	93.52	97.88	19.55	0.00	80.45	100.00	6.48	2.12
新疆	400.00	42.86	42.86	0.00	0.00	100.00	100.00	57.14	57.14

从表1-27可以看出，2017年，有新增转入土地的粮食类家庭农场占比为35.86%。从平均数来看，每个家庭农场新增转入土地147.60亩，占家庭农场平均土地面积的27.98%；从中位数来看，每个家庭农场新增转入土地64亩，占家庭农场平均土地面积的20.64%，这更符合粮食类家庭

农场新增转入土地的实际情况。新增转入土地的平均租金为 497.79 元/亩，中位数为 500 元/亩。

表 1-27　　2017 年粮食类家庭农场新增转入土地情况

地区	有新增转入土地的农场占比（%）	新增转入土地面积（亩） 平均数	新增转入土地面积（亩） 中位数	新增转入土地面积占平均土地面积的比重（%） 平均数	新增转入土地面积占平均土地面积的比重（%） 中位数	新增转入土地租金（元/亩） 平均数	新增转入土地租金（元/亩） 中位数
全国	35.86	147.60	64	27.98	20.64	497.79	500
天津	25.00	1400.00	1400	56.00	56.00	980.00	980
河北	29.82	107.94	60	32.49	19.23	605.88	500
山西	31.25	73.15	56	34.03	23.87	279.00	290
内蒙古	50.00	178.75	185	39.34	42.06	320.00	290
辽宁	36.11	109.29	70.925	27.33	21.67	496.92	450
吉林	39.69	187.96	60	37.21	33.33	361.11	375
黑龙江	57.28	178.40	120	27.29	22.22	468.53	560
上海	16.92	37.36	35	22.24	17.95	807.50	800
江苏	28.21	84.97	80	25.46	21.95	669.80	760
浙江	28.57	158.86	150	27.67	29.69	595.71	570
安徽	32.08	85.13	45	12.54	9.34	509.69	500
福建	22.22	20.00	20	40.00	40.00	300.00	300
江西	73.08	77.63	30	13.53	8.00	405.79	400
山东	8.57	19.47	12.4	10.76	11.76	666.67	600
河南	42.62	134.27	50	28.47	19.65	623.27	650
湖北	50.00	97.47	56	24.59	18.44	559.63	580
湖南	37.50	46.00	38	20.62	14.07	263.33	290
广东	—	—	—	—	—	—	—
广西	28.57	37.60	20	25.89	16.67	490.00	500
海南	—	—	—	—	—	—	—
重庆	22.22	100.00	100	13.02	13.02	500.00	500
四川	20.00	130.00	130	15.29	15.29	550.00	550
贵州	—	—	—	—	—	—	—
云南	—	—	—	—	—	—	—
陕西	35.00	364.29	245	29.64	28.02	607.14	700
甘肃	16.67	30.00	30	7.50	7.50	300.00	300
青海	—	—	—	—	—	—	—
宁夏	39.47	316.08	277.97	38.03	19.90	550.00	600
新疆	100.00	300.00	300	75.00	75.00	500.00	500

(四) 转入地来源

1. 家庭农场转入土地来源户的情况

在种植类家庭农场中，有1692个家庭农场从农户手中转入了土地，这些转入土地平均来自52.19个农户，从中位数看来自于26个农户，转入土地来自农户数的最大值为1352户（见表1-28）。其中，所转入土地来自于1—10户农户的家庭农场数为437个，占样本总数的25.83%；来自于10—20户农户的家庭农场数为277个，占样本总数的16.37%；来自20户以上的家庭农场数为978个，累计占样本总数的57.80%（见表1-29）。这表明，土地转出的小农户土地规模非常小，种植类家庭农场从农户处转入的土地面积平均为208.77亩，平均每个农户流出土地4亩。

分省（市、区）的转入土地来自农户数情况见表1-28，从平均数看，有13个省（市、区）种植类家庭农场转入土地来自于农户数的平均户数超过全国的平均户数，这13个省（市、区）分别为天津、河北、江苏、浙江、安徽、福建、江西、山东、湖北、湖南、重庆、青海和宁夏。其中，天津的种植类家庭农场转入土地来自于农户数的平均户数最大，为212.17户；其次为安徽（147.58户）和浙江（122.79户）。

表1-28 2017年各省（市、区）种植类家庭农场转入土地来源（农户）数

地区	有效样本数（个）	转入土地来自农户数（户）			
		平均数	中位数	最小值	最大值
全国	1692	52.19	26.00	1	1352
天津	6	212.17	74.50	9	670
河北	77	60.77	54.00	2	220
山西	56	18.48	6.50	1	350
内蒙古	26	8.88	5.00	1	50
辽宁	86	38.90	30.00	2	210
吉林	193	17.92	8.00	1	300
黑龙江	187	21.70	12.00	1	350
上海	83	41.82	41.00	1	100
江苏	48	88.27	70.50	8	326
浙江	71	122.79	78.00	3	1038
安徽	72	147.58	79.50	3	1352

续表

地区	有效样本数（个）	转入土地来自农户数（户）			
		平均数	中位数	最小值	最大值
福建	53	56.36	32.00	1	245
江西	38	114.61	39.50	2	960
山东	50	74.08	35.50	1	850
河南	84	49.49	38.00	2	200
湖北	28	71.14	33.00	2	351
湖南	48	60.98	62.00	5	163
广东	40	36.60	12.00	1	450
广西	46	43.07	30.00	5	227
海南	29	3.97	1.00	1	76
重庆	42	59.67	35.00	4	285
四川	27	46.37	23.00	2	230
贵州	20	33.15	30.00	5	88
云南	47	28.55	3.00	1	423
陕西	47	48.74	22.00	1	450
甘肃	55	49.93	28.00	4	413
青海	51	58.43	36.00	5	350
宁夏	62	86.76	44.00	1	1306
新疆	20	16.35	5.00	1	120

表1-29　2017年种植类家庭农场按转入土地来自的农户数分组

转入土地来自的农户数（户）	有效样本数（个）	占比（%）	累计百分比（%）
[1, 10)	437	25.83	25.83
[10, 20)	277	16.37	42.2
[20, 30)	185	10.93	53.13
[30, 40)	164	9.69	62.83
[40, 50)	104	6.15	68.97
[50, 60)	106	6.26	75.24
[60, 70)	75	4.43	79.67
[70, 80)	51	3.01	82.68

续表

转入土地来自的农户数（户）	有效样本数（个）	占比（%）	累计百分比（%）
[80, 90)	54	3.19	85.87
[90, 100)	33	1.95	87.83
[100, 200)	122	7.21	95.04
[200, 300)	40	2.36	97.4
[300, 400)	25	1.48	98.88
[400, 500)	9	0.53	99.41
500 及以上	10	0.59	100.00
总计	1692	100.00	—

在粮食类家庭农场中，有1033个家庭农场从农户手中转入了土地，这些转入土地平均来自59.53个农户，从中位数看来自于30个农户，转入土地来自农户数的最大值为1306户（见表1-30）。其中，所转入土地来自于1至10户农户的家庭农场数为240个，占样本总数的23.23%；来自于10至20户农户的家庭农场数为152个，占样本总数的14.71%；来自20户以上的家庭农场数为641个，累计占样本总数的62.05%（见表1-31）。这表明，土地转出的小农户土地规模非常小，粮食家庭农场从农户处转入的土地面积平均为214.43亩，平均每个农户流出土地3.60亩。

分省（市、区）的转入土地来自农户数情况见表1-30，从平均数看，有16个省（市、区）种植类家庭农场转入土地来自于农户数的平均户数超过全国的平均户数，这16个省（市、区）分别为天津、河北、江苏、浙江、安徽、江西、山东、湖北、湖南、广东、重庆、四川、陕西、青海、宁夏和新疆。其中，天津的粮食类家庭农场转入土地来自于农户数的平均户数最大，为376.33户；其次为浙江（201.87户）和安徽（156.19户）。

表1-30 2017年各省（市、区）粮食类家庭农场转入土地来源（农户）数

地区	有效样本数（个）	转入土地来自农户数（户）			
		平均数	中位数	最小值	最大值
全国	1033	59.53	30.00	1	1306
天津	3	376.33	380.00	79	670
河北	68	63.15	56.50	2	220
山西	32	24.63	8.00	1	350
内蒙古	9	10.89	8.00	2	25
辽宁	82	38.82	29.00	2	210
吉林	190	17.72	8.00	1	300
黑龙江	103	22.47	12.00	1	350
上海	82	42.23	41.00	1	100
江苏	44	92.70	78.00	8	326
浙江	31	201.87	140.00	25	1038
安徽	54	156.19	101.00	15	658
福建	10	48.60	45.00	1	139
江西	27	135.19	38.00	2	960
山东	33	91.67	40.00	1	850
河南	65	53.38	38.00	3	200
湖北	19	66.58	33.00	12	351
湖南	39	67.15	63.00	6	163
广东	4	124.25	22.00	3	450
广西	26	38.19	30.00	5	176
海南	15	1.33	1.00	1	3
重庆	11	79.55	70.00	12	200
四川	6	64.67	26.50	3	190
贵州	—	—	—	—	—
云南	1	1.00	1.00	1	1
陕西	21	71.76	45.00	2	450
甘肃	6	11.83	12.00	4	22
青海	1	150.00	150.00	150	150
宁夏	50	100.04	48.50	4	1306
新疆	1	72.00	72.00	72	72

表1-31　　2017年粮食类家庭农场按转入土地来自的农户数分组

转入土地来自的农户数（户）	有效样本数（个）	占比（%）	累计百分比（%）
[1, 10)	240	23.23	23.23
[10, 20)	152	14.71	37.95
[20, 30)	112	10.84	48.79
[30, 40)	103	9.97	58.76
[40, 50)	67	6.49	65.25
[50, 60)	67	6.49	71.73
[60, 70)	47	4.55	76.28
[70, 80)	31	3.00	79.28
[80, 90)	40	3.87	83.16
[90, 100)	27	2.61	85.77
[100, 200)	85	8.23	94.00
[200, 300)	27	2.61	96.61
[300, 400)	19	1.84	98.45
[400, 500)	7	0.68	99.13
500及以上	9	0.87	100.00
总计	1033	100.00	—

2. 家庭农场转入土地来源村情况

在填写了转入土地来源行政村问题的1785个有效种植类家庭农场样本中，96.53%的家庭农场所转入土地涉及1—3个行政村数（见表1-32和表1-33）。其中，1341个家庭农场从1个行政村的农户手中转入土地，占样本总数的75.13%；382个家庭农场从2—3个行政村的农户手中转入土地，占样本总数的21.40%。1个家庭农场所转入土地涉及的行政村数达16个，该家庭农场位于重庆。分省（市、区），绝大部分省（市、区）种植类家庭农场所转入的土地只涉及1个行政村（见表1-33）。

表1-32　2017年种植类家庭农场转入土地按来自的行政村数分组

转入土地来自的行政村数（个）	有效样本数（个）	占比（%）	累计占比（%）
1	1341	75.13	75.13
2	284	15.91	91.04
3	98	5.49	96.53
4	38	2.13	98.66
5	13	0.73	99.38
6	6	0.34	99.72
8	1	0.06	99.78
10	3	0.17	99.94
16	1	0.06	100.00
合计	1785	100.00	—

表1-33　2017年各省（市、区）种植类家庭农场按转入土地来自行政村个数分组的农场占比　　　（%）

地区	有效样本数（个）	1个村	2个村	3个村	4个村	5个村	6个村	8个村	10个村	16个村
全国	1785	75.13	15.91	5.49	2.13	0.73	0.34	0.06	0.17	0.06
天津	8	75.00	12.50	0.00	0.00	12.50	0.00	0.00	0.00	0.00
河北	79	86.08	8.86	3.80	1.27	0.00	0.00	0.00	0.00	0.00
山西	64	92.19	1.56	4.69	0.00	0.00	1.56	0.00	0.00	0.00
内蒙古	25	68.00	28.00	4.00	0.00	0.00	0.00	0.00	0.00	0.00
辽宁	87	67.82	24.14	4.60	2.30	1.15	0.00	0.00	0.00	0.00
吉林	196	69.90	24.49	4.08	1.53	0.00	0.00	0.00	0.00	0.00
黑龙江	190	85.26	12.11	2.11	0.00	0.53	0.00	0.00	0.00	0.00
上海	82	100.00	0.00	0.00	0.00	0.00	0.00	0.00	0.00	0.00
江苏	50	88.00	4.00	6.00	2.00	0.00	0.00	0.00	0.00	0.00
浙江	72	52.78	26.39	12.50	5.56	1.39	0.00	1.39	0.00	0.00
安徽	74	64.86	13.51	12.16	5.41	1.35	2.70	0.00	0.00	0.00
福建	67	74.63	20.90	4.48	0.00	0.00	0.00	0.00	0.00	0.00
江西	38	60.53	15.79	10.53	10.53	2.63	0.00	0.00	0.00	0.00
山东	59	84.75	6.78	6.78	1.69	0.00	0.00	0.00	0.00	0.00

续表

地区	有效样本数（个）	1个村	2个村	3个村	4个村	5个村	6个村	8个村	10个村	16个村
河南	84	73.81	17.86	4.76	2.38	0.00	1.19	0.00	0.00	0.00
湖北	32	68.75	18.75	3.13	6.25	0.00	0.00	0.00	3.13	0.00
湖南	48	31.25	37.50	22.92	4.17	4.17	0.00	0.00	0.00	0.00
广东	50	70.00	22.00	2.00	0.00	4.00	2.00	0.00	0.00	0.00
广西	46	71.74	21.74	4.35	2.17	0.00	0.00	0.00	0.00	0.00
海南	28	96.43	3.57	0.00	0.00	0.00	0.00	0.00	0.00	0.00
重庆	43	76.74	11.63	6.98	2.33	0.00	0.00	0.00	0.00	2.33
四川	29	68.97	13.79	13.79	3.45	0.00	0.00	0.00	0.00	0.00
贵州	19	94.74	5.26	0.00	0.00	0.00	0.00	0.00	0.00	0.00
云南	77	87.01	6.49	5.19	0.00	0.00	0.00	0.00	1.30	0.00
陕西	48	60.42	20.83	10.42	6.25	0.00	0.00	0.00	2.08	0.00
甘肃	56	82.14	14.29	0.00	1.79	1.79	0.00	0.00	0.00	0.00
青海	51	45.10	31.37	11.76	7.84	1.96	1.96	0.00	0.00	0.00
宁夏	63	84.13	14.29	1.59	0.00	0.00	0.00	0.00	0.00	0.00
新疆	20	75.00	10.00	5.00	5.00	5.00	0.00	0.00	0.00	0.00

在填写了转入土地来源行政村问题的1063个有效粮食类家庭农场样本中，96.33%的家庭农场所转入土地涉及1—3个行政村数（见表1-34和表1-35）。其中，781个家庭农场从1个行政村的农户手中转入土地，占样本总数的73.47%；243个家庭农场从2—3个行政村的农户手中转入土地，占样本总数的22.86%。1个家庭农场所转入土地涉及的行政村数达16个，这个家庭农场位于重庆。分省（市、区），绝大部分省（市、区）种植类家庭农场所转入的土地只涉及1个行政村（见表1-35）。

表1-34　2017年粮食类家庭农场按转入土地来自的行政村数分组

转入土地来自的行政村数（个）	有效样本数（个）	占比（%）	累计占比（%）
1	781	73.47	73.47
2	174	16.37	89.84
3	69	6.49	96.33

续表

转入土地来自的行政村数（个）	有效样本数（个）	占比（%）	累计占比（%）
4	25	2.35	98.68
5	7	0.66	99.34
6	3	0.28	99.62
8	1	0.09	99.72
10	2	0.19	99.91
16	1	0.09	100.00
合计	1063	100.00	—

表1-35　2017年各省（市、区）粮食类家庭农场按转入土地来自行政村个数分组的农场占比　（%）

地区	有效样本数（个）	1个村	2个村	3个村	4个村	5个村	6个村	8个村	10个村	16个村
全国	1063	73.47	16.37	6.49	2.35	0.66	0.28	0.09	0.19	0.09
天津	4	75.00	0.00	0.00	0.00	25.00	0.00	0.00	0.00	0.00
河北	70	88.57	7.14	2.86	1.43	0.00	0.00	0.00	0.00	0.00
山西	39	92.31	2.56	5.13	0.00	0.00	0.00	0.00	0.00	0.00
内蒙古	8	62.50	37.50	0.00	0.00	0.00	0.00	0.00	0.00	0.00
辽宁	83	67.47	25.30	4.82	1.20	1.20	0.00	0.00	0.00	0.00
吉林	192	69.27	25.00	4.17	1.56	0.00	0.00	0.00	0.00	0.00
黑龙江	107	83.18	14.02	2.80	0.00	0.00	0.00	0.00	0.00	0.00
上海	81	100.00	0.00	0.00	0.00	0.00	0.00	0.00	0.00	0.00
江苏	45	86.67	4.44	6.67	2.22	0.00	0.00	0.00	0.00	0.00
浙江	31	35.48	25.81	22.58	9.68	3.23	0.00	3.23	0.00	0.00
安徽	55	60.00	14.55	14.55	7.27	1.82	1.82	0.00	0.00	0.00
福建	10	60.00	40.00	0.00	0.00	0.00	0.00	0.00	0.00	0.00
江西	27	55.56	14.81	11.11	14.81	3.70	0.00	0.00	0.00	0.00
山东	40	85.00	5.00	7.50	2.50	0.00	0.00	0.00	0.00	0.00
河南	66	72.73	19.70	6.06	0.00	0.00	1.52	0.00	0.00	0.00
湖北	21	61.90	19.05	4.76	9.52	0.00	0.00	0.00	4.76	0.00
湖南	39	23.08	41.03	28.21	2.56	5.13	0.00	0.00	0.00	0.00

续表

地区	有效样本数（个）	1个村	2个村	3个村	4个村	5个村	6个村	8个村	10个村	16个村
广东	4	75.00	0.00	0.00	0.00	0.00	25.00	0.00	0.00	0.00
广西	26	69.23	23.08	7.69	0.00	0.00	0.00	0.00	0.00	0.00
海南	15	100.00	0.00	0.00	0.00	0.00	0.00	0.00	0.00	0.00
重庆	11	54.55	9.09	18.18	9.09	0.00	0.00	0.00	0.00	9.09
四川	7	57.14	14.29	28.57	0.00	0.00	0.00	0.00	0.00	0.00
贵州	—	—	—	—	—	—	—	—	—	—
云南	1	100.00	0.00	0.00	0.00	0.00	0.00	0.00	0.00	0.00
陕西	21	57.14	19.05	14.29	4.76	0.00	0.00	0.00	4.76	0.00
甘肃	6	100.00	0.00	0.00	0.00	0.00	0.00	0.00	0.00	0.00
青海	1	0.00	0.00	0.00	100.00	0.00	0.00	0.00	0.00	0.00
宁夏	52	82.69	15.38	1.92	0.00	0.00	0.00	0.00	0.00	0.00
新疆	1	0.00	0.00	0.00	100.00	0.00	0.00	0.00	0.00	0.00

（五）转入土地租期及合同

在种植类家庭农场转入的平均土地经营面积中，租期小于5年的平均面积占比31.69%；租期为5—10年的平均面积占比38.60%；租期为10—30年的平均面积占比22.01%；租期在30年及以上的平均面积占比7.70%（见表1-36）。60.61%的转入土地的租期在5—30年。这表明，目前，大多数种植类家庭农场转入土地的租期较长。分省（市、区）看，种植类家庭农场转入土地租期5—30年的平均面积占比在70%以上的省（市、区）有11个，分别是天津、河北、山西、浙江、安徽、江西、山东、河南、重庆、陕西和宁夏，其中，占比位列前三的省（市、区）分别是天津（100.00%）、河北（86.70%）和重庆（86.05%）。而种植类家庭农场转入土地租期30年以上的平均面积占比较高的省（市、区）是云南（43.73%）、海南（33.26%）、广东（26.89%）、和福建（23.85%）。

在有转入土地的种植类家庭农场中，绝大部分家庭农场签订了书面流转合同，这一占比为94.04%（见表1-36）。天津、河北、辽宁、上海、江苏、安徽、湖北、湖南、四川、贵州和新疆签订书面土地流转合同的家庭农场占比为100%。5个省（市、区）签订书面土地流转合同的家庭农场占比在90%以下,这5个省(市、区)分别是云南(88.89%)、广西(88.10%)、吉林(87.25%)、内蒙古(69.70%)和海南(52.94%)。

表1-36　　2017年种植类家庭农场流入土地租期及合同情况

地区	平均转入土地面积(亩)	不同租期面积占比(%) 小于5年	5—10年	10—30年	30年以上	签订书面流转合同的农场占比(%)
全国	352.36	31.69	38.60	22.01	7.70	94.04
天津	510.89	0.00	75.00	25.00	0.00	100.00
河北	270.57	7.38	54.02	32.68	5.92	100.00
山西	128.47	20.41	36.02	35.29	8.28	96.23
内蒙古	997.32	29.35	55.63	13.93	1.09	69.70
辽宁	270.94	37.95	51.08	7.91	3.06	100.00
吉林	356.87	54.30	37.00	6.76	1.93	87.25
黑龙江	715.35	66.93	20.06	9.54	3.46	91.44
上海	149.35	52.03	47.36	0.42	0.19	100.00
江苏	293.91	30.42	56.35	13.18	0.04	100.00
浙江	422.94	14.08	29.66	48.62	7.64	97.10
安徽	719.16	27.65	55.85	15.81	0.69	100.00
福建	151.98	12.56	22.66	40.92	23.85	98.41
江西	407.58	12.17	61.54	17.38	8.92	97.22
山东	236.31	11.08	51.04	32.95	4.93	98.15
河南	357.09	24.97	59.27	14.20	1.56	93.59
湖北	484.14	35.27	42.05	19.65	3.03	100.00
湖南	209.70	23.26	57.81	10.29	8.64	100.00
广东	51.11	7.49	24.09	41.54	26.89	90.70
广西	157.31	46.29	35.42	17.97	0.32	88.10
海南	31.74	18.97	34.48	13.29	33.26	52.94
重庆	183.72	4.65	10.15	75.89	9.30	97.62
四川	141.38	48.05	19.91	28.30	3.74	100.00
贵州	236.33	24.66	12.10	47.74	15.49	100.00
云南	85.28	0.00	8.09	48.18	43.73	88.89
陕西	221.25	15.97	59.09	21.27	3.67	97.87
甘肃	465.81	25.19	33.16	33.72	7.92	98.15
青海	317.55	65.98	25.88	7.98	0.15	97.83
宁夏	708.87	27.76	61.71	9.62	0.91	94.12
新疆	516.81	26.84	24.14	31.10	17.92	100.00

在粮食类家庭农场转入的土地经营面积中，租期小于5年的面积平均占比37.50%；租期为5—10年的面积平均占比44.79%；租期为10—30年的面积平均占比14.52%；租期在30年及以上的面积平均占比3.19%（见表1-37）。分省（市、区）看，粮食类家庭农场转入土地租期5—30年的平均面积占比在70%以上的省（市、区）有13个，分别是天津、河北、内蒙古、浙江、福建、江西、山东、河南、湖南、广东、重庆、四川和陕西。其中，占比位列前三的省（市、区）分别是天津（100.00%）、四川（100.00%）和重庆（90.91%）。海南和广东粮食类家庭农场转入土地租期30年以上的平均面积占比相对较高，占比分别为43.75%和25.00%。

在有转入土地的粮食类家庭农场中，绝大部分家庭农场签订了土地流转书面合同，这一占比为93.27%（见表1-37）。天津、河北、辽宁、上海、江苏、安徽、福建、湖北、湖南、重庆、四川、陕西、甘肃、青海和新疆签订书面土地流转合同的家庭农场占比为100%。6个省（市、区）签订书面土地流转合同的家庭农场占比在90%以下，这6个省（市、区）分别是黑龙江（88.24%）、吉林（87.59%）、广西（80.00%）、内蒙古（77.78%）、广东（75.00%）和海南（33.33%）。

表1-37　　　　2017年粮食类家庭农场转入土地租期及合同情况

地区	平均转入土地面积（亩）	不同租期面积占比（%）				签订书面流转合同的农场占比（%）
		小于5年	5—10年	10—30年	30年以上	
全国	383.99	37.50	44.79	14.52	3.19	93.27
天津	832.75	0.00	100.00	0.00	0.00	100.00
河北	283.62	6.63	53.26	33.44	6.68	100.00
山西	156.83	22.62	32.58	32.49	12.32	94.12
内蒙古	966.00	18.75	62.50	18.75	0.00	77.78
辽宁	270.01	37.94	51.77	7.08	3.20	100.00
吉林	332.12	54.95	37.35	5.74	1.97	87.59
黑龙江	580.46	67.09	17.50	12.47	2.94	88.24
上海	149.47	52.32	47.06	0.42	0.20	100.00
江苏	314.29	33.73	60.30	5.92	0.04	100.00
浙江	647.95	21.96	27.94	50.11	0.00	93.10

续表

地区	平均转入土地面积（亩）	不同租期面积占比（%）				签订书面流转合同的农场占比（%）
		小于5年	5—10年	10—30年	30年以上	
安徽	793.96	32.65	57.25	10.09	0.01	100.00
福建	172.87	25.00	51.67	23.33	0.00	100.00
江西	432.05	17.13	64.38	17.05	1.44	96.00
山东	300.27	15.09	55.02	26.93	2.96	97.37
河南	405.26	25.68	59.70	13.65	0.98	91.67
湖北	507.75	48.35	44.89	6.75	0.00	100.00
湖南	217.81	25.94	61.03	12.66	0.38	100.00
广东	10.33	0.81	49.19	25.00	25.00	75.00
广西	135.98	73.64	21.95	3.84	0.57	80.00
海南	48.59	18.75	18.75	18.75	43.75	33.33
重庆	248.56	9.09	18.18	72.73	0.00	100.00
四川	310.50	0.00	48.74	51.26	0.00	100.00
贵州	—	—	—	—	—	—
云南	—	—	—	—	—	—
陕西	314.23	22.81	37.25	33.76	6.18	100.00
甘肃	393.00	24.07	57.41	1.85	16.67	100.00
青海	1000.00	100.00	0.00	0.00	0.00	100.00
宁夏	816.52	30.83	60.23	7.84	1.10	95.35
新疆	300.00	52.08	22.92	16.67	8.33	100.00

（六）转入土地租金

从表1-38可以看出，在全部家庭农场中，有转入土地租金的家庭农场占比为93.73%。从平均数来看，转入土地的平均租金为498.62元/亩；从中位数来看，转入土地的平均租金为500元/亩。其中，天津家庭农场转入土地的平均租金最高，达976.80元/亩，其次分别为上海和山东，平均租金分别为814.91元/亩和805.11元/亩。18个省（市、区）家庭农场转入土地的平均租金低于全国平均水平，平均租金水平位列后三位的省（市、区）分别是内蒙古（244.59元/亩）、山西（303.81元/亩）和吉林（307.25元/亩）。

家庭农场转入土地租金的结算方式有固定现金租金、浮动现金租金、固定实物市价租金、固定实物租金和其他方式。大部分家庭农场采取现金租金结算方式,其中,78.06%的家庭农场采取固定现金租金结算方式,12.87%的家庭农场采取浮动现金租金结算方式。采取固定实物市价租金结算方式的家庭农场占比为7.67%;采取固定实物租金结算方式的家庭农场占比仅为0.72%。分省(市、区)来看,在山西、广东、云南、甘肃、青海和宁夏,90%以上的家庭农场采取固定现金租金结算方式。在上海,采取固定实物市价租金结算方式的家庭农场占比较高,为57%。

表1-38　　　　2017年全部家庭农场转入土地租金情况

地区	有转入土地租金的农场占比(%)	转入土地租金(元/亩) 平均数	转入土地租金(元/亩) 中位数	固定现金租金	浮动现金租金	固定实物市价租金	固定实物租金	其他结算方式
全国	93.73	498.62	500	78.06	12.87	7.67	0.72	0.68
天津	100.00	976.80	990	70.00	30.00	0.00	0.00	0.00
河北	98.99	739.16	760	83.67	7.14	8.16	0.00	1.02
山西	86.27	303.81	300	90.91	3.41	1.14	2.27	2.27
内蒙古	75.96	244.59	200	88.61	8.86	1.27	1.27	0.00
辽宁	100.00	496.32	500	88.12	9.90	1.98	0.00	0.00
吉林	94.44	307.25	300	78.92	19.61	0.49	0.49	0.49
黑龙江	99.53	436.52	400	80.19	13.53	6.28	0.00	0.00
上海	100.00	814.91	800	40.00	2.00	57.00	1.00	0.00
江苏	100.00	749.41	755	60.98	13.41	24.39	1.22	0.00
浙江	100.00	743.40	815	41.41	27.27	29.29	1.01	1.01
安徽	98.99	643.37	600	79.59	11.22	9.18	0.00	0.00
福建	97.03	424.89	350	84.69	6.12	8.16	0.00	1.02
江西	96.59	310.87	345	50.00	47.56	1.22	1.22	0.00
山东	100.00	805.11	800	81.71	9.76	8.54	0.00	0.00
河南	99.05	731.40	800	88.46	8.65	2.88	0.00	0.00
湖北	100.00	524.97	500	81.55	15.53	0.97	0.97	0.97
湖南	100.00	382.00	400	52.05	45.21	2.74	0.00	0.00
广东	97.83	371.34	350	90.00	6.67	3.33	0.00	0.00
广西	98.99	437.48	400	79.38	15.46	4.12	1.03	0.00

续表

地区	有转入土地租金的农场占比（%）	转入土地租金（元/亩）平均数	转入土地租金（元/亩）中位数	固定现金租金	浮动现金租金	固定实物市价租金	固定实物租金	其他结算方式
海南	51.16	366.82	400	88.64	9.09	0.00	2.27	0.00
重庆	97.98	454.03	450	60.82	15.46	21.65	2.06	0.00
四川	88.37	353.39	330	81.58	6.58	7.89	1.32	2.63
贵州	95.24	397.90	350	82.50	10.00	0.00	2.50	5.00
云南	85.11	562.10	500	94.17	2.50	0.00	0.83	2.50
陕西	86.46	339.46	250	88.75	8.75	2.50	0.00	0.00
甘肃	94.95	411.05	400	91.40	6.45	1.08	1.08	0.00
青海	91.04	415.48	300	93.44	1.64	1.64	1.64	1.64
宁夏	88.54	608.62	700	92.94	5.88	0.00	1.18	0.00
新疆	97.14	380.88	410	73.53	14.71	2.94	0.00	8.82

从表1-39可以看出，在种植类家庭农场中，有转入土地租金的家庭农场占比为95.18%。从平均数来看，转入土地的平均租金为518.75元/亩；从中位数来看，转入土地的平均租金为500元/亩。其中，天津家庭农场转入土地的平均租金最高，达843.75元/亩，其次分别为上海和山东，平均租金分别为826.51元/亩和806.03元/亩。18个省（市、区）家庭农场转入土地的平均租金低于全国平均水平，平均租金水平位列后三位的省（市、区）分别是内蒙古（250.76元/亩）、山西（285.70元/亩）和吉林（305.86元/亩）。

大部分种植类家庭农场采取现金租金结算方式，其中，78.45%的家庭农场采取固定现金租金结算方式，12.18%的家庭农场采取浮动现金租金结算方式。采取固定实物市价租金结算方式的家庭农场占比为8.12%；采取固定实物租金结算方式的家庭农场占比仅为0.68%。分省（市、区）来看，在山西、广东、海南、云南、甘肃、青海和宁夏，90%以上的家庭农场采取固定现金租金结算方式。在上海、浙江和重庆，采取固定实物市价租金结算方式的家庭农场占比较高，分别为48.19%、30.56%和30.95%。

表1-39　　　　　　　　2017年种植类家庭农场转入土地租金情况

地区	有转入土地租金的农场占比（%）	转入土地租金（元/亩）平均数	中位数	固定现金租金	浮动现金租金	固定实物市价租金	固定实物租金	其他结算方式
全国	95.18	518.75	500	78.45	12.18	8.12	0.68	0.56
天津	100.00	843.75	850	87.50	12.50	0.00	0.00	0.00
河北	100.00	726.18	700	83.54	7.59	7.59	0.00	1.27
山西	92.75	285.70	300	95.31	1.56	1.56	1.56	0.00
内蒙古	72.22	250.76	220	84.62	11.54	0.00	3.85	0.00
辽宁	100.00	503.89	500	86.21	11.49	2.30	0.00	0.00
吉林	93.91	305.86	300	81.62	17.84	0.54	0.00	0.00
黑龙江	99.48	435.07	400	81.48	12.17	6.35	0.00	0.00
上海	100.00	826.51	800	48.19	2.41	48.19	1.20	0.00
江苏	100.00	776.78	760	56.86	11.76	29.41	1.96	0.00
浙江	100.00	748.32	800	43.06	23.61	30.56	1.39	1.39
安徽	100.00	660.54	600	75.68	12.16	12.16	0.00	0.00
福建	97.01	503.09	425	84.62	6.15	7.69	0.00	1.54
江西	100.00	356.87	400	47.37	52.63	0.00	0.00	0.00
山东	100.00	806.03	800	86.44	6.78	6.78	0.00	0.00
河南	100.00	721.71	800	88.10	9.52	2.38	0.00	0.00
湖北	100.00	522.79	450	78.79	18.18	3.03	0.00	0.00
湖南	100.00	394.38	407.5	43.75	54.17	2.08	0.00	0.00
广东	96.30	368.87	387.5	90.38	7.69	1.92	0.00	0.00
广西	100.00	465.11	500	70.21	21.28	6.38	2.13	0.00
海南	57.41	391.48	420	90.32	9.68	0.00	0.00	0.00
重庆	97.67	452.88	460.5	50.00	16.67	30.95	2.38	0.00
四川	75.68	400.46	425	78.57	0.00	14.29	0.00	7.14
贵州	100.00	455.79	400	85.00	5.00	0.00	5.00	5.00
云南	86.75	571.13	500	93.06	4.17	0.00	1.39	1.39
陕西	92.59	439.70	400	87.76	8.16	4.08	0.00	0.00
甘肃	92.98	454.34	480	98.11	0.00	0.00	1.89	0.00
青海	96.15	403.45	300	96.00	2.00	0.00	0.00	0.00
宁夏	95.52	589.81	625	93.75	4.69	0.00	1.56	0.00
新疆	95.24	439.50	475	80.00	5.00	0.00	0.00	15.00

从表 1-40 可以看出，在粮食类家庭农场中，有转入土地租金的家庭农场占比为 97.69%。从平均数来看，转入土地的平均租金为 532.51 元/亩；从中位数来看，转入土地的平均租金为 500 元/亩。其中，天津家庭农场转入土地的平均租金最高，达 900 元/亩；其次分别为上海和江苏，平均租金分别为 826.83 元/亩和 776.43 元/亩。16 个省（市、区）家庭农场转入土地的平均租金低于全国平均水平，平均租金水平位列后三位的省区分别是山西（268.98 元/亩）、内蒙古（285.56 元/亩）和新疆（300 元/亩）。

表 1-40　　　　2017 年粮食类家庭农场转入土地租金情况

地区	有转入土地租金的农场占比（%）	转入土地租金（元/亩）平均数	转入土地租金（元/亩）中位数	固定现金租金	浮动现金租金	固定实物市价租金	固定实物租金	其他结算方式
全国	97.69	532.51	500	76.16	13.20	10.07	0.47	0.09
天津	100.00	900.00	910	75.00	25.00	0.00	0.00	0.00
河北	100.00	713.83	700	81.43	8.57	8.57	0.00	1.43
山西	95.24	268.98	246.5	97.50	0.00	2.50	0.00	0.00
内蒙古	81.82	285.56	300	88.89	11.11	0.00	0.00	0.00
辽宁	100.00	503.47	500	85.54	12.05	2.41	0.00	0.00
吉林	94.30	306.88	300	81.87	17.58	0.55	0.00	0.00
黑龙江	99.07	457.48	450	80.77	9.62	9.62	0.00	0.00
上海	100.00	826.83	800	47.56	2.44	48.78	1.22	0.00
江苏	100.00	776.43	755	58.70	6.52	32.61	2.17	0.00
浙江	100.00	703.06	750	54.84	16.13	25.81	3.23	0.00
安徽	100.00	652.36	600	76.36	10.91	12.73	0.00	0.00
福建	100.00	471.00	300	70.00	10.00	20.00	0.00	0.00
江西	100.00	378.96	400	44.44	55.56	0.00	0.00	0.00
山东	100.00	758.00	800	90.00	5.00	5.00	0.00	0.00
河南	100.00	706.52	750	87.69	9.23	3.08	0.00	0.00
湖北	100.00	505.09	400	77.27	18.18	4.55	0.00	0.00
湖南	100.00	397.18	410	38.46	58.97	2.56	0.00	0.00
广东	100.00	368.75	387.5	75.00	25.00	0.00	0.00	0.00

续表

地区	有转入土地租金的农场占比（%）	转入土地租金（元/亩） 平均数	转入土地租金（元/亩） 中位数	采取不同租金结算方式的农场占比（%） 固定现金租金	采取不同租金结算方式的农场占比（%） 浮动现金租金	采取不同租金结算方式的农场占比（%） 固定实物市价租金	采取不同租金结算方式的农场占比（%） 固定实物租金	采取不同租金结算方式的农场占比（%） 其他结算方式
广西	100.00	452.22	500	70.37	14.81	11.11	3.70	0.00
海南	88.89	388.13	420	93.75	6.25	0.00	0.00	0.00
重庆	90.91	362.00	375	60.00	20.00	20.00	0.00	0.00
四川	75.00	325.50	275	83.33	0.00	16.67	0.00	0.00
贵州	—	—	—	—	—	—	—	—
云南	—	—	—	—	—	—	—	—
陕西	91.30	557.62	700	85.71	4.76	9.52	0.00	0.00
甘肃	100.00	313.33	300	100.00	0.00	0.00	0.00	0.00
青海	100.00	—	—	100.00	0.00	0.00	0.00	0.00
宁夏	98.11	563.42	600	92.31	5.77	0.00	1.92	0.00
新疆	100.00	300.00	300	100.00	0.00	0.00	0.00	0.00

大部分种植类家庭农场采取现金租金结算方式，其中，76.16%的家庭农场采取固定现金租金结算方式，13.20%的家庭农场采取浮动现金租金结算方式。采取固定实物市价租金结算方式的家庭农场占比为10.07%；采取固定实物租金结算方式的家庭农场占比仅为0.47%。分省（市、区）来看，在甘肃、青海和新疆，全部粮食类家庭农场都采取固定现金租金结算方式。在上海和江苏，采取固定实物市价租金结算方式的家庭农场占比较高，分别为48.78%和32.61%。

（七）土地经营规模变化

从表1-41可以看出，与2016年相比，2017年有53.79%的种植类家庭农场减少了粮食作物播种面积，9.23%的家庭农场扩大了粮食作物播种面积，36.98%的家庭农场粮食作物播种面积保持不变。分省（市、区）看，湖北（15.15%）、云南（15.94%）、陕西（16.33%）和甘肃（22.22%）4个省（市、区）的种植类家庭农场中，2017年扩大粮食作物播种面积的农场占比在15%以上。重庆（85.71%）、四川（82.86%）、广西（80.00%）、湖南（71.43%）、江苏（71.43%）、福建（70.77%）和浙江（70.49%）7个省（市、区）的种植类农场降低粮食作物播种面积的农场占比则较高，农场占比均在70%以上。

未来经营意愿中，2017年全国有52.83%的种植类家庭农场想要扩大土地经营规模，42.41%的种植类家庭农场想要保持土地经营规模不变，仅有4.76%的种植类家庭农场想要降低土地经营规模。分省（市、区）看，海南（84.62%）、江西（83.78%）、天津（75.00%）、内蒙古（74.29%）和青海（70.59%）5个省（市、区）70%以上的种植类家庭农场想要扩大土地经营规模；四川（77.78%）、浙江（64.79%）、湖南（62.79%）和重庆（61.90%）4个省（市、区）60%以上的种植类家庭农场不准备改变土地经营规模，将保持家庭农场的稳定发展。

表1-41　2017年种植类家庭农场当年粮食作物种植面积变化情况和未来经营规模意愿 （%）

地区	与2016年相比，2017年粮食作物播种面积变化情况的农场占比			未来经营意愿的农场占比		
	扩大	不变	降低	扩大	不变	降低
全国	9.23	36.98	53.79	52.83	42.41	4.76
天津	12.50	50.00	37.50	75.00	25.00	0.00
河北	8.22	45.21	46.58	63.01	35.62	1.37
山西	9.26	25.93	64.81	57.89	38.60	3.51
内蒙古	14.29	45.71	40.00	74.29	20.00	5.71
辽宁	3.66	43.90	52.44	67.06	32.94	0.00
吉林	6.25	49.38	44.38	66.01	31.37	2.61
黑龙江	5.26	62.63	32.11	68.62	26.06	5.32
上海	6.76	27.03	66.22	57.50	40.00	2.50
江苏	6.12	22.45	71.43	40.82	55.10	4.08
浙江	14.75	14.75	70.49	22.54	64.79	12.68
安徽	16.9	25.35	57.75	29.58	57.75	12.68
福建	9.23	20.00	70.77	36.36	59.09	4.55
江西	0.00	71.43	28.57	83.78	16.22	0.00
山东	20.00	12.73	67.27	38.60	52.63	8.77
河南	14.12	31.76	54.12	51.85	41.98	6.17
湖北	15.15	39.39	45.45	48.48	48.48	3.03
湖南	4.76	23.81	71.43	32.56	62.79	4.65

续表

地区	与2016年相比，2017年粮食作物播种面积变化情况的农场占比			未来经营意愿的农场占比		
	扩大	不变	降低	扩大	不变	降低
广东	4.08	40.82	55.1	51.92	48.08	0.00
广西	2.22	17.78	80.00	42.55	57.45	0.00
海南	2.08	79.17	18.75	84.62	15.38	0.00
重庆	2.86	11.43	85.71	28.57	61.90	9.52
四川	8.57	8.57	82.86	8.33	77.78	13.89
贵州	25.00	15.00	60.00	45.00	45.00	10.00
云南	15.94	20.29	63.77	48.81	48.81	2.38
陕西	16.33	32.65	51.02	46.15	53.85	0.00
甘肃	22.22	29.63	48.15	42.86	50.00	7.14
青海	0.00	63.27	36.73	70.59	27.45	1.96
宁夏	10.94	25.00	64.06	46.27	40.30	13.43
新疆	8.33	50.00	41.67	60.00	40.00	0.00

从表1-42可以看出，和2016年相比，全国有53.19%的粮食类家庭农场减少了粮食作物播种面积，7.58%的粮食类家庭农场增加了粮食作物种植面积，39.22%的粮食类家庭农场的粮食种植面积保持不变。分省（市、区）来看，广东（25.00%）、山东（22.50%）、内蒙古（18.18%）和安徽（15.09%）4个省（市、区）的粮食类家庭农场中，2017年扩大粮食作物播种面积的农场占比在15%以上。重庆（90%）、四川（87.50%）、湖南（77.14%）和广西（76.92%）4个省（市、区）70%以上的粮食类家庭农场在2017年减少了粮食作物播种面积。

未来经营意愿中，2017年全国有55.80%的粮食类家庭农场想要扩大土地经营规模，39.30%的粮食类家庭农场想要保持土地经营规模不变，仅有4.90%的粮食类家庭农场想要降低土地经营规模。分省（市、区）来看，云南（100.00%）、青海（100.00%）、新疆（100.00%）、江西（85.19%）、海南（83.33%）、天津（75.00%）和内蒙古（70.00%）7个省（市、区）70%以上的粮食类家庭农场想要扩大土地经营规模；重庆（80.00%）、四川（71.43%）、广东（75.00%）、湖南（68.57%）和安徽（61.54%）5个省（市、区）中60%以上的粮食类家庭农场不准备改变土地经营规模，将保持家庭农场的稳定发展。

表 1-42　　2017 年粮食类家庭农场当年粮食作物种植面积
变化情况和未来经营规模意愿　　　　　　　　　　　（%）

地区	与 2016 年相比，2017 年粮食作物播种面积变化情况的农场占比			未来经营意愿的农场占比		
	扩大	不变	降低	扩大	不变	降低
全国	7.58	39.22	53.19	55.80	39.30	4.90
天津	0.00	75.00	25.00	75.00	25.00	0.00
河北	6.15	47.69	46.15	65.63	32.81	1.56
山西	11.43	28.57	60.00	66.67	30.56	2.78
内蒙古	18.18	54.55	27.27	70.00	20.00	10.00
辽宁	3.85	44.87	51.28	67.90	32.10	0.00
吉林	5.77	49.36	44.87	66.44	31.54	2.01
黑龙江	7.69	56.73	35.58	68.93	24.27	6.80
上海	6.85	27.4	65.75	58.23	39.24	2.53
江苏	6.67	24.44	68.89	37.78	57.78	4.44
浙江	12.9	19.35	67.74	30.00	56.67	13.33
安徽	15.09	24.53	60.38	25.00	61.54	13.46
福建	10.00	30.00	60.00	33.33	55.56	11.11
江西	0.00	73.08	26.92	85.19	14.81	0.00
山东	22.50	17.50	60.00	35.00	52.50	12.50
河南	7.58	33.33	59.09	53.13	40.63	6.25
湖北	9.09	50.00	40.91	63.64	31.82	4.55
湖南	0.00	22.86	77.14	25.71	68.57	5.71
广东	25.00	25.00	50.00	25.00	75.00	0.00
广西	0.00	23.08	76.92	44.44	55.56	0.00
海南	0.00	76.47	23.53	83.33	16.67	0.00
重庆	0.00	10.00	90.00	10.00	80.00	10.00
四川	0.00	12.50	87.50	28.57	71.43	0.00
贵州	—	—	—	—	—	—
云南	0.00	100.00	0.00	100.00	0.00	0.00
陕西	8.70	39.13	52.17	69.57	30.43	0.00
甘肃	0.00	83.33	16.67	60.00	40.00	0.00
青海	0.00	100.00	0.00	100.00	0.00	0.00
宁夏	11.76	25.49	62.75	41.51	45.28	13.21
新疆	0.00	100.00	0.00	100.00	0.00	0.00

六 家庭农场生产经营行为

本部分对家庭农场作物（或养殖畜禽）种类、化肥及测土配方使用、农药使用、秸秆处理、地膜处理、畜禽粪便处理、农产品销售渠道与对象、加入合作社情况及与龙头企业联系情况等内容进行深入统计分析，以了解家庭农场生产经营行为，了解农业农村部关于"一控、两减、三基本"号召的执行情况，了解家庭农场的组织化程度和市场参与情况。

(一) 作物种类

从图1-15和表1-43可以看出，种植类家庭农场的生产专业化程度较高，每个农场平均种植作物种类1.95种，种植1种作物的农场占比40.31%，种植2种以内作物的农场占比76.86%。广东、贵州、辽宁、云南和新疆5个省（市、区）的种植类家庭农场种植作物的种类较少，分别为1.48种、1.47种、1.33种、1.30种和1.29种；河南、河北、宁夏、天津和湖北5个省（市、区）的种植类家庭农场种植作物的种类较多，分别为3.11种、2.76种、2.67种、2.63种和2.61种。

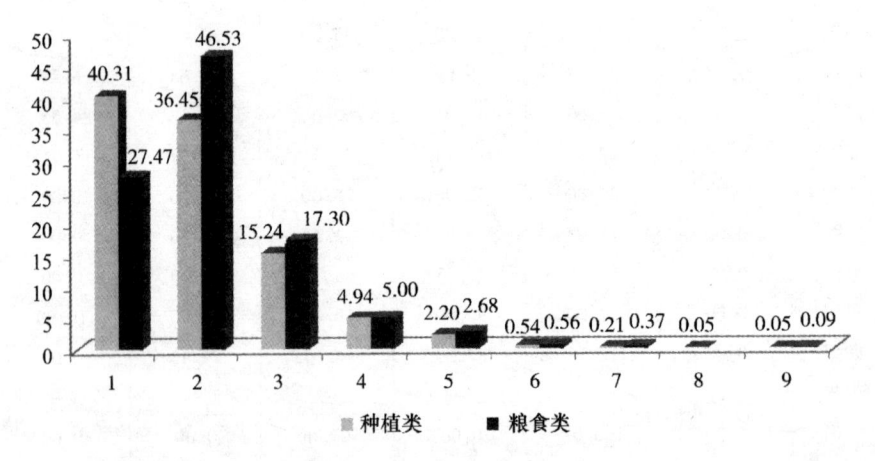

图1-15 2017年种植不同数量作物种类的农场占比（单位：%）

粮食类家庭农场的生产专业化程度相对较低，每个农场平均种植作物种类2.13种，种植1种作物的农场占比27.47%，种植2种以内作物的场占比74.00%。黑龙江、上海和辽宁3个省（市、区）的粮食类家庭农场种植作物的种类较少,分别为1.65种、1.56种和1.29种;新疆、河南和青海3个省(市、区)的粮食类家庭农场种植作物的种类较多,分别为4.00种、3.20种和3.00种。

表1-43　　2017年各省(市、区)家庭农场种植作物种类情况　　　　(种)

地区	种植类农场作物种类数 平均值	种植类农场作物种类数 最小值	种植类农场作物种类数 最大值	粮食类农场作物种类数 平均值	粮食类农场作物种类数 最小值	粮食类农场作物种类数 最大值
全国	1.95	1	9	2.13	1	9
天津	2.63	1	4	2.75	2	4
河北	2.76	1	6	2.76	2	6
山西	2.13	1	5	2.36	1	5
内蒙古	1.83	1	4	2.36	1	4
辽宁	1.33	1	5	1.29	1	3
吉林	1.93	1	5	1.94	1	5
黑龙江	1.72	1	7	1.65	1	7
上海	1.58	1	4	1.56	1	4
江苏	2.06	1	6	2.17	2	6
浙江	1.96	1	6	2.35	1	5
安徽	2.14	1	5	2.31	1	5
福建	1.82	1	4	1.80	1	4
江西	1.82	1	9	1.93	1	9
山东	2.32	1	7	2.45	1	7
河南	3.11	1	7	3.20	2	7
湖北	2.61	1	8	2.45	1	5
湖南	1.79	1	6	1.82	1	6
广东	1.48	1	4	2.00	2	2
广西	1.89	1	7	2.00	1	7
海南	1.57	1	4	2.00	1	4
重庆	2.02	1	6	2.73	1	6
四川	1.70	1	5	2.63	2	5
贵州	1.47	1	6	—	—	—
云南	1.30	1	5	2.00	2	2
陕西	1.90	1	4	2.26	1	4
甘肃	2.21	1	5	2.50	1	4
青海	1.80	1	5	3.00	3	3
宁夏	2.67	1	5	2.89	1	5
新疆	1.29	1	4	4.00	4	4

(二) 化肥使用

在种植类家庭农场中，40.10%的农场的亩均化肥施用量低于周边农户，40.85%的农场的亩均化肥施用量和周边农户持平，19.05%的农场的亩均化肥施用量高于周边农户。在粮食类家庭农场中，38.33%的农场的亩均化肥施用量低于周边农户，这一占比略低于种植类家庭农场；45.00%的农场的亩均化肥施用量和周边农户持平，16.67%的农场的亩均化肥施用量高于周边农户（见图1-16）。这表明，与周边农户相比，种植类（包括粮食类）家庭农场更加注重节约生产成本，更加关注农业生态效益。

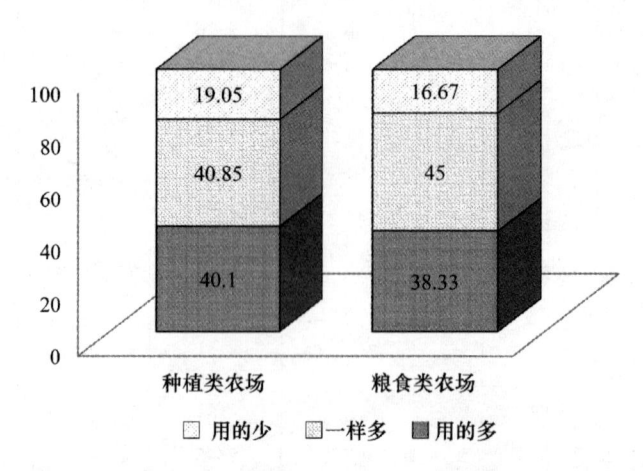

图1-16　2017年家庭农场中亩均化肥施用量与周边农户相比的农场分布情况（单位：%）

分省（市、区）看（见表1-44），海南（81.48%）、贵州（70.00%）、江西（68.42%）、福建（67.65%）、安徽（67.57%）、重庆（62.79%）、江苏（62.75%）、天津（62.50%）、湖北（62.50%）和湖南（60.42%）10个省（市、区）60%以上的种植类家庭农场的亩均化肥施用量低于周边农户；而青海（15.69%）、吉林（15.23%）、内蒙古（11.11%）和黑龙江（10.88%）4个省（市、区）不到20%的种植类家庭农场的亩均化肥施用量低于周边农户；青海（60.78%）、甘肃（38.60%）、宁夏（34.33%）和内蒙古（33.33%）4个省（市、区）30%以上的种植类家庭农场的亩均化肥施用量高于周边农户。

云南（100.00%）、四川（87.50%）、海南（83.33%）、福建

(80.00%)、湖北（76.19%）、陕西（73.91%）和安徽（72.73%）7个省（市、区）70%以上的粮食类家庭农场的亩均化肥施用量低于周边农户；广西（18.52%）、吉林（15.54%）、黑龙江（12.15%）、内蒙古（0.00%）、甘肃（0.00%）、青海（0.00%）、新疆（0.00%）7个省（市、区）不到20%的粮食类家庭农场的亩均化肥施用量低于周边农户；而青海（100.00%）、吉林（73.58%）和内蒙古（72.73%）3个省（市、区）70%以上的粮食类家庭农场的亩均化肥施用量与周边农户一样多；在新疆，全部粮食类家庭农场的亩均化肥施用量高于周边农户。

表1-44 2017年各省（市、区）家庭农场中亩均化肥施用量与周边农户相比的农场分布情况 （%）

地区	与周边农户相比的各种情况下的种植类农场占比			与周边农户相比的各种情况下的粮食类农场占比		
	用的少	一样多	用的多	用的少	一样多	用的多
全国	40.10	40.85	19.06	38.33	45.00	16.67
天津	62.50	37.50	0.00	50.00	50.00	0.00
河北	45.57	37.97	16.46	44.29	38.57	17.14
山西	36.23	39.13	24.64	30.95	45.24	23.81
内蒙古	11.11	55.56	33.33	0.00	72.73	27.27
辽宁	25.29	57.47	17.24	24.10	60.24	15.66
吉林	15.23	72.59	12.18	15.54	73.58	10.88
黑龙江	10.88	69.43	19.69	12.15	61.68	26.17
上海	38.55	55.42	6.02	37.80	56.10	6.10
江苏	62.75	29.41	7.84	60.87	30.43	8.70
浙江	58.33	25.00	16.67	61.29	22.58	16.13
安徽	67.57	14.86	17.57	72.73	9.09	18.18
福建	67.65	11.76	20.59	80.00	0.00	20.00
江西	68.42	13.16	18.42	66.67	14.81	18.52
山东	38.98	49.15	11.86	47.50	40.00	12.50
河南	45.88	25.88	28.24	50.00	25.76	24.24
湖北	62.50	15.63	21.88	76.19	9.52	14.29
湖南	60.42	35.42	4.17	58.97	35.90	5.13
广东	51.85	29.63	18.52	50.00	50.00	0.00
广西	25.53	57.45	17.02	18.52	59.26	22.22

续表

地区	与周边农户相比的各种情况下的种植类农场占比			与周边农户相比的各种情况下的粮食类农场占比		
	用的少	一样多	用的多	用的少	一样多	用的多
海南	81.48	12.96	5.56	83.33	16.67	0.00
重庆	62.79	13.95	23.26	54.55	27.27	18.18
四川	51.35	32.43	16.22	87.50	0.00	12.50
贵州	70.00	25.00	5.00	—	—	—
云南	48.81	33.33	17.86	100.00	0.00	0.00
陕西	51.85	29.63	18.52	73.91	8.70	17.39
甘肃	24.56	36.84	38.60	0.00	66.67	33.33
青海	15.69	23.53	60.78	0.00	100.00	0.00
宁夏	34.33	31.34	34.33	32.08	30.19	37.74
新疆	42.86	42.86	14.29	0.00	0.00	100.00

(三) 测土配方技术采用

总体上，采用测土配方技术的农场占比较高。其中，在种植类家庭农场中，61.44%的农场采用了测土配方技术；粮食类家庭农场中，63.61%的农场采用了测土配方技术（见表1-45）。粮食类家庭农场采用测土配方技术的农场占比高出种植类家庭农场2.17个百分点。分省（市、区）看，甘肃、江苏、安徽和山东4个省（市、区）采用测土配方技术的农场占比较高，种植类、粮食类农场中采用测土配方技术的农场占比均在80%以上；云南、甘肃和新疆3个省（市、区）全部粮食类家庭农场都采用测土配方技术。内蒙古、海南和青海3个省（市、区）采用测土配方技术的农场占比较低，种植类、粮食类农场中采用测土配方技术的农场占比均在30%以下。

表1-45　　2017年各类家庭农场中采用测土配方技术的农场占比　　　　(%)

地区	种植类农场	粮食类农场	地区	种植类农场	粮食类农场
全国	61.44	63.61	河南	61.90	60.61
天津	62.50	50.00	湖北	81.25	71.43
河北	69.62	68.57	湖南	81.25	79.49
山西	46.38	47.62	广东	51.85	50.00
内蒙古	25.00	27.27	广西	55.32	55.56
辽宁	54.02	55.42	海南	7.41	5.56

续表

地区	种植类农场	粮食类农场	地区	种植类农场	粮食类农场
吉林	44.16	43.52	重庆	44.19	36.36
黑龙江	60.10	61.68	四川	78.38	62.50
上海	78.31	78.05	贵州	60.00	—
江苏	86.27	91.30	云南	50.00	100.00
浙江	75.00	83.87	陕西	79.63	78.26
安徽	81.08	87.27	甘肃	91.23	100.00
福建	76.47	90.00	青海	27.45	0.00
江西	55.26	48.15	宁夏	74.63	81.13
山东	81.36	85.00	新疆	76.19	100.00

(四) 农药使用

在种植类家庭农场中，45.77%的农场的亩均农药施用量低于周边农户，44.49%的农场的亩均农药施用量和周边农户持平，9.74%的农场的亩均农药施用量高于周边农户。在粮食类家庭农场中，43.52%的农场的亩均农药施用量低于周边农户，这一占比比种植类家庭农场低2.25个百分点；47.22%的农场的亩均农药施用量和周边农户持平，9.26%的农场的亩均农药施用量高于周边农户（见图1-17）。这表明，与周边农户相比，种植类（包括粮食类）家庭农场更加注重节约生产成本，更加关注农业生态效益。

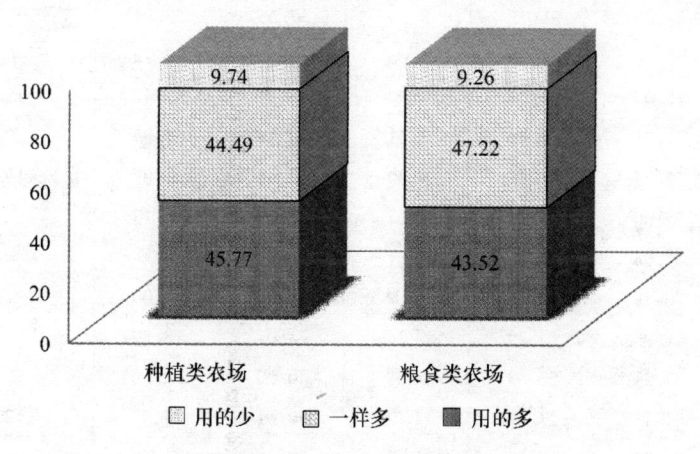

图1-17 2017年各类家庭农场中亩均农药施用量与周边农户相比的农场分布情况（单位：%）

76　一　发展报告

分省（市、区）看（见表1-46），安徽（81.08%）、江西（78.95%）、海南（77.78%）、浙江（75.00%）、天津（75.00%）、重庆（74.42%）、湖北（71.88%）、福建（70.59%）和贵州（70.00%）9个省（市、区）70%以上的种植类家庭农场的农药用量要低于周边农户，而吉林（17.26%）、黑龙江（15.03%）和内蒙古（11.11%）3个省（市、区）不高于20%的种植类家庭农场的农药施用量低于周边农户。云南（100.00%）、新疆（100.00%）和福建（90.00%）3个省（市、区）90%以上的粮食类家庭农场的农药施用量低于周边农户，而甘肃（50.00%）和宁夏（33.96%）2个省（市、区）30%以上的粮食类家庭农场的农药施用量高于周边农户。

表1-46　2017年各类家庭农场中亩均农药施用量与周边农户相比的农场分布情况　　　　　　　　　　（%）

地区	种植类农场			粮食类农场		
	用的少	一样多	用的多	用的少	一样多	用的多
全国	45.77	44.49	9.74	43.52	47.22	9.26
天津	75.00	25.00	0.00	75.00	25.00	0.00
河北	65.82	26.58	7.59	64.29	27.14	8.57
山西	46.38	43.48	10.14	42.86	42.86	14.29
内蒙古	11.11	77.78	11.11	9.09	81.82	9.09
辽宁	39.08	51.72	9.20	37.35	53.01	9.64
吉林	17.26	77.66	5.08	17.62	77.72	4.66
黑龙江	15.03	74.09	10.88	18.69	65.42	15.89
上海	31.33	65.06	3.61	30.49	65.85	3.66
江苏	62.75	27.45	9.80	63.04	26.09	10.87
浙江	75.00	20.83	4.17	80.65	16.13	3.23
安徽	81.08	10.81	8.11	81.82	9.09	9.09
福建	70.59	13.24	16.18	90.00	10.00	0.00
江西	78.95	15.79	5.26	74.07	18.52	7.41
山东	37.29	57.63	5.08	40.00	57.50	2.50
河南	61.18	27.06	11.76	60.61	27.27	12.12
湖北	71.88	15.63	12.50	80.95	9.52	9.52
湖南	50.00	43.75	6.25	43.59	51.28	5.13

续表

地区	种植类农场			粮食类农场		
	用的少	一样多	用的多	用的少	一样多	用的多
广东	62.96	31.48	5.56	50.00	50.00	0.00
广西	34.04	65.96	0.00	29.63	70.37	0.00
海南	77.78	18.52	3.70	83.33	16.67	0.00
重庆	74.42	9.30	16.28	63.64	18.18	18.18
四川	64.86	35.14	0.00	87.50	12.50	0.00
贵州	70.00	25.00	5.00	—	—	—
云南	52.38	34.52	13.10	100.00	0.00	0.00
陕西	51.85	35.19	12.96	82.61	13.04	4.35
甘肃	24.56	43.86	31.58	0.00	50.00	50.00
青海	21.57	64.71	13.73	0.00	100.00	0.00
宁夏	32.84	37.31	29.85	28.30	37.74	33.96
新疆	57.14	42.86	0.00	100.00	0.00	0.00

(五) 主要作物灌溉方式

家庭农场主要作物的灌溉方式有以下几种：(1) 畦灌、沟灌、淹灌和漫灌；(2) 喷灌；(3) 微喷灌、滴灌、渗灌；(4) 其他。有效监测样本数据表明，家庭农场主要以较为粗放的畦灌、沟灌、淹灌和漫灌等灌溉方式为主。在种植类家庭农场中（见表1-47），74.18%的农场对作物进行灌溉，并以畦灌、沟灌、淹灌和漫灌为主，采取这一方式的农场占比为62.23%；其次为微喷灌、滴灌、渗灌，采取这一方式的家庭农场占比为19.75%；采取喷灌的农场占比为17.37%。分省（市、区）看，大部分省（市、区）家庭农场主要采取畦灌、沟灌、淹灌和漫灌，但也有个别省（市、区）例外。例如，云南和新疆的种植类家庭农场主要采取微喷灌、滴灌、渗灌方式，采取这一方式的农场占比分别为81.48%和85.71%；河南的种植类家庭农场主要采取喷灌方式，采取这一方式的农场占比为75.61%。

表 1-47　　2017 年种植类家庭农场中采用各种作物灌溉方式的农场占比　　（%）

地区	灌溉的农场占比	畦灌、沟灌、淹灌和漫灌	喷灌	微喷灌、滴灌、渗灌比	其他方式
全国	74.18	62.23	17.37	19.75	0.65
天津	87.50	42.86	28.57	28.57	0.00
河北	100.00	65.38	25.64	8.97	0.00
山西	53.62	59.46	16.22	24.32	0.00
内蒙古	33.33	83.33	8.33	0.00	8.33
辽宁	65.52	73.68	19.30	7.02	0.00
吉林	44.90	88.64	5.68	4.55	1.14
黑龙江	44.50	45.88	24.71	29.41	0.00
上海	100.00	97.59	0.00	2.41	0.00
江苏	96.08	91.84	4.08	2.04	2.04
浙江	91.67	42.42	21.21	34.85	1.52
安徽	85.14	65.08	25.40	9.52	0.00
福建	70.59	41.67	16.67	41.67	0.00
江西	81.58	87.10	6.45	6.45	0.00
山东	98.31	79.31	12.07	8.62	0.00
河南	96.47	9.76	75.61	14.63	0.00
湖北	93.94	74.19	16.13	9.68	0.00
湖南	83.33	80.00	17.50	2.50	0.00
广东	87.04	31.91	34.04	34.04	0.00
广西	87.23	75.61	7.32	14.63	2.44
海南	66.67	77.78	16.67	5.56	0.00
重庆	62.79	22.22	18.52	48.15	11.11
四川	85.71	96.67	0.00	3.33	0.00
贵州	55.00	54.55	18.18	18.18	9.09
云南	96.43	13.58	4.94	81.48	0.00
陕西	75.93	51.22	21.95	26.83	0.00
甘肃	75.44	67.44	13.95	18.60	0.00
青海	47.06	100.00	0.00	0.00	0.00
宁夏	97.01	93.85	0.00	6.15	0.00
新疆	100.00	14.29	0.00	85.71	0.00

在粮食类家庭农场中（见表1-48），76.44%的农场对作物进行灌溉。这些灌溉的农场以畦灌、沟灌、淹灌和漫灌为主，采取这一方式的农场占比为78.28%；其次为喷灌，采取这一方式的农场占比为16.14%；采取微喷灌、滴灌、渗灌的农场占比为4.98%。分省（市、区）看，大部分省（市、区）家庭农场主要采取畦灌、沟灌、淹灌和漫灌，并且内蒙古、广东、四川和新疆采取这一方式的农场占比达100.00%，但也有个别省（市、区）例外。例如，河南的粮食类家庭农场主要采取喷灌方式，采取这一方式的农场占比为82.54%。

表1-48　2017年粮食类家庭农场中采用各种作物灌溉方式的农场占比　　　（%）

地区	灌溉的农场占比	畦灌、沟灌、淹灌和漫灌	喷灌	微喷灌、滴灌、渗灌	其他方式
全国	76.44	78.28	16.14	4.98	0.61
天津	75.00	66.67	33.33	0.00	0.00
河北	100.00	68.57	27.14	4.29	0.00
山西	52.38	77.27	9.09	13.64	0.00
内蒙古	54.55	100.00	0.00	0.00	0.00
辽宁	65.06	77.78	16.67	5.56	0.00
吉林	45.83	88.64	5.68	4.55	1.14
黑龙江	50.48	56.60	22.64	20.75	0.00
上海	100.00	98.78	0.00	1.22	0.00
江苏	95.65	95.45	2.27	0.00	2.27
浙江	90.32	89.29	7.14	0.00	3.57
安徽	89.09	71.43	24.49	4.08	0.00
福建	70.00	71.43	14.29	14.29	0.00
江西	92.59	96.00	4.00	0.00	0.00
山东	100.00	85.00	15.00	0.00	0.00
河南	95.45	9.52	82.54	7.94	0.00
湖北	90.91	95.00	5.00	0.00	0.00
湖南	82.05	93.75	6.25	0.00	0.00
广东	100.00	100.00	0.00	0.00	0.00
广西	92.59	92.00	4.00	0.00	4.00
海南	100.00	83.33	11.11	5.56	0.00

续表

地区	灌溉的农场占比	畦灌、沟灌、淹灌和漫灌	喷灌	微喷灌、滴灌、渗灌	其他方式
重庆	36.36	50.00	0.00	25.00	25.00
四川	87.50	100.00	0.00	0.00	0.00
贵州	—	—	—	—	—
云南	—	—	—	—	—
陕西	91.30	71.43	19.05	9.52	0.00
甘肃	83.33	60.00	0.00	40.00	0.00
青海	—	—	—	—	—
宁夏	100.00	96.23	0.00	3.77	0.00
新疆	100.00	100.00	0.00	0.00	0.00

（六）主要作物秸秆处理方式

总体上看，在秸秆处理方式上（见表1-49和表1-50），家庭农场主要采取机械化还田、再利用（农家肥、烧火做饭、做饲料等）和卖给养殖场、发电厂等方式。57.87%的种植类农场采取秸秆机械化还田处理方式，65.12%的粮食类农场采取这一处理方式。在种植类家庭农场中，采取秸秆机械化还田、再利用和卖给养殖场、发电厂这三种处理方式的农场占比合计达84.42%；在粮食类农场中，这一合计占比则达到85.90%。

分省（市、区）看，在种植类家庭农场中，河北、上海、江苏、安徽、山东、河南、湖北和新疆8个省（市、区）采取秸秆机械化还田处理方式的农场占比较高，均在80%以上，农场占比最高的是上海，达96.39%。四川、贵州和重庆采取回收再利用处理方式的农场占比较高，农场占比分别为80.56%、68.42%、62.79%（见表1-49）。

表1-49　2017年种植类家庭农场中各种秸秆处理方式的农场占比　　　　（%）

地区	机械化还田	卖给养殖场、发电厂	再利用	其他
全国	57.87	5.43	21.12	15.58
天津	75.00	12.50	12.50	0.00
河北	86.08	5.06	8.86	0.00
山西	55.07	14.49	20.29	10.15

续表

地区	机械化还田	卖给养殖场、发电厂	再利用	其他
内蒙古	41.67	2.78	22.22	33.33
辽宁	40.23	20.69	34.48	4.60
吉林	20.81	4.06	28.43	46.70
黑龙江	60.53	3.16	10.00	26.32
上海	96.39	0.00	3.61	0.00
江苏	90.20	0.00	7.84	1.96
浙江	63.89	1.39	20.83	13.89
安徽	85.14	2.70	9.46	2.70
福建	55.22	0.00	20.90	23.88
江西	78.95	0.00	13.16	7.89
山东	84.75	1.69	10.17	3.39
河南	90.59	4.71	3.53	1.18
湖北	87.88	3.03	3.03	6.06
湖南	37.50	43.75	8.33	10.42
广东	42.59	1.85	20.37	35.19
广西	68.09	0.00	21.28	10.64
海南	38.89	0.00	7.41	53.70
重庆	25.58	0.00	62.79	11.63
四川	19.44	0.00	80.56	0.00
贵州	15.79	5.26	68.42	10.52
云南	33.33	1.19	55.95	9.52
陕西	58.49	1.89	37.74	1.89
甘肃	59.65	5.26	29.82	5.26
青海	60.00	6.00	22.00	12.00
宁夏	67.16	17.91	7.46	7.47
新疆	85.71	4.76	9.52	0.00

分省（市、区）看，在粮食类家庭农场中，上海、江苏、浙江、安徽、山东、河南、湖北、广西、青海和新疆10个省（市、区）采取秸秆机械化还田处理方式的农场占比较高，均在90%以上，农场占比最高的是江苏、湖北、青海和新疆，达100.00%。云南、四川和重庆采取回收再利

用处理方式的农场占比较高,农场占比分别为100.00%、50.00%、45.45%。湖南采取卖给养殖场、发电厂处理方式的农场占比较高,为51.28%(见表1-50)。

表1-50　2017年粮食类家庭农场中各种秸秆处理方式的农场占比　　　　(%)

地区	机械化还田	卖给养殖场、发电厂	再利用	其他
全国	65.12	7.42	13.36	14.10
天津	75.00	25.00	0.00	0.00
河北	84.29	5.71	10.00	0.00
山西	57.14	21.43	11.90	9.52
内蒙古	27.27	9.09	18.18	45.45
辽宁	40.96	20.48	33.73	4.82
吉林	20.73	4.15	29.02	46.11
黑龙江	50.00	3.85	9.62	36.54
上海	96.34	0.00	3.66	0.00
江苏	100.00	0.00	0.00	0.00
浙江	96.77	0.00	3.23	0.00
安徽	94.55	1.82	3.64	0.00
福建	80.00	0.00	20.00	0.00
江西	88.89	0.00	7.41	3.70
山东	97.50	0.00	2.50	0.00
河南	93.94	3.03	3.03	0.00
湖北	100.00	0.00	0.00	0.00
湖南	33.33	51.28	7.69	7.69
广东	75.00	0.00	25.00	0.00
广西	92.59	0.00	3.70	3.70
海南	77.78	0.00	0.00	22.22
重庆	36.36	0.00	45.45	18.18
四川	50.00	0.00	50.00	0.00
贵州	—	—	—	—
云南	0.00	0.00	100.00	0.00
陕西	78.26	4.35	13.04	4.35
甘肃	83.33	0.00	16.67	0.00
青海	100.00	0.00	0.00	0.00
宁夏	69.81	22.64	7.55	0.00
新疆	100.00	0.00	0.00	0.00

(七) 地膜处理方式

有效监测样本数据表明，在种植类家庭农场中（见表1-51），83.50%的农场采取回收处理方式，8.88%的农场采取丢弃在地里方式。在粮食类家庭农场中（见表1-52），84.08%的农场采取回收处理方式，10.50%的农场采取丢弃在地里方式。这表明，种植类家庭农场和粮食类家庭农场对地膜主要采取回收处理方式。

分省（市、区）看，大部分省（市、区）种植类、粮食类家庭农场对地膜采取回收处理的方式，个别省（市、区）采取丢弃在地里处理方式的农场占比相对较高。例如，山西的种植类和粮食类家庭农场采取丢弃在地里处理方式的农场占比分别达46.67%、41.38%。内蒙古的种植类家庭农场主要采取其他方式，采取这一处理方式的农场占比为56.00%。内蒙古的粮食类家庭农场采取丢弃在地里处理方式的农场占比高达62.50%。在青海，全部粮食类家庭农场采取其他方式处理地膜。

表1-51　2017年种植类家庭农场中各种地膜处理方式的农场占比　　　　（%）

地区	回收处理	丢弃在地里	其他*
全国	83.50	8.88	7.62
天津	75.00	12.50	12.50
河北	85.71	10.00	4.29
山西	48.89	46.67	4.44
内蒙古	16.00	28.00	56.00
辽宁	84.72	9.72	5.56
吉林	78.74	11.81	9.45
黑龙江	75.40	21.43	3.17
上海	100.00	0.00	0.00
江苏	82.93	0.00	17.07
浙江	95.24	1.59	3.17
安徽	81.16	2.90	15.94
福建	80.95	1.59	17.46
江西	94.59	2.70	2.70
山东	86.67	3.33	10.00
河南	86.30	10.96	2.74

续表

地区	回收处理	丢弃在地里	其他*
湖北	87.50	3.13	9.38
湖南	93.18	2.27	4.55
广东	93.02	6.98	0.00
广西	97.62	2.38	0.00
海南	97.22	0.00	2.78
重庆	80.56	2.78	16.67
四川	100.00	0.00	0.00
贵州	89.47	5.26	5.26
云南	88.10	0.00	11.90
陕西	68.89	22.22	8.89
甘肃	92.98	3.51	3.51
青海	85.71	0.00	14.29
宁夏	75.00	23.21	1.79
新疆	90.00	5.00	5.00

注：*"其他"选项中大多为没有使用地膜。

表1-52　2017年粮食类家庭农场中各种地膜处理方式的农场占比　　　　（%）

地区	回收处理	丢弃在地里	其他*
全国	84.08	10.50	5.42
天津	100.00	0.00	0.00
河北	85.25	9.84	4.92
山西	58.62	41.38	0.00
内蒙古	12.50	62.50	25.00
辽宁	86.96	8.70	4.35
吉林	79.67	10.57	9.76
黑龙江	77.38	22.62	0.00
上海	100.00	0.00	0.00
江苏	81.08	0.00	18.92
浙江	96.15	0.00	3.85
安徽	80.00	4.00	16.00

续表

地区	回收处理	丢弃在地里	其他*
福建	100.00	0.00	0.00
江西	96.30	3.70	0.00
山东	90.00	0.00	10.00
河南	85.71	12.50	1.79
湖北	90.48	4.76	4.76
湖南	91.89	2.70	5.41
广东	66.67	33.33	0.00
广西	100.00	0.00	0.00
海南	100.00	0.00	0.00
重庆	77.78	11.11	11.11
四川	100.00	0.00	0.00
贵州	—	—	—
云南	100.00	0.00	0.00
陕西	85.00	10.00	5.00
甘肃	100.00	0.00	0.00
青海	0.00	0.00	100.00
宁夏	70.45	27.27	2.27
新疆	100.00	0.00	0.00

注：*"其他"选项中大多为没有使用地膜。

（八）农产品销售

有效监测样本数据表明，家庭农场主要通过农产品商贩/经纪人销售农产品，农场占比达66.88%。将农产品销往国家粮库、农产品加工企业、批发市场、养殖企业或者养殖户、合作社、超市的农场占比分别为27.32%、24.95%、24.03%、13.97%、9.42%、7.19%；通过网络销售、自营出口和其他方式销售农产品的农场占比分别为8.20%、5.12%和2.71%（见图1-18）。不同类型家庭农场的销售对象或渠道存在一定差异，例如，粮食类、种养结合类农场主要以通过农产品商贩/经纪人销售为主，机农结合类家庭农场主要以销往国家粮库为主。

考虑到国务院高度重视"互联网+农业"，因此也对农场使用网络购买农资或销售农产品的情况进行监测。监测结果表明，70.64%的农场主没有从网上购买过农资或销售过农产品，只有20.81%的农场主在网上购

86　一　发展报告

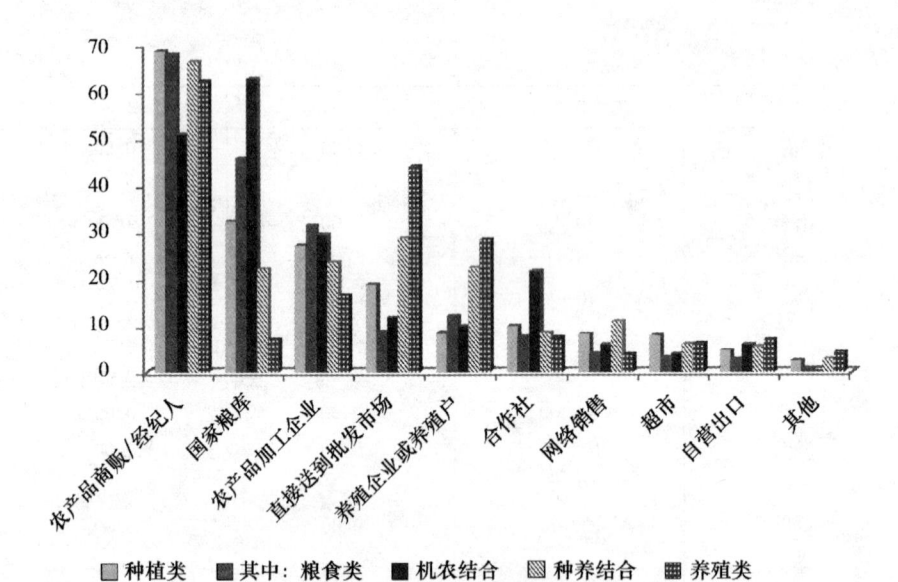

图 1-18　2017 年不同类型家庭农场中采取不同农产品销售渠道的农场占比（单位：%）

买过各类农资，也只有 16.41% 的农场主在网上销售过农产品。种养结合类农场中通过网络购买农资或者销售农产品的农场比重，略高于其他类型农场（见图 1-19）。

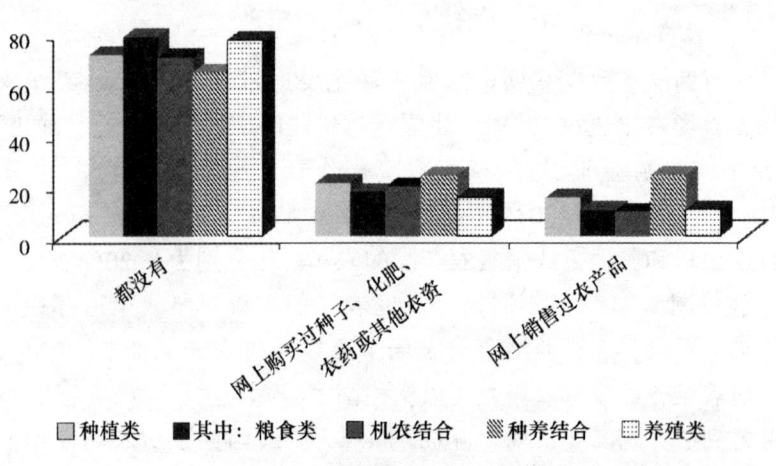

图 1-19　2017 年不同类型家庭农场中通过网络购买农资或者销售农产品的农场占比（单位：%）

家庭农场预先与个人、农民合作社或者农业龙头企业签订农产品销售合同,从而实现订单农业式生产,是稳定农产品价格、确保家庭农场合理收益、抵御市场价格风险的重要举措。在 2947 个有效监测样本中,32.52%的农场通过订单农业渠道销售农产品(见表 1-53),湖南(73.97%)、安徽(67.96%)、甘肃(54.46%)和湖北(50.49%)通过订单农业渠道销售农产品的农场占比均超过 50%。而内蒙古(18.27%)、重庆(18.27%)、上海(18.00%)、海南(16.67%)、辽宁(14.85%)和云南(11.73%)的这一农场占比相对较低,均在 20%以下。

在种植类家庭农场中,33.71%的农场通过订单农业渠道销售农产品,湖南(70.83%)、安徽(67.57%)、陕西(64.81%)和湖北(60.61%)的这一农场占比较高,均在 60%以上;贵州(20.00%)、内蒙古(19.44%)、辽宁(14.94%)、海南(14.81%)、重庆(13.95%)、上海(12.05%)和云南(9.52%)的这一农场占比较低,均在 20%以下。

在粮食类家庭农场中,32.84%的农场通过订单农业渠道销售农产品,新疆(100.00%)、湖北(72.73%)、湖南(71.79%)、安徽(69.09%)和陕西(60.87%)的这一农场占比较高,均在 60%以上;天津、重庆、云南和青海的粮食类家庭农场都没有采取这一销售渠道。

表 1-53　　2017 年家庭农场中采取订单农业销售渠道的农场占比　　　　(%)

地区	全部农场	种植类农场	粮食类农场	地区	全部农场	种植类农场	粮食类农场
全国	32.52	33.71	32.84	河南	35.24	39.29	40.91
天津	30.00	25.00	0.00	湖北	50.49	60.61	72.73
河北	33.66	32.91	28.57	湖南	73.97	70.83	71.79
山西	25.00	31.88	28.57	广东	22.34	20.37	50.00
内蒙古	18.27	19.44	18.18	广西	31.00	40.43	37.04
辽宁	14.85	14.94	15.66	海南	16.67	14.81	16.67
吉林	21.76	22.34	22.28	重庆	18.27	13.95	0.00
黑龙江	36.61	36.79	33.64	四川	41.67	54.05	50.00
上海	18.00	12.05	10.98	贵州	23.91	20.00	—
江苏	45.12	39.22	36.96	云南	11.73	9.52	0.00
浙江	45.00	44.44	35.48	陕西	45.00	64.81	60.87
安徽	67.96	67.57	69.09	甘肃	54.46	56.14	50.00

续表

地区	全部农场	种植类农场	粮食类农场	地区	全部农场	种植类农场	粮食类农场
福建	36.89	39.71	20.00	青海	21.84	23.08	0.00
江西	26.88	26.32	22.22	宁夏	42.00	50.75	58.49
山东	23.17	20.34	17.50	新疆	35.14	38.10	100.00

（九）加入合作社

农民合作社作为新型农业社会化服务体系的重要主体，能够为家庭农场提供资金服务、信息服务、农业技术服务、农业生产资料和农产品的供销服务、农副产品的初加工和深加工服务等全方位的社会化服务，增强家庭农场的技术风险、自然风险和市场风险防范能力。在2947个有效监测样本中，39.72%的家庭农场加入了农民合作社（见图1-20和表1-54）。其中，湖南（75.34%）、甘肃（74.26%）、上海（70.00%）和安徽（66.99%）4个省（市、区）加入农民合作社的农场占比均在65%以上，而海南（18.89%）和辽宁（12.87%）2个省（市、区）加入农民合作社的农场占比则在20%及以下。

在种植类家庭农场中，39.49%的农场加入了农民合作社。其中，湖南（79.17%）、安徽（72.97%）、上海（65.06%）和甘肃（64.91%）4个省（市、区）加入农民合作社的农场占比均在60%以上，而青海（19.23%）、海南（18.52%）、辽宁（13.97%）和内蒙古（16.67%）4个省（市、区）加入农民合作社的农场占比则在20%以下。

在粮食类家庭农场中，40.98%的农场加入了农民合作社。其中，云南（100.00%）、湖南（76.92%）、安徽（72.23%）、甘肃（66.67%）和上海（64.63%）5个省（市、区）加入农民合作社的农场占比均在60%以上，青海、新疆2个省（市、区）的粮食类家庭农场都没有加入农民合作社，福建（20.00%）、山东（17.50%）、辽宁（14.46%）和内蒙古（9.09%）加入农民专业合作社的粮食类农场占比在20%及以下。机农结合类家庭农场中加入农民合作社的农场占比高达68.63%，显著高于其他类型家庭农场（见图1-20）。

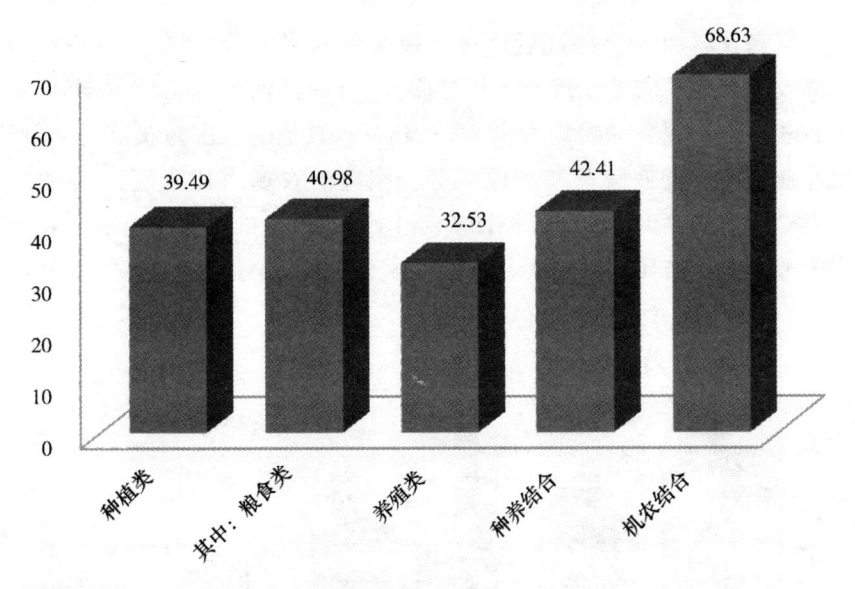

全国家庭农场监测报告（2017） 89

图1-20 2017年不同类型家庭农场中加入合作社的农场占比（单位：%）

表1-54　　2017年各类家庭农场中加入合作社的农场占比　　　　（%）

地区	全部农场	种植类农场	粮食类农场	地区	全部农场	种植类农场	粮食类农场
全国	39.72	39.49	40.98	河南	45.71	41.67	39.39
天津	45.00	50.00	50.00	湖北	45.63	51.52	45.45
河北	38.61	41.77	40.00	湖南	75.34	79.17	76.92
山西	33.62	30.43	30.95	广东	21.28	25.93	25.00
内蒙古	25.00	8.33	9.09	广西	39.00	34.04	25.93
辽宁	12.87	13.79	14.46	海南	18.89	18.52	22.22
吉林	33.33	33.50	34.20	重庆	36.54	32.56	36.36
黑龙江	50.00	51.30	54.21	四川	44.79	48.65	37.50
上海	70.00	65.06	64.63	贵州	26.09	30.00	—
江苏	40.24	47.06	50.00	云南	29.63	22.62	100.00
浙江	55.00	51.39	45.16	陕西	30.00	27.78	26.09
安徽	66.99	72.97	72.73	甘肃	74.26	64.91	66.67
福建	29.13	32.35	20.00	青海	21.84	19.23	0.00
江西	36.56	23.68	25.93	宁夏	35.00	40.30	39.62
山东	29.27	25.42	17.50	新疆	48.65	42.86	0.00

从家庭农场加入合作社后获得各项服务的情况看,整体上,37.56%的家庭农场获得了农业生产技术指导服务,位列第一;其次是农产品销售服务,获得这一服务的农场占比为23.53%;其他的依次为农资购买服务、农机作业服务、贷款服务和其他服务,相应的农场占比分别为18.92%、15.73%、7.76%和3.59%(见图1-21)。此外,机农结合类家庭农场中获得服务的农场占比明显高于其他类型家庭农场。

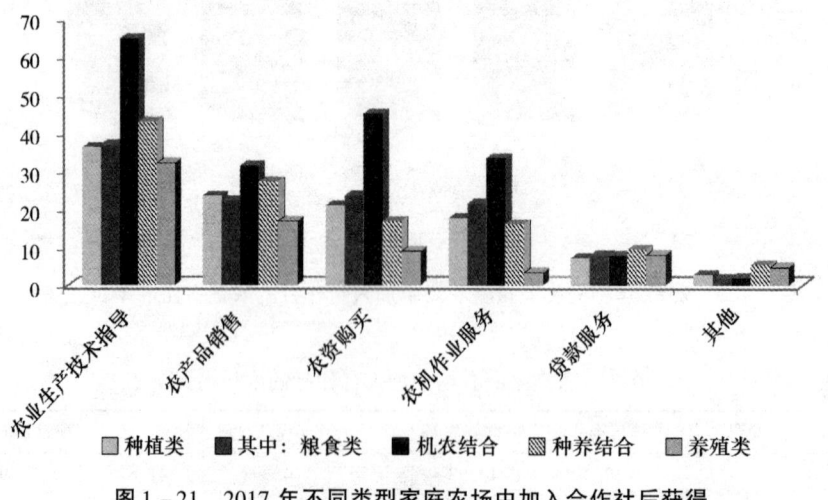

图1-21 2017年不同类型家庭农场中加入合作社后获得各项服务的农场占比(单位:%)

(十) 与龙头企业的联系

农业产业化龙头企业能够通过各种利益联结机制与家庭农场相联系,带动农场进入市场,使农产品生产、加工、销售有机结合、相互促进,是实现一二三产业融合的重要载体。在2947个有效监测样本中,30.08%的家庭农场已经建立了与农业产业化龙头企业较为紧密的联系(见图1-22和表1-55),总体上,不同类型家庭农场这一比例差异不大。其中,安徽(72.82%)、湖南(64.38%)2个省与农业产业化龙头企业建立了较为紧密联系,农场占比均在60%以上。重庆(18.27%)、广东(18.09%)、辽宁(15.84%)、海南(15.56%)、吉林(12.96%)、上海(12.00%)和云南(9.26%)的农场这一占比相对较低,均在20%以下。

在种植类家庭农场中,27.55%的家庭农场已经建立了与农业产业化龙头企业较为紧密的联系。其中,安徽(78.38%)和湖南(64.58%)2

个省与农业产业化龙头企业建立了较为紧密联系,农场占比均在60%以上。11个省(市、区)的这一农场占比在20%以下,位列前三位的分别是上海(6.02%)、海南(11.11%)和青海(11.54%)。

在粮食类家庭农场中,27.01%的家庭农场已经建立了与农业产业化龙头企业较为紧密的联系。其中,安徽(80.00%)、湖南(69.23%)、甘肃(66.67%)和陕西(60.87%)4个省(市、区)与农业产业化龙头企业建立了较为紧密联系,农场占比均在60%以上。天津、云南、青海和新疆4个省(市、区)的家庭农场都没有与农业产业化龙头企业建立紧密的联系。上海(6.10%)、海南(5.56%)和重庆(9.09%)3个省(市、区)的这一农场占比在10%以下。

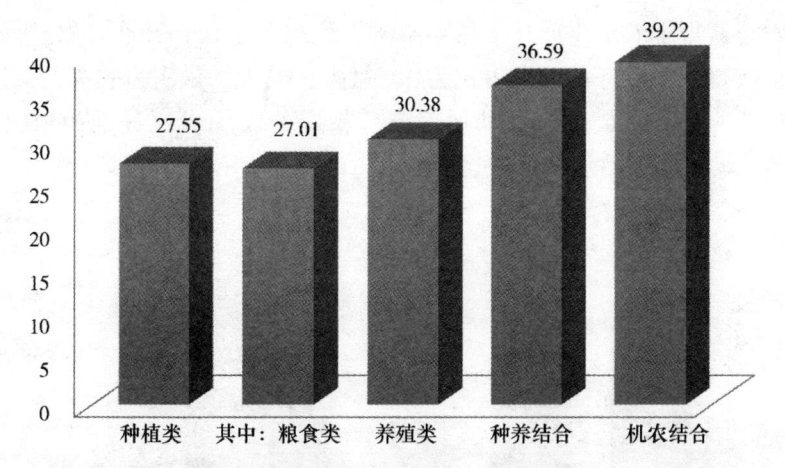

图1-22 2017年各类家庭农场中与龙头企业有联系的农场占比(单位:%)

表1-55 2017年各类家庭农场中与龙头企业有联系的农场占比 (%)

地区	全部农场	种植类农场	粮食类农场	地区	全部农场	种植类农场	粮食类农场
全国	30.08	27.55	27.01	河南	26.67	19.05	18.18
天津	45.00	12.50	0.00	湖北	47.57	48.48	59.09
河北	30.69	27.85	27.14	湖南	64.38	64.58	69.23
山西	24.14	26.09	28.57	广东	18.09	16.67	25.00
内蒙古	20.19	16.67	27.27	广西	37.00	23.40	25.93
辽宁	15.84	14.94	15.66	海南	15.56	11.11	5.56
吉林	12.96	12.18	11.92	重庆	18.27	11.63	9.09
黑龙江	33.48	33.16	31.78	四川	45.83	37.84	25.00

续表

地区	全部农场	种植类农场	粮食类农场	地区	全部农场	种植类农场	粮食类农场
上海	12.00	6.02	6.10	贵州	30.43	20.00	—
江苏	36.59	35.29	34.78	云南	9.26	13.10	0.00
浙江	38.00	34.72	16.13	陕西	22.00	35.19	60.87
安徽	72.82	78.38	80.00	甘肃	56.44	59.65	66.67
福建	38.83	42.65	40.00	青海	28.74	11.54	0.00
江西	30.11	28.95	22.22	宁夏	32.00	31.34	33.96
山东	26.83	22.03	20.00	新疆	33.33	23.81	0.00

就家庭农场从龙头企业获得各项服务的情况看，整体上，28.31%的家庭农场获得了农业生产技术指导服务，位列第一位；其次是农产品销售服务，获得这一服务的农场占比为20.71%；其他的依次为农资购买服务、农机作业服务、贷款服务和其他服务，相应的农场占比分别为10.92%、9.29%、4.85%和3.59%（见图1-23）。

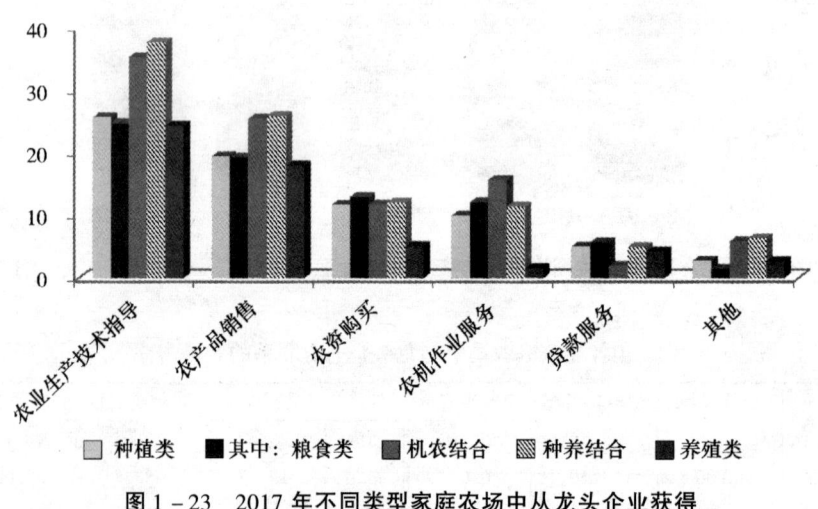

图1-23　2017年不同类型家庭农场中从龙头企业获得各项服务的农场占比（单位：%）

（十一）养殖类家庭农场生产经营行为

1. 家庭农场畜禽饲养种类

从图1-24和表1-56可以看出，饲养1种畜禽的养殖类家庭农场占比 71.51%，饲养 2 种以内畜禽的养殖类家庭农场占比 93.98%，总体上看，养殖类家庭农场的生产专业化程度较高。分省（市、区）看，河北、辽宁、上海、安徽和贵州的养殖类家庭农场均只饲养了 1 种畜禽，云南养殖 1 种畜禽的农场占比为 96.23%。内蒙古、吉林、浙江、山东、湖南、海南、重庆、四川、陕西、青海、宁夏和新疆的养殖类家庭农场饲养的畜禽均在 2 种以内。江苏和和湖北分别有 22.22%、36.36% 的养殖类农场饲养了 3 种畜禽。

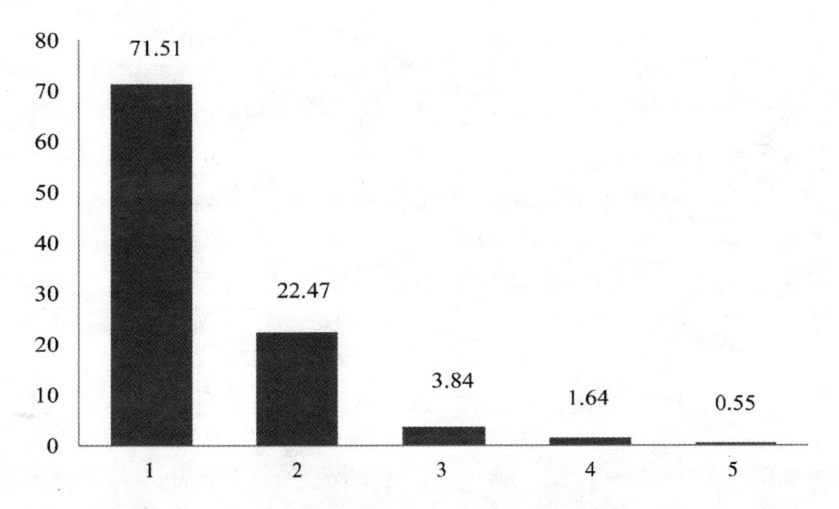

图 1-24 2017 年养殖类家庭农场按畜禽饲养种类数量分组的农场分布（单位：%）

表 1-56　　　　2017 年养殖类家庭农场按畜禽饲养种类数量分组的农场分布　　　　（%）

地区	饲养 1 种	饲养 2 种	饲养 3 种	饲养 4 种	饲养 5 种
全国	71.51	22.47	3.84	1.64	0.55
河北	100.00	0.00	0.00	0.00	0.00
山西	82.76	13.79	3.45	0.00	0.00
内蒙古	50.00	50.00	0.00	0.00	0.00
辽宁	100.00	0.00	0.00	0.00	0.00
吉林	50.00	50.00	0.00	0.00	0.00
黑龙江	68.75	25.00	6.25	0.00	0.00
上海	100.00	0.00	0.00	0.00	0.00

续表

地区	饲养1种	饲养2种	饲养3种	饲养4种	饲养5种
江苏	66.67	11.11	22.22	0.00	0.00
浙江	83.33	16.67	0.00	0.00	0.00
安徽	100.00	0.00	0.00	0.00	0.00
福建	76.92	7.69	7.69	7.69	0.00
江西	64.71	23.53	5.88	5.88	0.00
山东	50.00	50.00	0.00	0.00	0.00
湖北	27.27	36.36	36.36	0.00	0.00
湖南	50.00	50.00	0.00	0.00	0.00
广东	66.67	16.67	16.67	0.00	0.00
广西	51.43	45.71	2.86	0.00	0.00
海南	72.22	27.78	0.00	0.00	0.00
重庆	73.91	17.39	0.00	4.35	4.35
四川	59.09	31.82	0.00	9.09	0.00
贵州	100.00	0.00	0.00	0.00	0.00
云南	96.23	0.00	1.89	1.89	0.00
陕西	78.57	21.43	0.00	0.00	0.00
甘肃	83.33	0.00	16.67	0.00	0.00
青海	37.93	58.62	0.00	0.00	3.45
宁夏	76.92	23.08	0.00	0.00	0.00
新疆	0.00	100.00	0.00	0.00	0.00

从图1-25和表1-57可以看出，饲养1种畜禽的种养结合家庭农场占比47.48%，饲养2种以内畜禽的养殖类家庭农场占比75.45%，总体上看，种养结合家庭农场的生产专业化程度要低于养殖类家庭农场。分省（市、区）看，上海（100.00%）和吉林（90.00%）饲养1种畜禽的农场占比均超过90%，新疆（26.67%）、内蒙古（21.05%）和天津（16.67%）饲养1种畜禽的农场占比均在30%以下；河北、辽宁、吉林、贵州和宁夏的农场均饲养1—2种畜禽。天津（50.00%）、浙江（43.75%）、海南（42.86%）、福建（42.11%）、广西（40.00%）和新疆（40.00%）饲养2种畜禽的农场占比均在40%以上。内蒙古（49.12%）、天津（33.33%）、山东（33.33%）和四川（31.43%）饲养3种畜禽的农场占比均在30%以上。

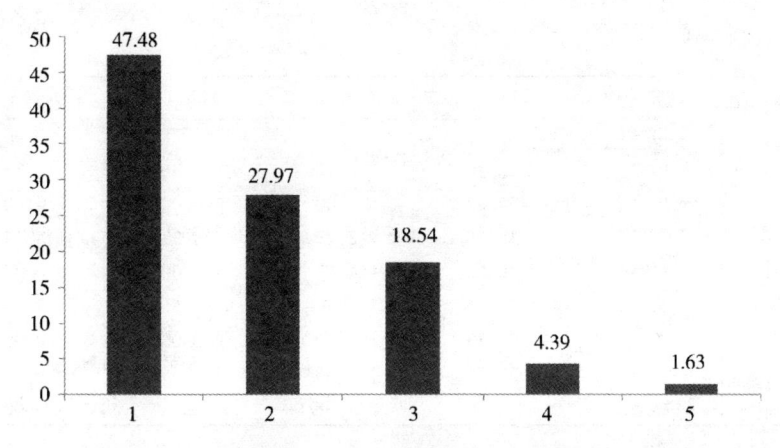

图 1-25　2017 年种养结合类家庭农场按畜禽饲养种类
数量分组的农场分布（单位：%）

表 1-57　　2017 年种养结合类家庭农场按畜禽饲养种类数量
分组的农场分布　　　　　　　　　　　　　　　　（%）

地区	饲养1种	饲养2种	饲养3种	饲养4种	饲养5种
全国	47.48	27.97	18.54	4.39	1.63
天津	16.67	50.00	33.33	0.00	0.00
河北	70.00	30.00	0.00	0.00	0.00
山西	50.00	25.00	25.00	0.00	0.00
内蒙古	21.05	15.79	49.12	8.77	5.26
辽宁	72.73	27.27	0.00	0.00	0.00
吉林	90.00	10.00	0.00	0.00	0.00
黑龙江	46.15	38.46	7.69	7.69	0.00
上海	100.00	0.00	0.00	0.00	0.00
江苏	76.92	0.00	23.08	0.00	0.00
浙江	43.75	43.75	6.25	0.00	6.25
安徽	50.00	31.25	12.50	6.25	0.00
福建	42.11	42.11	15.79	0.00	0.00
江西	47.06	38.24	11.76	2.94	0.00
山东	33.33	22.22	33.33	11.11	0.00
河南	37.50	31.25	25.00	6.25	0.00
湖北	48.33	26.67	16.67	5.00	3.33
湖南	55.56	22.22	16.67	0.00	5.56
广东	50.00	29.41	17.65	2.94	0.00
广西	46.67	40.00	13.33	0.00	0.00
海南	50.00	42.86	0.00	7.14	0.00

续表

地区	饲养1种	饲养2种	饲养3种	饲养4种	饲养5种
重庆	40.63	37.50	12.50	9.38	0.00
四川	40.00	22.86	31.43	2.86	2.86
贵州	72.73	27.27	0.00	0.00	0.00
云南	66.67	12.50	8.33	8.33	4.17
陕西	73.33	20.00	6.67	0.00	0.00
甘肃	30.56	33.33	27.78	5.56	2.78
青海	66.67	33.33	0.00	0.00	0.00
宁夏	61.11	27.78	5.56	5.56	0.00
新疆	26.67	40.00	20.00	13.33	0.00

2. 家庭农场畜禽粪便处理方式

从图1-26和表1-58可以看出,在畜禽粪便的处理方式上,21.11%的养殖类家庭农场采取直接排放的处理方式,35.56%的农场采取发酵做有机肥的处理方式,12.22%的农场采取出售(运输到附近的有机肥加工厂)的处理方式,19.72%的农场采取做沼气、沼渣做有机肥的处理方式。分省(市、区)看,吉林(100.00%)、海南(77.78%)、青海(55.17%)和福建(53.85%)采取直接排放处理方式的农场占比均在50%以上,上海和山东的

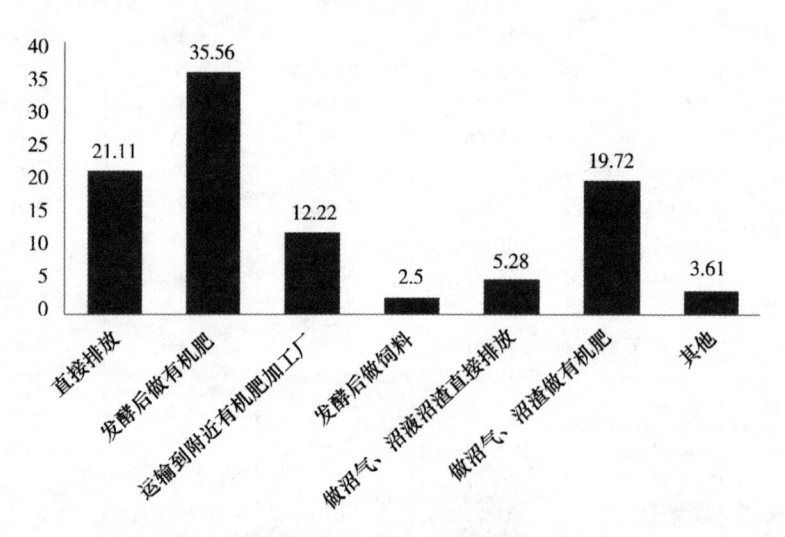

图1-26 2017年养殖类家庭农场中采取不同畜禽粪便处理方式的农场占比(单位:%)

所有农场均采取发酵做有机肥的处理方式。广西、重庆采取做沼气、沼渣做有机肥处理方式的农场占比均在50%以上，分别为51.43%、52.17%。

表1-58　　　　2017年养殖类家庭农场中各种畜禽粪便处理方式的农场占比　　　　（%）

地区	直接排放	发酵后做有机肥	出售	发酵后做饲料	做沼气沼液沼渣直接排放	做沼气沼渣做有机肥	其他方式
全国	21.11	35.56	12.22	2.50	5.28	19.72	3.61
河北	14.29	71.43	0.00	0.00	0.00	14.29	0.00
山西	3.45	41.38	37.93	0.00	6.90	6.90	3.45
内蒙古	0.00	0.00	50.00	0.00	0.00	0.00	50.00
吉林	100.00	0.00	0.00	0.00	0.00	0.00	0.00
黑龙江	0.00	73.33	13.33	13.33	0.00	0.00	0.00
上海	0.00	100.00	0.00	0.00	0.00	0.00	0.00
江苏	0.00	25.00	25.00	12.50	0.00	12.50	25.00
浙江	0.00	40.00	0.00	0.00	0.00	0.00	60.00
安徽	0.00	50.00	25.00	0.00	0.00	25.00	0.00
福建	53.85	23.08	15.38	0.00	0.00	0.00	7.69
江西	35.29	41.18	0.00	11.76	5.88	5.88	0.00
山东	0.00	100.00	0.00	0.00	0.00	0.00	0.00
湖北	20.00	70.00	0.00	0.00	0.00	10.00	0.00
湖南	33.33	33.33	16.67	16.67	0.00	0.00	0.00
广东	0.00	16.67	0.00	0.00	50.00	33.33	0.00
广西	20.00	20.00	0.00	2.86	2.86	51.43	2.86
海南	77.78	5.56	11.11	0.00	0.00	5.56	0.00
重庆	8.70	8.70	8.70	0.00	13.04	52.17	8.70
四川	4.55	72.73	0.00	0.00	0.00	22.73	0.00
贵州	0.00	66.67	13.33	6.67	6.67	6.67	0.00
云南	20.75	22.64	15.09	0.00	3.77	35.85	1.89
陕西	0.00	33.33	6.67	0.00	33.33	26.67	0.00
甘肃	16.67	50.00	33.33	0.00	0.00	0.00	0.00
青海	55.17	34.48	3.45	0.00	0.00	3.45	3.45
宁夏	23.08	30.77	30.77	7.69	7.69	0.00	0.00
新疆	0.00	0.00	100.00	0.00	0.00	0.00	0.00

从图1-27和表1-59可以看出，在畜禽粪便的处理方式上，8.95%的种养结合家庭农场采取直接排放的处理方式，66.22%的农场采取发酵做有

机肥的处理方式，2.53%的农场采取出售（运输到附近的有机肥加工厂）的处理方式，12.84%的农场采取做沼气、沼渣做有机肥的处理方式。显然，79.06%的种养结合家庭农场都会通过各种方式把畜禽粪便做成有机肥，显然，这与该类型家庭农场兼具"种""养"这两种典型特征密不可分。

分省（市、区）看，绝大部分省（市、区）的种养结合类家庭农场以采取发酵做有机肥的处理方式为主，其中，吉林、上海和青海的所有种养结合类家庭农场都采取发酵做有机肥的处理方式。只有在湖南（38.89%）和海南（33.33%），采取直接排放处理方式的农场占比在30%以上。

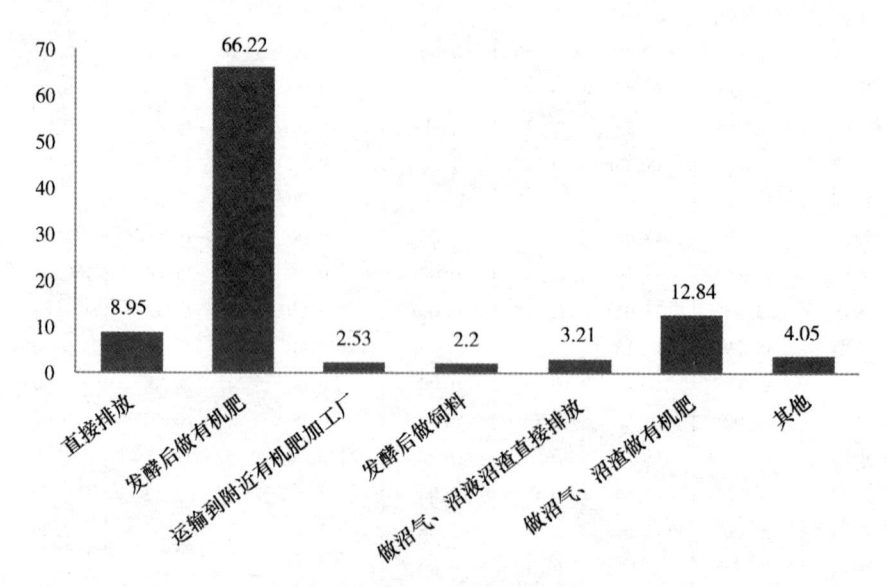

图1-27 2017年种养结合类家庭农场中采取不同畜禽粪便处理方式的农场占比（单位：%）

表1-59 2017年各省（市、区）种养结合类家庭农场中各种畜禽粪便处理方式的农场占比 （%）

地区	直接排放	发酵后做有机肥	出售	发酵后做饲料	做沼气沼液沼渣直接排放	做沼气沼渣做有机肥	其他方式
全国	8.95	66.22	2.53	2.20	3.21	12.84	4.05
天津	10.00	70.00	0.00	10.00	0.00	10.00	0.00
河北	0.00	77.78	0.00	11.11	11.11	0.00	0.00
山西	0.00	70.59	11.76	0.00	0.00	17.65	0.00

续表

地区	直接排放	发酵后做有机肥	出售	发酵后做饲料	做沼气沼液沼渣直接排放	做沼气沼渣做有机肥	其他方式
内蒙古	5.66	86.79	0.00	0.00	0.00	0.00	7.55
辽宁	9.09	81.82	9.09	0.00	0.00	0.00	0.00
吉林	0.00	100.00	0.00	0.00	0.00	0.00	0.00
黑龙江	23.08	61.54	7.69	0.00	0.00	7.69	0.00
上海	0.00	100.00	0.00	0.00	0.00	0.00	0.00
江苏	8.33	75.00	0.00	0.00	0.00	8.33	8.33
浙江	0.00	71.43	0.00	7.14	0.00	0.00	21.43
安徽	0.00	66.67	8.33	0.00	0.00	16.67	8.33
福建	15.79	42.11	0.00	10.53	0.00	15.79	15.79
江西	8.82	58.82	2.94	0.00	5.88	23.53	0.00
山东	0.00	81.25	6.25	6.25	0.00	6.25	0.00
河南	6.25	56.25	0.00	6.25	0.00	31.25	0.00
湖北	17.86	46.43	3.57	3.57	1.79	8.93	17.86
湖南	38.89	44.44	0.00	0.00	11.11	5.56	0.00
广东	12.12	51.52	3.03	3.03	6.06	24.24	0.00
广西	20.00	53.33	0.00	0.00	0.00	26.67	0.00
海南	33.33	41.67	0.00	0.00	0.00	25.00	0.00
重庆	6.25	46.88	0.00	0.00	9.38	34.38	3.13
四川	0.00	54.29	0.00	0.00	14.29	31.43	0.00
贵州	9.09	54.55	0.00	0.00	27.27	9.09	0.00
云南	0.00	62.50	8.33	4.17	0.00	25.00	0.00
陕西	6.67	93.33	0.00	0.00	0.00	0.00	0.00
甘肃	2.78	86.11	5.56	5.56	0.00	0.00	0.00
青海	0.00	100.00	0.00	0.00	0.00	0.00	0.00
宁夏	17.65	70.59	5.88	0.00	0.00	0.00	5.88
新疆	0.00	93.33	0.00	0.00	0.00	6.67	0.00

七 家庭农场服务需求与经营

本部分介绍家庭农场农机装备、场库棚等固定资产投入、对外提供农机作业服务、自我作业服务、购买作业服务等情况，并简要分析了这些情况与农场经营类型、农场规模的相关性。

(一) 农机装备及场、库、棚拥有量

1. 农机装备拥有情况

有效监测样本数据（见表 1-60）表明，家庭农场的拖拉机拥有率较高，拥有拖拉机的农场占比高达 72.22%；拥有联合收割机的农场占比 32.50%，拥有插秧机的农场占比 19.17%；相对来说，拥有烘干机的农场占比较低，仅为 10.28%。分省（市、区）看，除上海、福建、江西、广东、广西、海南、重庆、贵州省（市、区）外，其他省（市、区）拥有拖拉机的农场占比均超过 60%；天津、辽宁、吉林、黑龙江、江苏、浙江、江西、湖北、湖南、广西 10 个省（市、区）拥有插秧机的农场占比相对较高，均在 30% 以上，其他省（市、区）的农场占比相对较低；辽宁、吉林、黑龙江、河北、山东、河南、江苏、湖北、湖南、江西等省（市、区）拥有联合收割机的农场占比相对较高；江苏、浙江、江西拥有烘干机的农场占比相对较高，其他省（市、区）的农场占比相对较低。

表 1-60　2017 年全部家庭农场中拥有各类农机的农场占比　　　　　　（%）

地区	拖拉机	插秧机	联合收获机	烘干机
全国	72.22	19.17	32.50	10.28
天津	95.00	35.00	25.00	5.00
河北	90.20	10.78	48.04	4.90
山西	65.22	20.00	30.43	6.96
内蒙古	96.94	6.12	37.76	2.04
辽宁	87.13	46.53	56.44	0.99
吉林	94.42	37.21	63.26	6.51
黑龙江	89.14	37.56	67.42	9.95
上海	39.00	11.00	22.00	1.00
江苏	80.49	52.44	46.34	34.15
浙江	63.27	35.71	27.55	35.71
安徽	84.31	12.75	40.20	13.73
福建	56.86	7.84	10.78	22.55
江西	55.56	31.11	38.89	36.67

续表

地区	拖拉机	插秧机	联合收获机	烘干机
山东	88.89	6.17	46.91	8.64
河南	92.78	4.12	48.45	6.19
湖北	81.37	33.33	48.04	8.82
湖南	78.08	50.68	52.05	16.44
广东	41.94	3.23	4.30	9.68
广西	45.92	32.65	13.27	6.12
海南	15.71	0.00	0.00	1.43
重庆	24.04	8.65	13.46	12.50
四川	73.12	4.30	12.90	5.38
贵州	25.53	0.00	0.00	14.89
云南	66.05	0.00	0.00	2.47
陕西	83.84	2.02	15.15	8.08
甘肃	95.92	6.12	21.43	4.08
青海	63.53	3.53	11.76	2.35
宁夏	83.67	11.22	26.53	11.22
新疆	82.35	20.59	20.59	14.71

从拥有量来看，家庭农场平均拥有拖拉机 1.99 台，插秧机 0.38 台，联合收割机 0.51 台，烘干机 0.28 台，农机价值 26.79 万元，但不同省（市、区）家庭农场农机拥有量的差异较大（见表 1-61）。

表 1-61　　2017 年全部家庭农场平均每个农场拥有农机数量

地区	拖拉机（台）	插秧机（台）	联合收获机（台）	烘干机（台）	平均拥有价值（万元）
全国	1.99	0.38	0.51	0.28	26.79
天津	3.40	1.00	0.75	0.10	64.62
河北	2.18	0.21	0.68	0.05	29.86
山西	1.43	0.26	0.50	0.07	16.82
内蒙古	2.69	0.10	0.49	0.02	34.69
辽宁	2.50	0.77	0.74	0.01	34.41
吉林	2.85	0.68	0.86	0.59	33.25

续表

地区	拖拉机（台）	插秧机（台）	联合收获机（台）	烘干机（台）	平均拥有价值（万元）
黑龙江	2.34	0.64	0.88	0.15	30.87
上海	0.88	0.20	0.34	0.02	20.83
江苏	2.67	1.12	0.80	1.26	56.41
浙江	1.21	0.79	0.47	1.05	44.54
安徽	3.45	0.27	0.78	0.41	43.62
福建	1.43	0.17	0.14	0.46	9.56
江西	1.36	0.72	0.84	0.74	24.99
山东	2.06	0.07	0.79	0.15	34.55
河南	2.33	0.07	0.73	0.67	32.34
湖北	2.86	0.64	1.06	0.24	45.49
湖南	1.26	0.73	0.85	0.47	37.69
广东	1.08	0.03	0.06	0.15	4.52
广西	1.08	0.65	0.18	0.16	20.30
海南	0.24	0.00	0.00	0.03	2.00
重庆	0.57	0.64	0.21	0.18	10.15
四川	1.25	0.12	0.20	0.13	16.33
贵州	0.72	0.00	0.17	0.30	3.23
云南	2.20	0.00	0.00	0.04	5.83
陕西	1.59	0.02	0.19	0.14	15.10
甘肃	3.74	0.16	0.36	0.08	35.94
青海	1.76	0.13	0.19	0.04	26.14
宁夏	3.03	0.21	0.52	0.16	29.90
新疆	1.76	0.29	0.32	0.53	46.52

不同类型农场拥有农机数量和农机价值的差异较大。从图1-28和图1-29可以看出，机农结合类家庭农场无论是拖拉机、插秧机、联合收割机、烘干机等主要农机装备拥有数量，还是拥有农机装备价值，都远高于其他类型家庭农场。机农结合农场拥有农机装备价值平均高达94.02万元；其次是粮食类农场，平均拥有农机装备价值35.76万元。

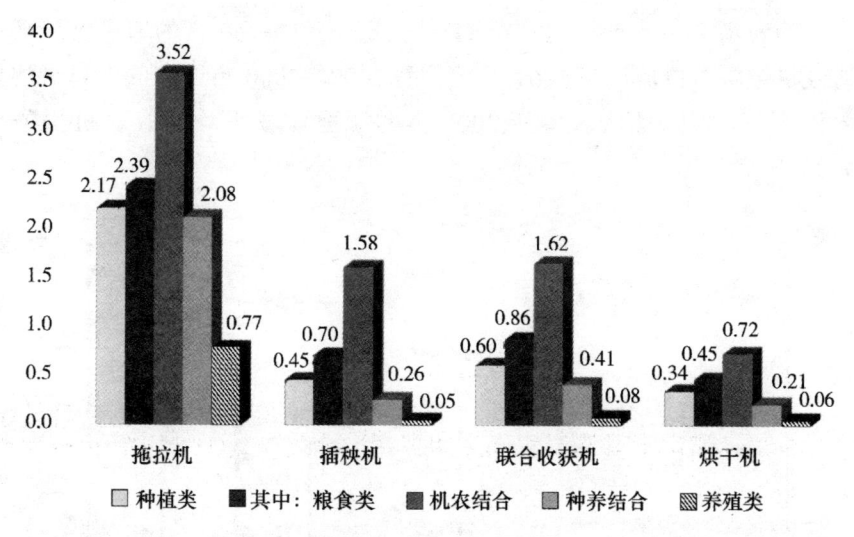

图 1-28 2017年各类家庭农场平均拥有的农机数量（单位：台）

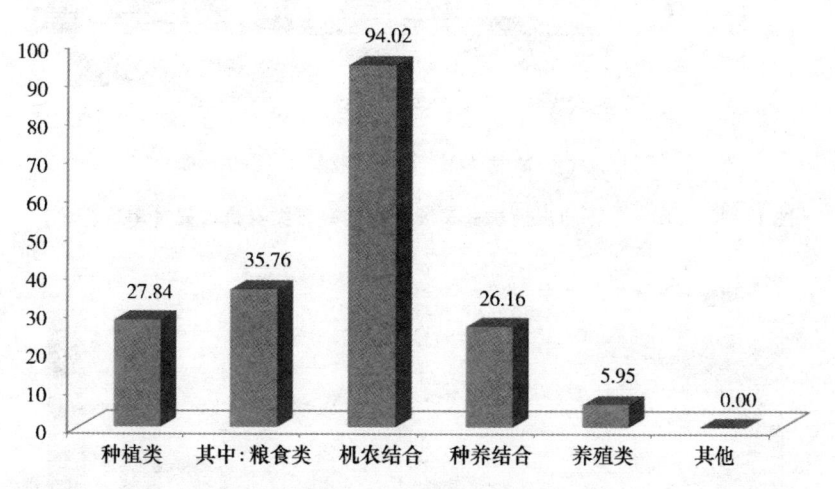

图 1-29 2017年各类家庭农场平均拥有农机总价值（单位：万元）

随着家庭农场土地经营规模的增加，家庭农场拖拉机、插秧机、联合收割机和烘干机拥有数量整体呈上升趋势，农机装备总价值同样呈上升趋势。从图 1-30 和图 1-31 可以看出，家庭农场各类农机装备拥有数量与土地经营规模整体呈正向关系，家庭农场各类农机装备拥有数量随着土地经营规模的增加而增加。例如，土地经营规模在 10—50 亩的农场平均拥有拖拉机 0.88 台，而 500—1000 亩的农场平均拥有拖拉机 2.96 台，3000

亩以上的农场平均拥有拖拉机 6.64 台。此外，10—50 亩的家庭农场平均拥有农机装备总价值仅为 5.69 万元，而 2000—3000 亩的家庭农场平均拥有农机价值 95.12 万元，大于 3000 亩的家庭农场平均拥有农机价值达 119.86 万元。

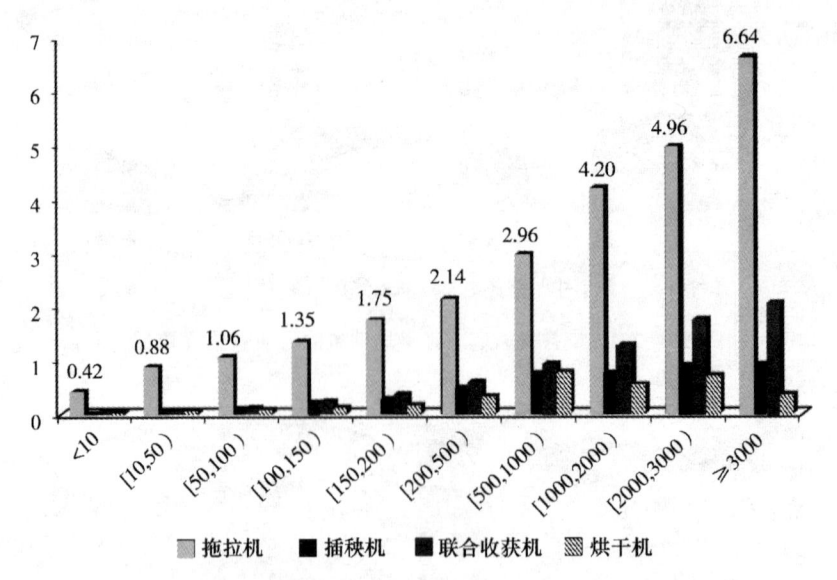

图 1-30　2017 年不同规模家庭农场平均拥有各类农机数量（单位：台）

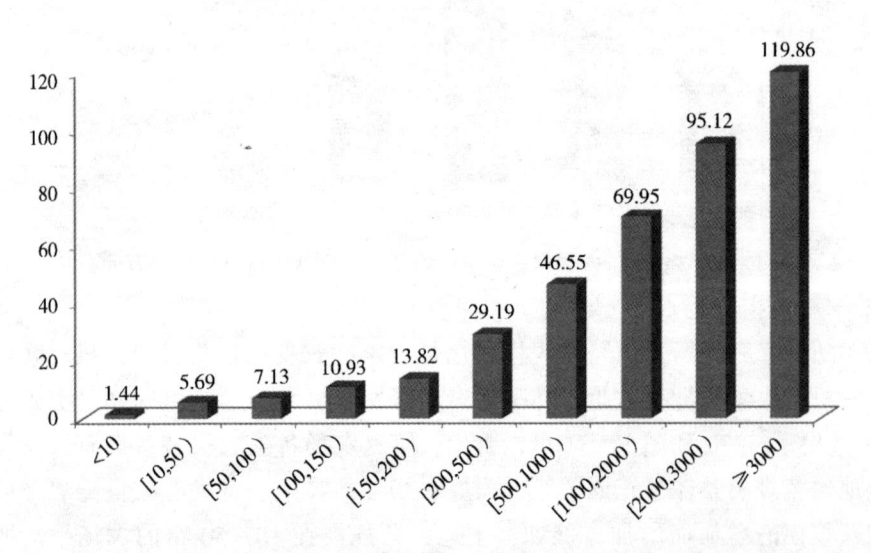

图 1-31　2017 年不同规模家庭农场平均拥有农机总价值（单位：万元）

2. 仓库、晒场拥有情况

有效监测样本数据表明，拥有仓库和晒场的家庭农场占比相对较高。拥有仓库的农场占比80.97%，有仓库的家庭农场的平均仓库面积为414.20平方米；拥有晒场的农场占比71.01%，有晒场的家庭农场的平均晒场面积为1075.61平米。分省（市、区）看，各省（市、区）拥有仓库和晒场的农场占比存在较大差异，例如，上海拥有仓库和晒场的农场占比分别仅为12.00%和27.00%，海南也分别仅有20.00%和12.86%（见表1-62）。

表1-62 2017年全部家庭农场中拥有仓库和晒场的农场占比和面积情况

地区	有仓库农场比例（%）	有仓库的农场平均仓库面积（平米）	有晒场比例（%）	有晒场的农场平均晒场面积（平米）
全国	80.97	414.20	71.01	1075.61
天津	80.00	334.31	95.00	873.89
河北	91.18	516.15	87.25	1100.54
山西	79.13	368.63	73.04	900.26
内蒙古	87.76	320.16	89.80	2152.61
辽宁	77.23	257.94	69.31	1176.59
吉林	87.91	361.38	73.95	2237.79
黑龙江	73.76	577.06	64.71	1366.55
上海	12.00	228.75	27.00	189.11
江苏	82.93	417.71	81.71	599.54
浙江	83.67	613.01	63.27	641.29
安徽	87.25	366.51	74.51	1032.76
福建	82.35	163.51	62.75	279.84
江西	78.89	654.28	68.89	1407.40
山东	91.36	473.35	80.25	1326.89
河南	91.75	567.60	84.54	963.78
湖北	95.10	482.89	87.25	1108.83
湖南	93.15	431.28	86.30	688.62
广东	70.97	294.00	40.86	858.47
广西	83.67	271.27	64.29	394.97
海南	20.00	281.29	12.86	481.11

续表

地区	有仓库农场比例（%）	有仓库的农场平均仓库面积（平米）	有晒场比例（%）	有晒场的农场平均晒场面积（平米）
重庆	76.92	242.15	64.42	435.87
四川	93.55	182.66	93.55	454.23
贵州	74.47	138.18	57.45	382.96
云南	96.91	195.68	79.63	386.26
陕西	86.87	432.23	91.92	936.24
甘肃	96.94	936.82	91.84	2107.61
青海	75.29	311.78	29.41	417.00
宁夏	85.71	691.67	83.67	1062.74
新疆	94.12	388.38	82.35	1686.25

不同类型家庭农场自有仓库和晒场的平均面积也存在一定差异，整体来说，种植类（含粮食类）家庭农场、机农结合类家庭农场和种养结合类家庭农场拥有的平均仓库面积和晒场面积要高于养殖业类家庭农场（见图1-32）。

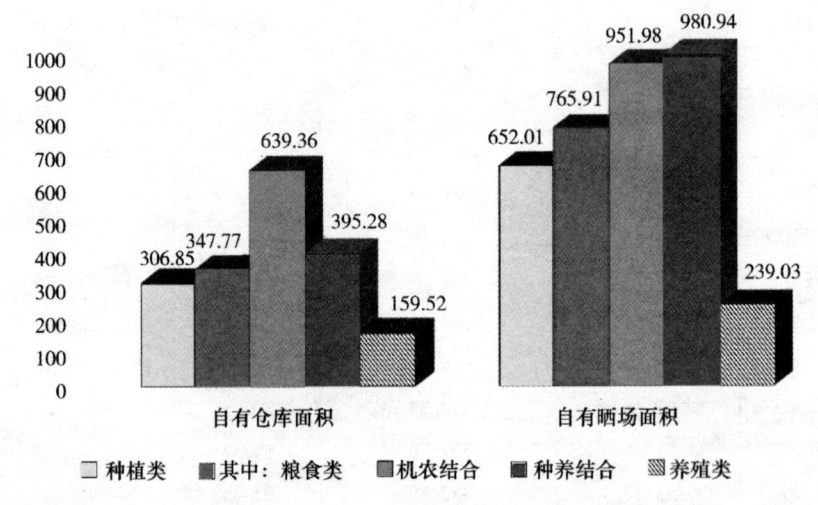

图1-32 2017年不同类型家庭农场平均拥有仓库和晒场面积（单位：平方米）

同时，随着土地经营规模的增加，家庭农场自有仓库面积和自有晒场面积也呈正向增加趋势（见图1-33）。

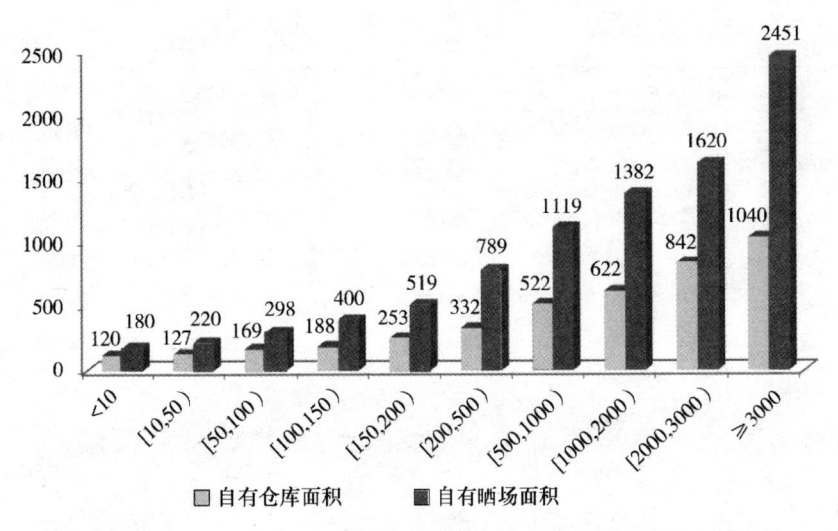

图 1 – 33 2017 年不同规模的家庭农场平均拥有仓库和晒场面积
(单位：平方米/个)

(二) 对外提供农机作业服务

有效监测样本数据表明，拥有相应农机且对外服务的农场占比较低，拥有拖拉机且对外提供服务的农场占比仅为 11.29%，拥有插秧机、联合收割机和烘干机且对外服务的农场占比分别仅为 23.75%、24.44% 和 14.02%（见表 1 – 63）。这可能反映出，一方面监测家庭农场本身平均规模相对普通家庭农场较大，购买农机主要用于自己农场作业；另一方面，家庭农场农机利用率可能较低，主要农机特别是拖拉机呈饱和状态。今后，应强化农机购置补贴政策调控能力，对小型和已经饱和的农机，应退出购机补贴，以避免资源浪费。

表 1 – 63 2017 年全部家庭农场中拥有各类农机且对外服务的农场占比   (%)

地区	拖拉机	插秧机	联合收获机	烘干机
全国	11.29	23.75	24.44	14.02
天津	10.29	15.00	6.67	0.00
河北	18.47	19.05	18.84	40.00
山西	20.12	26.67	29.82	62.50
内蒙古	9.47	20.00	22.92	50.00
辽宁	18.18	32.05	40.00	100.00

续表

地区	拖拉机	插秧机	联合收获机	烘干机
吉林	6.05	13.01	14.67	3.15
黑龙江	9.48	10.56	12.31	5.88
上海	35.23	50.00	47.06	50.00
江苏	15.07	35.87	40.91	16.50
浙江	18.49	29.87	34.78	24.27
安徽	6.25	28.57	16.25	14.29
福建	4.79	23.53	42.86	6.38
江西	18.85	13.85	15.79	14.93
山东	17.96	—	32.81	33.33
河南	14.60	28.57	14.08	7.69
湖北	10.96	38.46	26.85	37.50
湖南	42.39	58.49	54.84	11.76
广东	5.00	66.67	33.33	28.57
广西	8.49	15.63	33.33	0.00
海南	5.88	—	—	0.00
重庆	10.17	8.96	36.36	26.32
四川	14.66	36.36	31.58	25.00
贵州	2.94	—	0.00	7.14
云南	0.84	—	—	16.67
陕西	10.83	—	15.79	7.14
甘肃	8.45	18.75	25.71	0.00
青海	7.33	0.00	6.25	0.00
宁夏	10.44	33.33	21.57	6.25
新疆	10.00	20.00	54.55	0.00

机农结合类家庭农场对外提供农机作业服务的面积显著高于其他类别家庭农场（见图1-34）。机农结合类型的家庭农场平均对外提供机耕面积1743亩、对外提供机插秧面积212亩、对外提供机收面积682亩、对外提供机械烘干粮食数量299吨。因此，发展对外提供农机专业服务类型的机农结合类家庭农场有利于农机装备利用率的提高。

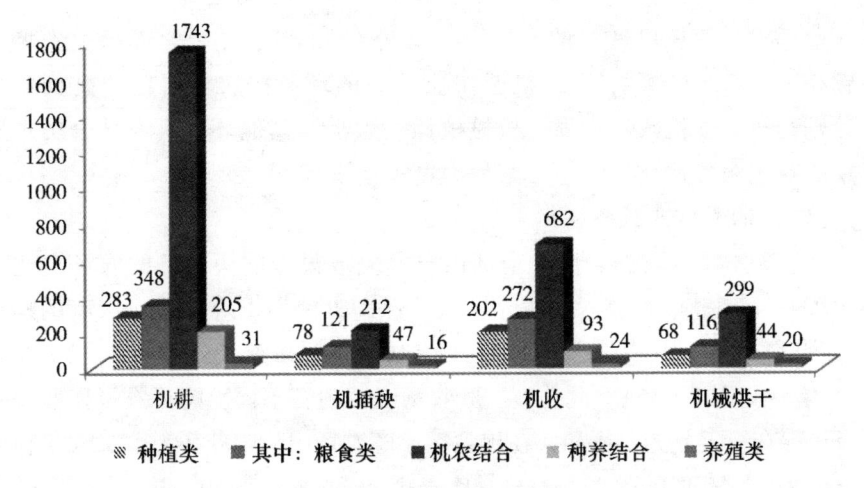

图 1-34　2017 年不同类型家庭农场对外提供各环节
农机作业平均面积（单位：亩）

（三）自我作业

有效监测样本数据表明，家庭农场自我提供农机作业服务的环节主要集中在机耕、机收、机播和机械植保环节，在上述相应环节使用自有农机的农场占比分别为 60.61%、36.17%、30.44% 和 25.83%，自我提供机械烘干的农场占比仅为 8.58%（见图 1-35）。从图 1-35 还可以看出："全部是人

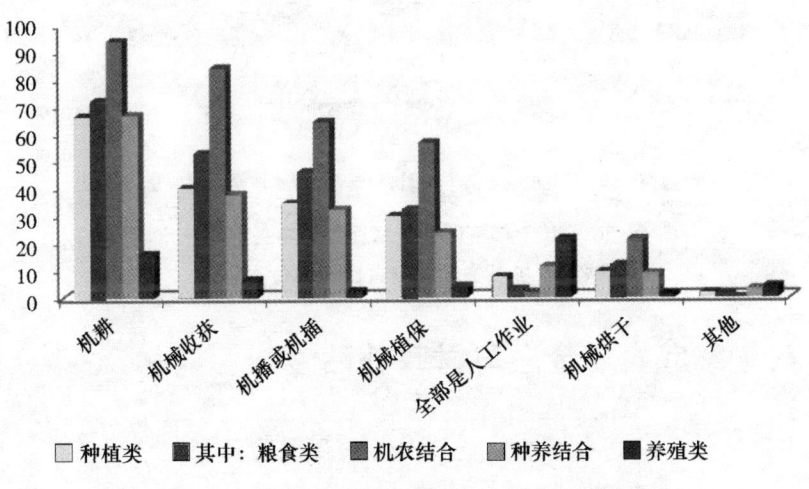

图 1-35　2017 年不同类型家庭农场中各环节使用
自有农机的农场占比（单位：%）

110　一　发展报告

工作业，没有使用机械"的农场占比仅为10.24%，主要是养殖类农场占比较高（达21.72%）；自我机械作业服务的环节按农场占比从高到低排序分别为机耕、机收、机播、机械植保、烘干及其他环节机农结合类家庭农场的自我服务比例显著高于其他类型家庭农场。

（四）购买作业服务

有效监测样本数据表明，全部由自己完成没有购买服务的农场占比为44.92%；在机耕、机收、机播、机械植保、机械烘干等环节，从市场购买农机服务的农场占比分别为30.14%、29.86%、15.59%、12.58%、10.95%（见图1-36）。此外，家庭农场经营内容不同，购买农机作业服务环节也存在一定差异，例如，在粮食类家庭农场中，收获环节购买农机作业服务的农场占比高达41.81%，但养殖类家庭农场中，这一占比仅为5.36%。

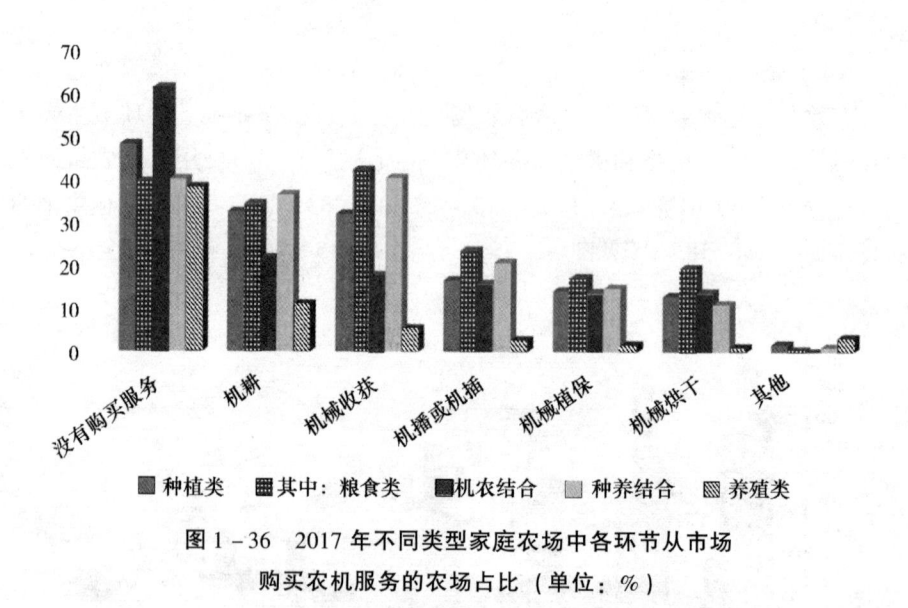

图1-36　2017年不同类型家庭农场中各环节从市场购买农机服务的农场占比（单位：%）

八　家庭农场金融与财政补贴

本部分介绍家庭农场的融资情况、购买保险及理赔情况、获得补贴情况。

（一）融资情况

1. 贷款需求

家庭农场是规模经营主体，与小农户相比，成本投入较大，资金要求较高，贷款需求较强。根据监测样本数据的统计结果，家庭农场具有不同的贷款额度需求，在全部家庭农场中，贷款需求在100万元（含）以下的农场占比高达89.22%；贷款需求在100万元以上的农场占比不足11%，其中，贷款需求在500万元以上的农场占比为2.04%，贷款需求在1000万元以上的农场占比仅有0.61%（见表1-64）。这说明，适度规模家庭农场的贷款额度需求有一个适度范围。分省（市、区）看，浙江、天津等经济发达地区家庭农场的贷款需求额度较高，贷款需求在100万元以上的农场占比在30%以上；在新疆、河南等土地资源禀赋较高的粮食主产区，贷款需求在100万元以上的农场占比也高于全国平均水平，这可能是与较大规模的粮食生产需要较高的农业机械投入相关。

表1-64　　2017年全部家庭农场中不同贷款额度需求的农场占比　　　　（%）

地区	>1000万元	(500-1000]万元	(100-500]万元	(50-100]万元	(10-50]万元	≤10万元
全国	0.61	1.43	8.75	22.52	40.67	26.03
天津	0.00	11.11	22.22	27.78	27.78	11.11
河北	0.00	1.27	6.33	21.52	39.24	31.65
山西	1.32	1.32	5.26	26.32	35.53	30.26
内蒙古	1.33	1.33	6.67	25.33	37.33	28.00
辽宁	2.56	0.00	2.56	6.41	48.72	39.74
吉林	0.79	1.57	3.94	25.98	34.65	33.07
黑龙江	0.57	1.70	6.25	23.86	42.05	25.57
上海	0.00	0.00	6.25	25.00	50.00	18.75
江苏	1.41	0.00	2.82	23.94	46.48	25.35
浙江	1.10	4.40	31.87	36.26	20.88	5.49
安徽	0.00	0.00	15.05	25.81	40.86	18.28
福建	0.00	1.10	7.69	15.38	43.96	31.87
江西	0.00	3.33	11.67	26.67	45.00	13.33
山东	0.00	1.39	8.33	23.61	30.56	36.11
河南	2.00	4.00	14.00	26.00	30.00	24.00
湖北	0.00	0.99	15.84	20.79	45.54	16.83
湖南	0.00	1.82	7.27	32.73	36.36	21.82

续表

地区	>1000万元	(500-1000]万元	(100-500]万元	(50-100]万元	(10-50]万元	≤10万元
广东	0.00	4.00	16.00	22.00	36.00	22.00
广西	0.00	0.00	5.62	13.48	51.69	29.21
海南	0.00	1.82	10.91	9.09	34.55	43.64
重庆	0.00	0.00	4.30	13.98	40.86	40.86
四川	0.00	0.00	3.08	12.31	33.85	50.77
贵州	2.50	0.00	2.50	15.00	40.00	40.00
云南	0.00	0.69	9.66	18.62	51.72	19.31
陕西	0.00	1.04	1.04	19.79	40.63	37.50
甘肃	1.00	1.00	12.00	33.00	36.00	17.00
青海	1.47	0.00	1.47	10.29	64.71	22.06
宁夏	1.05	2.11	5.26	40.00	44.21	7.37
新疆	0.00	2.94	20.59	29.41	41.18	5.88

从表1-65可以看出，在种植类家庭农场中，贷款需求在100万元（含）以下的农场占比为90.78%，略高于全部家庭农场中的农场占比水平（89.22%）。这说明，总体上看，养殖类、种养结合类及其他类型家庭农场的贷款需求额度更高。

表1-65　2017年种植类家庭农场中不同贷款额度需求的农场占比　　（%）

地区	>1000万元	(500-1000]万元	(100-500]万元	(50-100]万元	(10-50]万元	≤10万元
全国	0.63	0.84	7.75	22.56	40.43	27.79
天津	0.00	0.00	16.67	16.67	33.33	33.33
河北	0.00	0.00	6.45	20.97	41.94	30.65
山西	2.50	0.00	2.50	22.50	35.00	37.50
内蒙古	0.00	0.00	6.25	28.13	40.63	25.00
辽宁	3.08	0.00	3.08	6.15	44.62	43.08
吉林	0.86	0.86	2.59	25.86	34.48	35.34
黑龙江	0.65	1.94	5.81	21.94	44.52	25.16
上海	0.00	0.00	6.25	25.00	50.00	18.75
江苏	2.17	0.00	2.17	17.39	54.35	23.91

续表

地区	>1000万元	(500-1000]万元	(100-500]万元	(50-100]万元	(10-50]万元	≤10万元
浙江	1.59	3.17	33.33	41.27	17.46	3.17
安徽	0.00	0.00	13.64	21.21	45.45	19.70
福建	0.00	1.64	8.20	18.03	37.70	34.43
江西	0.00	4.55	4.55	31.82	50.00	9.09
山东	0.00	0.00	4.08	20.41	32.65	42.86
河南	1.25	2.50	12.50	25.00	30.00	28.75
湖北	0.00	0.00	6.45	16.13	67.74	9.68
湖南	0.00	0.00	5.71	34.29	34.29	25.71
广东	0.00	0.00	12.50	20.83	45.83	20.83
广西	0.00	0.00	0.00	16.28	41.86	41.86
海南	0.00	0.00	2.86	5.71	34.29	57.14
重庆	0.00	0.00	5.41	13.51	40.54	40.54
四川	0.00	0.00	0.00	11.11	27.78	61.11
贵州	5.26	0.00	5.26	5.26	36.84	47.37
云南	0.00	0.00	12.66	20.25	56.96	10.13
陕西	0.00	1.96	0.00	25.49	29.41	43.14
甘肃	0.00	0.00	12.28	31.58	31.58	24.56
青海	0.00	0.00	2.33	11.63	65.12	20.93
宁夏	0.00	1.59	7.94	42.86	38.10	9.52
新疆	0.00	0.00	27.78	27.78	38.89	5.56

从表1-66可以看出，在粮食类家庭农场中，贷款需求在100万元（含）以下的农场占比为92.54%，高于全部家庭农场中的农场占比水平（89.22%），也高于种植业类家庭农场中的农场占比水平（90.78%）；贷款需求在100万元以上的农场占比为7.46%，低于全部家庭农场中的农场占比水平（10.78%）。这说明，粮食类家庭农场对较大额度贷款的需求程度低于全部家庭农场，但是在东部经济发达省份，如浙江和天津，贷款需求在100万元（含）以上的农场比例超过了25%，粮食生产规模较大的地区，如河南、黑龙江等，贷款需求在100万元（含）以上的农场占比亦明显高于全国平均水平。

表1-66　2017年粮食类家庭农场中不同贷款额度需求的农场占比　　　　（%）

地区	>1000万元	(500-1000]万元	(100-500]万元	(50-100]万元	(10-50]万元	≤10万元
全国	0.90	0.90	5.66	23.65	39.46	29.43
天津	0.00	0.00	25.00	0.00	50.00	25.00
河北	0.00	0.00	7.27	20.00	40.00	32.73
山西	4.35	0.00	4.35	26.09	34.78	30.43
内蒙古	0.00	0.00	0.00	33.33	22.22	44.44
辽宁	3.17	0.00	3.17	6.35	42.86	44.44
吉林	0.88	0.88	1.77	26.55	35.40	34.51
黑龙江	1.32	1.32	7.89	17.11	44.74	27.63
上海	0.00	0.00	6.67	20.00	53.33	20.00
江苏	2.44	0.00	0.00	17.07	53.66	26.83
浙江	0.00	3.70	22.22	51.85	14.81	7.41
安徽	0.00	0.00	12.50	22.92	45.83	18.75
福建	0.00	0.00	0.00	0.00	33.33	66.67
江西	0.00	0.00	0.00	20.00	66.67	13.33
山东	0.00	0.00	2.94	26.47	38.24	32.35
河南	1.61	3.23	14.52	20.97	32.26	27.42
湖北	0.00	0.00	0.00	25.00	60.00	15.00
湖南	0.00	0.00	3.57	28.57	39.29	28.57
广东	0.00	0.00	0.00	0.00	100.00	0.00
广西	0.00	0.00	0.00	12.00	40.00	48.00
海南	0.00	0.00	0.00	0.00	46.67	53.33
重庆	0.00	0.00	0.00	22.22	22.22	55.56
四川	0.00	0.00	0.00	20.00	20.00	60.00
贵州	—	—	—	—	—	—
云南	0.00	0.00	0.00	100.00	0.00	0.00
陕西	0.00	4.55	0.00	40.91	31.82	22.73
甘肃	0.00	0.00	0.00	50.00	16.67	33.33
青海	0.00	0.00	0.00	0.00	100.00	0.00
宁夏	0.00	2.00	8.00	48.00	34.00	8.00
新疆	0.00	0.00	0.00	100.00	0.00	0.00

2. 有贷款的农场占比情况

有效监测样本数据表明，在全部家庭农场中，2017年有贷款的农场占比为57.02%。种养结合类家庭农场的这一占比均达到67.44%%；在养殖类家庭农场中，这一占比仅为31.64%（见图1-37）。

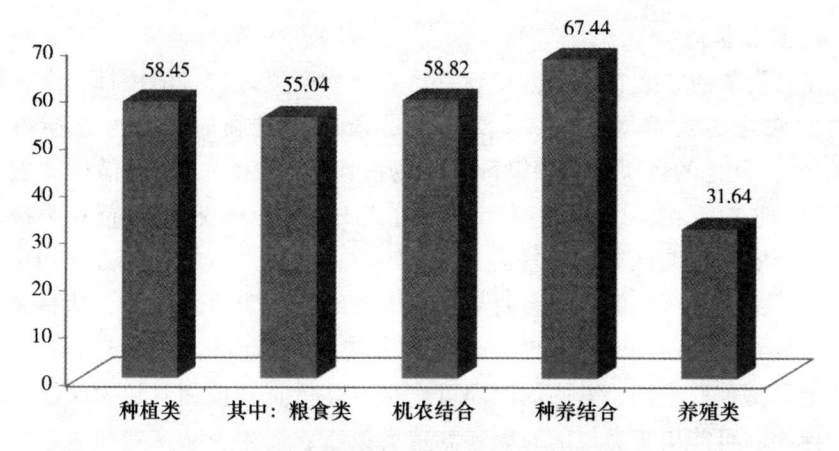

图 1-37　2017 年不同类型家庭农场中有贷款的农场占比（单位：%）

3. 贷款主要用途

从图 1-38 可以看出，在种植类（含粮食类）、机农结合类和种养结合类家庭农场中，大部分家庭农场将所得的贷款主要用于购买化肥种子等生产资料，其次用于支付土地流转费、购买农机、购买土地及厂房设备等固定资产等，较少用于教育医疗支出和进城购房等。而在养殖类家庭农场中，用于购买土地、厂房、设备等固定资产的比例达到 57.27%。

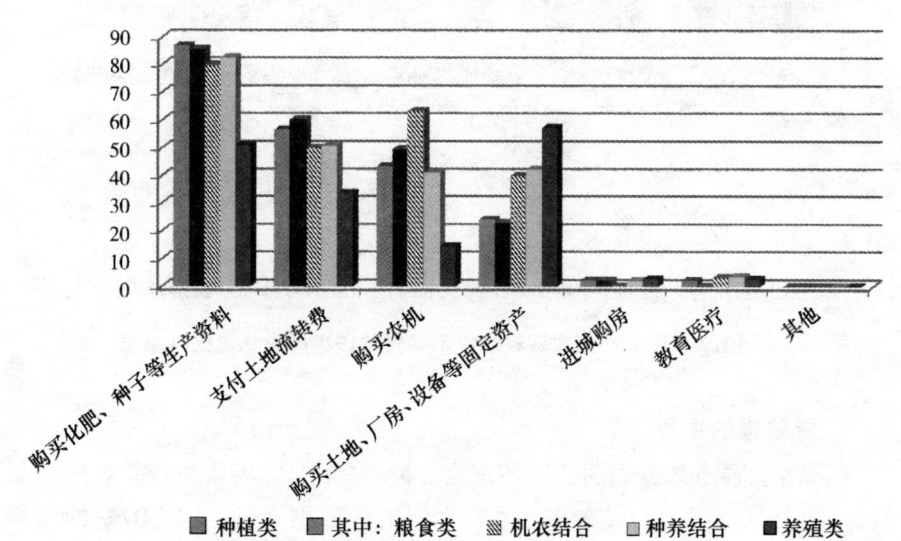

图 1-38　2017 年不同类型家庭农场中不同贷款用途的农场占比（单位：%）

4. 贷款渠道

在有贷款的家庭农场中，其最主要的贷款渠道为农村信用社，选择该选项的农场占比高达70.63%，其次是亲戚邻里临时借贷，农场占比27.65%；其他的依次为邮储银行（农场占比24.32%）、民间借贷（农场占比20.63%）、中国农业银行（农场占比19.50%）、村镇银行和小额贷款公司及资金互助社等（农场占比8.44%），其他渠道的农场占比均小于5%（见图1-39）。值得注意的是，在机农结合类家庭农场中，从村镇银行、小额贷款公司、资金互助社等渠道借贷的农场占比为16.67%，远高于其他类型家庭农场，其中的原因可能是，其借贷规模相对较大又缺乏有效抵押物。可能出于类似的原因，养殖类家庭农场中，从亲戚邻里临时借款比例达45.76%，同样远高于其他类型家庭农场。

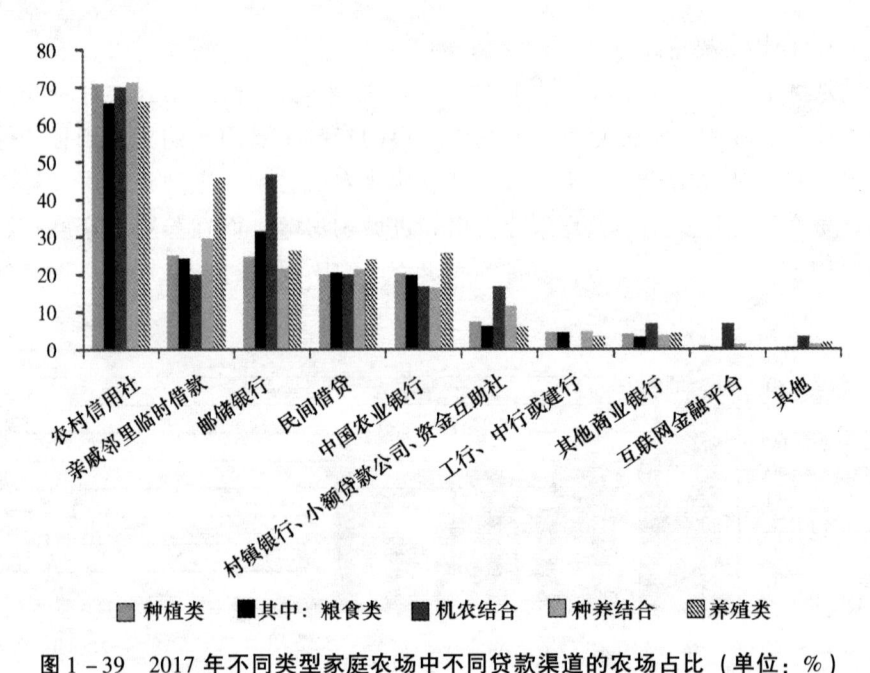

图1-39 2017年不同类型家庭农场中不同贷款渠道的农场占比（单位：%）

5. 贷款难的主要原因

有效监测样本数据表明，整体来看，53.36%的农场认为贷款难的主要原因是"贷款额度小、成本高、风险大，银行不愿意贷"，44.07%的农场认为是"缺少政府或有实力机构、个人担保"，36.17%的农场认为是"缺少抵押物"。只有13.36%的农场认为"融资没有困难"（见图1-40）。

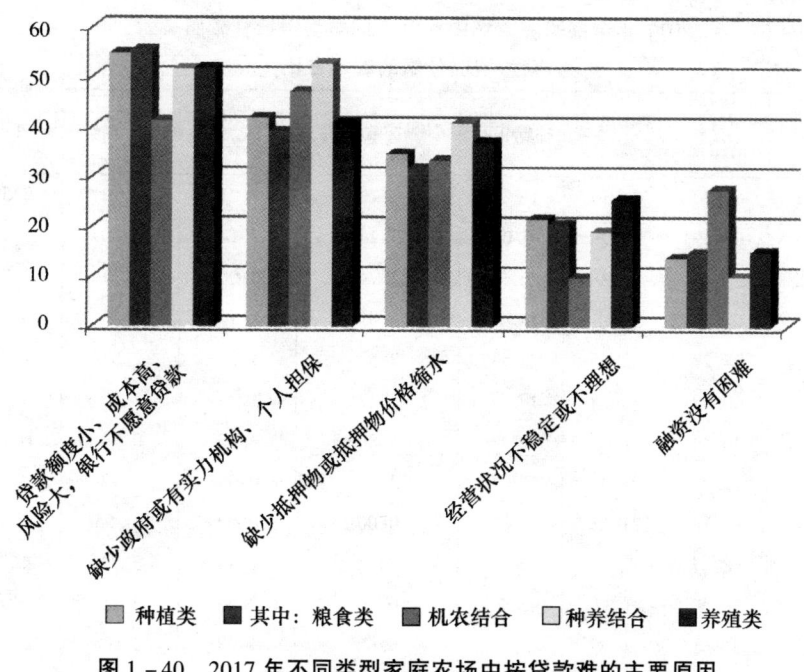

图 1 - 40　2017 年不同类型家庭农场中按贷款难的主要原因分组农场占比（单位：%）

6. 家庭农场对不同类型银行贷款服务的满意情况

从表 1 - 67 可以看出，在全部家庭农场中，67.2% 的家庭农场对农村信用社提供的贷款服务最满意；对中国邮政储蓄银行、中国农业银行、村镇银行和小额贷款公司及资金互助社）提供的贷款服务最满意的农场占比分别为 12.93%、10.14%、3.23%；对中国工商银行、中国银行和中国建设银行提供的贷款服务最满意的农场占比仅为 1.81%。2.12% 的家庭农场对其他商业银行提供的贷款服务最满意。分省（市、区）看，大部分省（市、区）的家庭农场对农村信用社提供的贷款服务最满意，青海、贵州、海南、四川对其最满意的农场占比均在 80% 以上，其中，青海、贵州、海南的农场占比在 90% 以上。吉林、重庆、陕西、湖北、河北有 20% 以上的的家庭农场最满意中国邮政储蓄银行提供的贷款服务，其中吉林达到了 36.8%。新疆、安徽、上海、山东有 20% 以上的家庭农场对中国农业银行提供的贷款服务最满意；湖北有 15.56% 的家庭农场对村镇银行、小额贷款公司和资金互助社满意度最高；上海超过 10% 的家庭农场对其他商业银行提供的贷款服务最满意。

表1-67　2017年全部家庭农场中按对不同类型银行贷款服务的
满意情况分组的农场占比　　　　　　　　　　　　（%）

地区	农村信用社	中国农业银行	邮储银行	村镇银行、小额贷款公司、资金互助社	工行、中行或建行	其他商业银行	其他
全国	67.20	10.14	12.93	3.23	1.81	2.12	2.57
天津	64.29	14.29	0.00	7.14	7.14	0.00	7.14
河北	53.42	9.59	23.29	2.74	0.00	8.22	2.74
山西	64.10	6.41	14.10	3.85	2.56	2.56	6.41
内蒙古	77.22	12.66	2.53	2.53	1.27	2.53	1.27
辽宁	60.49	13.58	17.28	2.47	1.23	1.23	3.70
吉林	46.40	6.40	36.80	4.80	4.80	0.00	0.80
黑龙江	69.02	18.48	7.07	2.17	0.00	2.72	0.54
上海	63.16	21.05	0.00	0.00	0.00	10.53	5.26
江苏	68.57	5.71	11.43	2.86	1.43	5.71	4.29
浙江	76.40	3.37	15.73	0.00	0.00	2.25	2.25
安徽	51.61	26.88	8.60	9.68	1.08	1.08	1.08
福建	77.17	4.35	8.70	2.17	2.17	1.09	4.35
江西	68.25	4.76	19.05	1.59	1.59	0.00	4.76
山东	60.00	20.00	15.00	1.67	1.67	0.00	1.67
河南	50.70	11.27	16.90	5.63	8.45	2.82	4.23
湖北	42.22	7.78	25.56	15.56	3.33	1.11	4.44
湖南	76.67	5.00	16.67	0.00	1.67	0.00	0.00
广东	62.00	14.00	10.00	0.00	4.00	2.00	8.00
广西	74.70	10.84	4.82	4.82	0.00	2.41	2.41
海南	90.00	6.00	2.00	0.00	0.00	0.00	2.00
重庆	45.98	5.75	27.59	9.20	1.15	5.75	4.60
四川	84.42	2.60	6.49	2.60	1.30	1.30	1.30
贵州	92.68	2.44	0.00	0.00	0.00	0.00	4.88
云南	79.87	4.55	6.49	0.65	1.30	5.84	1.30
陕西	62.20	8.54	25.61	1.22	1.22	0.00	1.22
甘肃	68.37	17.35	5.10	0.00	5.10	0.00	4.08
青海	94.59	1.35	0.00	1.35	0.00	1.35	1.35
宁夏	71.88	13.54	9.38	3.13	2.08	0.00	0.00
新疆	69.23	26.92	3.85	0.00	0.00	0.00	0.00

相较于全部家庭农场，在种植类家庭农场、粮食类家庭农场中，对农村信用社提供的贷款服务最满意的农场占比总体上略有下降，而对中国邮政储蓄银行提供的贷款服务最满意的农场占比，总体上略有提高，对其他银行机构提供的贷款服务最满意的农场占比与全部家庭农场大致类似。表1-68显示，65.88%的种植类家庭农场对农村信用社提供的贷款服务最满意，14.15%的种植类家庭农场对中国邮政储蓄银行提供的贷款服务最满意。表1-69显示，63.72%的粮食类家庭农场对农村信用社提供的贷款服务最满意，比全部家庭农场中的农场占比下降了2.16个百分点；16.91%的粮食类家庭农场对中国邮政储蓄银行提供的贷款服务最满意，比全部家庭农场中的农场上升了2.76个百分点。但是，分省（市、区）看，农场占比的变化趋势不尽相同，这与不同省（市、区）的家庭农场对不同贷款渠道的选择，或者不同省（市、区）家庭农场不同贷款渠道的可获得性有关。

表1-68 2017年种植类家庭农场中按对不同类型银行贷款服务的满意分组的农场占比 （%）

地区	农村信用社	中国农业银行	邮储银行	村镇银行、小额贷款公司、资金互助社	工行、中行或建行	其他商业银行	其他
全国	65.88	10.63	14.15	2.87	1.87	2.30	2.30
天津	75.00	25.00	0.00	0.00	0.00	0.00	0.00
河北	51.72	8.62	24.14	3.45	0.00	8.62	3.45
山西	69.77	4.65	13.95	2.33	2.33	2.33	4.65
内蒙古	72.41	13.79	3.45	6.90	0.00	0.00	3.45
辽宁	68.12	13.04	13.04	0.00	1.45	0.00	4.35
吉林	47.41	6.90	37.93	2.59	5.17	0.00	0.00
黑龙江	69.38	18.13	6.25	2.50	0.00	3.13	0.63
上海	63.16	21.05	0.00	0.00	0.00	10.53	5.26
江苏	63.04	8.70	15.22	2.17	2.17	4.35	4.35
浙江	79.69	4.69	12.50	0.00	0.00	1.56	1.56
安徽	53.03	28.79	6.06	9.09	0.00	1.52	1.52
福建	76.67	6.67	6.67	1.67	1.67	0.00	6.67
江西	66.67	4.76	28.57	0.00	0.00	0.00	0.00

续表

地区	农村信用社	中国农业银行	邮储银行	村镇银行、小额贷款公司、资金互助社	工行、中行或建行	其他商业银行	其他
山东	59.52	21.43	14.29	0.00	2.38	0.00	2.38
河南	53.70	7.41	16.67	5.56	9.26	3.70	3.70
湖北	43.33	6.67	26.67	23.33	0.00	0.00	0.00
湖南	75.00	2.78	19.44	0.00	2.78	0.00	0.00
广东	62.50	16.67	8.33	0.00	4.17	0.00	8.33
广西	72.97	2.70	8.11	8.11	0.00	2.70	5.41
海南	94.29	5.71	0.00	0.00	0.00	0.00	0.00
重庆	45.71	5.71	34.29	5.71	0.00	2.86	5.71
四川	82.61	0.00	13.04	0.00	0.00	4.35	0.00
贵州	88.89	5.56	0.00	0.00	0.00	0.00	5.56
云南	69.88	6.02	8.43	1.20	2.41	10.84	1.20
陕西	39.53	13.95	41.86	0.00	2.33	0.00	2.33
甘肃	67.86	19.64	3.57	0.00	7.14	0.00	1.79
青海	90.48	2.38	0.00	2.38	0.00	2.38	2.38
宁夏	80.95	3.17	9.52	4.76	1.59	0.00	0.00
新疆	66.67	25.00	8.33	0.00	0.00	0.00	0.00

表1-69　2017年粮食类家庭农场中按对不同类型银行贷款服务的满意分组的农场占比　　　　　（%）

地区	农村信用社	中国农业银行	邮储银行	村镇银行、小额贷款公司、资金互助社	工行、中行或建行	其他商业银行	其他
全国	63.72	10.27	16.91	3.12	1.56	2.08	2.34
天津	75.00	25.00	0.00	0.00	0.00	0.00	0.00
河北	52.73	9.09	21.82	3.64	0.00	9.09	3.64
山西	76.00	8.00	12.00	0.00	0.00	4.00	0.00
内蒙古	87.50	12.50	0.00	0.00	0.00	0.00	0.00
辽宁	68.66	11.94	13.43	0.00	1.49	0.00	4.48
吉林	47.79	5.31	38.94	2.65	5.31	0.00	0.00
黑龙江	77.11	14.46	3.61	0.00	0.00	3.61	1.20

续表

地区	农村信用社	中国农业银行	邮储银行	村镇银行、小额贷款公司、资金互助社	工行、中行或建行	其他商业银行	其他
上海	61.11	22.22	0.00	0.00	0.00	11.11	5.56
江苏	64.29	9.52	16.67	0.00	2.38	2.38	4.76
浙江	77.78	3.70	14.81	0.00	0.00	0.00	3.70
安徽	50.00	29.17	4.17	12.50	0.00	2.08	2.08
福建	80.00	10.00	0.00	0.00	0.00	0.00	10.00
江西	66.67	6.67	26.67	0.00	0.00	0.00	0.00
山东	60.00	26.67	10.00	0.00	0.00	0.00	3.33
河南	55.00	10.00	12.50	7.50	5.00	5.00	5.00
湖北	30.00	0.00	40.00	30.00	0.00	0.00	0.00
湖南	75.86	3.45	17.24	0.00	3.45	0.00	0.00
广东	100.00	0.00	0.00	0.00	0.00	0.00	0.00
广西	77.27	0.00	9.09	4.55	0.00	0.00	9.09
海南	100.00	0.00	0.00	0.00	0.00	0.00	0.00
重庆	37.50	0.00	62.50	0.00	0.00	0.00	0.00
四川	83.33	0.00	0.00	0.00	0.00	16.67	0.00
贵州	—	—	—	—	—	—	—
云南	0.00	100.00	0.00	0.00	0.00	0.00	0.00
陕西	30.00	20.00	45.00	0.00	5.00	0.00	0.00
甘肃	83.33	0.00	0.00	0.00	0.00	0.00	16.67
青海	100.00	0.00	0.00	0.00	0.00	0.00	0.00
宁夏	82.00	2.00	10.00	6.00	0.00	0.00	0.00
新疆	100.00	0.00	0.00	0.00	0.00	0.00	0.00

7. 家庭农场与银行的接触方式

通常，家庭农场与银行的接触方式有营业厅面对面交流、自助银行、网上银行（手机银行）、本村金融服务点。表1-70显示，69.68%的家庭农场选择在营业厅与工作人员面对面交流，10.29%的家庭农场选择通过自助设备，16.16%的家庭农场选择通过网上银行（手机银行），采用自助设备和网上银行的家庭农场比重明显提高（2016年分别为6.64%和9.84%），说明便捷化、智能化的银行接触方式更符合家庭农场的现实需要。还有 3.87% 的家庭农场选择通过本村金融服务点接触银行。分省（市、区）看，天津、河北、浙江、福建、江西、河南、重庆、陕西和新疆超过 20% 的家庭农场选择通过网上银行（手机银行）的方式接触银行。这说明，随着农业规模经营的发展，农业生产经营者与银行接触的方式在家庭农场生产经营过程中也正在发生变化。

表 1-70　　　　2017 年全部家庭农场中按与银行的最常用
接触方式分组的农场占比　　　　　　　　　　（%）

地区	在营业厅与工作人员面对面交流	自助设备	网上银行（手机银行）	本村金融服务点
全国	69.68	10.29	16.16	3.87
天津	35.00	10.00	40.00	15.00
河北	59.41	15.84	20.79	3.96
山西	59.48	14.66	18.97	6.90
内蒙古	79.81	7.69	9.62	2.88
辽宁	86.14	1.98	8.91	2.97
吉林	80.56	7.87	7.87	3.70
黑龙江	69.20	13.39	12.95	4.46
上海	77.00	16.00	7.00	0.00
江苏	76.83	3.66	19.51	0.00
浙江	67.00	8.00	24.00	1.00
安徽	72.82	8.74	16.50	1.94
福建	47.57	6.80	42.72	2.91
江西	49.46	16.13	31.18	3.23
山东	58.54	13.41	13.41	14.63
河南	48.11	15.09	27.36	9.43
湖北	71.15	6.73	18.27	3.85
湖南	65.75	12.33	19.18	2.74
广东	72.34	12.77	14.89	0.00
广西	73.00	12.00	11.00	4.00
海南	87.78	4.44	2.22	5.56
重庆	64.42	7.69	26.92	0.96

续表

地区	在营业厅与工作人员面对面交流	自助设备	网上银行（手机银行）	本村金融服务点
四川	75.00	7.29	14.58	3.13
贵州	76.09	10.87	2.17	10.87
云南	82.10	9.88	6.79	1.23
陕西	60.00	5.00	29.00	6.00
甘肃	75.25	7.92	11.88	4.95
青海	86.21	5.75	6.90	1.15
宁夏	60.00	24.00	14.00	2.00
新疆	56.76	10.81	21.62	10.81

相较于全部家庭农场，在种植类家庭农场中，选择在营业厅与工作人员面对面交流和通过自助设备的农场占比略有上升（70.48%和10.96%分别高于69.68%和10.29%），选择网上银行（手机银行）的农场占比略有下降（15.13%低于16.16%），选择本村金融服务点的农场占比小幅下降（3.42%略低于3.87%）（见表1-71）。

表1-71　　2017年种植类家庭农场中按与银行的最常用接触方式分组的农场占比　　（%）

地区	在营业厅与工作人员面对面交流	自助设备	网上银行（手机银行）	本村金融服务点
全国	70.48	10.96	15.13	3.42
天津	25.00	12.50	50.00	12.50
河北	55.70	17.72	21.52	5.06
山西	59.42	13.04	20.29	7.25
内蒙古	77.78	13.89	5.56	2.78
辽宁	86.21	2.30	8.05	3.45
吉林	80.71	7.61	8.12	3.55
黑龙江	68.39	15.03	12.95	3.63
上海	72.29	19.28	8.43	0.00
江苏	78.43	3.92	17.65	0.00

续表

地区	在营业厅与工作人员面对面交流	自助设备	网上银行（手机银行）	本村金融服务点
浙江	72.22	5.56	20.83	1.39
安徽	77.03	9.46	10.81	2.70
福建	45.59	8.82	41.18	4.41
江西	52.63	21.05	23.68	2.63
山东	61.02	11.86	8.47	18.64
河南	50.59	17.65	27.06	4.71
湖北	75.76	6.06	15.15	3.03
湖南	64.58	14.58	18.75	2.08
广东	75.93	12.96	11.11	0.00
广西	80.85	14.89	4.26	0.00
海南	94.44	3.70	1.85	0.00
重庆	65.12	6.98	25.58	2.33
四川	83.78	2.70	13.51	0.00
贵州	70.00	15.00	5.00	10.00
云南	78.57	8.33	10.71	2.38
陕西	53.70	5.56	38.89	1.85
甘肃	77.19	7.02	10.53	5.26
青海	76.92	9.62	11.54	1.92
宁夏	68.66	17.91	13.43	0.00
新疆	66.67	9.52	14.29	9.52

粮食类家庭农场相较于种植类家庭农场，选择在营业厅与工作人员面对面交流的农场占比进一步上升，达72.16%（种植类农场70.48%）；选择自助设备的农场占比大致不变，占10.73%（种植类农场10.96%）；选择网上银行（手机银行）的农场占比下降到13.51%（种植类农场15.13%）（见表1-72）。

表 1-72 2017年粮食类家庭农场中按与银行的最常用接触方式分组的农场占比 (%)

地区	在营业厅与工作人员面对面交流	自助设备	网上银行（手机银行）	本村金融服务点
全国	72.16	10.73	13.51	3.61
天津	50.00	25.00	0.00	25.00
河北	52.86	20.00	21.43	5.71
山西	57.14	7.14	28.57	7.14
内蒙古	54.55	36.36	0.00	9.09
辽宁	87.95	1.20	7.23	3.61
吉林	81.35	7.77	7.77	3.11
黑龙江	76.64	12.15	8.41	2.80
上海	71.95	19.51	8.54	0.00
江苏	78.26	2.17	19.57	0.00
浙江	80.65	3.23	16.13	0.00
安徽	78.18	9.09	9.09	3.64
福建	70.00	10.00	20.00	0.00
江西	48.15	18.52	29.63	3.70
山东	50.00	17.50	10.00	22.50
河南	51.52	18.18	25.76	4.55
湖北	72.73	0.00	22.73	4.55
湖南	69.23	7.69	20.51	2.56
广东	100.00	0.00	0.00	0.00
广西	85.19	11.11	3.70	0.00
海南	94.44	5.56	0.00	0.00
重庆	81.82	0.00	18.18	0.00
四川	75.00	12.50	12.50	0.00
云南	100.00	0.00	0.00	0.00
陕西	60.87	8.70	30.43	0.00
甘肃	66.67	0.00	16.67	16.67
青海	100.00	0.00	0.00	0.00
宁夏	73.58	13.21	13.21	0.00
新疆	100.00	0.00	0.00	0.00

8. 家庭农场认为最需要改进的金融服务

表 1-73 显示，在全部家庭农场中，34.13%的农场认为，增加营业窗口是最需要改进的金融服务；23.45%的农场认为是增加自助设备，15.67%的农场认为是合理收费，13.70%的农场认为是丰富网上银行功能，12.03%的农场认为是增加业务品种。各省（市、区）家庭农场认为最需要改善的金融服务不尽相同，例如，海南（63.33%）、宁夏（40.00%）、内蒙古（38.83%）、江西（38.04%）、青海（33.33%）的农场认为是增加自助设备，天津（80.00%）、上海（58.00%）、云南（54.32%）、青海（49.43%）、吉林（48.61%）的农场认为是增加营业窗口，湖南（39.73%）、新疆（32.43%）的农场认为是增加业务品种，贵州（39.13%）、广西（36.00%）、江苏（29.27%）、河南（28.57%）、江西（27.17%）的农场认为是合理收费。在种植类和粮食类家庭农场中，认为金融服务最需要改善的地方与全部家庭农场中的情况大体一致（见表 1-74 和表 1-75）。

表 1-73　　2017 年全部家庭农场中按认为最需要改善的金融服务分组的农场占比　　（%）

地区	增加自助设备	增加营业窗口	增加业务品种	合理收费	丰富网银功能	其他服务
全国	23.45	34.13	12.03	15.67	13.70	1.02
天津	5.00	80.00	5.00	5.00	5.00	0.00
河北	12.87	46.53	8.91	15.84	14.85	0.99
山西	19.83	23.28	12.93	23.28	19.83	0.86
内蒙古	38.83	34.95	8.74	6.80	9.71	0.97
辽宁	16.83	39.60	15.84	15.84	10.89	0.99
吉林	25.46	48.61	8.33	9.26	7.87	0.46
黑龙江	23.66	44.64	11.16	8.04	12.50	0.00
上海	30.00	58.00	4.00	2.00	6.00	0.00
江苏	18.29	24.39	14.63	29.27	13.41	0.00
浙江	18.00	35.00	14.00	14.00	14.00	5.00
安徽	14.56	32.04	16.50	20.39	16.50	0.00
福建	14.56	39.81	15.53	11.65	17.48	0.97
江西	38.04	11.96	4.35	27.17	17.39	1.09

续表

地区	增加自助设备	增加营业窗口	增加业务品种	合理收费	丰富网银功能	其他服务
山东	17.07	34.15	17.07	14.63	14.63	2.44
河南	13.33	21.90	10.48	28.57	25.71	0.00
湖北	11.54	11.54	16.35	25.96	30.77	3.85
湖南	12.33	30.14	39.73	12.33	5.48	0.00
广东	24.47	36.17	9.57	13.83	13.83	2.13
广西	31.00	21.00	3.00	36.00	7.00	2.00
海南	63.33	3.33	12.22	11.11	10.00	0.00
重庆	22.12	22.12	8.65	15.38	28.85	2.88
四川	19.79	46.88	12.50	13.54	7.29	0.00
贵州	17.39	15.22	13.04	39.13	13.04	2.17
云南	25.31	54.32	4.32	7.41	8.64	0.00
陕西	19.00	27.00	19.00	14.00	21.00	0.00
甘肃	17.82	26.73	19.80	19.80	13.86	1.98
青海	33.33	49.43	4.60	3.45	6.90	2.30
宁夏	40.00	23.00	11.00	17.00	9.00	0.00
新疆	8.11	24.32	32.43	21.62	13.51	0.00

表1-74　　2017年种植业类家庭农场中按认为最需要改善的金融服务分组的农场占比　　（%）

地区	增加自助设备	增加营业窗口	增加业务品种	合理收费	丰富网银功	其他服务
全国	22.47	36.28	12.15	15.89	12.47	0.75
天津	0.00	87.50	0.00	12.50	0.00	0.00
河北	11.39	44.30	8.86	16.46	17.72	1.27
山西	24.64	24.64	8.70	23.19	18.84	0.00
内蒙古	16.67	66.67	5.56	2.78	8.33	0.00
辽宁	18.39	35.63	17.24	16.09	11.49	1.15
吉林	25.38	49.75	8.63	10.15	6.09	0.00
黑龙江	21.76	44.56	10.88	9.33	13.47	0.00
上海	33.73	51.81	4.82	2.41	7.23	0.00
江苏	13.73	21.57	21.57	33.33	9.80	0.00

续表

地区	增加自助设备	增加营业窗口	增加业务品种	合理收费	丰富网银功	其他服务
浙江	19.44	38.89	12.50	11.11	15.28	2.78
安徽	16.22	35.14	16.22	20.27	12.16	0.00
福建	13.24	44.12	16.18	10.29	14.71	1.47
江西	45.95	16.22	2.70	27.03	8.11	0.00
山东	15.25	37.29	15.25	16.95	11.86	3.39
河南	12.94	21.18	8.24	30.59	27.06	0.00
湖北	18.18	18.18	6.06	36.36	21.21	0.00
湖南	12.50	22.92	45.83	12.50	6.25	0.00
广东	25.93	31.48	11.11	16.67	14.81	0.00
广西	8.51	29.79	0.00	53.19	6.38	2.13
海南	66.67	3.70	5.56	11.11	12.96	0.00
重庆	25.58	18.60	6.98	16.28	27.91	4.65
四川	18.92	62.16	5.41	10.81	2.70	0.00
贵州	25.00	10.00	15.00	25.00	20.00	5.00
云南	34.52	39.29	7.14	8.33	10.71	0.00
陕西	20.37	22.22	20.37	14.81	22.22	0.00
甘肃	19.30	26.32	26.32	21.05	5.26	1.75
青海	19.23	57.69	5.77	3.85	9.62	3.85
宁夏	32.84	26.87	13.43	19.40	7.46	0.00
新疆	4.76	23.81	47.62	14.29	9.52	0.00

表1-75　　2017年粮食类家庭农场中按认为最需要改善的
金融服务分组的农场占比　　　　　　　　　　（%）

地区	增加自助设备	增加营业窗口	增加业务品种	合理收费	丰富网银功	其他服务
全国	23.06	37.78	12.04	15.93	10.83	0.37
天津	0.00	75.00	0.00	25.00	0.00	0.00
河北	12.86	42.86	10.00	15.71	17.14	1.43
山西	23.81	23.81	4.76	21.43	26.19	0.00
内蒙古	18.18	54.55	9.09	9.09	9.09	0.00
辽宁	18.07	37.35	18.07	14.46	10.84	1.20

续表

地区	增加自助设备	增加营业窗口	增加业务品种	合理收费	丰富网银功	其他服务
吉林	25.39	50.78	7.77	9.84	6.22	0.00
黑龙江	26.17	47.66	6.54	7.48	12.15	0.00
上海	34.15	51.22	4.88	2.44	7.32	0.00
江苏	10.87	19.57	23.91	34.78	10.87	0.00
浙江	16.13	58.06	6.45	9.68	9.68	0.00
安徽	20.00	29.09	18.18	21.82	10.91	0.00
福建	10.00	50.00	30.00	10.00	0.00	0.00
江西	50.00	19.23	3.85	19.23	7.69	0.00
山东	15.00	45.00	17.50	12.50	7.50	2.50
河南	9.09	19.70	9.09	37.88	24.24	0.00
湖北	22.73	22.73	9.09	31.82	13.64	0.00
湖南	15.38	23.08	48.72	5.13	7.69	0.00
广东	0.00	50.00	25.00	0.00	25.00	0.00
广西	7.41	29.63	0.00	55.56	3.70	3.70
海南	88.89	0.00	5.56	5.56	0.00	0.00
重庆	36.36	18.18	0.00	27.27	18.18	0.00
四川	37.50	37.50	0.00	25.00	0.00	0.00
贵州	—	—	—	—	—	—
云南	0.00	100.00	0.00	0.00	0.00	0.00
陕西	30.43	21.74	21.74	8.70	17.39	0.00
甘肃	33.33	50.00	16.67	0.00	0.00	0.00
青海	100.00	0.00	0.00	0.00	0.00	0.00
宁夏	28.30	28.30	16.98	18.87	7.55	0.00
新疆	0.00	0.00	100.00	0.00	0.00	0.00

(二) 保险情况

1. 家庭农场的保费支出

从表1-76可以看出，2017年，在全部家庭农场中，有保费支出的农场占比为58.75%，比2016年的农场占比57.2%提高了1.55个百分点；有保费支出的家庭农场的平均保费支出为1.2万元，比2016年提高0.44万元。这说明，家庭农场通过参加保险来进行风险防范的意识增强，且投保力度在逐年提高。从各省（市、区）情况看，辽宁、天津、内蒙古、山东、湖南、吉林、浙江有保费支出的农场占比均超过80%；海南、黑龙江、湖北、甘肃、湖南有保费支出的农场平均支出保费超过了2万元。

表1-76　　2017年全部家庭农场中有保费支出的农场情况

地区	有保费支出的农场比重（%）	保费支出金额（万元）	
		平均数	中位数
全国	58.75	1.20	0.50
天津	90.00	0.91	0.50
河北	55.45	1.05	0.50
山西	52.59	0.51	0.28
内蒙古	88.35	0.57	0.20
辽宁	94.06	1.07	0.40
吉林	83.72	0.70	0.47
黑龙江	79.37	2.71	1.00
上海	48.00	0.60	0.26
江苏	76.83	0.92	0.70
浙江	83.00	1.36	1.00
安徽	68.93	1.10	0.60
福建	35.29	0.92	0.41
江西	45.05	1.19	1.00
山东	87.80	0.50	0.20
河南	67.31	1.13	1.00
湖北	54.46	2.51	1.00
湖南	84.93	2.31	2.25
广东	21.28	0.78	0.50
广西	50.00	0.67	0.32
海南	4.55	3.50	2.00
重庆	37.50	0.74	0.40
四川	64.58	0.82	0.30
贵州	44.44	0.54	0.16
云南	11.11	1.41	0.77
陕西	61.00	0.79	0.60
甘肃	34.65	2.49	0.80
青海	33.33	0.74	0.30
宁夏	78.00	0.92	0.48
新疆	72.97	1.68	1.00

表 1-77 是种植类家庭农场的保费支出情况，可以看出，在种植类家庭农场中，有保费支出的农场占比为 61.09%，比全部家庭农场（58.75%）高出 2.34 个百分点；有保费支出的家庭农场平均保费支出 1.22 万元，比全部家庭农场（1.2 万元）高 0.02 万元。

表 1-77　2017 年种植类家庭农场中有保费支出的农场情况

地区	有保费支出的农场比重（%）	保费支出金额（万元） 平均数	保费支出金额（万元） 中位数
全国	61.09	1.22	0.50
天津	75.00	0.47	0.30
河北	58.23	0.66	0.50
山西	56.52	0.51	0.20
内蒙古	86.11	0.95	0.30
辽宁	94.25	1.15	0.39
吉林	83.16	0.70	0.49
黑龙江	81.25	2.92	1.00
上海	57.83	0.60	0.26
江苏	74.51	0.84	0.50
浙江	86.11	1.19	1.00
安徽	68.92	1.17	0.60
福建	35.29	0.64	0.26
江西	42.11	1.32	0.88
山东	84.75	0.51	0.20
河南	63.86	1.21	1.00
湖北	63.64	0.94	0.50
湖南	87.50	2.69	3.10
广东	11.11	1.09	1.00
广西	44.68	0.37	0.16
海南	—	—	—
重庆	23.26	0.81	0.26
四川	56.76	0.25	0.05
贵州	30.00	0.63	0.12
云南	8.33	1.45	1.20
陕西	57.41	0.71	0.60
甘肃	31.58	2.62	0.50
青海	44.23	0.70	0.31
宁夏	80.60	0.77	0.30
新疆	71.43	1.87	1.00

表 1-78 是粮食类家庭农场的保费支出情况,可以看出,粮食类家庭农场有保费支出的农场占比明显提高,达到 74.3%,比全部家庭农场(58.75%)高出 15.55 个百分点,比种植类家庭农场(61.09%)高出 13.21 个百分点;但是,有保费支出的粮食类家庭农场平均保费支出进一步下降到 1.02 万元,比全部家庭农场(1.2 万元)低出 0.18 万元,比种植类家庭农场(1.22 万元)低出 0.2 万元,其中的原因可能是,很多地区粮食类作物享受国家政策性农业保险补贴。

表 1-78　2017 年粮食类家庭农场中有保费支出的农场情况

地区	有保费支出的农场比重(%)	保费支出金额(万元)	
		平均数	中位数
全国	74.30	1.02	0.45
天津	100.00	0.60	0.35
河北	58.57	0.68	0.50
山西	59.52	0.51	0.20
内蒙古	81.82	0.39	0.29
辽宁	95.18	1.16	0.39
吉林	82.81	0.68	0.40
黑龙江	80.19	2.34	0.80
上海	57.32	0.40	0.25
江苏	78.26	0.84	0.50
浙江	90.32	0.73	0.67
安徽	83.64	1.14	0.64
福建	80.00	0.26	0.14
江西	48.15	0.93	0.80
山东	90.00	0.31	0.20
河南	66.15	1.01	1.00
湖北	72.73	0.96	0.55
湖南	97.44	2.62	3.10
广东	50.00	1.75	1.75
广西	62.96	0.42	0.20
海南	—	—	—
重庆	72.73	0.72	0.17
四川	37.50	0.93	1.20
贵州	—	—	—

续表

地区	有保费支出的农场比重（%）	保费支出金额（万元）	
		平均数	中位数
云南	—	—	—
陕西	34.78	0.62	0.60
甘肃	—	—	—
青海	100.00	0.50	0.50
宁夏	90.57	0.79	0.30
新疆	100.00	1.00	1.00

2. 家庭农场购买的保险类型

家庭农场购买的保险有农作物自然灾害险、农机第三责任险、养殖业险、财产险、农作物价格险、其他保险等。图 1-41 显示，家庭农场主要购买农作物自然灾害险，购买这一险种的农场占比达 41.80%；其次是购买农机第三责任险，农场占比 2.34%；购买其他险种的农场占均不足 10%。不同类型家庭农场与险种的特征关联紧密，例如，购买农机第三责任险的机农结合类家庭农场占比、购买养殖业险的养殖类家庭农场占比，均远高于其他类型家庭农场占比。

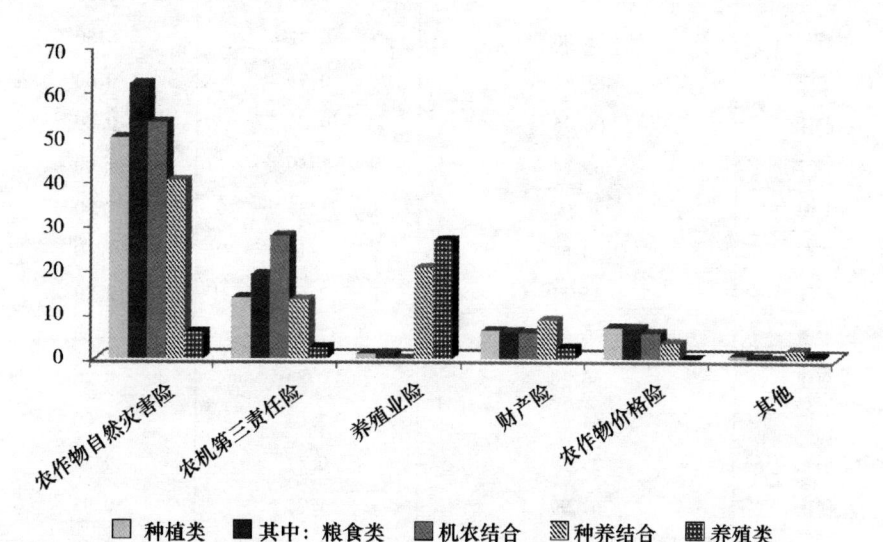

图 1-41　2017 年不同类型家庭农场中购买各类险种的农场占比（单位：%）

3. 家庭农场保险理赔情况

表1-79是家庭农场获得的理赔情况,可以看出,2017年,在全部家庭农场中,购买保险且获得保险理赔的农场占比达56.76%,高于2014年(19.99%)、2015年(49.67%)和2016年(54.60%),家庭农场获得的平均保险理赔金额为1.41万元,基本与2016年(1.42万元)持平,但高于2014年的平均理赔金额1.1万元,更高于2015年的平均理赔金额0.58万元。从各省(市、区)情况看,天津、内蒙古、辽宁、吉林、黑龙江、江苏、安徽、河南、湖南、青海和宁夏获得保险理赔的农场占比均超过60%,其中,农场占比最高是的吉林,达96.75%;海南、上海、新疆、浙江等省(市、区)家庭农场获得的平均保险理赔金额均超过2.5万元。

表1-79　2017年购买保险的全部家庭农场中获得的保险理赔情况

地区	获得保险理赔的农场比重(%)	获得保险理赔金额(万元) 平均数	中位数
全国	56.76	1.41	0.80
天津	62.50	1.93	1.10
河北	36.59	0.68	0.70
山西	30.36	1.11	0.80
内蒙古	78.05	0.82	0.30
辽宁	83.12	0.91	0.60
吉林	96.75	0.68	0.50
黑龙江	65.74	1.50	1.00
上海	6.38	3.37	1.00
江苏	78.57	2.10	1.60
浙江	36.11	2.67	2.00
安徽	80.00	2.06	1.20
福建	36.36	0.83	0.26
江西	54.55	2.06	1.00
山东	24.59	0.51	0.30
河南	61.90	1.31	0.95
湖北	36.73	1.93	0.60

续表

地区	获得保险理赔的农场比重（%）	获得保险理赔金额（万元）平均数	获得保险理赔金额（万元）中位数
湖南	63.64	2.13	1.50
广东	43.75	2.26	1.20
广西	21.28	2.01	1.73
海南	50.00	3.76	3.76
重庆	45.71	1.31	1.05
四川	50.00	1.60	0.90
贵州	56.25	1.18	0.31
云南	—	—	—
陕西	20.75	1.64	1.60
甘肃	46.67	2.31	1.35
青海	66.67	1.36	1.11
宁夏	71.88	1.71	0.80
新疆	45.00	3.16	1.00

表1-80显示，在种植类家庭农场中，购买保险且获得保险理赔的农场占比为59.19%，高于全部家庭农场中的农场占比水平；但其所获得的平均保险理赔金额略低于全部家庭农场中的理赔金额水平。表1-81显示，在粮食类家庭农场中，购买保险且获得保险理赔的农场占比达64.45%，高出全部家庭农场7.69个百分点，高出种植类家庭农场5.26个百分点；获得的平均保险理赔金额为1.18万元，低于全部家庭农场中的理赔金额水平（1.41万元）。粮食类家庭农场更容易获得保险理赔，一方面是因为粮食类家庭农场的保费支出越高，越有可能获得相应的保险理赔，另一方面可能与粮食类家庭农场更容易遭到自然灾害的直接影响有关。

表1-80 2017年购买保险的种植类家庭农场中获得的保险理赔情况

地区	获得保险理赔的农场比重（%）	获得保险理赔金额（万元）	
		平均数	中位数
全国	59.19	1.31	0.80
天津	80.00	1.90	0.60
河北	36.11	0.73	0.70
山西	26.47	1.37	0.46
内蒙古	67.86	1.64	0.80
辽宁	80.60	0.83	0.54
吉林	97.18	0.68	0.50
黑龙江	68.04	1.56	1.00
上海	6.38	3.37	1.00
江苏	76.47	1.88	1.50
浙江	29.63	2.22	2.00
安徽	87.23	2.12	1.20
福建	43.48	0.90	0.18
江西	61.54	1.52	0.65
山东	26.19	0.38	0.24
河南	59.57	1.41	1.00
湖北	33.33	0.70	0.40
湖南	70.00	1.81	1.50
广东	25.00	10.00	10.00
广西	14.29	1.67	1.20
海南	—	—	—
重庆	62.50	1.94	2.00
四川	60.00	1.70	1.70
贵州	100.00	1.44	0.32
云南	—	—	—
陕西	17.86	2.18	1.88
甘肃	40.00	0.61	0.42
青海	63.16	1.22	1.25
宁夏	72.34	1.81	0.60
新疆	33.33	0.57	0.70

表1-81　2017年购买保险的粮食类家庭农场中获得的保险理赔情况

地区	获得保险理赔的农场比重（%）	获得保险理赔金额（万元）	
		平均数	中位数
全国	64.45	1.18	0.70
天津	100.00	1.90	0.60
河北	40.63	0.73	0.70
山西	27.27	0.83	0.38
内蒙古	85.71	0.97	0.90
辽宁	80.00	0.80	0.50
吉林	97.12	0.66	0.50
黑龙江	61.82	0.98	0.50
上海	4.35	4.55	4.55
江苏	78.13	1.90	1.54
浙江	40.74	2.25	2.00
安徽	90.48	2.07	1.20
福建	62.50	0.46	0.11
江西	80.00	1.52	0.65
山东	29.41	0.41	0.27
河南	55.26	1.46	1.00
湖北	28.57	0.32	0.39
湖南	69.44	1.75	1.50
广东	50.00	10.00	10.00
广西	17.65	1.67	1.20
海南	—	—	—
重庆	57.14	1.92	1.75
四川	66.67	1.05	1.05
贵州	—	—	—
云南	—	—	—
陕西	50.00	1.82	1.84
甘肃	—	—	—
青海	100.00	1.20	1.20
宁夏	73.81	1.58	0.60
新疆	100.00	1.00	1.00

(三) 补贴情况

表1-82显示，2017年，在全部家庭农场中，43.94%的家农场获得了各类补贴，低于2016年获得各类补贴的农场占比46.51%；每个家庭农场获得各类补贴的平均值为7.52万元，高于2016年的6.08万元，单个农场获得的补贴额度明显提高；单个家庭农场获得各类补贴的最大值为100万元，与2016年持平。从各省（市、区）情况看，上海、湖南、黑龙江、内蒙古、浙江和江苏获得各类补贴的农场占比均在60%以上，其中，上海获得各类补贴的农场占比最高，达100%；浙江、甘肃、新疆、上海和天津的农场获得各类补贴的平均值都在10万元以上，其中，浙江的家庭农场获得各类补贴的平均值最高，达到17.58万元。

表1-82　　2017年全部家庭农场中获得补贴的农场情况

地区	获得各类补贴的农场比重（%）	获得补贴金额（万元）			
		平均值	中位数	最小值	最大值
全国	43.94	7.52	5.00	0.02	100.00
天津	10.00	10.00	10.00	10.00	10.00
河北	42.86	9.03	8.00	0.30	50.00
山西	38.79	2.50	1.00	0.20	26.00
内蒙古	66.67	7.02	1.95	0.10	89.00
辽宁	42.42	4.70	2.75	0.07	35.00
吉林	55.98	4.53	2.00	0.10	40.00
黑龙江	71.49	9.45	10.00	0.12	60.00
上海	100.00	10.19	8.00	2.00	100.00
江苏	58.75	5.24	4.00	0.20	18.00
浙江	65.66	17.58	10.00	0.50	96.00
安徽	52.48	7.51	3.00	0.05	43.00
福建	52.43	7.78	8.00	0.30	19.50
江西	32.61	6.34	3.28	0.04	35.00
山东	39.47	4.71	1.82	0.04	35.00
河南	18.81	3.26	2.00	0.23	10.00
湖北	49.02	7.32	3.50	0.12	51.00
湖南	73.61	3.65	2.00	0.05	20.00

续表

地区	获得各类补贴的农场比重（%）	获得补贴金额（万元）			
		平均值	中位数	最小值	最大值
广东	33.33	8.49	8.00	0.06	50.00
广西	11.11	2.58	1.80	0.50	10.00
海南	—	—	—	—	—
重庆	35.92	6.06	4.00	0.02	24.00
四川	32.97	3.22	0.95	0.04	31.00
贵州	42.22	6.84	4.50	0.30	40.60
云南	4.32	1.34	0.98	0.20	3.60
陕西	34.00	3.46	1.45	0.15	27.50
甘肃	41.41	13.28	8.00	0.24	88.00
青海	27.91	7.56	5.00	0.12	70.00
宁夏	42.00	7.49	5.00	0.32	40.00
新疆	60.00	12.61	9.00	0.64	57.60

从表1-83中可以看出，种植类家庭农场获得各类补贴的农场占比为47.47%，比全部家庭农场（43.94%）高出3.53个百分点；与此同时，种植类家庭农场获得各类补贴的平均值为7.62万元，比全部家庭农场（7.52万元）高0.1万元。

表1-83　　2017年种植类家庭农场中获得补贴的农场情况

地区	获得各类补贴的农场比重（%）	获得补贴金额（万元）			
		平均值	中位数	最小值	最大值
全国	47.47	7.62	5.00	0.03	100.00
天津	—	—	—	—	—
河北	46.05	9.16	8.00	0.30	50.00
山西	52.17	1.74	1.00	0.20	15.00
内蒙古	42.42	21.89	8.90	0.12	89.00
辽宁	44.71	4.96	2.75	0.19	35.00
吉林	55.26	4.55	2.00	0.13	40.00
黑龙江	74.35	9.26	10.00	0.12	60.00

续表

地区	获得各类补贴的农场比重（%）	获得补贴金额（万元）			
		平均值	中位数	最小值	最大值
上海	100.00	9.54	8.00	2.00	100.00
江苏	77.55	4.90	3.75	0.20	18.00
浙江	65.28	16.78	10.00	0.50	96.00
安徽	54.79	7.51	4.00	0.05	42.00
福建	57.35	8.20	8.00	0.30	19.50
江西	36.84	4.63	2.75	0.04	20.00
山东	30.19	4.36	1.57	0.04	35.00
河南	17.50	3.26	2.00	0.40	10.00
湖北	45.45	4.13	3.00	0.60	11.00
湖南	72.92	3.02	2.00	0.05	18.00
广东	24.53	9.82	8.00	0.06	50.00
广西	4.26	2.55	2.55	0.50	4.60
海南	—	—	—	—	—
重庆	39.53	8.52	9.00	0.03	24.00
四川	33.33	3.71	1.03	0.04	31.00
贵州	40.00	5.19	3.75	0.40	15.00
云南	4.76	1.88	1.85	0.20	3.60
陕西	31.48	4.54	1.30	0.15	27.50
甘肃	39.29	6.02	8.00	0.30	8.06
青海	31.37	8.95	5.00	0.12	70.00
宁夏	47.76	8.24	5.00	0.32	40.00
新疆	80.95	14.51	11.50	0.64	57.60

从表1-84中可以看出，在粮食类家庭农场中，获得各类补贴的农场占比进一步上升到54.36%，比全部家庭农场（43.94%）高10.42个百分点，比种植类家庭农场（47.47%）高出6.89个百分点；虽然粮食类家庭农场获得各类补贴的农场占比有显著提升，但每个家庭农场获得各类补贴的平均金额却有所下降，平均获得补贴金额6.79万元，比全部家庭农场（7.52万元）下降0.73万元，比种植类家庭农场（7.62万元）下降0.83万元。但是，从年份上来看，粮食类家庭农场获得各类补贴的平均值不断提高，2017年粮食类家庭农场平均获得的各类补贴分别较2016年和2015年高出1.92万元和3.23万元。

表1-84　　2017年粮食类家庭农场中获得补贴的农场情况

地区	获得各类补贴的农场比重（%）	获得补贴金额（万元）			
		平均值	中位数	最小值	最大值
全国	54.36	6.79	4.00	0.04	100.00
天津	—	—	—	—	—
河北	47.76	9.15	8.00	0.30	50.00
山西	66.67	1.58	1.00	0.20	15.00
内蒙古	66.67	26.63	8.90	1.50	89.00
辽宁	45.68	5.01	2.50	0.19	35.00
吉林	54.30	4.20	2.00	0.13	40.00
黑龙江	62.26	6.39	5.00	0.12	35.00
上海	100.00	9.59	8.00	2.00	100.00
江苏	81.82	4.70	3.25	0.20	18.00
浙江	87.10	18.19	10.00	0.50	96.00
安徽	58.18	7.85	4.00	0.12	42.00
福建	80.00	8.21	8.65	0.50	19.50
江西	37.04	5.43	3.28	0.04	20.00
山东	38.89	4.70	1.29	0.04	35.00
河南	15.87	2.94	2.00	0.60	10.00
湖北	40.91	4.15	3.00	0.80	10.00
湖南	74.36	2.85	2.00	0.05	18.00
广东	25.00	0.30	0.30	0.30	0.30
广西	3.70	0.50	0.50	0.50	0.50
海南	—	—	—	—	—
重庆	45.45	5.61	5.00	1.84	9.20
四川	42.86	10.98	1.50	0.45	31.00
贵州	—	—	—	—	—
云南	—	—	—	—	—
陕西	30.43	8.67	4.60	1.00	27.50
甘肃	50.00	3.20	1.00	0.60	8.00
青海	—	—	—	—	—
宁夏	49.06	7.60	5.00	0.32	30.00
新疆	100.00	7.00	7.00	7.00	7.00

九　家庭农场收入

本部分分析家庭农场成本、收益及其与农场类型和规模之间的关系。

（一）总体成本收益

根据2017年2947个有效监测样本数据（见表1-85），家庭农场的成本收益发生了变化。总体看，相比2016年，2017年家庭农场的平均总收入、总成本、纯收入和劳均纯收入都呈现不同程度的下降趋势，其中，亩均纯收入出现大幅度下降。也即是说，家庭农场总收入、总成本、纯收入、劳均纯收入的提高主要来源于土地规模扩张。同时，虽然全部家庭农场的亩均纯收入出现下降，但粮食类家庭农场的亩均纯收入却呈现增长趋势，增长幅度达28.73%（见图1-42）。这表明，虽然2016年农产品价格改革以及粮食价格的波动对家庭农场的收入水平产生了冲击，但在2017年已经有所恢复。

第一，家庭农场总收入层面，各类家庭农场平均来看，2017年，每个家庭农场的平均总收入为94.50万元，比2016年的90.18万元增长了4.32万元，增长幅度为4.79%；而种植类和粮食类家庭农场的平均总收入分别为75.28万元和69.07万元，分别比2016年的72.69万元和64.43万元增长了3.56%和7.20%。

第二，2017年，种植类家庭农场生产总成本平均为77.13万元，粮食类家庭农场为58.52万元，分别比2016年增长了5.61%和下降了0.17%。

第三，综合总收入和总成本后，2017年平均每个家庭农场的纯收入为17.33万元，比2016年的17.15万元增长了5.61%。其中粮食类家庭农场平均纯收入增长尤为突出，2017年粮食类家庭农场平均纯收入为16.72万元，比2016年增长了36.11%。

第四，家庭农场劳动生产率方面，2017年，种植类和粮食类家庭农场劳均年纯收入分别为69214元和65301元，分别比各自2016年的58166元和48871元增长了11048元和16430元，增长幅度分别为18.99%和33.62%。也就是说，在一个粮食类家庭农场工作一年的劳动力，其年收入（65301元）比同期外出农民工年均收入39300元[1]高出23481元。

第五，家庭农场土地生产率方面，2017年，种植类和粮食类家庭农场亩均年纯收入分别为854元和569元，分别比2016年下降了56元和增长了251元。

---

[1] 国家统计局2018年4月发布的《2017年全国农民工监测调查报告》中的数据显示，2017年外出农民工人均月收入3805元，年均收入41820元（按12个月计算）。

表1-85　　2017年各类型家庭农场的亩均纯收入和劳均纯收入

指标	全部家庭农场	种植类家庭农场	粮食类家庭农场
有效样本数（个）	2947	1870	1081
平均经营面积（亩）	394.37	426.91	442.18
自有劳动力（个）	2.98	2.89	2.89
平均总收入（万元）	94.50	75.28	69.07
平均总成本（万元）	77.13	58.52	51.92
平均纯收入（万元）	17.33	16.72	17.15
亩均纯收入（元）	2399	854	569
劳均纯收入（元）	73287	69214	65301

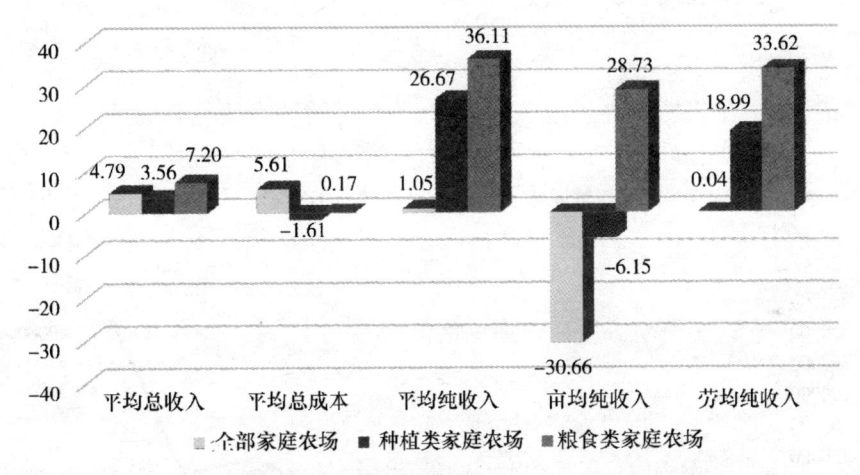

图1-42　2017年各类型家庭农场各类收入相比2016年的下降幅度（单位：%）

（二）按土地经营规模分组的成本收益

家庭农场土地经营规模"适度"与否将对其成本收益产生重要影响。为此，下面进一步考察家庭农场成本收益如何随着经营规模变化而变化。图1-43、图1-45和图1-47分别展现了全部、种植类和粮食类家庭农场的平均总收入、平均总成本和平均纯收入随经营规模的变化情况，图1-44、图1-46和图1-48展现了三类家庭农场的亩均纯收入和劳均纯收入随经营规模的变化情况。表1-86展现了不同经营规模的种植类和粮食类家庭农场的成本收益情况。

家庭农场的总收入、总成本和纯收入都随着经营规模的扩大而呈现不同程度的增加趋势。例如，从全部家庭农场的平均水平来看（见图1-43），随着经营规模由10亩以下增加到200亩左右时，总收入和总成本开始快速增加，特别是超过500亩以后，增加速度明显加快。

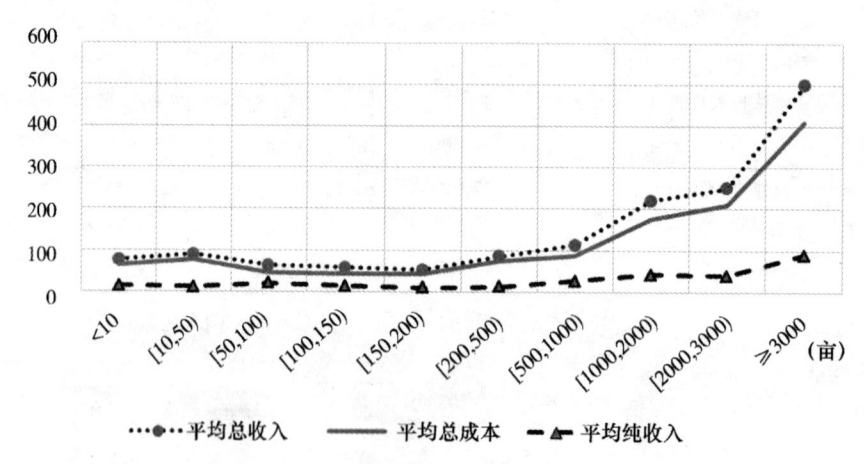

图1-43 2017年全部家庭农场的经营规模与总收入、总成本、纯收入（单位：万元）

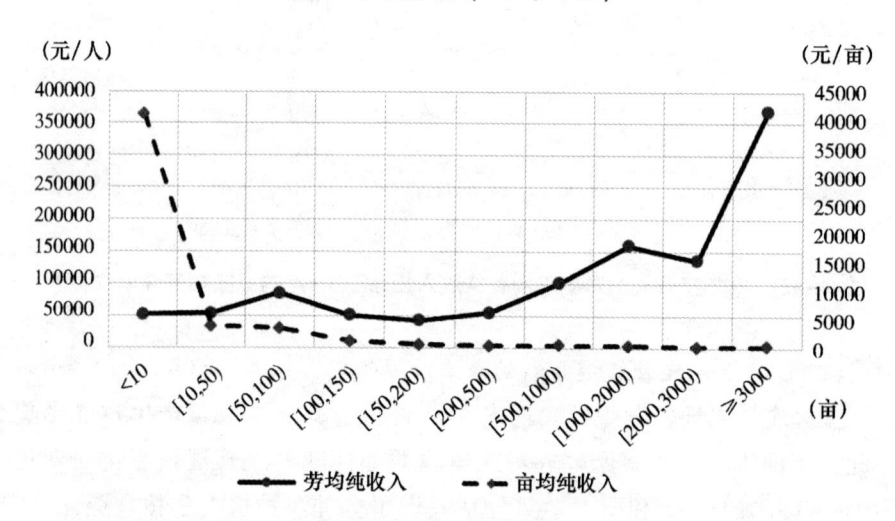

图1-44 2017年全部家庭农场的经营规模与劳均纯收入、亩均纯收入

注：亩均纯收入对应次坐标。

家庭农场的劳均纯收入随着经营规模扩大呈增加趋势，而亩均纯收入则呈不断下降趋势。如图1-44所示，从全部家庭农场的平均水平来看，

500 亩以下的家庭农场的劳均纯收入保持在 50000 元左右，但规模超过 500 亩以后，家庭农场的劳均纯收入快速增加到 100679 元（500—1000 亩样本农场的平均值），3000 亩以上农场平均达到 369199 元。与此相反，亩均纯收入则由 10—50 亩的 3718 元平均水平一路下降到 3000 亩以上的 220 元水平。种植类家庭农场、粮食类家庭农场表现了同样的变化规律（见图 1-46 和图 1-48）。总之，随着经营规模的扩大，家庭农场的劳动生产率不断增

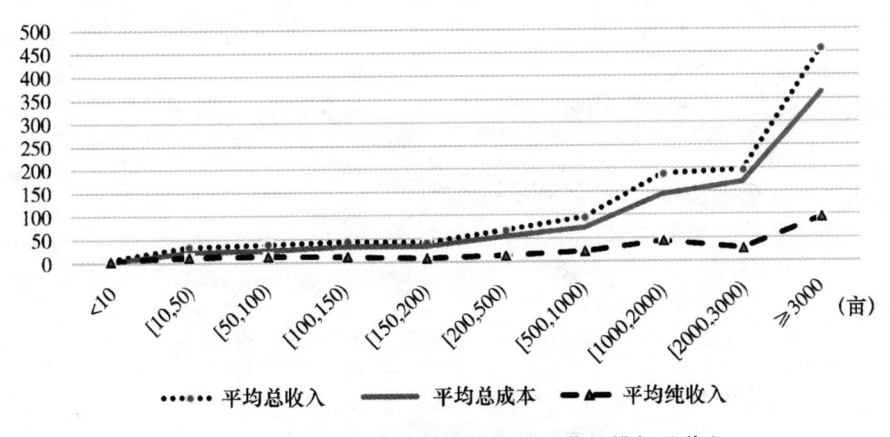

图 1-45　2017 年种植类家庭农场的经营规模与总收入、
总成本与纯收入（单位：万元）

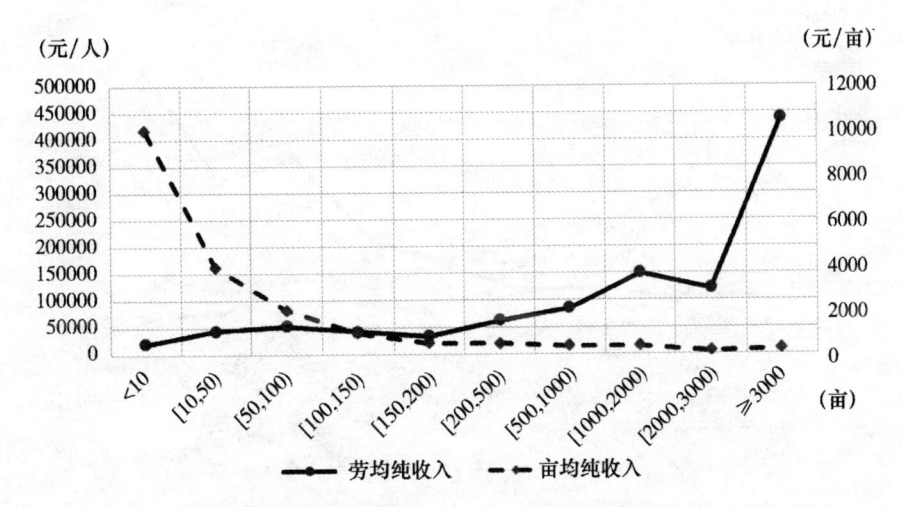

图 1-46　2017 年种植类家庭农场的经营规模与劳均纯收入和亩均纯收入
注：亩均纯收入对应次坐标。

加，土地生产率不断下降，但如何控制规模以实现两个生产率双高则仍是需要进一步探索的命题，而家庭农场无疑是进行这种探索的适宜主体。

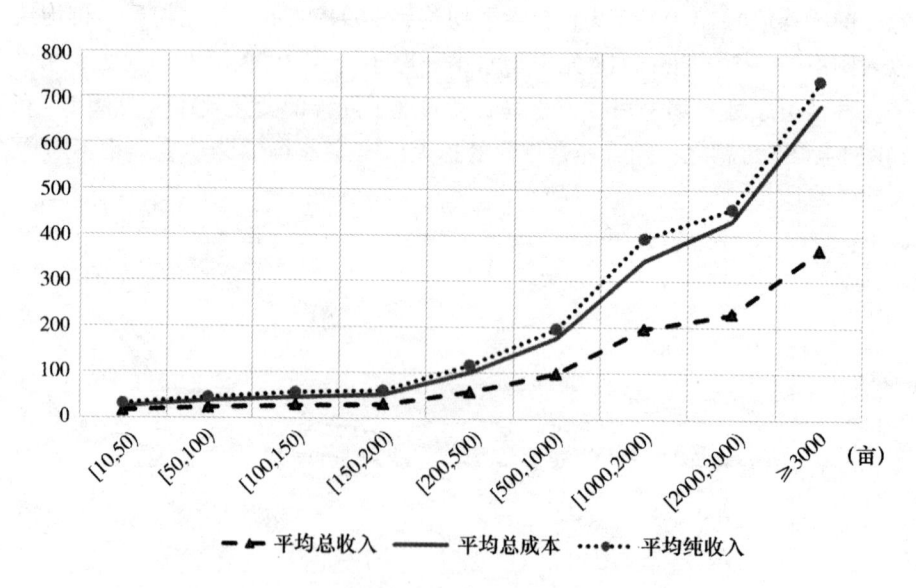

图 1-47 2017 年粮食类家庭农场的经营规模与总收入、总成本与纯收入（单位：万元）

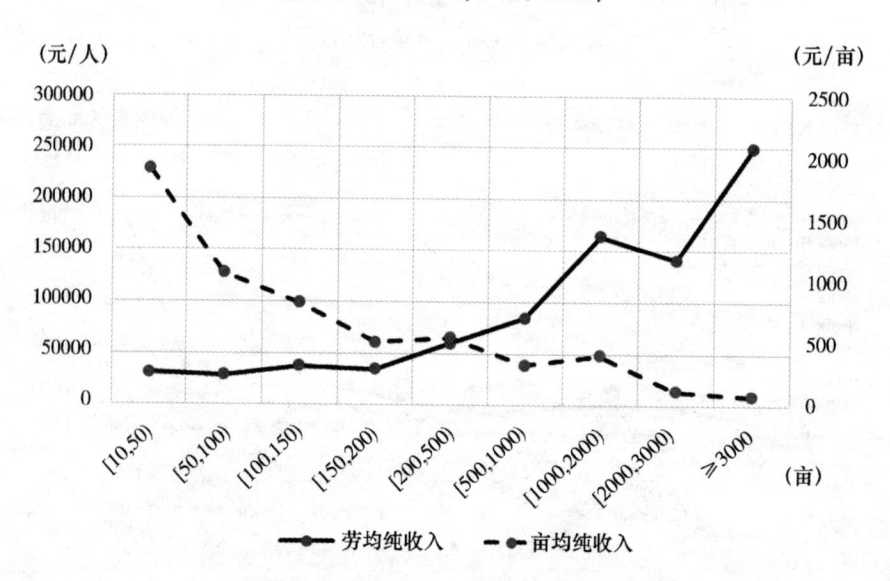

图 1-48 2017 年粮食类家庭农场的规模与劳均纯收入和亩均纯收入

注：劳均纯收入对应次坐标。

表1-86　2017年种植类家庭农场经营规模分组的成本收益情况

经营规模（亩）	总收入（万元）种植类农场	总收入（万元）粮食类农场	总成本（万元）种植类农场	总成本（万元）粮食类农场	纯收入（万元）种植类农场	纯收入（万元）粮食类农场	土地产出率（元/亩）种植类农场	土地产出率（元/亩）粮食类农场	劳动生产率（元/人）种植类农场	劳动生产率（元/人）粮食类农场
<10	6.00	—	2.00	—	4.00	—	10000	—	20000	—
[10, 50)	33.95	15.71	22.42	9.39	11.53	6.32	3914	1905	43881	31167
[50, 100)	38.52	22.26	25.64	14.97	12.90	7.29	1963	1060	52822	28520
[100, 150)	44.26	27.47	33.19	17.72	11.07	9.75	939	823	42139	37419
[150, 200)	41.49	30.07	33.52	21.48	7.97	8.59	483	506	33659	34406
[200, 500)	67.56	58.03	54.32	41.96	13.24	16.06	448	543	62529	59588
[500, 1000)	94.22	98.26	72.63	77.53	21.60	20.72	341	325	85050	84471
[1000, 2000)	187.36	196.47	143.65	147.34	42.75	49.13	351	404	149834	163955
[2000, 3000)	195.47	229.16	169.14	203.15	26.33	26.01	108	113	121132	140943
≥3000	457.75	368.47	363.67	316.10	94.09	52.37	215	72	438191	248938
平均	75.00	69.00	59.00	52.00	17.00	17.00	854	569	69252	65301

十　家庭农场挑战与期待

本部分分析家庭农场面临的最主要制约因素、土地经营意愿和对政府支持的期待，并分析其与经营类型之间的关系。

（一）经营面临的最主要制约因素

家庭农场经营面临的最主要制约因素，按照选择频率排序，依次是贷款难（51.29%）、生产性基础设施落后（47.08%）、缺乏劳动力（46.27%）、难以获得市场信息（38.98%）、土地流转难（38.64%）、农业保险不健全（37.36%）、获取技术难（22.41%）、难以获得生产性服务（17.86%）、缺乏继承人（7.86%）（见图1-49）。其中，机农结合类型家庭农场在缺乏劳动力（64.71%，主要是缺乏合格机手）、生产性基础设施落后（43.14%）这两个问题上的表现较其他类型家庭农场更为突出，这可能主要是由于农机作业的专业性需要一定培训和经验，并且需要较好的生产性基础设施所致；养殖类家庭农场在获取技术难问题上显著高于其他类型家庭农场（30.03%），这与养殖业疫病风险较大、疫病防控专业性强有关，亟需加强相关疫病防控的社会化服务。

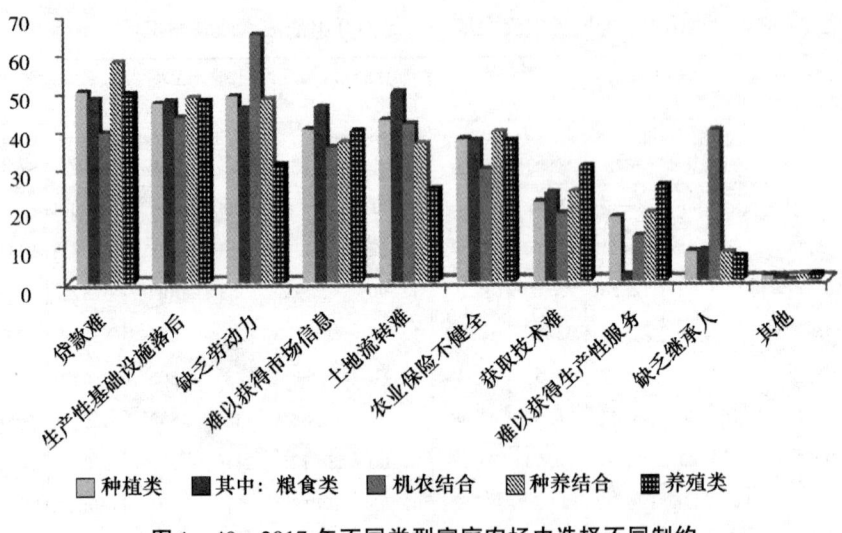

图 1-49 2017年不同类型家庭农场中选择不同制约因素的农场占比（单位：%）

（二）土地经营意愿

从表1-87可以看出，种植类家庭农场理想中的经营规模平均为467.57亩，粮食类家庭农场理想中的经营规模平均为489.70亩。粮食类家庭农场的理想经营规模高于种植类家庭农场。但从中位数来看，种植类家庭农场的理想经营规模为260亩，粮食类家庭农场则为300亩。这主要是由于，部分地区理想中经营规模的均值较大，从而使全国总体的平均值亦增大。如内蒙古（1412.82亩）、黑龙江（1041.76亩）等地区的理想经营规模的平均面积就比较大。而中位数受这种影响较小，因此，从中位数来看，家庭农场的理想经营规模更加符合实际情况。

分地区看，在种植类家庭农场中，内蒙古（1200亩）、新疆（1000亩）、黑龙江（800亩）、天津（650亩）等地区家庭农场理想经营规模面积的中位数较大，而福建（145亩）、贵州（125亩）、广东（120亩）、云南（100亩）、海南（100亩）、重庆（100亩）、四川（80）亩等地区的家庭农场的理想经营规模面积的中位数则较小。在粮食类家庭农场中，青海（2000亩）、新疆（2000亩）、内蒙古（1000亩）、天津（700亩）、黑龙江（600亩）、安徽（600亩）、宁夏（600亩）等地区家庭农场的理想经营规模面积的中位数较大，而四川（125亩）、重庆（120亩）、云南（100亩）、海南（55亩）等地区家庭农场的理想经营规模面积的中位数则较小。总体上来看，各省（市、区）家庭农场的理想经营规模和当地土地资源禀赋大体一致。

表 1-87 2017 年种植类和粮食类家庭农场认为最合理的土地经营规模　　（亩）

地区	种植类农场 中位数	种植类农场 平均值	粮食类农场 中位数	粮食类农场 平均值
全国	260	467.57	300	489.70
天津	650	900.00	700	1125.00
河北	330	396.87	350	405.01
山西	200	325.67	300	443.52
内蒙古	1200	1412.82	1000	1300.00
辽宁	300	354.76	300	351.21
吉林	300	517.68	300	501.39
黑龙江	800	1041.76	600	743.71
上海	200	213.86	200	214.64
江苏	300	339.62	300	359.58
浙江	230	359.83	500	563.23
安徽	500	624.73	600	738.16
福建	145	209.57	200	247.00
江西	500	860.81	500	703.85
山东	200	251.17	240	304.98
河南	280	397.72	300	454.55
湖北	300	420.56	350	470.45
湖南	210	241.98	260	248.85
广东	120	193.87	210	242.50
广西	200	199.49	200	197.22
海南	100	147.29	55	68.44
重庆	100	189.67	120	223.27
四川	80	149.27	125	380.50
贵州	125	334.50	—	—
云南	100	113.48	100	100.00
陕西	200	348.09	300	493.17
甘肃	200	489.32	400	525.00
青海	300	457.39	2000	2000.00
宁夏	600	853.99	600	977.58
新疆	1000	1016.19	2000	2000.00

(三) 对政府支持的期待

关于家庭农场对政府支持的期待,按照选择频率排序,依次是种养技术及经营管理培训(78.75%)、贷款贴息(66.61%)、保险补贴或优惠(61.76%)、生产性基础设施建设或维护(56.17%)、土地流转扶持与优惠(55.19%)、农业信贷服务/贷款担保(44.98%)、市场信息及时提供(42%)和农机补贴(36.47%)(见图1-50)。

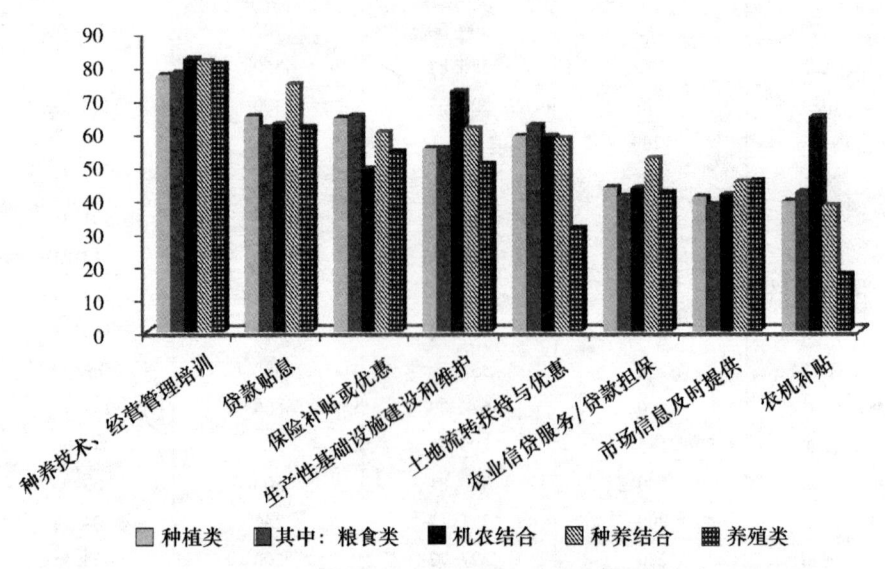

图1-50 2017年不同类型家庭农场中选择不同期待的农场占比(单位:%)

二 地方经验

北京市家庭农场发展情况

2017年,北京市认真贯彻落实"中央1号文件",按照原农业部《关于促进家庭农场发展的指导意见》要求,积极开展家庭农场培育工作。

一 深入挖掘现状,夯实发展基石

结合北京市农业发展实际,以家庭农场发展遇到的问题为导向,深入全面了解北京市家庭农场发展情况,2017年年初开展了北京市家庭农场发展情况调查。通过调查,初步摸清了北京家庭农场发展的现状。调查主要针对10个远郊区开展,共上报207家家庭农场。**从事的产业主要为畜禽类养殖、鲜果种植、蔬菜种植等;从收入情况看,**年均农业生产净收入约为18.26万元,收入较高的产业为畜禽养殖、鲜果、蔬菜、规模经营的大田种植。从人均收入看,约有近30%的家庭农场的人均可支配收入未达到全市平均水平(20569元),该部分家庭从事产业主要为药材种植、板栗、不成规模的大田种植等;**从经营规模分析看,**207家家庭农场种植业面积约为7397亩,年生猪出栏量约为2.8万头,肉鸡约为15万只,蛋鸡约为2.5万只,渔业养殖面积约为300亩,近半数家庭农场主拥有多台农机具。

二 多方寻求合作,探索发展模式

2017年,北京市深入贯彻落实中办、国办下发的《关于引导农村土地经营权有序流转发展农业适度规模经营的意见》(中办发〔2014〕61号)、市委、市政府《关于调结构转方式发展高效节水农业的意见》(京发〔2014〕16号)精神,做好家庭农场的培育和发展工作,市农委与市农经办、市农科院及相关区多次召开座谈会,探讨北京家庭农场发展的现状、存在的问题及未来发展的方向。市经办还开展了确权确地农户土地流转意向问卷调查，通过分析归纳，逐区分析在发展家庭农场中遇到的瓶颈，形成工作推进方案和细化工作任务，切实推进工作的开展。

各区积极推进家庭农场的发展工作，踊跃参加原农业部组织的家庭农场培训班，认真组织做好监测数据采集等工作。通州、房山、大兴、昌平等依照本区实际，制定相应的办法，细化推进的步骤，确保工作落到实处。

三 总结试点经验，指导各区发展

指导各郊区按照农业农村部总体要求，结合本地区实际开展家庭农场试点培育。各区积极探索专业大户经营模式、家庭农场（果园）经营模式、合作社经营模式、企业（公司）经营模式等土地集中型规模经营，通过土地流转、入股和地块互换、归并等方式，提高单一经营主体土地经营规模和连片水平。

2017年，北京市农委继续推进通州区漷县镇黄厂铺村家庭农场试点。探索建立土地流转价格形成机制、家庭农场准入和退出机制、老年农民退养机制等三项机制，由村集体经济组织作为中介方，将耕地流转集中，划定成方连片的若干地块，通过民主程序择优选择家庭农场经营者。试点区域1362亩，村集体将试点区域划分为8个地块，其中面积最大地块209亩、最小124亩，从本村招募8户农户经营家庭农场。试点实施两年多来，初步成效良好：原有一百多户承包地间的田埂夷平，亩均增加一分可耕种土地；土地平整后可实施平播，大机器收割可多收20%并用于青储玉米；实现长期稳定的规模经营后，经营者增加投入，进行节水改造，进一步节水10%以上。

2017年将中央财政支持家庭农场建设资金45万元，分别奖补房山、大兴、昌平3个区15户家庭农场，支持发展生态农业、品牌农业，支持多渠道推进农产品营销等。

四 发展中存在的问题

一是土地流转价格居高不下。北京由于其特殊的地位及农民对于土地流转价格的过高预期，2016年全市土地流转金平均1607元/亩，发展较早的家庭农场土地流转价格较低，他们在经营过程中还具有优势。到2028年二轮承包期满后，规模经营的成本压力骤涨，必然倒逼家庭农场退出。**二是家庭经营规模小，平原、山区土地碎片化严重。**据调查全市415万亩确权地中，10亩以下的地块占55.3%，单体规模只有4亩，低于户均7亩多的全国平均水平。土地碎片化严重，发展家庭农场受到了土地来源的制约。**三是劳动力老龄化，家庭农场缺少接班人。**传统的专业大户大部分已经60岁左右，他们的子女都在城里有比较稳定的工资性收入，尽管他们有继续经营的意愿，但是后继无人的事实难以回避。

五 下一步工作打算

2018年，北京市将以党的十九大精神为统领，深入贯彻落实大会精神，推进适度规模经营，积极培育家庭农场的发展。针对北京区域发展不均衡、传统种植业效益低、经营者老龄化等制约发展问题，梳理思路，推进工作。

一是严格土地用途，推进适度规模发展。按照中央及市委、市政府相关要求，结合北京市永久基本农田划定，尽快调整北京市种植结构，严格规范土地用途，调整产业结构，转变发展方式，积极培育家庭农场等多种形式的适度规模经营模式。引导农地流转价格，有效控制流转速度和规模。推动集体农地向新型经营主体集中，提高土地效益。

二是扩大服务规模，提升规模经营效益。通过扩大社会化服务规模的方式，提升规模经营效益。以粮食种植为主，适当兼顾蔬菜和鲜果种植，推进土地流转、入股和地块互换、归并等方式，推进专业大户经营模式、家庭农场（果园）经营模式、合作社经营模式、企业（公司）经营模式，提高单一经营主体土地经营规模和连片水平。

三是探索多渠道发展，提升农户增收。积极探索小农户和现代农业发展有机衔接，多渠道提升家庭农场主的规模经营效益，向管理要效益，向科技要效益，向品牌要效益。以现代农业产业园、田园综合体为抓手，探索家庭农场、专业大户与现代农业发展的有机结合，促进农村三大产业整合发展，拓宽经营者增收渠道。

天津市家庭农场发展情况

近年来，天津市按照中央关于加快发展家庭农场的要求，加大改革创新力度，采取多项措施支持和引导家庭农场健康发展，取得了初步成效。截至2017年年底，天津市农业部门认定的家庭农场数量达到443个，经营土地面积13.07万亩，平均每个家庭农场295亩；家庭农场劳动力达2631个，以家庭成员为主。2017年，家庭农场年销售农产品总值达1.93亿元，平均每个家庭农场43.55万元，10万元以上的达310个，占69.98%。

一 主要做法

（一）强化资金扶持

联合市财政局印发了《天津市农村土地适度规模经营项目申报指南》《天津市2017年中央财政扶持合作社和家庭农场项目实施方案》，充分利用中央和天津市财政资金，对29家家庭农场的建设和发展进行了扶持，扶持资金主要用于地块整理、农业配套设施建设、社会化服务补贴等。

（二）引导推动土地向家庭农场流转

依托各区农村土地流转服务平台，建立了农村产权流转交易市场，制定了一系列交易规则和管理办法，推行全市统一制式的土地流转合同。目前，天津市已经累计建成10个区级分市场和144个乡镇工作站，全市统一的农村产权流转交易网络信息系统已经上线运行，覆盖全市、三级一体、统一规范的农村产权流转交易市场已经全面建成。交易市场积极为经营主体流转土地提供信息发布、交易鉴证、价格评估等服务，并组织流转双方签订统一制式的土地流转合同，对引导农户向家庭农场有序流转土地起到了积极的推动作用。

（三）实施农业产业化经营全覆盖工程

起草并呈请市政府办公厅转发了《关于农业产业化经营体系全覆盖实施方案》（津政办函〔2017〕156号）。提出立足提升农业生产经营的组织化、规模化和集约化水平，以强基础、固纽带、壮依托、育统领为主线，建立健全农业生产经营体系。推动在地农民群体由自耕农户为主体向以统一生产型农民合作社、家庭农场、种养大户等农业生产经营组织为主体转变，明确了家庭的平均经营规模、总体数量及扶持政策等。

（四）开展家庭农场备案工作

向各区农委印发了《关于做好家庭农场备案工作的通知》和《家庭农场名录系统操作说明》，要求各区全面摸清家庭农场基本情况，分批将家庭农场情况录入农业农村部开发的家庭农场名录系统，并做好名录系统的更新维护。同时明确规定，未纳入名录系统的家庭农场，原则上不得享受相关政策扶持。

二　下一步工作打算

下一步，天津市将以实施乡村振兴战略为契机，积极引导土地规范有序流转，发展农业适度规模经营，为家庭农场的健康发展提供更多更有力的支持。

（一）进一步规范和促进土地流转

研究制定规范和促进土地流转的实施办法，进一步明确土地流转的程序、要求等，指导各级经管部门严格按规定办理土地流转手续。充分发挥农村产权交易市场的作用，将"三级市场"逐步向"四级市场"拓展，增加村级工作点，为家庭农场流转土地提供上门服务。

（二）推动各区落实农业产业化经营体系全覆盖有关要求

拟于近期组织各区农委分管领导、各乡镇相关同志召开农业产业化经营体系全覆盖推动会，指导各区按照要求建立健全经营体系，特别是按照规定的标准和任务量完成家庭农场的培育工作。

（三）进一步完善政策扶持体系

配合市委、市政府尽快印发《关于加快构建政策体系培育新型农业经营主体的实施意见》，加大对家庭农场等经营主体的扶持力度，明确财政税收、项目建设、金融保险、人才培养等方面的具体政策，推动家庭农场健康有序发展。

河北省家庭农场发展情况

2017年，河北省坚持发展数量与提升质量并重，进一步优化发展环境，深入开展示范创建，加大扶持服务力度，带动全省家庭农场健康发展。

一 总体情况

截至2017年12月底，全省在工商部门登记注册的家庭农场达到30157个，比2016年年底增长28.8%；农业部门认定的家庭农场21865个，比2016年年底增长48%，继续保持较快发展。农业部门认定的家庭农场，**从行业分布看**，覆盖全行业，其中种植业家庭农场占75.24%，粮食类家庭农场占种植业家庭农场的79%；畜牧业占13.35%，生猪产业、奶业家庭农场分别占畜牧业家庭农场的28.38%、7.4%；渔业占0.37%；种养结合占6.2%，其他占4.84%。**从经营规模看**，规模适度，平均每个家庭农场经营面积174.17亩，较2016年增长17.17亩。在粮食类家庭农场中，经营面积在50—200亩的家庭农场占69.55%，200—500亩的占24.22%，500亩以上的占6.25%。**从发展质量看**，发展品牌农业、绿色农业的意识普遍提高，拥有注册商标的家庭农场965个，通过农产品质量认证的家庭农场287个，分别比2016年年底增长22.31%、40.69%。

二 主要措施

(一) 着力构建扶持政策体系

深入贯彻落实中共中央办公厅、国务院办公厅《关于加快构建政策体系培育新型农业经营主体的意见》精神，按照原农业部《关于促进家庭农场发展的指导意见》和河北省《关于促进家庭农场发展的意见》要求，进一步加强指导服务，加大涉农资金项目、用地用电政策倾斜力度，强化金融财税政策支持，优化扶持家庭农场发展的大环境。深入开展营商环境整治行动，积极解决家庭农场发展中亟需解决的问题。农业厅内部整合适合家庭农场承担的项目资金，重点投向符合条件的家庭农场，助力其发展。与中国人民银行石家庄中心支行、省农行、省邮政储蓄银行等建立联系，推行新型农业经营主体主办行制度，重点解决家庭农场贷款难问题。与国土资源厅共同印发《关于进一步规范设施农用地管理支持设施农业健康发展的通知》（冀国土资规〔2017〕1号），进一步解决家庭农场设施用地难问题。与省工商局建立联系，定期通报家庭农场注册登记情况。

（二）加大财政扶持力度

2017年，落实中央财政扶持家庭农场发展资金384万元，主要用于家庭农场监测县粮食类家庭农场，支持其健全制度、规范流转、发展生产，共扶持家庭农场48个，每个8万元。省级新型农业经营主体专项扶持资金1500万元对50个省级示范家庭农场重点扶持，其中精品家庭农场每个扶持30万，重点家庭农场每个扶持15万元。对享受项目支持的家庭农场，实行绩效管理，强化项目实施监督，确保项目资金用到实处、用得规范、用出效果，实现预期目标。

（三）深入推进示范家庭农场创建

省农业厅印发了《关于开展2017年度省级示范家庭农场创建活动的通知》，新创建省级示范家庭农场200家，统一制发了金属牌匾。全省省级示范家庭农场总量达到600家。同时带动市县两级示范家庭农场创建活动，各级坚持高标准、严要求，认真组织抓示范、育典型，重点培育示范家庭农场，总结、完善、推广典型经验，做到指导到位、扶持到位、监测到位，全面掌握情况，以点带面，建成市级示范家庭农场1668个，县级示范家庭农场3392个，带动当地家庭农场发展水平逐步提高。省农业厅辑印《河北新型农业经营主体110例》，扩大示范带动效应。

（四）引导家庭农场融合发展

指导家庭农场与合作社、农业龙头企业等联合与合作，发展生产，延长产业链。指导河北省家庭农场联合会积极发挥作用，对内进行技术指导、商标注册、市场营销、社会服务等，对外抱团闯市场，形成拳头型标杆，引领发展。

（五）规范家庭农场流转行为

流转管理和服务迈向规范化、信息化，为有效引导农村土地向家庭农场流转，为促进家庭农场规模发展奠定了坚实基础。全省基本形成了上下贯通的县、乡、村三级农村土地流转服务体系。推行省农业厅制定的《农村土地经营权流转合同（式样）》、《农村土地经营权流转委托书（式样）》，进一步规范流转文本。省级示范家庭农场按照省级规范流转文本进一步完善了土地流转合同，并全部录入省级流转管理与服务网络平台，实现流转面积、年限、流转价格、流转金的交付时间和方式等内容的动态监管。全省流转耕地中约10%流入了家庭农场。

三 存在问题

河北省家庭农场发展较快，但尚处于起步阶段，数量和面积在各类经营主体中的占比还比较低，总体发展水平还不高。

（一）经营压力增大

从调查看，由于大宗农产品价格下行，成本刚性上涨，家庭农场收入下降。农村经营管理统计数据显示，河北省2017年农业部门认定家庭农场平均毛收益为10.58万元，比2016年下降3.5%。一方面河北省家庭农场粮食类占到60%，亩均效益较低，另一方面从事经济作物种植、设施园艺、特种种植养殖等其他高效农业承担的市场风险、自然灾害风险、技术风险较大，影响家庭农场发展积极性。家庭农场晾晒、仓储等农地建设依然存在障碍，农业设施用地支持政策需进一步落实。

（二）信贷政策有待进一步落实

家庭农场是小型农业经营主体，原始资金积累不够，缺乏贷款抵押，融资困难，投入能力不足。金融、保险等部门虽然在努力创新相关扶持产品和品种，但与实际需求仍存在不小的差距。贷款手续繁琐、偿还期短、贷款难度大，是家庭农场普遍反映的问题。

（三）农场主经营管理水平还需进一步提高

大部分农场主多年从事农业生产，实践经验丰富，但受教育水平、传统理念等因素影响，在发展现代农业中趋于保守，需进一步加强培训，拓宽发展思路，提高经营管理水平。

四 工作建议

(一) 完善扶持政策

积极推动出台河北省加快构建政策体系培育新型农业经营主体的实施意见，在项目、金融、人才、用地等方面给予包括家庭农场在内的新型农业经营主体重点支持。同时深入贯彻落实已有扶持政策，着力提升各级各部门对家庭农场重要性的认识，提高主动开展工作的积极性，促进各项扶持措施落实。

(二) 健全经营权流转服务体系

建立健全村有管理服务站点、乡镇有管理服务中心、县（市、区）有管理服务机构的流转管理服务体系。鼓励和引导承包土地向家庭农场等新型经营主体流转，鼓励家庭农场等通过股份合作等方式发展适度规模经营。在依法保护集体所有权和农户承包权的前提下，平等保护家庭农场等经营主体依流转合同取得的土地经营权，依法维护其从事农业生产所需的各项权利。

(三) 创新财政金融支农机制

改进财政资金使用方式，撬动更多金融和社会资本投向家庭农场。加快农业信贷担保体系建设，推进信贷担保机构向市县延伸。引导金融机构加大金融产品和服务方式创新力度，合理调配信贷资源，扎实做好家庭农场等新型经营主体金融服务工作，提高贷款服务效率和质量。

(四) 推动与市场对接

积极构建农业产业化联合体，引导家庭农场与农民合作社、农业产业化龙头企业联合与合作，延伸产业链条，提升市场地位，拓宽营销渠道。抓住京津冀一体化发展契机，充分利用农产品贸促会、交流会等，组织家庭农场与市场对接，通过农产品展示、电子商务、金融服务等多种形式，重点解决家庭农场市场信息获取不及时、产品展示不全面、销售渠道不畅通、发展资金不足等问题。

(五) 加大培训力度

结合新型职业农民培育，深入开展青年农场主培训，更新发展理念，提升经营管理水平。加强对市、县业务主管部门和人员进行培训，明确家庭农场发展工作的要求、措施，提升业务指导水平。

山西省家庭农场发展情况

2017年山西省家庭农场发展平稳有序。山西省在农业部门认定的家庭农场9785个，其中，种植型家庭农场5934家，养殖型家庭农场3477家，种养结合型家庭农场354家，其他20家。全省家庭农场经营土地面积120.6万亩，现有省级示范家庭农场116家。

一 主要工作

（一）夯实基层基础工作，不断提升规范化管理水平

一是强化家庭农场名录管理，继续完善"山西省家庭农场信息管理系统"，为省、市、县三级主管部门在线进行家庭农场信息的录入、审核、认定、查询、统计、汇总、分析筛选等工作奠定坚实基础。目前，全省认定的家庭农场信息已全部录入系统，建立了省、市、县三级家庭农场名录，并积极与农业农村部家庭农场名录系统进行对接。全省统一印制了《山西省家庭农场证书》，实行证书管理。所有县农经部门均建立了家庭农场档案，实现了一场一档。二是继续试行家庭农场记账台账。为帮助家庭农场主全面掌握家庭农场收支收益情况，提高经营管理水平，山西省继续试行《山西省家庭农场记账台账》。目前临汾市与吕梁市已在全市全面开展了家庭农场记账工作。三是对家庭农场进行审核。下发《关于对全省农民合作社示范社进行检查及对家庭农场进行审核的通知》（晋农办经发〔2017〕100号），按照《山西省农业厅关于认定家庭农场的暂行意见》（晋农经发〔2013〕8号）、《山西省农业厅关于促进家庭农场发展的指导意见》（晋农经发〔2014〕2号）的有关规定，对2013年以来认定的家庭农场进行审核。符合标准的家庭农场，由县级农经部门在《山西省家庭农场证书》上签署通过意见；不符合标准的300逾家家庭农场，取消其《山

西省家庭农场证书》,并在"山西家庭农场登记管理平台"中注销。

(二)坚持推进示范家庭农场创建,积极发挥带动引领作用

坚持示范引领,不断提高家庭农场规范化水平,省农业厅制定"省级示范家庭农场标准",下发了《关于开展农民合作社三级示范社和省级示范家庭农场创建工作的通知》,在县级选取推荐、市级审核推荐、省级抽查评定、网站公示的基础上,评选出56个2017年度省级示范家庭农场并授牌命名。2017年评选力度较往年增大。

(三)加大政策扶持力度,为家庭农场发展营造良好环境

按照《关于做好2017年中央财政农业生产发展等项目实施工作的通知》(农财发〔2017〕11号)要求,山西省农业厅下发《关于下达2017年中央农业生产发展和农业资源及生态保护资金使用计划的通知》(晋农财发〔2017〕68号),安排资金300万元,支持2014—2016年以来评定的60家省级示范家庭农场,每个家庭农场补助5万元。资金主要用于家庭农场土地流转及承包费、生产性基础设施建设、新品种、新技术引进、"三品一标"认证等方面的补助。

在中共中央办公厅、国务院办公厅出台《关于加快构建政策体系培育新型农业经营主体的意见》(中办发〔2017〕38号)后,根据中央《意见》和省领导的批示精神,省农业厅起草了《山西省关于加快构建政策体系培育新型农业经营主体的实施意见(代拟稿)》(以下简称《实施意见》),从完善财政支持政策、落实税收优惠政策、加强基础设施建设、用活土地政策、改善金融信贷服务、建立健全农业信贷担保体系、扩大保险支持范围、拓展营销市场、支持人才培养引进等方面建立健全支持新型农业经营主体政策体系。目前,《实施意见》已提请省委审核。

二 存在问题

一是家庭农场发展规模小,财务管理不规范,需进一步引导规范。二是从国家层面规定家庭农场是否需要在工商部门登记注册,以便家庭农场可以更好地承担涉农项目及享受相关扶持政策。

三 下一步工作计划

继续夯实基层基础工作,不断提升对家庭农场的规范化管理水平,继续完善改进家庭农场管理信息系统,完善家庭农场认定办法,引导家庭农场提升经营管理水平,规范财务管理制度。进一步加大政策资金扶持力度,为家庭农场发展营造良好环境。继续推动示范家庭农场创建工作,积极发挥示范家庭农场带动引领作用。

内蒙古自治区家庭农（牧）场发展情况

近年来，随着各项惠农惠牧政策的落地实施和农村牧区各项改革的深入推进，内蒙古自治区各类新型农牧业经营主体，特别是家庭农牧场呈现出快速发展态势。截至2017年年底，经各级农牧业部门认定的家庭农牧场10325个，其中从事种植业的家庭农牧场2607个，占家庭农牧场总数的25.2%；从事畜牧业的家庭农牧场6868个，占家庭农牧场总数的66.5%；从事种养结合的家庭农牧场756个，占家庭农牧场总数的7.3%。家庭农牧场的家庭成员劳动力32197个，场均3个，场均劳动力下降4.8%；常年雇工劳动力8176个，场均不到1个，场均常年雇工劳动力下降9.7%。

一 采取的主要措施

（一）持续开展家庭农牧场认定

内蒙古自治区制定出台了《内蒙古自治区家庭农牧场认定工作意见》，各盟市按照家庭农牧场认定工作要求，组织各旗县积极开展认定工作，部分盟市、旗县根据本地区发展特点制定了本地区认定意见。近两年，在农业部门认定的家庭农牧场实现了从无到有，再到成倍增长的发展。

（二）大力培育家庭农牧场规范发展

一是开展示范家庭农牧场评定工作。为促进内蒙古自治区家庭农牧场健康有序发展，充分发挥家庭农牧场新型经营主体的作用，各盟市积极推进示范家庭农牧场创建工作，经旗县以上农牧业部门认定的示范家庭农牧场1098个，增长56.1%。二是继续做好家庭农牧场发展情况监测工作。根据原农业部经管司要求，继续对莫力达瓦达斡尔族自治旗、临河区、准格尔旗的 105 个家庭农牧场开展监测工作。**三是**开展家庭农牧场名录信息录入工作。按照农业农村部要求，积极指导全区家庭农牧场纳入名录系统和直报系统管理，定期更新相关信息，为实现对家庭农牧场精准服务奠定基础。**四是**自治区人大常委会开展对培育新型农牧业经营主体情况的专题询问。2017 年 5 月 23—24 日，自治区人大常委会召开自治区十二届人大常委会第三十三次会议，听取了自治区农牧业厅代自治区人民政府对关于培育新型农牧业经营主体情况的报告，并就自治区人民政府培育新型农牧业经营主体情况进行专题询问。询问结束后，印发了《自治区人大常委会对〈自治区人民政府关于培育新型农牧业经营主体情况的报告〉的审议意见》，从提高对家庭农牧场等新型农牧业经营主体的认识、破解融资难题、促进规范化发展、加强人才科技支撑、强化服务等方面提出意见，并由自治区政府督促各有关厅局抓紧落实。

（三）落实扶持家庭农牧场发展项目

根据原农业部、原财政部《关于做好 2017 年中央财政农业生产发展等项目实施工作的通知》（农财发〔2017〕11 号）和原农业部办公厅《关于进一步做好扶持家庭农场相关工作的通知》（农办经〔2017〕15 号）精神，制定了《2017 年内蒙古自治区扶持家庭农牧场发展项目实施方案》，明确了对家庭农牧场的补助范围、补助标准、补助内容和补助方式，在自治区级示范家庭农牧场和承担农业农村部监测任务的家庭农牧场中，选取管理制度健全、经营效益良好的 57 个家庭农牧场进行扶持。

（四）加强对农牧场从业人员的培训

结合国家和自治区新型职业农民培育工程项目，对 1410 名青年农场主开展培训。围绕家庭农牧场的建设需要，开展公共基础课、专业基础课、专业方向课等，重点学习现代农牧业知识、农牧业安全生产知识、法律知识、农业信息化知识等。将青年农场主初步培养成为有文化、懂技术、会经营、善管理的新型职业农民，为家庭农牧场的发展提供人才保障。

二　取得的主要成效

（一）促进农牧业适度规模经营

家庭农牧场保留了家庭经营的内核，符合农牧业生产特点，契合经济社会发展阶段，是农牧户家庭承包经营的升级版，是引领适度规模经营的有生力量，可以在一定程度上促进土地流转，引领适度规模经营。2017年，内蒙古自治区家庭农牧场经营耕地面积218.4万亩，场均经营耕地面积211.5亩。

（二）促进对农牧业的科技投入和生产性投入

家庭农牧场的生产经营具有以市场为导向的企业化特征，要在激烈的市场竞争中生存和发展，每个家庭农牧场都会加大科技投入和生产性投入，提高集约化经营水平和劳动生产率。2017年，内蒙古自治区家庭农牧场购买农牧业生产投入品总值12.5亿元。

（三）促进农牧业生产效益的提高

家庭农牧场的发展是由传统家庭小规模分散经营向适度规模经营的转变，对于提高农牧业生产效益意义重大。2017年，内蒙古自治区家庭农牧场年销售农产品总值22.4亿元，其中年销售农产品总值10万—50万元的家庭农牧场6009个，50万—100万元的家庭农牧场751个，100万元以上的家庭农牧场259个。

（四）促进对新型职业农牧民的培育

作为新型经营主体，家庭农牧场比一般农牧户更迫切需要农牧业新技术、新品种、新设施，而家庭农牧场主既要懂得生产，又要懂得经营管理和市场营销，有接受培训的迫切需求。这些需求会促使农牧业主管部门对农场主进行更多的培训，使农场主逐步成为新型职业农牧民的主力军。

三 下一步工作措施

（一）进一步开展宣传培训工作

加大对国家发展家庭农牧场的有关政策的宣传力度，营造家庭农牧场发展的良好氛围。加大对家庭农牧场主的培训力度，组织多种形式的农牧业技术、经营管理、市场营销等方面的培训，提升农场主的生产技能、经营管理、法律意识、市场观念等，提高家庭农牧场主的经营管理水平。

（二）继续稳步开展家庭农牧场认定工作和示范家庭农牧场评定工作

制定《2018年内蒙古自治区农牧业生产经营主体能力提升行动计划》，全区范围内大力开展家庭农牧场认定工作，继续开展好自治区级示范家庭农牧场评定工作，引导鼓励盟市、旗县分级开展示范家庭农牧场评定工作，培育一批产业特色明显、运作管理规范、示范带动作用大、社会影响力强的示范家庭农牧场，选择部分家庭农牧场进行精准服务管理试点。

(三) 完善扶持政策和制度

加强与财政、税收、金融、保险等部门的沟通合作，落实中央和自治区各类关于家庭农牧场的补贴政策。结合家庭农牧场发展实际，修订《内蒙古自治区家庭农牧场认定工作意见》。

辽宁省家庭农场发展情况

2017年是全面贯彻"十三五"规划的关键一年，是农业供给侧结构性改革的元年。辽宁省以家庭农场为代表的新型经营主体顺应现代农业发展趋势，抓住机遇，快速发展，取得了比较显著的成效。

一　总体情况

辽宁省政府对家庭农场等新型经营主体培育工作非常重视，近几年持续加大对家庭农场的扶持力度，推进了家庭农场快速发展。截至2017年底我省家庭农场数量达到7424个，较2016年增长39.5%，其中23.1%的家庭农场在县级以上农业部门认定。

从总体情况看，家庭农场经营总面积178.6万亩，占全省家庭承包耕地面积的3.5%；平均每个家庭农场土地经营规模超过了240亩，劳动力约为4.6个（其中家庭成员劳动力约3个，占比为65%）。在区域分布中，沈阳、铁岭、锦州3市排名靠前，合计数占总数的45.8%。从行业类别分析，86.4%的家庭农场从事种植业，其中有92.2%的农场从事粮食生产。从农产品销售收入看，年收入在10万—50万元的家庭农场有3989个，占比为53.7%。

二　工作措施

（一）下发文件，明确家庭农场发展目标和方向

按照中央1号文件要求，根据地方实践，2017年省农委制定下发了《关于加快推进家庭农场健康发展的通知》（辽农经〔2017〕107号），提出"到2020年，力争全省在农业部门备案的家庭农场发展到1万个"，明

确了家庭农场向绿色生态农业、三大产业融合等方向发展，对家庭农场认定标准、县级农业部门备案方法、家庭农场名录制度等作出规定，推进家庭农场持续健康发展。

（二）结合实际，修订省级示范家庭农场标准

根据农业产业特点，结合地方实践，修订下发了《辽宁省省级示范家庭农场评选办法（试行）》（辽农办经发〔2017〕375号），在粮食生产基础上，明确果园、蔬菜、设施农业等省级示范家庭农场标准：蔬菜等经济作物50—200亩；设施农业7—10亩；园地（从事水果种植的）75—100亩；农场正常经营2年以上，流转期限不低于3年，土地集中连片，属于市、县级示范家庭农场。

（三）优中选优，组织开展省级示范家庭农场评选工作

省农委农经处（站）组织专家，对各市推荐的家庭农场进行评审，在238个家庭农场中，评选出196个省级示范家庭农场，并在辽宁省金农网公示。对省级示范家庭农场，优先推荐承担中央财政支持农业生产发展项目，重点支持通过流转土地扩大经营规模和投资基础设施建设的省级示范家庭农场。

（四）建立平台，逐步实现家庭农场信息化

完善辽宁省家庭农场信息管理应用平台，指导家庭农场填报、完善信息。目前已有2935个家庭农场录入到应用平台，其中有2852个纳入全国家庭农场名录系统；指导昌图县、东港市完成家庭农场发展监测任务，共有100个家庭农场的相关数据上报农业农村部。

三 存在的问题

（一）家庭农场缺乏专业的管理人才，限制了家庭农场进一步发展

辽宁省家庭农场经营者总体上年龄偏大、文化水平不高。据我省家庭农场信息应用平台数据显示，农场主年龄在31—40岁的占比仅为20%，而41—50岁占比为41%，51—60岁占比为26.4%，60岁以上的家庭农场主占比高于30岁以下，家庭农场主老龄化问题比较突出，发展后劲明显不足。

（二）家庭农场自身抵御风险的能力不足

随着经营规模的扩大，家庭农场面临的风险激增。重大自然灾害、农

产品市场供需变化，都对农产品产量、家庭农场收入带来影响。此外，国家政策的调整，也对家庭农场发展带来冲击。

（三）政策支持难以落实

目前，农业保险政策针对普通农户，实行普惠制。商业保险价格太高，家庭农场承担不起。一旦遭受灾害，普惠制保险不足以弥补家庭农场的生产投入。再如信贷政策，金融机构放贷数额有限，而且信贷手续相对繁琐，审核评估核查过程长，有的家庭农场宁愿通过私人短期拆借，也不愿到金融机构贷款解决问题。还有用地政策，特别是建设用地审批难、成本高，家庭农场收益低，宁愿租地也不愿意征地。

四　下一步工作安排

（一）落实家庭农场支持政策

开展农业专业技能培训以及农业专业学历教育，提高农场主的生产专业技术以及现代经营管理水平。

（二）推进家庭农场规范建设

在加强家庭农场业务指导基础上，组织各市县做好家庭农场登记备案、建立名录等基础性工作；继续开展省级示范家庭农场的评选，发挥省级示范家庭农场的引领带动作用；做好家庭农场发展情况的监测工作，进一步完善辽宁省家庭农场信息应用平台，力争早日实现对家庭农场的全面动态监管，将我省家庭农场规范化建设工作做实做细。

（三）加强典型事例宣传力度

各地要进一步加强宣传力度，利用各类媒体宣传家庭农场发展经验和办法措施，注重总结本地区家庭农场的发展历程和成功经验，对示范强、效益好、特色鲜明的家庭农场进行重点宣传报道，努力营造促进家庭农场发展的良好氛围。

吉林省家庭农场发展情况

2017年,吉林省家庭农场发展建设在原农业部和省委省政府的领导下,取得了较好的成效,按照要求,现将家庭农场发展有关情况报告如下。

一 家庭农场发展总体现状

2017年年底,吉林省家庭农场总数达到23644个,被县级以上农业部门认定为示范性家庭农场的2155个。家庭农场经营土地总面积507万亩,耕地面积491万亩,家庭承包经营173万亩、流转经营面积259万亩,草地、水面和其他面积共16.2万亩。家庭农场劳动力8.3万人,其中,家庭成员劳动力5.9万人,常年雇工劳动力2.4万人。家庭农场按行业分布。种植业20920个,畜牧业1035个,种养结合1309个,其他316个。家庭农场经营从事粮食产业的17208个,其中,经营50亩—200亩的10652个,201—500亩4736个,501—1000亩1350个,1001亩以上470个。经营规模主要以50—500亩为主。家庭农场2017年销售农产品总值28.3亿元,10万元以下的9821个,占总数的41.5%;10万—100万元以上的13395个,占总数的56.7%。家庭农场购买农业生产投入品总值14.2亿元。家庭农场中拥有农产品商标权的635个,通过农产品质量认证112个。家庭农场获得贷款资金总额5.9亿元。

二 工作措施及成效

2017年,吉林省认真贯彻原农业部《关于促进家庭农场发展的指导意见》,通过出台政策、健全机制、加大扶持、开展培训等工作,积极引导家庭农场发展适度规模经营。

（一）开展家庭农场认定

为进一步规范家庭农场的发展，根据原农业部《关于促进家庭农场发展的指导意见》，组织开展了全省家庭农场的认定。指导县级以上农业部门结合实际，对经营者资格、劳动力结构、收入构成、经营规模、管理水平等方面提出相应要求，按照因地制宜、形式多样、健康发展的原则，细化家庭农场认定标准。目前，全省9个市（州）全部出台了家庭农场认定办法，明确了家庭农场的认定标准，为全省家庭农场发展提供了政策保障。

（二）加强工作推进力度

省委省政府高度重视家庭农场发展，省委书记巴音朝鲁做出"加大新型农业经营主体培训"的批示。2017年，省政府将加快现代农业经营体系建设，培育家庭农场等新型经营主体开展适度规模经营列为省政府重点工作任务，纳入对各地的考核内容。为推动全省各地认真落实好这项工作，省农委将其列入绩效延伸考核中，并细化了评分内容。将规范化建设、政策资金项目扶持、指导培训服务、发展质量数量等列为重点，工作推动力度进一步加大。

（三）积极培育农场主

吉林省将家庭农场主培育纳入"十三五"《吉林省农村实用人才队伍建设规划》，委托吉林大学、吉林农业大学、吉林省农科院等涉农院校和科研院所开展技能培训，依托国家和省级现代化龙头企业开展实用技术培训。2017年，省内开展青年农场主赴日本、韩国、法国开展学习交流活动，共培训6批139人次；省外赴北京、黑龙江、河北、江苏、山东、湖北、浙江等农村实用人才培训基地参加实训2100人次，省内培训7940人次，占全省全农场家庭总数的33.9%。

（四）加大宣传力度

为充分发挥家庭农场促进规模经营的典型和经验引领作用，结合全省促进农民增收工作，省委宣传部和省农委联合开展了系列宣传报道工作，组织吉林电视台、吉林日报、吉林广播电台等省内主要媒体开展宣传报到。利用送科技下乡、张贴标语、发放宣传单、黑板报等多种形式开展宣传，据不完全统计，全省发放各类宣传品73.8万件，张贴标语4.8万条。

（五）积极参与产业结构调整

从2016年开始，全省调减大豆、水稻、蔬菜、葵花等面积332.58万亩，2017年继续调减籽粒玉米221.1万亩，两年累计调减553.68万亩，涉及全省37个县（市、区），从调整主体看，规模经营主体调整面积的主体，完成了农业部下达调减500万亩籽粒玉米面积任务。家庭农场成为农业产业结构调整的主力军。

（六）开展信贷贴息服务

实施对家庭农场贷款贴息和担保费补贴。根据省农委、省财政厅《关于下发2017年吉林省省级现代农业发展专项资金项目指南的通知》要求，开展了家庭农场等新型经营主体开展贷款贴息、担保费补贴项目。全省拨付补贴资金2299万元，带动银行贷款资金8.8亿元，扶持资金规模扩大38倍，其中，家庭农场贴息1116万元，占扶持资金总数48.5%。

三　存在问题和困难

一是资金短缺仍然是制约家庭农场发展的主要问题。由于家庭农场刚刚起步发展，承租土地投入较大，一些家庭农场因资金短缺，无力购买大型农机，使家庭农场的发展受到限制。二是家庭农场基础设施条件比较差。主要是缺少粮食晾晒、烘干、仓储等设施，不少家庭农场所生产的粮食损失较大。三是由于农户土地零星细碎，部分农民还存在即使不把土地当主业也不愿放弃土地而应付经营的思想，使土地流转还不是很畅通，在一定程度上限制了家庭农场的发展。

四　下一步工作打算

一是继续坚持改革创新，在稳定农村基本经营制度的基础上，鼓励和支持农村土地向家庭农场、种植大户和农业企业等规模经营主体流转，不断提高土地规模经营比例。二是坚持"以农民为主体，为农民服务"基本方向，对家庭农场等新型经营主体加强指导，强化服务，解决好家庭农场贷款融资难、融资贵等问题，着力构建集约化、专业化、组织化、社会化相结合的新型农业经营体系。三是进一步研究扶持政策，不断提升家庭农场等新型农业经营主体的经营管理水平，引导新型经营主体努力走出一条经营规模适度、生产技术先进、市场竞争力强、生态环境可持续的新型农业现代化道路。

黑龙江省家庭农场发展情况

一 基本情况

(一) 加快家庭农场认定工作

2017年12月，黑龙江省出台《关于加快构建政策体系培育新型农业经营主体的实施意见》，加快培育新型农业经营主体。按照《黑龙江省家庭农场认定管理办法（试行）》和《黑龙江省示范家庭农场创建管理办法（试行）》，规范开展家庭农场认定和创建工作。截至2017年年底，已有1.9万个家庭农场在农业农村部农场名录系统中注册。经县级以上经管部门认定家庭农场4664个，其中，从事种植业占比89.87%，从事养殖业占比7.58%，种养结合占比2.35%。2017年底，通过县级推荐、市级初审、省级评比等程序，评选100个家庭农场为省级示范场，累计全省评定省级家庭农场示范场200个。

(二) 开展家庭农场培训扶持工作

2017年，多次组织家庭农场主参加营销培训和省外展会，带动家庭农场由生产型向生产经营型转变。按照原农业部《农业生产发展资金项目任务清单》要求，黑龙江省对2016年已评定的100个省级示范家庭农场进行扶持，经各级农业部门跟踪监测，最终确定97个家庭农场作为扶持对象。下发《2017家庭农场扶持资金使用方案》，指导获得扶持的家庭农场合理使用资金，发展适度规模经营。

(三) 家庭农场调研工作

省农经总站联合国家统计局黑龙江调查总队，有针对性的对省内131个种植业家庭农场进行调研和监测，主要包括家庭农场的效益情况、经营模式、资金来源、土地流转情况，享受政府政策支持的程度、技术服务、信息引导、补贴奖励等。从调查结果看，种植业家庭农场整体经营规模呈扩大趋势，但同时也面临贷款难、人才缺、效益低等问题。

二 存在的问题

（一）人才问题日益突出

随着家庭农场发展规模的不断扩大，对人才的需求越发迫切，特别是优秀经营和管理人才严重缺乏。一些家庭农场受到自身经济实力和技术条件的制约。加之城镇化、工业化的不断深入，农村优质劳动力大量流向城市，从而使得经营管理水平偏低、技术服务乏人的问题日益突出，从业人员中近半数为初中文化水平，缺乏专业技术培训，严重影响了家庭农场的后续发展。

（二）发展资金严重缺乏

一些家庭农场、专业大户在扩大生产规模、延伸产业链、价值链过程中，遇到最大的瓶颈问题还是资金不足。由于缺少抵质押物，很难从银行取得贷款。目前，我省家庭农场平均经营规模485亩，以旱田种植玉米，3年期计算，仅土地流转就需要30万元以上的投资。大多数农户由于自身资金积累不足，需要资金借贷，但传统的小额信贷额度过小难以满足家庭农场实际的需求。

（三）基础设施水平低

主要表现为缺乏晒场、烘干设备和仓库，这是家庭农场面临的普遍问题。家庭农场流转的土地主要是基本农田，按规定不能建设晒场、烘干塔、仓库等配套设施，农村生产建设性用地十分有限，租借成本仍然偏高。

三 下一步工作打算

一是修订完善《黑龙江省农户家庭农场认定管理办法》和《黑龙江省省级农户家庭农场示范场评定管理办法》。

二是进一步推进家庭农场认定和省级示范场创建评定工作，完成2018年度省级示范家庭农场评定工作，力争2018年度新增省级示范家庭农场100家以上。

三是强化家庭农场建设指导工作，与我委直属农业院校联合，结合家庭农场当前需要，开展多方面培训工作。针对家庭农场名录系统、新农直报系统开展专题培训。

四是开展调查研究。从组织形式、产业业态、运行机制、支持方式等方面对家庭农场进行深入调研。

上海市家庭农场发展情况

2017年，上海市认真贯彻中央农村工作会议和"中央1号文件"精神，有序推进家庭农场培育工作，截至2017年年底，家庭农场发展合计4516户，其中，粮食作物类3815户，粮经作物类473户，经济作物类135户，养殖类93户，家庭农场水稻种植面积58.62万亩，占水稻种植面积的50.78%。

一 有序推进家庭农场认定考核和报备监测工作，促进家庭农场规范发展

上海市在培育家庭农场中始终坚持"家庭经营、规模适度、一业为主、集约生产"的原则，特别强调土地适度规模经营，兼顾公平与效率，用政策手段和认定标准加以引导，防止土地过度集中。从实践情况来看，2017年家庭农场平均经营面积约140亩。进一步完善家庭农场考核，松江区、浦东新区重新修订家庭农场考核办法，松江区全面采取"负面清单"考核方法，规范家庭农场生产经营行为，浦东新区完善了家庭农场粮食生产考核办法，实现对家庭农场的精准管理。指导各区完成2016年度4243户家庭农场报备工作。指导松江、金山两区完成农业农村部100户家庭农场生产经营情况监测工作。完成上海市家庭农场报备系统与农业农村部农场名录系统的对接工作。根据上海市家庭农场发展情况，拟定市级示范家庭农场认定办法，进一步修订完善了本市市级示范家庭农场认定条件，包括经营主体规范、经营规模适度、经营管理先进3方面10项，同时，还设立了3条放宽条件：年龄在45周岁及以下且具有大专及以上学历的家庭农场经营者；与农民合作社等其他新型农业经营主体联合与合作，实现标准化生产、品牌化经营，主要农产品通过绿色食品或有机食品认证，或

其农产品获得名牌产品、著名商标、农产品地理标志的家庭农场；家庭农场或家庭农场经营者获得国家级、省部级荣誉称号或荣誉证书。

二 积极落实家庭农场扶持政策，保障经营者权益和家庭农场效益

继续实施家庭农场扶持政策，从土地流转、财政政策、金融政策和社保政策等多个方面加以扶持。对长期从事家庭农场的经营者，适当延长土地流转期限，保障家庭农场经营权，如松江区家庭农场承包期5年及以上的746户，占全区家庭农场的81%。根据原农业部、原财政部《关于做好2017年中央财政农业生产发展等项目实施工作的通知》（农财发〔2017〕11号），开展家庭农场扶持政策调研工作，形成粮食家庭农场品牌经营扶持试点方案，试点区包括松江区、金山区、浦东新区、奉贤区，鼓励粮食家庭农场重视农产品质量，选种优良稻米品种，应用先进技术，实施标准化生产，着力提高产品品质，参与品牌大米生产经营。扶持内容包括两个方面：粮食加工补贴和大米包装补贴。补贴标准为粮食家庭农场品牌经营补贴130元/亩，主要补贴大米加工和包装，每个家庭农场享受品牌经营补贴面积不超过水稻种植面积的1/3，全市计划补贴5000亩，扶持家庭农场不少于70户，补贴资金合计65万元。

三 稳步探索经营主体融合发展机制，提升家庭农场经营能级

在推进家庭农场的基础上，积极鼓励各区探索农民合作社＋家庭农场、农业龙头企业＋农民合作社＋家庭农场、农民合作联社＋家庭农场等多种发展形式。如松江区成立区农民合作联社，积极培育"松江大米"品牌，组织粮食家庭农场按照标准化生产，符合品牌质量要求的加盟使用这一品牌，提升家庭农场产品的附加值，"松江大米"荣获2017年最受消费者喜爱的中国农产品区域公用品牌称号、上海地产优质大米品鉴评优金银奖。浦东新区将家庭农场纳入本区农产品品牌培育体系，引导家庭农场生产经营品牌农产品，2017年，南汇水蜜桃被评为2017年中国百强农产品区域公用品牌，南汇8424西瓜被评为2017最受消费者喜爱的中国农产品

区域公用品牌。金山区与光明集团等农业龙头企业签订协议,实现优质水稻种植定向收购,解决了家庭农场等经营主体种植的优质稻米在市场流通环节的滞后问题,实现了卖稻谷向卖大米转变。奉贤区探索推进"农民合作社+家庭农场"规模化经营模式,强化合作社服务功能,让家庭农场发展粮食规模化生产,合作社向家庭农场开展代耕代种代收等经营性社会化服务,提高劳动生产率,带动农民增收。

2018年,上海市将按照乡村振兴战略的总体部署,继续推进家庭农场健康有序发展,健全完善家庭农场认定办法,引导家庭农场与农民合作社(农民合作联社)、农业龙头企业开展产品对接、要素联结和服务衔接,构建复合型农业经营体系,为上海发展都市现代绿色农业奠定基础。

江苏省家庭农场发展情况

近年来,江苏省加快构建以农户家庭经营为基础、合作与联合为纽带、社会化服务为支撑的立体式复合型现代农业经营体系,大力发展多元化的规模经营主体,家庭农场得以迅猛发展,已经成为全省现代农业发展的有生力量。

一 发展成效

2017年,江苏省家庭农场发展呈现良好态势,总量保持快速增长,农业部门新认定家庭农场1.02万家,总数达4.42万家,新培育省级示范家庭农场312家,总数增至1142家,形成多层次支持、示范性带动、规范化发展的良好发展格局。家庭农场产业类型多元化,涵盖粮食、畜牧、水产、园艺等产业,部分家庭农场还向加工、旅游等第二、第三产业延伸,形成完整的产业发展链条。其中,粮食类家庭农场占比在50%以上,园艺类家庭农场占比近20%,畜牧、水产以及种养结合型家庭农场占比均在10%左右。

二 主要措施

(一)强化家庭农场主培训

把家庭农场主作为农业农村实用人才队伍的重要组成,纳入新型职业农民培训。继续深入实施以市场营销智慧、"互联网+"智慧、规范管理能力、科技应用能力、生产服务能力为主要内容的"两智三能"家庭农场主培训行动计划,提高培训覆盖面和培训效果。整合教育培训资源,通过省、市、县三级联动的方式,探索系统化培训办法。继续开展针对市县主管部门分管领导的培训，统一高质量发展家庭农场的思想认识。省农委全年完成对400名省级示范家庭农场主的培训，市、县两级也持续加大对家庭农场主的培训力度。江苏省的于永军和徐需婷两位家庭农场主成功入选第一批中欧青年农业实用人才能力建设项目，将于2018年4月赴欧盟国家进行为期两周的交流学习。

（二）引导承包土地流向家庭农场

县乡主管部门和土地流转交易平台为家庭农场和承包农户提供信息发布、政策咨询、合同签订、价格协调、纠纷调解仲裁等服务，依法保护家庭农场的农村土地经营权益。鼓励承包农户与家庭农场签订中长期流转合同，稳定家庭农场经营预期。推行"实物计租、货币结算"的土地租金计价方式，保护流转双方合法权益。鼓励家庭农场在土地租赁基础上，通过股份合作、土地托管等多种方式，提升适度规模经营水平。支持有条件的地方整合项目资金，建设优质高标准农田，流转给家庭农场。注重落实设施农用地政策，鼓励家庭农场等新型经营主体相互联合或者与村集体共同建设区域性农业服务平台，兴建粮食仓储烘干、晾晒场、农机库、育秧棚等设施，促进土地节约集约利用。

（三）完善家庭农场支持保护体系

以省两办名义出台《关于加强政策体系建设促进新型农业经营主体发展的实施意见》（苏办发〔2017〕52号），从财政税费、用地用电用水、基础设施建设、金融信贷服务等方面，建立完善对家庭农场等新型农业经营主体的支持保护体系。调整优化省级财政资金投向，提高项目绩效，将9000万元家庭农场省级扶持资金用于支持10个家庭农场联盟（集群）服务中心和700个左右家庭农场项目建设。

（四）提升家庭农场示范带动作用

每年遴选出一批具备运营规范、规模适度、技术先进、效益较高的示范家庭农场，发挥其引领带动作用。2017年，全省新认定320个省级示范家庭农场，覆盖全省主要涉农县（市、区），同时取消8个家庭农场的省级示范称号。各地广泛利用报纸、官网、官微等方式，宣传发展典型及经验做法，引导家庭农场健康发展。省农委编印《2017年全省家庭农场培训班交流材料》，总结各地在探索家庭农场发展中的经验做法，为全省家庭农场发展提供借鉴。

(五) 探索家庭农场联盟（集群）服务中心建设

借鉴泰州市姜堰区家庭农场服务联盟的成功经验，省级首次鼓励支持有条件的地方开展家庭农场联盟（集群）服务中心建设，并从2017年的财政资金中安排2000万元专门用于扶持10个家庭农场联盟（集群）服务中心建设。家庭农场联盟（集群）以村集体领办为主，为家庭农场和小农户提供农机、农技、农资、粮食烘干、销售等专业化、社会化服务，减少经营主体人力投入，提升管理水平和运营质态。积极探索家庭农场开展合作经营、共同经营、委托经营，联合组建合作社，进一步提升农业经营的社会化、组织化程度。

三 下一步安排

(一) 建立全省家庭农场名录

2018年1月，江苏省农业委员会下发《关于统计全省家庭农场信息的通知》（苏农办经〔2018〕1号），对全省家庭农场统一赋码，汇总相关信息，同时对不再运营的家庭农场进行清理。目前各设区市家庭农场名录已陆续反馈，待审核整理后汇编成册，形成全省家庭农场名录。今后每年第4季度组织各地更新一次名录，了解掌握当年家庭农场发展的最新数据，为制定政策提供依据。县级主管部门按照"一户一档"要求建立管理档案，定期更新相关信息。依托农业农村部开发的农场名录系统，提高全省家庭农场信息化管理水平。督促获得2017年相关中央财政资金支持的家庭农场纳入新农直报系统管理，并在APP中直报补贴获取情况。

(二) 完善示范创建制度

为深入贯彻落实中央和省委关于实施乡村振兴战略的部署要求，适应江苏省农业农村发展新形势新要求，在对江苏省原有省级示范家庭农场认定条件进行修改完善的基础上，出台《江苏省省级示范家庭农场认定管理办法（试行）》，以规范性文件形式印发。全文分为总则、申报条件、申报认定、管理监督、附则等五个章节，明确省级示范家庭农场每年认定一次，采取逐级审核、限额推荐、择优认定的办法，并实行有进有出、等额递补的动态管理。建立省级示范家庭农场退出机制，对不再符合省级示范条件的，取消省级示范称号并向社会公布。

（三）促进家庭农场高质量发展

出台《关于高质量发展家庭农场的意见》，突出家庭农场稳健、规范、绿色、优质、开放、创新的发展导向，推动家庭农场发展由注重数量转向质量优先。坚持管理、服务两手抓，实施家庭农场认定、监测和示范创建，建立动态管理机制，引导家庭农场练好内功。完善支持保护政策，努力提升政策整体效能，不断优化家庭农场高质量发展的外部环境。

浙江省家庭农场发展情况

2017年，浙江省围绕深化农业供给侧构性改革，认真执行中央有关扶持家庭农场发展的政策，有序引导承包土地向大户流转，积极培育和发展家庭农场。到2017年年底，全省经工商登记注册的家庭农场34983家，比2016年底增长20%，呈现持续快速发展态势。

一 家庭农场发展状况

（一）产业主要分布在种植业

种植业家庭农场24031家，占68.7%；畜牧业2340家，占6.7%；渔业2379家，占6.8%；种养结合3870家，占11.1%。其中，粮食类家庭农场6220家，增长27.3%；生猪产业家庭农场592家，增长17%。

（二）规模适度性进一步增强

家庭农场经营土地面积287.4万亩，比2016年增长10.4%。平均每个家庭农场经营土地面积82.2亩，比2016年减少7亩，经营规模适度性进一步增强。粮食类家庭农场中，土地面积在50—200亩之间的有4286家，占68.9%；200—500亩的有1514家，占24.3%，经营规模保持适度。

（三）家庭成员劳动力数高于常年雇工数

家庭农场劳动力150416个，其中家庭成员劳动力84525个、常年雇工劳动力65891个，家庭成员劳动力和常年雇工劳动力各占56.2%和43.8%，家庭农场在劳动力结构上趋于稳定。平均每个家庭农场劳动力3个，与规模适度的对应性增强。

（四）生产经营效益较好

2017年，全省家庭农场销售农产品156.3亿元，平均每个家庭农场销售农产品44.7万元，有2439家销售农产品总值100万元以上，2847家拥有注册商标，1976家通过农产品质量认证。3049家家庭农场被认定为县级以上示范性家庭农场，比2016年增加12.1%。

二 培育发展家庭农场主要做法

（一）创新土地经营制度，推进适度规模经营

一是认真研究农村土地"三权分置"实现路径，梳理相关情况，向省委、省政府报送《关于我省农村承包地"三权分置"工作情况的函》，提出相关政策建议；二是基本完成土地承包经营权确权登记颁证，全省应开展土地确权的22928个行政村已全部开展土地确权工作，1552.58万亩家庭承包经营耕地完成实测，占99.28%，完成审核公示行政村21048个，占91.80%；三是创新农村土地经营权流转机制，引导农户采取互换并地方式解决承包地细碎化问题，创新股份合作流转、风险保障等级制，推进整村整组整畈连片集中长期流转，推动流转土地向大户、家庭农场集中，并大力发展以生产托管为主的农业生产性服务业，推进适度规模经营。组织开展全省农地流转审查监督机制情况调查和土地流转"毁约弃耕"调查，梳理总结相关情况并报农业农村部（原农业部）。全年新增土地流转面积超过45万亩，总量突破1050万亩，占承包耕地面积的55.4%。

（二）加强示范创建，引领创新提升发展

一是部署开展2017年度省级示范性家庭农场认定及监测，突出绿色发展新要求，对266家新申报和771家纳入监测的家庭农场进行审核，分析省级示范性家庭农场发展情况，建立各级示范性家庭农场名录，配合农业农村部做好家庭农场名录基本信息录入工作。目前全省创建省级示范性家庭农场993家，县级以上示范性家庭农场3049家，各级示范性家庭农场占总家庭农场数的8.7%，纳入农场名录系统管理的家庭农场为8960个。二是积极推进"户改场"，指导农村能人、纯农户、大中专毕业生等创办家庭农场，推动各地指导专业大户和有一定规模的合作社社员农户注册家庭农场。三是探索并持续推进衢州市家庭农场综合保险试点，总结推广衢州等地培育发展家庭农场做法经验。

（三）完善扶持政策，解决主体实际需求

一是贯彻全国培育新型经营主体座谈会和中办、国办文件精神，起草浙江省关于加快完善培育发展新型农业经营主体政策体系的实施意见，推

动家庭农场等新型农业经营主体在土地、人才、科技、市场等方面的扶持政策，争取加大对主体在财政、用地用电、税收、信贷支持等方面的优惠政策。**二是**认真落实 2017 中央财政家庭农场扶持项目，分解 63 个家庭农场扶持任务，将家庭农场培育任务与农村三大产业融合试点工作结合，引导家庭农场采用生态循环方式组织生产经营。全省 2026 家家庭农场获得财政扶持资金 17548 万元。**三是**持续推进"银农合作"，着力解决农业融资难题。截至 2017 年年底，农信系统对家庭农场贷款余额 24.82 亿元、惠及 7158 个。积极探索农业融资抵（质）押担保方式，全省已有 7 个市的 10 个县（市、区）开展了农村承包土地经营权抵押贷款试点，贷款余额达到 21.1 亿元、涉及贷款 4641 笔，其中 2017 年新增贷款 13.3 亿元。

下一步，浙江省将认真落实农村土地"三权分置"政策意见，研究探索相关落实措施，规范、促进土地经营权流转，为家庭农场提供集中连片生产经营土地与设施。围绕完善新型农业经营主体培育政策支持体系建设与落实，加大对家庭农场的支持力度。构筑以家庭农场为基础的新型农业经营体系建设，推进发展生产性服务业，推行家庭农场结对帮扶制度，继续做好示范性家庭农场认定和名录管理，引导以家庭农场为主要成员组建合作社，总结推广组织创新、管理创新、业态创新典范，积极探索家庭农场规范发展路径，营造良好的发展环境。全面实施浙江省万家新型农业经营主体提升工程，力争到 2018 年年底，省级示范性家庭农场累计达到 1100 家以上，经工商登记的家庭农场、县级以上示范性家庭农场数量都有明显增长。

安徽省家庭农场发展情况

2017年，安徽省围绕原农业部和省委、省政府的有关部署，着力做好培育发展家庭农场工作。截至2017年年底，全省经工商登记注册的家庭农场76902个，较2016年底增长41.2%。

一　主要工作及成效

（一）制定加快构建政策体系培育新型农业经营主体的实施意见

为贯彻落实中共中央办公厅、国务院办公厅《关于加快构建政策体系培育新型农业经营主体的意见》（中办发〔2017〕38号）精神，我省制定了贯彻落实意见（皖办发〔2017〕61号），丰富完善了安徽省对家庭农场等新型农业经营主体的政策支持内容。

（二）深入推进家庭农场示范建设

一是坚持运行监测，强化动态管理。完成了全省省级示范家庭农场2017年度动态名录，指导各市建立了市县级示范家庭农场动态名录，作为各级财政项目扶持、指导产业扶贫对接的基础名录。截至2017年年底，全省各级示范家庭农场9106家（其中，省级1298家、市级2943家、县级4865家），较2016年增长25.6%。**二是强化年度报告信息公示约束力。**与省工商局联合推进家庭农场年度报告工作，家庭农场年报率连续保持在95%以上。对未依法完成年报信息的家庭农场，组织各地按照管理权限分类处理，分级取消示范资格，并向社会公告。对不再从事农业生产的家庭农场，引导其依法注销。**三是坚持示范导向，引领家庭农场承担更多的现代农业发展和产业扶贫带动责任。**2017年新评定了300个省示范家庭农场，省示范评定工作中增加了导向性新要求，即新型职业农民和农业职业经理人培育对象创办的家庭农场优先。鼓励引导农民工、大中专毕业生、退役军人返乡创办家庭农场等。

(三) 持续推进融资风险补偿基金建设创新试点

加强对24个设立融资风险补偿基金支持家庭农场、农民合作社发展试点县的工作督导。指导各试点县互相交流学习,进一步细化操作方案,完善配套政策和风险管控措施,不断扩大政策覆盖面,有效解决了一批生产发展好、经营管理规范、诚实守信的家庭农场短期融资难问题。据统计,截至2017年年底,24个试点县共落实配套资金1.2亿元,融资风险基金总规模达到2.4亿元。共落实支持家庭农场、农民合作社5585家,累计发放贷款总额达20.5亿元,平均每个主体获贷款36.7万元。同时,继续与农行、国元农险合作,推进家庭农场保证保险贷款试点。

(四) 扎实推进家庭农场基础台账建设

完成原农业部确定埇桥区、庐江县、郎溪县100个家庭农场长期跟踪定点监测年度任务,在郎溪县启动实施原农业部"新农直报平台"整县试点工作,应用原农业部"农经管理统计系统"开展家庭农场基础信息采集。新增肥东等19个县(市、区)开展整县建立家庭农场基础台账试点工作,全省推广覆盖面达到32个县(市区)。试点县基本实现了建立家庭农场基础台账全覆盖,纸质核心台账数据原始记录、分月记录和汇总记录初步完备,部分县(市区)启动了县级家庭农场大数据信息化处理分析工作。

(五) 强化家庭农场主业务培训和宣传推介

一是**多形式培训**。合肥农交会期间,组织了由全省2200多名包括省级示范家庭农场在内的经营管理人员作为专业观众,全程参加了大会各要素对接和观摩培训活动;全年3批组近百名家庭农场负责人参加了原农业部在凤阳小岗、浙江嘉善等举办的专业培训。二是**多形式宣传**。建立了覆盖全省的家庭农场先进典型政务宣传信息员队伍,加强示范引导,经验交流,提高在相关网站报刊的正能量宣传强度。三是**精心组织参加各类农交会**。优选全省150多个家庭农场参加合肥农交会,组织了40多个家庭农场参加上海农交会。

二 2018年工作思路及重点

(一) 工作思路

全面贯彻落实党的十九大精神,贯彻落实省委、省政府《关于加快构建政策体系培育新型农业经营主体的实施意见》（皖办发〔2017〕61号）精神，继续打牢家庭农场管理服务基础，通过政策扶持、示范引导和创新试点，进一步提高家庭农场运行质量，促进小农户与现代农业的有机衔接，在实施乡村振兴战略中发挥更大作用。

（二）主要目标任务

2018年全省家庭农场达到8万个。新增省级示范家庭农场346个。

（三）主要重点工作

1. 加大政策落实和督查力度。做好省委、省政府《关于加快构建政策体系培育新型农业经营主体的实施意见》（皖办发〔2017〕61号）政策宣传解读，按照省政府绩效目标考核要求，切实做好督导考核工作。

2. **加快培育适度规模家庭农场**。一是推动完成2018年全省家庭农场发展目标任务。二是积极培育各级示范家庭农场，分级建立示范家庭农场名录库。三是抓好农业农村部确定的3个县100个家庭农场和1298个省示范家庭农场的运行监测工作。在现有32个试点县的基础上，全面推广农业农村部农场名录系统应用工作，初步建立全省家庭农场大数据库。

3. **推动家庭农场创新发展、融合发展**。继续抓好24个县融资风险补偿试点，加大对家庭农场的金融支持。

4. **加强指导服务机构和队伍建设**。继续推进县乡农村经管工作与农业行业管理工作有机结合，推动农林牧副渔、农机、水利、供销等涉农行业建立家庭农场辅导员队伍，强化辅导员实名制联系指导服务示范家庭农场制度。加强辅导员业务培训，不断提高其全方位指导服务能力。

福建省家庭农场发展情况

截至2017年年底，全省家庭农场2.2万个，比2016年增长4.8%。其中工商登记2.1万个，比2016年增长34.4%；农业部门认定7611个，比2016年增长4.9%。行业占比情况：种植业占57.6%，畜牧业占10.5%，渔业占4%，种养结合的占19%，其他的占8.9%。

一 出台新的扶持政策

中共福建省委办公厅、福建省人民政府办公厅《关于加快构建政策体系培育新型农业经营主体的实施意见》（闽委办发〔2017〕55号）于2017年12月底印发。加快培育一批管理理念新、经营水平高、经济效益好、辐射带动能力强的新型农业经营主体。强化指导服务，引导新型农业经营主体多元融合发展、多路径提升规模经营水平、多模式完善利益分享机制、多形式提高发展质量。加大宣传培训，提高政策知晓度，促进新型农业经营主体各项扶持政策落实落地。

二 做好中央资金下达

根据原农业部、原财政部《关于做好2017年中央财政农业生产发展等项目实施工作的通知》（农财发〔2017〕11号）精神，结合福建省典型家庭农场监测填报工作的实际，经过有关县农业局的考察、评审、公示等相关程序，于2017年9月下达了中央财政支持福建省家庭农场发展项目资金384万元到监测县财政部门，每个家庭农场补助8万元。福建省3个监测县资金主要用于引导规范流转土地、健全管理制度、应用先进技术、加强农田基础设施建设、开展标准化生产等方面。项目单位根据要求进行项目建设，目前已基本完成验收。

三　开展示范场评定

按照福建省农业厅《福建省家庭农场示范场评定办法》，2017年评定公布177家省级家庭农场示范场，并给予1500万元资金扶持。公布省、市、县三级认定的家庭农场示范场1324家名录，对家庭农场示范场加强指导，充分发挥示范家庭农场的引领作用。

四　开展经营业主培训

2017年12月省级举办2期家庭农场素质提升培训班，对2016年省级家庭农场示范农场经营者，主要从事种植业（粮食作物、经济作物）、养殖业（畜牧养殖、水产养殖）、休闲农业等155人集中培训。培训内容包括：家庭农场经营管理基础知识、农业与农村政策解读（十九大报告、乡村振兴战略、"中央1号文件"等）、文化主题休闲农场规划与项目设计、转基因技术与转基因植物、农产品质量安全的挑战与对策、品牌包装与贸易。

五　下一步工作措施

加大家庭农场政策扶持，鼓励家庭农场规范管理，扩大适度规模，提高经营能力。完善家庭农场认定标准，分级培育发展一批家庭农场示范场，2018年省级新扶持培育150家以上示范场。健全名录管理，分级建立家庭农场示范场名录，开展家庭农场精准管理服务试点。鼓励家庭农场推进标准化生产、开展农产品质量安全追溯等工作。加大家庭农场经营者培训力度，省级负责培训省级示范场农场主。做好家庭农场统计和生产经营情况典型监测，发布年度发展报告。对2017年度下达的扶持家庭农场发展的财政专项资金使用情况开展绩效评估检查。

江西省家庭农场发展情况

"家庭农场"在2013年"中央1号文件"中首次被提出后,受到了江西省各界的高度重视,为江西省现代农业发展带来了一条充满阳光和希望的新路径。作为一种新型农业经营主体,家庭农场在江西省得以快速发展,截至2017年年底,江西省经工商部门注册和农业部门认定的家庭农场达3.82万个(其中省级示范家庭农场500个),家庭农场经营总收入突破70亿元。

一 主要特点

江西省的家庭农场是在全省大力促进农村土地流转,发展江西省现代农业的背景下蓬勃发展起来的,无论是从经营主体、经营期限和经营规模,还是从生产组织形式和分配方式上看,无不具有现代农业的性质和特点。

(一)规模精干

与农民专业合作社和农业企业相比,家庭农场虽然受劳动力、资金、土地等限制,规模普遍不大,但在全省呈点多面广、遍地开花发展态势。据调研,从事养殖业的家庭农场面积一般在50亩左右,从事种植业的家庭农场面积一般在200亩左右,占比达60%以上。

(二)类型精巧

在各地政府相关部门的积极指导帮助下,江西省的家庭农场主都能积极吸收最新的市场信息和科技信息,充分利用自己的实践经验因时、因地、因技制宜发展种养业,有效地促进了种养类型的多样化,既有水稻、蔬菜、生猪、家禽、水产等传统种养业,更有水果、花卉、苗木、茶叶、食用菌以及黄鳝、泥鳅、蟹、鹌鹑、野鸭、鸽子等特种养殖业等类型,同时还涌现出了一批种养结合、种养与休闲农业相结合的混合型家庭农场，且呈逐年增长态势。

（三）生产精心

家庭农场主一般都是地地道道的从事农业生产的农民，在多年的农业生产实践中，通过不断摸索和总结种养生产技术，有一套比较丰富和完整的生产实践经验。同时，从事种植或养殖的家庭农场业主大多是农村中的能人，有一定的文化，又由于规模不大且家庭经营，也更愿意投入、更愿意了解和及时掌握运用新的农业科技，农业机械化生产水平普遍较高。

二 发展成效

（一）有力提高了生产水平和经营收入

水稻、蔬菜、茶叶、中药材都实现面积、产量、产值同时三增，规模化种植及组建家庭农场后，农民千方百计种足种好，加上各类种粮、菜补贴以及国内粮价上涨等因素，农民的种粮积极性大幅度提高，农业生产得到了良好发展。单位面积产出率的提高，加上规模效应，家庭农场经营性收入得到大幅增加。而且粮田流转后，富余劳动力大量转移到第二、第三产业，他们在摆脱务农后，可以更加专心致志地就业于工业、商业和旅游业等非农产业。

（二）有力促进了农业机械化发展

农业机械化程度显著提高。种植户的主要生产环节基本实现了机械化作业，农场主配有旋耕机、收割机等农用机械设备，使农业机械化水平支持了农业机械化生产。与以前的家庭分散经营相比较，实行规模化经营的家庭农场更有利于农业部门做好相关农业服务工作。在家庭农场的粮食生产过程中，农业部门加大了农资供应、农机作业、病虫害防治等相关的配套服务。

（三）有力推进了土地流转

按照"依法、自愿、有偿"的原则，村委会出面协调，各村民小组具体实施，通过签订土地流转授权委托书，流转期限不超过土地延包期限，把农户分散土地集中连片统管起来。截至2017年年底，全省建立市、县、乡农地流转服务机构分别达11个、102个和1454个，推动全省流转农户承包土地1286万亩，流转率40.5%。

三 存在问题

从总体上看,江西省家庭农场发展较好,但在发展过程中也存在一定的困难或问题:一是土地流转不畅,租金不断提高,难以集中连片,影响家庭农场经营的积极性;二是目前各级对家庭农场的扶持力度不大,农民不愿注册认证;三是家庭农场组建初期资金投入比较集中且金额较大,多数种养大户因实力不强、资产不多,靠现行的融资方式筹措资金较难,制约了其继续发展和扩大规模;四是管理成本的增加和劳动力工资的上涨使一些种养大户对扩大经营犹豫不决。

四 下一步工作打算

第一,引导农户通过土地经营权流转,发展形成适度规模经营的家庭农场。

第二,组织实施中央财政农业生产发展项目,支持家庭农场规范流转土地、加强财务管理、开展农田基础设施建设、推进标准化生产。

第三,完善家庭农场认定制度,健全名录管理,开展家庭农场精准管理服务试点。

第四,做好家庭农场全面统计和生产经营情况典型监测。推动建立健全家庭农场财政、金融、用地等扶持政策。鼓励各地创建示范家庭农场和行业协会。

第五,对当前500个省级示范性家庭农场进行监测,并再评定一批省级示范性家庭农场,省级示范性家庭农场数量达到600个,并将其全部纳入到新型农业经营主体信息直报系统。

山东省家庭农场发展情况

家庭农场作为新型农业经营主体的重要组成部分，是推进农业供给侧结构性改革的抓手，是实施乡村振兴战略的重要力量。近年来，山东省以习近平总书记"三个导向"重要指示批示精神和党的十九大报告提出的"发展多种形式适度规模经营，培育新型农业经营主体"要求为指导，不断加大对家庭农场等新型经营主体的政策扶持和工作指导力度，家庭农场实现了快速健康发展。现将山东省2017年有关工作情况汇报如下。

一 家庭农场发展的基本情况

截至2017年年底，全省在工商部门注册登记的家庭农场5.5万家，其中，在农业部门备案的3.9万家。从统计和掌握的情况看，山东省家庭农场发展呈现出以下几个特点：**一是行业结构合理**。从行业类型看，从事种植业的家庭农场占农场总数的81.4%；从事畜牧业的占7.6%；从事种养结合类占6.5%；其他类型占3.5%。整体行业分布符合山东省土地资源禀赋和特点。**二是经营规模适度**。全省家庭农场经营土地面积为428万亩，平均每个农场104亩。其中，从事粮食产业的家庭农场中，经营土地面积200亩以下的占79.1%，200—500亩的占16.9%，500—1000亩的占2.9%，1000亩以上的占1.1%。经营规模符合当前山东省各生产要素的有效运行需求。**三是经营效益较好**。根据统计，年销售收入10万元以下的家庭农场占45.3%，10万—50万元的占40%，50万元以上的占14.7%。远远高于当地纯务农收入。**四是农场经营者素质较高**。大部分农场都是从小到大一步步发展起来的，农场主懂经营、善管理，专业知识、实践技能较强，较普通农户素质较高。

通过对山东省家庭农场经营现状和有关数据的分析，家庭农场在推进农业供给侧机构性改革、助力实现乡村振兴中的作用越来越明显，越来越重要。这种作用主要表现在四个方面：**一是**带动小农户的示范作用愈发明显。家庭农场经营者较普通农户对使用先进农机、引进优良品种等方面更积极、更主动。同时，家庭农场经营者往往具备较高的文化素质，创新意识、市场意识强，乐于接受和尝试先进技术和品种，更能有效带动周边农户转型升级。**二是**在保障农产品供给、提升农产品质量安全中的作用日益凸显。与传统小农户相比，商品化农业生产是家庭农场重要特征，这就要求家庭农场需要具备更高的标准化生产水平和更强的农产品质量安全意识。**三是**承载农业社会化服务的功能逐步显现。随着发展规模的逐步扩大，生产设施设备不断购置，越来越多的家庭农场开始探索为其他农户提供各类社会化服务，成为社会化服务组织的主要承载者。**四是**在农民增收、农业增产增效与可持续经营中的作用逐渐显现。家庭农场通过流转土地发展规模经营，一方面增加了承包农户的财产性收入，另一方面又提升了农业生产的规模效益，对促进农业增收发挥着重要作用。

二 引导家庭农场发展的主要措施

近年来，山东省采取一系列措施，促进家庭农场实现转型升级。

一是开展家庭农场省级示范场创建活动。2017年，在总结前两批省级示范场创建经验的基础上，省农业厅与省财政厅、省工商局联合联合制定了《山东省家庭农场省级示范场认定管理暂行办法》（以下简称《暂行办法》），对省级示范场的生产管理、生产规模、生产效益、申报程序等方面提出了更加明确的要求，同时对前期评审的示范场细化了监测标准，形成了示范场动态管理机制。2018年年初，以《暂行办法》为依据，聘请第三方开展了第三批省级示范场的评审工作，同时对第一批示范场进行了监测，全省省级示范场达到483家。通过省级示范场创建，培育形成了一批产业特色鲜明、运作管理规范、示范带动作用强、社会影响力大的家庭农场，带动了家庭农场整体发展水平。

二是完善承包地"三权"分置制度。为进一步放活土地经营权，促进家庭农场等新型农业经营主体的发展，山东省出台了一系列引导、扶持政策。2015年，省委办公厅、省政府办公厅印发了《关于引导农村土地经营权有序流转发展农业适度规模经营的实施意见》，提出了土地流转和适度规模经营的扶持重点和发展方向。2017年,省委办公厅、省政府办公厅印发了《关于完善农村土地所有权承包权经营权分置办法的实施意见》,明确了山东省构建新型农业经营体系、发展多种形式适度规模经营的各项保障措施。

三是加强对农场经营者的指导服务。全省各级农业部门将家庭农场人才培养放在新型农民培训重中之重位置,充分整合社会各类教育培训资源,围绕产前、产中和产后关键环节,对家庭农场经营者开展普及性培训和职业技能培训。到2017年年底全省累计培育生产经营型新型职业农民13万人,一大批新型职业农民成为家庭农场等新型农业经营主体的带头人和骨干。

四是提高家庭农场的信息化管理水平。积极指导山东省家庭农场省级示范场纳入农业农村部新农直报信息平台,定期采集、更新相关信息,为下一步对接金融、保险、社会化服务等机构提供了数据支撑。同时,对全省在农业部门备案的家庭农场进行了调查摸底和信息采集,指导录入农场名录系统,为实现管理服务精准化奠定基础。

三　家庭农场发展存在的问题及下步工作建议

山东省家庭农场虽然取得了较大发展,但整体水平参差不齐,仍然存在不少问题。一是对各级示范场的扶持不到位。家庭农场省级示范场的评审工作已开展多年,但目前对示范场缺乏有效的财政奖励或扶持措施,不利于调动各级示范场再扩大、再提升的积极性和主动性,影响了示范场示范引领作用的发挥。二是规模化流转土地难度较大。土地流转是家庭农场、农民合作社等新型经营主体发展的助推剂。山东省县域以外劳动力转移比例相对较低,纯农户及农业兼业户比例相对较高,另外部分农民对养老、医疗保障等自身权益存在后顾之忧,导致土地流转意愿不统一,成方连片流转的难度较大。这一问题影响了农业产业化经营的形成和推进,成为家庭农场发展的桎梏。三是扶持引导政策有待完善。尽管中共中央办公厅、国务院办公厅《关于加快构建政策体系培育新型农业经营主体的意见》(中办发〔2017〕38号)已出台,各级也对扶持引导新型经营主体健康发展做了一些有益探索,但有些政策尚需完善,如农场主反映较集中的生产经营所必须的晒场、仓库等建设用地政策需要落实。另外,财政扶持力度相对较弱,税收优惠政策也难以享受。

四 下一步工作

一是继续开展家庭农场示范场创建活动。按照既要注重数量发展，更要注重质量内涵的要求，继续对效益好能示范能带动的家庭农场进行认定。对各级示范场给予一定财政扶持或奖励，以点带面，以规范促质量，全面提升山东省家庭农场发展质量水平。二是引导农村土地流转。优化外出务工农民就业环境，加大对农民养老、医疗等权益的保障力度。同时，加强对农村土地流转的宣传引导力度，增强农民的流转意识。三是完善扶持政策体系。按照中共中央办公厅、国务院办公厅《关于加快构建政策体系培育新型农业经营主体的意见》规定，细化金融、财税、基础设施建设等方面配套政策，促使各项扶持政策落地生效。

河南省家庭农场发展情况

2017年以来，河南省继续把培育发展家庭农场，作为构建新型农业经营体系、引领适度规模经营、推动农业供给侧结构性改革、促进农业提质增效和农民增收、助力乡村振兴的重要基础。通过组织宣传培训、制定政策扶持、典型示范带动、完善服务措施、金融跟进推动，多措并举，多方施策，全省家庭农场得到了快速发展，并呈现多元化发展态势。现将有关情况报告如下。

一 发展情况

（一）基本情况

全省家庭农场继续蓬勃发展。根据2017年农村经营管理情况统计，截至2017年年底，全省经农业部门认定的家庭农场10179个，比2016年增加46.95%，其中被县级以上农业部门认定为示范家庭农场2265个，纳入农场名录管理系统1993个。家庭农场经营土地面积182.11万亩，比2016年增加34.04%，经营耕地面积173.26万亩，比2016年增加32.34%，其中，家庭承包经营耕地29.75万亩，流转经营耕地142.96万亩，分别比2016年增加18.25%和42.21%。家庭成员劳动力66665个，比2016年增加43.67%，其中：家庭成员劳动力40567个，占60.85%，常年雇工劳动力26098个，占39.15%。

（二）行业分布情况

家庭农场行业分布仍以种植业为主，种植业又以粮食产业为主。全省有8875个家庭农场从事种植业，占比87.19%（其中，粮食产业7855个，经营土地面积50—200亩的5128个，占65.28%；200—500亩的2182个，占27.78%；500—1000亩的426个，占5.42%；1000亩以上的119个，占1.51%）；畜牧业554个（其中，生猪产业219个，奶业16个），占比5.44%；渔业46个，占比0.45%；种养结合368个，占比3.62%；其他336个，占3.3%。

（三）经营情况

家庭农场经营发展势头持续向好。全省2017年家庭农场年销售农产品总值28.58亿元，比2016年增加57.93%，其中，年销售10万元以下的3506个，占34.44%；10万—50万元的4555个，占44.75%；50万—100万元的1541个，占15.14%；100万元以上的577个，占5.67%。家庭农场购买农业生产投入品总值13.50亿元，同比增长28.11%。全省有301个家庭农场拥有注册商标，比2016年增加41.31%，161个家庭农场通过农产品质量认证，比2016年增加53.33%。

（四）扶持家庭农场发展情况

各级持续加大对家庭农场的财政扶持力度。全省187个家庭农场获得过财政扶持资金，资金总额达1056.28万元，比2016年增加30.45%；181个家庭农场获得过贷款支持，贷款资金总额11824.54万元，比2016年增加317.68%。

二 发展资金项目情况

（一）项目基本情况

根据原农业部、原财政部《关于做好2017年中央财政农业生产发展等项目实施工作的通知》（农财发〔2017〕11号）和原农业部办公厅《关于进一步做好扶持家庭农场相关工作的通知》（农办经〔2017〕15号）精神，结合家庭农场建设和"四优四化"发展要求，河南省2017年中央财政家庭农场发展项目安排补助48个家庭农场（其中，驻马店市汝南县19个，永城市29个），每个补助20万元，共计960万元。资金主要用于生产基地建设、市场营销能力建设、创新试点、发展监测等工作。截至目前，汝南县380万元已全部被该县整合到扶贫项目；永城市安排580万元，对29个家庭农场进行以奖代补，每个补助20万元。

（二）采取主要措施

一是细化省级方案。收到农业农村部通知要求后，经与省财政厅沟通协商，省农业厅及时研究制定了2017年度家庭农场发展资金实施方案。

二是及时下达资金。2017年9月，省财政厅、农业厅印发《关于拨付2017年部分中央财政农业资金的通知》（豫农财〔2017〕145号），及时下达了项目资金。随后，省农业厅、财政厅印发《关于做好2017年农业生产发展等项目实施工作的通知》（豫农财务〔2017〕95号），随文印发《河南省2017年农业生产发展资金项目实施方案》，其中"支持家庭农场发展"要求：重点支持承担全国家庭农场生产经营典型监测任务的驻马店市汝南县、永城市，通过支持家庭农场发展，引导规范流转土地、健全管理制度、应用先进技术、加强农田基础设施建设、开展标准化生产等，继续做好家庭农场发展监测工作。10月，省农业厅印发《关于印发2017年农业生产发展等项目任务清单的通知》（豫农财务〔2017〕98号），明确了2017年家庭农场发展指导性任务为扶持48个家庭农场（其中，驻马店市汝南县19个、永城市29个）。

三是科学组织实施。2017年12月，永城市农业局印发《关于申报2017年度支持新型农业经营主体发展补助资金的通知》（永农字〔2017〕112号），明确了申报对象和条件、扶持对象和标准，要求符合条件的家庭农场进行申报。随后对申报的家庭农场组织评审，确定补助对象后对家庭农场实行以奖代补；并要求加强资金使用情况的监督检查，督促相关实施主体按规定的用途使用，项目实施单位要在项目确定之日起，3个月内完成项目建设。市农业局将组织人员对项目完成情况进行检查，对不能如期完成或者采取弄虚作假骗取扶持资金以及截留、挪用、挤占资金等行为，将全额追回补助资金，并按相关规定严肃处理。

（三）项目初步成效

通过永城市项目的初步实施，一是能够较好的解决家庭农场生产能力不足的问题，符合当前农业产业政策，经济效益显著。二是能够培育一批示范家庭农场，有利于引导新型农业经营主体走适度规模经营的道路。三是通过项目的带动，有利于加快培育一批新的家庭农场蓬勃发展。

三 培育家庭农场工作措施

一是组织宣传培训。各地充分利用电视、报纸、广播、网络等媒体和培训基地，通过开辟宣传专栏、发放宣传资料、张贴宣传标语、讲座、办培训班等多种形式，宣传家庭农场，引导大学生村官、致富能手、村干部、种植大户注册经营家庭农场。制定系统培训规划，采取教育培训、认定管理和政策扶持三位一体措施，突出生产经营型、专业技能型和社会服务型人才培训，通过持续不间断培训加速"两新"（新型农业经营主体、新型职业农民）融合、一体发展，每年培训新型职业农民20万人次。支持鼓励家庭农场等新型农业经营主体引入新品种、新技术、新设备，提高农业生产科技含量，逐步使新型农业经营主体领头人成为我省现代农业建设的主力军。

二是制定政策扶持。制定下发了《关于做好家庭农场登记管理工作的意见》《河南省支持新型农业经营主体发展的若干财政政策措施》《河南省加快转变农业发展方式实施方案》和《中共河南省委办公厅 河南省人民政府办公厅关于加快构建政策体系培育新型农业经营主体的实施意见》等，省财政、农开、扶贫、农机、畜牧等部门，都将家庭农场作为项目实施主体，纳入扶持范围，很好地促进了全省家庭农场健康、有序发展。调整财政支持方向，农村三大产业融合发展补助资金、农业支持保护补贴资金、农机具购置补贴资金、农业产业化集群发展资金、农产品产地初加工补助资金、园艺渔业标准化园区项目资金、农业结构调整专项资金、农作物秸秆综合利用试点资金等，20多亿元财政项目资金都把农民合作社、家庭农场、农业产业化龙头企业等新型农业经营主体，作为主要实施主体，促进发展壮大。各级政府也先后出台了促进家庭农场发展的意见和办法，为家庭农场发展提供了政策保障。2017年，洛阳市积极实施新型农业经营主体"十群百龙"育强工程和"百社百场"示范工程。分别选择10个产业化集群、100家龙头企业、300家"经济效益好，带动能力强，规章制度全，发展前景广"的农民合作社和家庭农场进行重点培育、扶持，提升规模水平，以此带动全市新型农业经营主体上规模、上水平。

三是典型示范带动。全省各级政府和有关部门注重发挥典型引路、示范带动的作用，把典型示范作为促进家庭农场发展的重要手段。省农业厅制定下发了《河南省示范家庭农场评定标准暂行办法》，按照主体明确、规模适度、生产规范、管理有序、效益可观的标准，组织开展示范家庭农场评定工作。通过树立典型，以点带面，营造家庭农场发展氛围，带动全省家庭农场快速健康发展。2014年认定了154家省级示范家庭农场，2016年底又认定100家，全省省级示范家庭农场254家。各地也纷纷出台了市、县级示范家庭农场的评定办法。如襄城县政府出台了《示范性家庭农场认定标准及补助办法》，对连片承租土地200亩以上，租期5年（含5年）以上的，每亩奖励100元；1000亩以上的每亩奖励150元。截至目前，全省被县级以上农业部门认定为示范家庭农场2265个，在农产品品牌培育、种植模式创新等方面较好地发挥了引领和示范作用。

四是完善服务措施。河南省制定下发了《关于引导农村土地经营权有序流转发展农业适度规模经营的实施意见》《关于加强对工商资本租赁农地监管和风险防范的实施办法》，提出了农村土地有序流转的路径和主要措施，建立工商资本租赁农地上限控制。严把准入关、风险防范及事中事后监管制度。严禁工商资本擅自改变耕地用途、破坏农业综合生产能力和农业生态环境；严禁工商资本借政府或基层组织名义，通过招商引资、下指标、定任务等方式强迫农户流转土地或整村整组流转土地。通过实行分级备案制度，掌握工商资本进入农业情况，及时宣传党和政府有关农业发展的法规和政策，引导规模经营者与农户建立完善的利益联结机制，防止非农化及损坏农民权益现象的发生。由于近年来各地从财政、用地等方面鼓励扶持引导，初步建立了村有信息员、乡镇有中心、县市有网络的土地流转服务体系，吸引了越来越多的家庭农场等新型经营主体参与土地流转。截至2017年年底，全省家庭承包耕地流转面积3924.13万亩，与2016年持平。634.28万农户流转出承包耕地，签订耕地流转合同524.15万份，签订流转合同的耕地流转面积2747.83万亩。全省158个县（市、区）成立仲裁委员会149个，涉农县（市、区）实现了仲裁工作全覆盖。各地结合实际进行了健全耕地流转用途监管机制的积极探索，如长葛市探索建立了土地流转保证金、土地流转准入、土地承包经营权抵押贷款三项制度，目前，缴纳风险保证金的规模流转大户18个，缴纳保证金260万元。

五是金融跟进推动。原财政部、原农业部《关于调整完善农业三项补贴政策的指导意见》（财农〔2015〕31号）中，对用于支持粮食适度规模经营的资金用途有较为明确的规定，即"重点支持建立完善农业信贷担保体系。通过农业信贷担保的方式为粮食适度规模经营主体贷款提供信用担保和风险补偿，着力解决新型经营主体在粮食适度规模经营中的'融资难''融资贵'问题。支持粮食适度规模经营补贴资金，主要用于支持各地尤其是粮食主产省建立农业信贷担保体系，推动形成全国性的农业信用担保体系，逐步建成覆盖粮食主产区及主要农业大县的农业信贷担保网络，强化银担合作机制，支持粮食适度规模经营。也可以采取贷款贴息、现金直补、重大技术推广与服务补助等方式支持粮食适度规模经营。对粮食适度规模经营主体贷款利息给予适当补助（不超过贷款利息的50%）"。根据原财政部、原农业部的要求，河南省的支持粮食适度规模经营补贴资金，主要用于支持建立农业信贷担保体系。2015年，河南省以河南省农业信贷担保有限责任公司为依托举办银企对接会，为家庭农场等新型农业经营主体搭建融资担保服务平台，向河南省18家专业银行组织推荐了一批融资项目，目前已成功对接贷款项目432个。与国家开发银行河南省分行联合实施"河南省现代农业发展贷款工程"，在永城市开展家庭农场、农民合作社贷款试点，2017年成功为28个家庭农场发放贷款2150万元。根据《河南省农村土地承包经营权抵押贷款管理暂行办法》和《河南省关于开展农村土地承包经营权抵押贷款试点工作的指导意见》，全省在9个试点县（市）探索开办农村承包地经营权抵押贷款业务，2017年累计发放贷款1084笔，金额6.56亿元，贷款余额7.37亿元，同比增长336.6%。通过不断完善农村保险体系，探索针对新型农业经营主体需求的专用小麦、玉米保险产品，开展农业保险产品区域产量保险、目标价格指数保险。2017年，永城市共有213个家庭农场参加了中原农业保险公司的农业政策性保险，共赔付136万元保险资金，有效地减少了自然灾害造成的损失，增强了新型农业经营主体抵御自然灾害的能力。

四 存在问题和困难

河南省家庭农场呈现良好发展态势，取得了明显成效，但仍面临一些发展问题和困难。

（一）整体水平有待提高

一是工商部门注册门槛较低，各地注册家庭农场数量较多，规范管理较少。二是家庭农场经营者文化层次偏低，缺乏懂得经营管理和生产技术的人才，而知识文化程度较高的年轻人不愿意从事农业生产，导致家庭农场未来经营发展受到一定限制，难以适应日趋激烈的农产品市场竞争的需要。

（二）扶持政策有待完善

一是缺乏政策支持。现行财政补贴发放不完善，粮食直补等补贴全部补给了承包户，而对土地流转转入方，也就是经营者没有相应的补贴。就我省而言，家庭农场在保障粮食安全方面发挥了很大作用，由于家庭农场土地流转费用居高不下，单纯从事粮食生产效益低，如果从事设施农业、特种种养等高效农业，对国家粮食安全有一定影响。二是农业设施用地政策难落实。仓储、晒场、农机具库等附属设施用地政策虽然有明文规定，但具体操作难度很大，家庭农场生产设施附属用房用地审批困难，部分农场主的农机只能露天停放。三是融资贷款手续繁琐。家庭农场以农户家庭为基本经营单位，社会资本、金融机构的支持力度不足，特别是存在授信担保困难、申请手续复杂、隐性交易费用高等问题，导致在生产经营过程中资金匮乏，严重制约了有技术、会管理的部分农场主的发展前景，挫伤了生产经营的积极性。

（三）精准管理存在困难

目前河南省有两个县承担家庭农场发展情况监测任务，100个家庭农场主需要填报监测数据。同时，农业农村部还有农场名录系统和新型农业经营主体信息直报系统，也同时要求纳入所有家庭农场。为此，省农业厅专门下发文件、多次督促通报，但网络填报情况仍然不尽完善。由于家庭农场主文化水平不高，对电脑和手机操作不熟练，手机配置较低，大部分网上填报信息需要基层农经人员代报，在增加基层工作人员任务量的同时，也影响填报信息的时效性和准确性，并势必影响对家庭农场的精准管理、精准施策。

五 下一步计划

一是科学引导，促进家庭农场健康发展。在全省农村承包地确权登记颁证工作基本完成的基础上，深化确权成果应用，引导家庭农场适度规模经营。坚持"典型引领、培植样本、循序渐进"的原则，围绕河南省四优四化发展重点，优先鼓励和扶持培育具有一定规模和生产水平的家庭农场，带动全省家庭农场健康有序发展。

二是强化管理，提升家庭农场整体实力。制定完善家庭农场的动态管理、示范建设等制度，引导家庭农场完善内部运行机制。通过动态监测，对挂名空壳家庭农场、套取财政资金的示范家庭农场坚决淘汰退出，提高家庭农场规范化运营水平。

三是加强培训，提高家庭农场管理水平。结合农业实用技术、新型职业农民培训等，继续加强对家庭农场主的技术培训，提高农场主的科技素质，逐步提高其综合管理能力。鼓励和引导大中专毕业生、退伍军人、返乡农民工等兴办家庭农场，利用他们文化程度高、市场开拓能力较强的优势，进一步增强家庭农场的发展后劲。

湖北省家庭农场发展情况

自2013年"中央1号文件"首次提出家庭农场概念以来，湖北省高度重视培育家庭农场发展壮大，通过政策引导、制度规范、示范引领、人才培育、优化环境等有效举措，推动了家庭农场的健康快速蓬勃发展，家庭农场已成为湖北省推动农业强省、实施乡村振兴战略的一支重要生力军。截至2017年年底，全省在工商部门注册的家庭农场达29769个，注册资本金275.17亿元，省级示范家庭农场899个。

一 主要举措及成效

（一）湖北省家庭农场发展态势良好

2013年以来，湖北省先后出台了《关于做好家庭农场登记管理工作的意见》《湖北省示范家庭农场创建办法》等6份文件，有力推动了家庭农场的快速规范发展。主要特点有四点。

一是产业类型多样，粮食生产居多。全省各地家庭农场立足资源优势，宜种则种、宜渔则渔、宜畜则畜，或者种养结合、种养加结合、三大产业融合。湖北省在工商部门登记注册的29769个家庭农场中，主要从事种植业的约占45%，其中从事粮食生产的占43%。在产业经营方向上，省委省政府以及农业主管部门以种植业尤其是粮食生产为主，从保障国家粮食安全的高度重视和支持家庭农场发展。

二是经营规模适度，家庭劳力为主。湖北省家庭农场平均经营面积200亩，平均家庭劳力3人，大多有季节性雇工2—3人，基本能够实现家庭农场的规模经济。全省从事粮食生产的上万个家庭农场中，经营规模在200亩左右的占70%以上。以地处江汉平原的仙桃市为例，2016年共注册家庭农场669家，同比增长323%，其中经营规模在200亩左右的高达八成以上。

三是主体结构多元，经营水平较高。家庭农场主呈现多元结构，有的由种养大户演变而成，种养经验丰富，约占20%；有的由外出经商成功农民返乡创办，市场意识强，敢闯敢干，约占40%；有的由大中专毕业生申办，知识水平高，有创新精神，约占10%；有的由农民合作社社员登记注册，熟悉市场行情，组织化程度高，约占20%；还有的由龙头企业带动形成，由农业企业依托基地分片领办，有资金、技术、人才等支撑优势，约占10%。

四是经营模式多维，效益普遍较好。湖北省家庭农场的生产经营模式不断创新，有集约种植的，有种养结合的，有生态循环，有休闲观光的，还有科技创新、"互联网+"的，经营模式多维，总体来看，湖北省家庭农场效益普遍较好，年收入普遍高于5万元/人，收入普遍高于当地农户和外出务工人员收入（3万—5万元/人）。

（二）重点工作推进卓有成效

一是较高质量的完成了原农业部"家庭农场发展地位作用研究"的科研课题任务。原农业部经管司体制处委托我省进行"家庭农场在新型农业经营体系中的地位作用研究"。经过省委党校经济学部和我们的潜心调研和攻关，已于2017年年初完成了该课题成稿，并上报原农业部经管司。

二是总结推广了湖北家庭农场发展7个成功的经营模式。

1. **规模种植型。**集约种植型家庭农场是指规模化、集约化从事粮食种植生产的一类农场。这类家庭农场的主要特点是生产机械化程度高、科技应用面广、社会化服务承载力强。荆州区李开宝农场从事粮食种植，流转4700亩耕地，实行油稻模式和油稻稻模式，从育秧、耕作、栽插、病虫防控、到收割、烘干、储运全程机械化，2017年纯收入121万元。

2. **种养复合型。**种养结合型家庭农场的主要特点是种植与养殖相结合，或一主一辅，或平分秋色，或多业并举，效益好，抗风险能力强。这种经营形式扩大了农业经营范围，大大提高经济效益。在全省家庭农场发展中，这种种养结合型占有很大比例，具有广泛推广价值。宜城市郭忠成家庭农场流转1200耕地，实行"鳖、稻、虾"高效生态种养模式，亩平收入近万元。

3. **生态循环型。**生态循环型家庭农场几乎都是多种经营、种养结合的一体化家庭经营模式，多业并举、生态循环，实现物质循环利用和清洁生产，体现了"绿色、协调"的发展理念，代表了现代农业发展的方向。宜都市白龙山生态农场，综合经营精品果园、公害蔬菜、生态鱼场、标准化养猪单元和农家乐餐饮，形成了猪粪发酵沼气，沼气供农家乐及一个组村民餐饮燃用，沼液提供果园生物有机肥，猪粪、沼渣养蛆和蚯蚓提供养鱼、养鸡饲料的立体生态循环种养模式，农场年收入超240万元。

4. 质量管控型。质量管控型家庭农场秉承着"质量是农场的生命"这一理念，严把质量关，以质量立品牌。技术、质量、品牌三驾马车共同为家庭农场的盈利保驾护航。洪湖市经亮养殖家庭农场，生产全流程质量管控，绿色、有机、原生态，其中华鳖产品获得中国质量认证中心颁发有机产品认证书。

5. 休闲观光型。休闲观光农场是以农业生产为基础，开发利用田园生态、自然生态及环境资源，提供观光、休闲、度假等生活功能，实现农业和旅游业相结合的一种新型融合发展的农业经营模式。南漳县染坊湾家庭农场，特种养殖天鹅、孔雀、黑山猪，鱼塘果园一体化，特色田园餐厅魅力无限，效益奇佳。

6. 科技创新型。"科技促进农业发展，创新提升农业价值"，推进农业科技创新是加快家庭农场转型升级、提质增效的重要方向和途径。科技创新型农场注重应用新技术、新品种、新模式，生产环节科技含量高，发展潜力大。竹山县溢水镇兴庸家庭农场的秦巴黄牛品牌经聘请科技专家，种草养畜、提纯复壮，提高核心竞争力。

7. "互联网+"型。这种类型家庭农场利用互联网工具积极收集市场信息，应对市场变动，灵活调整生产结构。同时借势"互联网+"打破市场地域限制，利用快速发展的互联网技术，提高销售实效，拓展销售渠道。部分农场还制定了完整的线上线下品牌营销方案，活用各类新媒体和移动通讯工具与消费者实现信息对接，赢得品牌知名度。鹤峰县金泰牧家庭农场是由鹤峰县复退军人宋庆礼创办的全程中草药预控疾病、自然生态喂养、互联网质量监控的山林土鸡养殖家庭农场，农场生意异常红火，年纯利120万元以上。

三是探索了湖北家庭农场发展的5大组织方式，促进家庭农场与合作社、龙头企业、社会化服务组织融合发展。

1. "家庭农场+龙头企业"——监利县福娃集团由42个粮食种植型家庭农场作为集团的原料供应基地。

2. "**家庭农场 + 合作社**"——安陆市禾丰种植合作社经营面积过大、管理成本过高造成经营亏损后，合作社成员重新注册了 17 个粮食种植类家庭农场，探索了鳖稻共作、虾稻共生种养模式，亩平收入超过 5000 元，扭亏为盈，大幅增加农民收入。

3. "**家庭农场 + 服务组织**"——襄阳市双丰收合作社对包括 4 个家庭农场在内的 5 万多亩耕地粮食生产实行全托管。

4. **家庭农场集群式发展**——潜江市华山水产集团整体流转一万多亩土地，实施综合整治后反包给 146 个农户经营，其中 66 户达到家庭农场注册条件并在工商部门注册成立"虾稻共生型"家庭农场，公司为家庭农场提供种苗、植保、耕种、技术、标准、销售"六统一"服务，虾稻销售高于市场价时，家庭农场可直接对接市场，虾稻销售低于市场价时，公司为家庭农场虾稻销售兜底，66 个家庭农场亩均收益在 5000 元以上，农场收益大多在 15 万—20 万元。

5. **家庭农场三产融合发展**——粮食生产种养加结合。一些粮食种植型家庭农场，粮食种植基地几百亩，同时经营粮食烘干加工销售业务，有效弥补了粮食单一种植的风险和低效益短板。在全省粮食主产区县市均培育了 3—5 家这类家庭农场，成长性和综合效益较好。依托城郊、旅游景区、交通要道、农产品特色产地等资源禀赋，大胆突破产业界限，综合种养与休闲观光深度融合的家庭农场，三大产业融合发展，综合效益凸显。

四是开展了示范家庭农场创建活动。自 2014 年湖北省开展省级示范家庭农场创建以来，组织了 3 次省级示范家庭农场创建，共认定 899 个省级示范场。

五是推出了湖北家庭农场的五字诀经验。2016 年在浙江省湖州市召开的全国新型农业经营主体培育会议上书面推出了湖北经验——念好"导范融提新"五字诀，推动家庭农场健康快速发展。一是"导"字为先，突出宣传引导扶持，凝聚共识形成合力推动家庭农场加快发展。二是"范"字为尺，突出示范规范创建，以制度引领推动家庭农场健康有序发展。明确示范创建标准。深入开展三级联创活动。整县试点规范化建设。三是"融"字为重，突出融汇融合联结，打通主体间和产业间阻隔推动家庭农场协调发展。促进家庭农场与合作社、龙头企业、社会化服务组织融合发展。四是"提"字为要，突出激励培训提升，以高素质农场主队伍建设推动家庭农场可持续发展。五是"新"字为本，突出模式机制创新，不断探索实践推动家庭农场转型升级发展。

二 湖北省家庭农场发展面临的主要问题

(一) 金融服务不能满足需求

金融服务是农场主们反映最迫切的问题。一是有效抵押物不足。农业设施、机械、土地经营权不能抵押贷款。二是贷款程序繁琐，手续多，时效性差。三是额度低、期限短、费用高。四是农业保险覆盖面少、保障水平低、理赔困难。

(二) 土地流转面临困难

一是流转费用偏高。近几年，土地流转价格上涨态势明显，特别是随着工商资本大量进入农业并且主要经营特色种养，农民更愿意将土地流转给租金高的工商企业。二是流转不规范、不稳定。三是集中连片流转难度大。

(三) 基础设施建设滞后

农业生产基础设施薄弱仍然是制约家庭农场发展的"老大难"问题。具体表现为农田肥力差、机耕道狭窄、田间水利设施老化，缺少集中育秧、粮食晾晒、烘干仓储等基础设施设备等。

(四) 政策配套有待完善

相对于农民合作社、农业产业化龙头企业来说，家庭农场的扶持政策较少。在财政补贴、附属设施用地等方面，优惠政策落实难。

(五) 规范化建设必须引起重视

家庭农场的注册登记问题、经营规模适度问题、标准化生产问题、内部管理问题等方面亟待引起重视，以提高家庭农场的发展水平和质量。此外有的地方认识不到位，存在着对发展家庭农场有关工作重视不够、研究不够、推进不够的问题，对此须改进和加强相关工作。

三 下一步思路措施

(一) 聚力加强标杆型家庭农场培育

把2018年作为"家庭农场质量提升年"，湖北省农业厅在全省开展争创"十佳省级标杆家庭农场"活动，推进家庭农场质量提升再上新台阶。

从省级示范家庭农场中遴选一批经营模式创新、产业结构合理、经济效益优良的家庭农场重点培育，从提升管理水平、优化产业结构、创新经营形式、培育发展新动能等方面入手，一事一议，一场一策，打造出示范带动性强、可复制推广的 10 个标杆、20 个明星家庭农场，推动全省家庭农场健康、快速、高质量的发展。

（二）强力推进家庭农场量质齐升行动

中央和省委 1 号文件提出"实施乡村振兴战略"，家庭农场作为现代农业的基本经营单位，是小农户的示范引领者，亦是农民合作社的有力依托。为充分发挥家庭农场在实施乡村振兴战略的积极作用，要继续重视培育和发展家庭农场，深入开展家庭农场量质齐升行动。**一是持续加强培育壮大**。按照每个行政村培育 2—3 个家庭农场的要求，继续加大培育力度，做到家庭农场在村级的全覆盖，使其成为实施乡村振兴的有生力量，助推农民增收致富。力争年均按 17% 的增速发展，确保 2018 年年底全省在工商部门注册的家庭农场达到 35000 个。**二是继续推进规范化建设**。2016 年、2017 年湖北省农业厅确定 10 个县市进行了家庭农场规范化建设试点，规范家庭农场注册登记、生产经营、财务管理、土地流转和场地建设。在此基础上，要巩固成果，进一步提升质量，促进家庭农场提档升级、提质增效。针对部分家庭农场产业链条短、附加值低、价值链不高等问题，从素质提升、精细管理、绿色供给、营销新业态等方面发力，促进质量、效益建设提升，增强家庭农场的内生动力、发展活力和增长潜力，促进家庭农场发展提档升级、提质增效。继续推广虾稻共作、鳅稻共作、鳖稻共作等成熟的高效种养模式，提高土地产出率和综合效益，促进家庭农场主增收增富。**三是进一步开展省市县三级示范家庭农场联创活动**。在已组织三期省级示范家庭农场创建的基础上，湖北省将突出创建质量，动态调整，采取"总量控制，有进有出，优进劣出"的办法，重点放在加强动态监测，优进劣出，动态管理上，省级示范家庭农场总数维持在 1500 个左右，每年对"僵尸"、纳入信用"黑名单"、出现不良社会影响、综合效益明显低于省级示范农场标准的，将逐一予以注销，确保"成色""含金量"。

（三）全力健全和完善家庭农场管理系统

建立健全家庭农场工作指导体系，建立家庭农场发展协调会商制度，以县为单位建立完善辅导员制度，组建包含农业（畜牧、水产）、经管、财政、国土等部门干部和专家的辅导员团队，为家庭农场提供政策咨询、技术推广、项目申报、市场营销等服务。**一是加强信息系统采集**。原农业部专门组织培训和发文（农办财〔2017〕93号），要求认真组织农业经营主体的信息直报系统应用推广和农场名录及监测体系建设，对接家庭农场的信贷支持和资金扶持。为此，湖北省将加强指导和督促，做到应录尽录，提高精准指导家庭农场发展的能力。**二是进一步发展社会化服务体系**。家庭农场的健康发展离不开完善的社会化服务体系。鼓励家庭农场联合起来成立协会或农民合作社，对以家庭农场社员为主的农民合作社给予重点扶持，支持其发展烘干、仓储、育秧、销售、品牌运营等产前、产后服务能力。鼓励龙头企业、农民合作社与家庭农场开展多种形式的合作和联合，支持建立紧密型利益联结机制。

（四）加力完善家庭农场政策支持体系

中共中央办公厅、国务院办公厅印发了《关于加快构建政策体系培育新型农业经营主体的意见》，要求各地区各部门结合实际认真贯彻落实。2017年9月7日在监利县召开了全省培育新型农业经营主体，推进农业适度规模经营现场会，出台了湖北省《关于加快构建政策体系培育新型农业经营主体的意见》。下一步湖北省将按照中央两办和省委省政府要求，从财政税收、基础设施、融资保险、市场人才等方面完善政策支持体系，进一步加大对家庭农场的扶持力度，加强指导，推动湖北家庭农场工作再上新台阶。

（五）着力开展家庭农场等相关法律工作研究

按照《深化农村改革综合性实施方案》要求，适时组织开展促进家庭农场发展的相关立法调研，力争出台具有湖北特点的《培育和发展家庭农场促进法》或《家庭农场指导管理条例》，为家庭农场的长远健康发展提供制度保障。

湖南省家庭农场发展情况

中办发〔2014〕1号和湘政办发〔2015〕106号两个促进家庭农场发展专门文件的下发以及"万户"工程的实施（指"百企千社万户"工程中的扶持10000户家庭农场）后，全省各级有关部门高度重视、积极引导、有力推动了家庭农场的快速发展。截至2017年年底，经农业部门认定的家庭农场并建立家庭农场名录的有33588户，土地经营面积达626.61万亩，户均经营面积由2013年的109亩增加到186.56亩，有效促进了农业生产规模化、专业化、产业化经营。壮大了农业新型经营主体队伍的发展。

一 2017年工作情况

（一）完善了农场名录

根据湘政办发〔2015〕106号文件要求，依托"金农工程一期应用系统"开展了我省家庭农场名录建设，自2016年3月开始，全省122个县市区建立了家庭农场名录，至2017年12月31日我省认定注册并录入名录系统的家庭农场达到33588户。目前各县市区还在不断完善家庭农场名录，8月开始，依据原农业部要求衡阳县、汉寿县、沅江市、赫山区四个县市区启动了依托土地确权系统开发的新家庭农场名录系统的数据录入试工点工作，目前已经录入信息2万余条。

（二）加强了动态管理

2017年2月，下发《关于引导和促进家庭农场农民合作社规范发展的通知》（湘农经〔2017〕2号），在注册登记、财务管理、绿色化生产、民主管理、土地流转等方面提出规范化建设要求；并要求各县市区对2015年、2016年扶助的7115户进行了核查，对已经停办或违规申报的农场进行，将停发扶助资金，并从名录系统中进行删除。

（三）继续实施了"万户"工程扶助

对 2015 年、2016 年批复的 7115 户家庭农场（连续扶助 3 年），2017 年发放补助资金 12560 万元，目前省农委已经协调省财政厅将补贴资金下发市州、县市区，2017 年家庭农场扶助资金各市州、县市区经管部门正在协调财政发放中。

（四）启动了省级示范创建工作

依据《关于印发〈湖南省省级示范家庭农场创建办法（试行）〉〈湖南省家庭农场示范县创建办法（试行）〉的通知》，按照"三级联创"要求，开展省级示范家庭农场、家庭农场示范县创建工作。2017 年创建家庭农场示范县 15 个，省级示范家庭农场 79 户，发放示范创建资金 1410 万元。

（五）举办了全省示范家庭农场主培训班

2017 年 12 月 20—23 日，对全省 180 多个具有示范带动作用的家庭农场主开展培训，围绕家庭农场培育发展、家庭农场经营模式创新、特色农业品牌培育，农产品电子商务与市场营销等问题，邀请农业农村部、湖南农大相关领导、专家作专题授课辅导，并邀请培育家庭农场发展工作突出、经验丰富的市、州、县、区 9 个单位在会上做了培育发展家庭农场各地经验介绍。

二　家庭农场培育情况

一是创新农业生产关系，探索了家庭承包经营基础上建设现代农业的有效路径。全省认定的 3.35 万户家庭农场共经营土地 626.61 万亩，带动全省耕地流转面积达到 2586 万亩，带动土地集中率达 41.7%，极大促进了农业适度规模经营。同时，家庭农场适度规模化经营对农机需求迫切，特别是"万户"工程要求受扶持家庭农场必须与农机合作社签订服务合同或自购农机保证农场生产经营，进一步推动了农业的机械化生产。

二是重构农业经营形态，丰富了农业农村各类合作经济组织融合发展的实现载体。在各类新型农业经营主体中，家庭农场侧重生产，农民合作社侧重组织，龙头企业侧重市场，三者相互联系、相互补充，促使他们相互联合融合，形成全产业链条。"互联网+"家庭农场近年来也蓬勃兴起，

2017年全省家庭农场实现网上农产品销售收入达4.13亿元。

三是提升农业生产效益，打造了城乡人才资本等优质资源要素追逐集聚的孵化基地。家庭农场大幅提高了农业生产经营收益，大学生、返乡农民工、退休退伍人员、在外能人等人群竞相创办家庭农场。认定的家庭农场中，退伍军人、返乡农民工、大中专毕业生、企业老板等创办的占53%。以年龄来分，"80后""90后"的占16.55%，颠覆了广为流传的"80后"不愿种地、"90后"不会种地等社会舆论。

三 2018年工作思路和措施

1. **继续实施万户扶持**。2018年培育发展的3090户家庭农场（一补三年）发放扶助资金5615万元。

2. **加大省级示范创建力度**。依据《湖南省人民政府办公厅关于加快培育发展家庭农场的意见》（湘政办发〔2015〕106号）文件精神，加强与各级领导机关汇报衔接，并积极协调省财政厅，加大对示范创建的扶持力度。

3. **抓好示范引领**。以省家庭农场示范县创建为契机，继续深入开展省、市、县三级联创示范创建，从生产标准化、经营品牌化、管理规范化、成员知识化、产品安全化等方面着力，推开全省家庭农场培育规范化发展。

4. **开展示范家庭农场培训**。根据情况2018年省经管处站将组织2期示范家庭农场主培训，培训主题将突出在发展规划、品牌创建、规范管理、安全生产等主要方面。同时指导市州、县市区开展相应的发展培育培训。

广东省家庭农场发展情况

2017年以来，广东省农业厅加工办积极贯彻落实中央和省有关部署及全省农村、农业工作会议精神，围绕"四个坚持、三个支撑、两个走在前列"的要求，按照《广东省推进农业供给侧结构性改革的实施方案》部署分工，推进家庭农场工作。

一 主要工作举措

（一）做好监测工作

指导家庭农场监测点蕉岭县、遂溪县、电白区完成2017年度家庭农场生产经营动态监测工作。鼓励和引导家庭农场注册商标，申请无公害农产品、绿色食品、有机食品认证和使用农产品地理标志，建立完善农产品质量可追溯制度，着力培育发展高标准、高效益的家庭农场。通过监测点的示范作用，以点带面，推动全省家庭农场的规范化发展。

（二）抓好规范性工作，着力完善政策体系

家庭农场是农业生产经营组织形式的创新，兼顾了家庭经营基础地位和经营适度规模化，大幅度提高土地产出率、劳动生产率、资源利用率和农产品商品率。协调推动各级各部门贯彻落实好省政府同意省农业厅印发的《广东省农业厅关于促进我省家庭农场发展的意见》（以下简称《意见》），指导县级以上农业部门结合实际建立健全家庭农场注册登记制度和登记备案制度，明确准入条件，从制度上保障家庭农场规范有序发展。《意见》明确了广东省培育家庭农场的原则要求、重点工作和政策措施等，为各地加快培育发展家庭农场提供政策依据。全省共有12个地市、29个县（市、区）出台了促进家庭农场发展专门意见，细化了家庭农场登记认定程序和标准，明确扶持措施和要求，因地制宜推进相

关工作。

（三）开展专题调研活动

为制定广东省家庭农场认定管理办法，开展了家庭农场发展专题调研。组织新型农业经营主体座谈会，听取20名基层企业、农民专业合作社、家庭农场、种养大户代表的意见和建议，研究引导扶持新型农业经营主体发展的思路举措，邓海光副省长出席并讲话。

（四）鼓励和引导农村土地经营权有序向家庭农场流转

继续支持各地加快土地经营权流转服务平台建设，充分依托流转服务平台提供供求信息、价格协调、合同签订、纠纷调解等服务，引导土地经营权向家庭农场流转。加快建立健全公益性与经营性服务相结合的农业社会化服务体系，引导龙头企业、合作社、农业社会化服务组织为家庭农场生产经营提供必要的服务。

（五）抓好家庭农场的培育工作

指导各县（市、区）将已认定的18043户家庭农场的基本信息录入数据采集工作，实现家庭农场动态监管。鼓励和引导家庭农场注册商标，申请无公害农产品、绿色食品、有机食品认证和使用农产品地理标志，建立完善农产品质量可追溯制度，着力培育发展高标准、高效益的家庭农场。指导县级以上农业部门结合实际建立健全家庭农场注册登记制度和登记备案制度，明确准入条件，从制度上保障家庭农场规范有序发展。2017年上半年，全省已有6个地级市出台了示范性家庭农场认定标准，2个地级市和4个地级市的部分县（市、区）出台了家庭农场认定标准。举办了两期家庭农场培训班，培训示范性家庭农场经营者、从事种养殖业的家庭农场经营者及从事家庭农场管理的服务人员。加快培育发展家庭农场。出台促进家庭农场发展的指导意见，健全有针对性的财政、金融、税收、保险等扶持政策。健全土地流转服务体系，引导土地流向种养大户和家庭农场。切实加强对家庭农场发展的指导服务。以市县为主推进家庭农场认定和培育工作，支持各地开展示范性家庭农场创建活动，在各行业、各地区认定挂牌一批市、县级示范家庭农场。支持和引导种养大户规范运行，适时发展成为家庭农场。

（六）加强家庭农场示范创建

培育和发展家庭农场，是实现家庭适度规模经营的主要途径。省农业厅高度重视，积极推动家庭农场加快发展。目前已有7市印发了市级示范家庭农场认定办法，全省在农业部门登记的家庭农场 18043 家，其中 13311 家已录入农业农村部的农场名录系统，种养专业大户 13.8 万户。一是深入贯彻落实国家和省关于促进家庭农场发展的政策意见。协调推动各地出台促进家庭农场发展的举措，细化家庭农场登记认定程序和标准，明确扶持措施和要求。二是大力开展示范创建活动。推动市县出台示范性家庭农场创建文件 50 多个，认定了一批市县级示范家庭农场。目前，省农业厅正抓紧起草省级示范家庭农场认定与管理办法，进一步规范家庭农场健康发展。

（七）做好家庭农场的统计和名录录入工作

为规范广东省的家庭农场统计工作，提高统计工作效率和统计工作质量，提升统计工作信息化水平，主动协调经管处做好农经统计工作，并在 2017 年 12 月中下旬举办了县级以上的家庭农场统计员培训班，请农业农村部规划设计研究院工程师对农场名录系统操作流程进行了培训。

二　存在的主要短板

（一）家庭农场运行不够规范

广东省现有的家庭农场中，大多数仍然属于种养大户范畴，严格按照农业农村部的指导意见和广东省的意见要求，相对较为规范的家庭农场仅占 50% 左右。

（二）农场主经营素质不高

尽管大部分农场主多年从事农业生产，实践经验丰富，一部分人还通过学习和实践，提高了经营管理水平。但是，多数家庭农场经营者对农场的经营管理仍停留在传统经验阶段，与现代家庭农场经营管理的要求还存在较大差距，难以适应农产品市场激烈竞争，还不能有效承担现代农业发展重任，需进一步提高家庭农场主经营素质。

（三）品牌意识不够强，产品的规模、层次不够高

在调研中发现大部分家庭农场粗放经营的多，注重品牌增效的少。另外，家庭农场发展速度逐步加快，但地区间发展不平衡。

三　2018年工作思路

2018年，将按照党的十九报告提出的实施乡村振兴战略总要求新思想，围绕省委省政府的部署，按照厅党组的工作要求，重点抓好以下工作：

（一）统一标准，做好顶层设计

尤其是在工商登记注册备案方面，建议省要规范统一，制定切实可行的标准。

（二）出台《广东省农业厅省级示范家庭农场认定管理办法》

（三）做好实施千家青年农场主培育计划，组织开展全省示范家庭农场创建活动

开展全省示范家庭农场创建活动，计划认定100家左右高质量的省级示范家庭农场。推进千名青年农场主培养计划，计划支持400个以上家庭农场健全管理制度，发展标准化生产。

（四）加大财政资金扶持力度

通过各级财政项目资金扶持县级以上的示范家庭农场，省级计划投入5000万元财政资金扶持250个家庭农场，促进家庭农场发展。

（五）加强宣传引导，树立典型示范

一是通过各类媒体平台，广泛宣传培育扶持家庭农场发展的政策措施，及时总结推广各地培育发展家庭农场好的经验和做法，积极树立先进典型，努力推动形成全社会关心支持家庭农场发展的良好氛围。二是加大对家庭农场主的培训，让广大家庭农场主了解国家发展家庭农场的有关政策措施，引导如何注重标准化生产，创建农产品品牌等。支持、引导种养大户向管理水平更高、经营规模更大、生产手段更新的家庭农场转变，积极营造家庭农场发展的良好氛围。

（六）加强培训，提高农场主综合素质

加大对家庭农场主的培训力度，把对家庭农场主的培训作为农业农村人才队伍建设的重要内容，结合农村实用人才、阳光工程、大学生村官等培训项目组织多种形式的农业技术培训，努力培育一批具有创业精神、创新意识的经营者、组织者和管理者。并通过到外地参观考察学习的方式开阔视野，大力提升农场主的生产技能、法律意识、市场观念等，进一步提高家庭农场主的经营管理水平。引导家庭农场专业化生产和农业社会化服务的有效对接，为家庭农场实现农业适度规模经营提供物质基础和技术保障，引导家庭农场提升经营管理水平。

（七）做好家庭农场名录系统录入工作

继续做好家庭农场基础信息录入工作，通过县级以上农业部门认定的未录入名录系统的家庭农场要求全部录入名录系统。

广西壮族自治区家庭农场发展情况

近年来，在深入贯彻落实"中央1号文件"部署的同时，采取政策引导、财政支持等措施加大力度推动家庭农场培育发展，构建新型农业经营体系，推动广西壮族自治区现代农业发展和适度规模经营。

一 基本情况

2017年，广西壮族自治区经工商登记注册的家庭农场8438家，比2016年增长27.3%。家庭农场注册资金59亿元，家庭从业人员3.3万人。在已注册的家庭农场中，从事种植业、养殖业以及种养结合的比例分别是49%、24%和27%。广西壮族自治区家庭农场经营耕地面积54万亩，平均经营规模67亩，是广西壮族自治区承包农户平均经营耕地面积6.2亩的10.8倍，规模适中。广西壮族自治区家庭农场发展存在以下特点：**一是经营初具规模，产业覆盖面较宽**。家庭农场经营初具规模，经营产业涉及优质稻、林果、畜禽、水产、休闲农业等特色产业。**二是综合素质较好，管理水平较高**。农场主专业知识、实践技能较强，懂经营、会管理。部分家庭农场聘请了大学毕业生参与经营管理，实行标准化生产。**三是提高了农业经营效益**。家庭农场与传统的家庭经营模式相比，无论是亩产值和亩均效益都有较大幅度的增长，土地利用率明显提高。**四是带动了农业产业发展**。家庭农场经营面积远大于传统的家庭经营，在品种选择、技术应用、经营效益等方面都具有明显优势，能够示范带动周边农户跟进。近年来，家庭农场发展形成了各地的特色产业。**五是提高了农业科技运用水平**。农场主大多具有较强的科技意识、创新意识和品牌意识，乐于尝试新品种种植养殖，运用农业科技、农业机械提高农业劳动生产率。

二　工作措施

(一) 做好顶层设计，提供政策保障

按照中央部署，广西壮族自治区先后制定了《关于引导和规范农村土地经营权有序流转的意见》《关于促进家庭农场发展的意见》等一系列文件，为广西壮族自治区家庭农场的健康规范发展提供了有力的政策保障。

(二) 创新工作机制，强化财政金融支持

围绕各级各类农业项目、园区基地建设等，逐步将家庭农场列为实施主体，强化政策扶持。在财政支持方面，将家庭农场纳入自治区财政支农项目申报范围，对符合条件的家庭农场给予项目扶持，支持家庭农场开展基础设施建设和能力发展建设。

(三) 加快土地流转，营造发展环境

加强土地承包经营权流转管理和服务，强化农村土地流转服务体系和平台建设，建立工商企业租赁农地分级备案制度，规范农村土地流转行为，按照依法、自愿、有偿的原则，引导农村土地承包经营权向家庭农场流转。截至2017年12月底，全区农户承包地经营权流转面积达938万亩，占全区承包地总面积的26.3%。

(四) 培育新型职业农民，增强内生动力

将专业大户、农民合作社带头人、家庭农场主列为新型职业农民培育重点，充分利职业农民培训平台开展培训。开展厅校合作，依托国内首家针对现代青年农场主培育的学院——广西现代青年农场主学院，联合举办以家庭农场主为主的新型农业经营主体带头人培训班，进一步提升家庭农场经营管理水平。

三　存在问题与困难

目前广西壮族自治区家庭农场总体处于成长、发展阶段，还面临一些困难与问题。

(一) 流转土地难

近年来，土地的稀缺性不断显现，首先是农民惜租，土地流出户少，土地流转困难，农场难以扩大经营规模；其次是土地集中连片难，流转的土地，往往交通不便、农田基础条件较差，零碎插花不集中；三是流转价格上涨快，受物价和高收益农业项目刺激，土地流转价格逐年上涨，流转价格上涨对农场经营带来成本压力，特别是从事粮食生产的农场，同时带来农地纠纷，影响农场主的正常生产秩序和生产积极性。

（二）融资、用工难

家庭农场在经营初期一次性投入比较集中，资金需求较大，多数农场实力不强，加上固定资产不多，大部分投入无法通过资产抵押等方式获取银行贷款，制约其扩大生产规模和发展设施农业。同时，由于物价上涨和外来劳动力流动频繁，劳动力工资普遍比上年增加，一些农场尽管提高了工资，但还是难以留住人。

（三）农场主经营素质有待一步提高

尽管大部分农场主多年从事农业生产，实践经验丰富，但毕竟受学历、理念等因素影响，难以有效承担现代农业发展重任，需进一步提高经营素质。

四 下一步工作思路

（一）落实相关扶持政策

将家庭农场纳入现有支农政策扶持范围，并予以倾斜，重点支持家庭农场稳定经营规模、改善生产条件、提高技术水平、改进经营管理等。加强与有关部门沟通协调，推动落实涉农建设项目、财政补贴、税收优惠、信贷支持、抵押担保、农业保险、设施用地等相关政策，帮助解决家庭农场发展中遇到的困难和问题。

（二）引导土地有序流转

进一步加强土地承包管理，健全土地流转服务市场，为供求双方提供法律咨询、供求登记、信息发布、中介协调、指导签证、代理服务、纠纷调处等服务，为土地流转搭建便捷的沟通和交易平台；逐步探索建立土地流转双方的价格协调机制、利益联结机制和纠纷调解机制，促进流转关系稳定和连片集中；进一步完善农民社保体系，解决离土农民的后顾之忧，积极有序地推进农村土地向家庭农场流转。

（三）加强示范引导

建立和完善家庭农场培育机制，开展示范性家庭农场评定，对示范带动作用显著的家庭农场予以表彰。积极树立家庭农场的先进典型，及时总结家庭农场发展的工作经验，各级媒体要加强宣传报道，营造良好的社会氛围，有效发挥典型的示范带动作用，推动家庭农场健康快速发展。

（四）健全服务

加快新产品、新技术的引进和推广，指导家庭农场应用先进适用新技术、引进优质高产新品种、种养新模式；指导家庭农场创建品牌，开展无公害农产品、绿色食品、有机农产品认证，发展标准化生产；支持有条件的家庭农场建设试验示范基地，担任农业科技示范户，参与实施农业技术推广项目；鼓励家庭农场开展农产品加工和品牌销售、发展休闲农业，全方位提升经营效益。

（五）抓好培训

结合新型职业农民培训和现代青年农场主培训，对家庭农场经营者开展培训，邀请专家授课，不断提高家庭农场经营者的综合素质和经营管理水平。

海南省家庭农场发展情况

2017年,海南省认真落实中办、国办《关于加快构建政策体系培育新型农业经营主体的意见》(中办发〔2017〕38号),进一步开展家庭农场认定,加强家庭农场名录建设,做好2017年中央财政农业生产发展等项目实施工作。认真贯彻落实农业农村部工作部署,加强组织领导,层层抓落实,家庭农场工作进展有序。

一 总体情况

2016年,除三沙市以外海南省18个市县相继出台家庭农场认定办法,开展家庭农场认定备案,2017年新增家庭农场198家,共有家庭农场1543家。

二 主要措施

一是出台了《中共海南省委办公厅 海南省人民政府办公厅关于加快构建政策体系培育新型农业经营主体的实施意见》(琼办发〔2017〕80号),完善了培育家庭农场发展的政策体系,明确了各部门和市县政府的责任,提出了促进家庭农场发展的政策措施。

二是印发《海南省农业厅办公室关于进一步做好家庭农场培育的通知》。要求加强家庭农场名录建设,提升管理服务水平;总结家庭农场经验,宣传培育家庭农场典型;做好调查摸底工作,储备一批优秀家庭农场。2017年新增198家家庭农场,培育势头良好,引导家庭农场规模化、标准化生产。

三是做好2017年中央财政农业生产发展等项目实施工作。为贯彻落实原农业部、原财政部《关于做好2017年中央财政农业生产发展等项目实施工作》(农财发〔2017〕11号)精神,海南省制定了《海南省2017年中央财政农业生产发展项目家庭农场任务实施方案》,支持扶持一批家庭农场发展,重点考虑符合市县认定条件,并已通过市县农业主管部门认定备案的家庭农场。全省扶持家庭农场不少于41家,每个家庭农场奖补8万元。以培育家庭农场为抓手,努力创新农业经营机制,着力培育和壮大新型农业经营主体,充分激发农村生产要素潜能,实现现代农业更好更快发展。

四是加强指导和培训。省农业厅农经处组织人员到各市县调查了解家庭农场发展情况,走访家庭农场,指导市县做好家庭农场发展工作。加大对家庭农场等新型农业经营主体政策宣传和培训,培训6期共650多人次。

三 存在问题

一是部分市县对家庭农场工作重视程度不够。因大部分市县、乡镇农经工作人员重心放在扶贫、征地、土地确权等其他工作上,对家庭农场相关工作力度不够;人员力量严重不足,积极性不高,导致家庭农场工作开展相对缓慢。

二是经营管理水平普遍较低。家庭农场发源于传统的承包农户,经营者文化水平总体较低,没有接受过专业知识和技术的培训,经营管理主要靠经验,存在土地产出率、劳动生产率和资源利用率较低等问题。大部分家庭农场没有财务收支详细记录,只算大账,不记小账,没有进行成本核算,效益分析。

三是金融保险服务不足,贷款难的问题比较突出。

四是农经队伍力量薄弱,影响了工作的开展。

四 下一步工作安排

一是加强农经队伍建设。2017年2月,中共中央办公厅、国务院办公厅印发的《关于加强乡镇政府服务能力建设的意见》(中办发〔2017〕11号)中明确提出,"要严格控制乡镇事业站所数量,但要加强农村经营管理体系建设，确保责任和人员落到实处"。目前，海南省乡镇农经机构基本上被撤销，大部分市县农经部门人员力量不足，家庭农场工作发展缓慢。建议各市县要完善乡镇农经管理职能，进一步加强农村经营管理。

二是进一步强化督导检查。对没有开展家庭农场认定工作的市县进行督导检查，督促各市县加强家庭农场工作，确保家庭农场工作正常开展。

三是开展示范家庭农场评定。

四是扶持家庭农场发展。2018年投入180万元专门支持家庭农场发展。

重庆市家庭农场发展情况

近年来，重庆市高度重视扶持家庭农场发展，通过强化政策宣传、加大财政扶持、规范认定登记、开展示范创建，有力地促进了家庭农场持续健康发展，家庭农场已成为新型农业经营主体的重要力量，有力地促进了农业发展方式转变和农民快速持续增收。

一 基本情况

截至2017年年底，重庆市家庭农场总数1.89万个，其中已在工商部门登记12054个。总体而言，重庆市家庭农场在发展中主要呈现以下特点。**一是扶持体系基本建立**。按照市里改革统一部署，市农委制定了家庭农场的指导意见，联合工商出台了家庭农场的注册登记办法，与市财政等相关部门共同研究推进家庭农场发展的政策措施等。**二是发展质量不断提升**。目前，全市家庭农场达1.89万家，其中主要以种养殖业为主，占总数的80%。目前，全市家庭农场经营土地面积为124万亩，家庭农场平均经营土地规模为66亩，远高于普通农户的生产规模，其商品化程度、集约化水平都较高，家庭农场经营者收入普遍高于一般农户。**三是示范建设稳步推进**。市和多数区县都大力开展了示范家庭农场创建活动，以示范促发展。目前，已培育市级示范场449家，区县级示范场1000多家。**四是市场导向明显加强**。当前，中国农业已全面进入由市场决定产业发展方向的新阶段。为适应这一变化，家庭农场以生产商品化农产品为专职，商品化率近百分百。而且农场主十分注重面向市场，以市场为导向组织生产并且参与市场竞争，重视农产品质量安全。2017年，家庭农场年销售农产品总值63.9亿元，拥有注册商标681个，获得农产品质量认证303个。

近三年家庭农场主要数据一览表

指标 \ 年份	2015	2016	2017
家庭农场数量（个）	14008	16605	18946
经营土地面积（万亩）	86.4	108.4	124.3

二 主要工作举措

（一）创新发展模式

一是推进多元兴办。在领办主体上，积极引导和支持农村能人、技术能手、返乡农民工等积极兴办家庭农场，鼓励夫妻农场、父子农场、兄弟农场发展。在发展方向上，引导发展种植业、养殖业相结合的生态友好型家庭农场。二是引导合作发展。引导家庭农场和其他农业经营主体的合作，大力推进"家庭农场+农民合作社""家庭农场+农业龙头企业"等联合发展模式。三是开展标准化生产。引导家庭农场推行规模化、专业化、标准化生产，实行生产记录、品牌标识、财务核算等管理，鼓励有条件的家庭农场申报"三品一标"，提高农产品质量。

（二）完善扶持政策

一方面，研究制定相关政策。近年来，每年市里出台的农业农村工作意见，均要求积极培育家庭农场发展。市农委会同相关部门先后出台《关于培育发展家庭农场的指导性意见》《关于做好家庭农场注册登记工作的通知》等，引导家庭农场有序发展。各区县也相继制定家庭农场认定标准和扶持意见等，引领和推动家庭农场发展。一方面，加大财政扶持。市里安排的特色效益农业发展专项资金，无论是转移支付到区县的切块资金，还是竞争立项的市级统筹资金，都鼓励和支持家庭农场承担各类农业项目。另一方面，市里每年也列专项资金，支持家庭农场发展。

（三）加强指导服务

一是加强示范引领。注重监测评估、动态管理，塑造典型、示范带动，努力营造家庭农场健康发展的良好格局。目前，全市已培育市级示范农场449家，区县示范农场1000余家。二是加大人才培训。将家庭农场纳入新型职业农民培训计划，采取"专业院校+田间学校"两段式培训模式，积极开展种养技术、市场营销等专业培训，努力培育一大批懂经营、会管理、善合作的新型职业农民。三是加强社会宣传。通过主流媒体广泛宣传家庭农场，努力营造关心、支持家庭农场成长的浓厚氛围，充分发挥其"标杆"引领和"示范"带动作用。四是推进产销对接。建立家庭农场名录，收集家庭农场产品和规模信息，整理汇总并主动对接市场销售主体。推动"互联网+农场"发展，建立QQ群、微信群、网站等网络交流对接平台，指导建立直销网店，帮助宣传推广。永川区曾胡鑫蔬菜农场的生态西红柿通过互联网推广，销售到全市各个区县。

三　下一步打算

当前，在家庭农场发展中，也面临一些困难和问题。如农业社会化服务体系不完善、不配套，难以满足家庭农场的发展要求；家庭农场经营管理水平不高，融资难、贷款贵等。下一步，我们将紧紧围绕实施乡村振兴战略，按照构建和完善新型农业经营主体的要求，稳步推进全市家庭农场的发展，着重从以下方面加以推进：**一是加大示范建设**。开展示范家庭农场创建活动，每年扶持100家以上市级示范家庭农场，建立和发布示范家庭农场名录，示范引导发展。**二是提升社会化服务**。结合农业全程社会化服务试点，探索社会化服务新机制。推进"互联网+农场"，通过网络电商平台展示，促进产销对接。**三是加强人才培训**。加大家庭农场人才培训力度，培养一批致力于发展现代农业的新型职业农民。鼓励中高等学校特别是农业职业院校毕业生、新型农民和农村实用人才、务工返乡人员等兴办家庭农场。

四川省家庭农场发展情况

一 发展情况

近年来，四川省委、省政府高度重视家庭农场建设与发展，出台政策措施，加大扶持力度，着力示范创建，开展人才培训，推进了家庭农场快速发展。截至2017年年底，全省家庭农场发展到40896家，比2016年增长20.7%；其中，种植业18238家，畜牧业11858家，渔业2184家，种养结合6195家，其他2421家。经营土地面积287.1万亩，场均土地面积70.2亩；年销售农产品124.5亿元，场均达到30.4万元。获得注册商标的家庭农场1364家，获得产品质量认证的家庭农场709家。全省农场名录系统填报数为32013家，比2016年增长3484.88%；其中已审核通过数为20098家。

二 主要做法

（一）制定扶持政策

出台《关于培育和发展家庭农场的意见》（川办发〔2015〕89号）及《关于贯彻落实四川省人民政府办公厅关于培育和发展家庭农场的意见的实施意见》（川农业〔2016〕32号），明确工商登记、财政扶持、金融支持、用地用电等扶持政策，营造家庭农场良好发展环境。

（二）加大扶持力度

2014年起，四川省每年安排家庭农场扶持资金2000万元，已累计安排扶持资金8970万元，支持849家家庭农场改善生产经营条件。2017年中央财政下达我省支持家庭农场发展项目资金368万元，支持46个县（市、区）46个家庭农场省级示范场应用先进技术、建设仓储设施、购置作业机具、开展标准化生产、改善管理条件、提升经营能力。

（三）开展典型示范

制定《四川省家庭农场省级示范场评定暂行办法》（川农业〔2015〕94号），深入开展示范性家庭农场创建活动，着力培育一批产业优势突出、增收效益明显、规模经营适度的家庭农场示范场，引领家庭农场健康发展。2015年以来，全省累计培育家庭农场省级示范场800家，在《四川日报》发布命名公告并授牌。同时，选择梓潼县、西充县、宁南县3个县100个家庭农场作为监测对象，全面掌握发展动态，为决策提供依据。

（四）强化人才培训

四川省充分利用新型职业农民、农村实用人才等培训资源，分行业、分层级广泛开展家庭农场主政策、技术、营销以及经营管理、质量安全培训，提高生产技能、市场意识和经营管理水平。从2015年起，四川省农业厅每年对新评定的省级示范场农场主进行专题培训。

三　初步成效

（一）家庭农场主体地位凸显

从国家已经出台的政策看，组建家庭农场没有强求在工商部门登记，是否登记尊重家庭农场的自愿。四川省家庭农场在工商部门登记的比例较高，不仅明确了家庭农场的主体地位，也有利于家庭农场直接参与市场交易，提升其市场竞争能力，推动四川省家庭农场健康发展。

（二）劳动力以家庭成员为主

全省家庭农场从业劳动力198079个，场均4.8个。其中，家庭成员劳动力129276个，场均3.2个，占劳动力总数的65.3%；常年雇工劳动力68803个，场均1.7个，占劳动力总数的34.7%。

（三）家庭农场经营规模适度

全省家庭农场经营土地面积287.1万亩，场均70.2亩。其中，从事种植业的家庭农场场均经营耕地130.3亩，从事渔业的家庭农场场均经营水面60.1亩；除畜牧业类家庭农场外，81.3%的家庭农场种粮规模在50—200亩，种粮面积达到1000亩以上的家庭农场68个。

（四）农业经营收入明显提升

全省家庭农场2017年农产品销售收入达到124.5亿元，场均达到

30.4万元。其中，年销售收入10万元以下的家庭农场21785个，占总数的53.3%；10万—50万元的家庭农场14721个，占总数的36%；50万—100万元的家庭农场3181个，占总数的7.8%；100万元以上家庭农场1209个，占总数的2.9%。

四 存在问题

（一）基础设施建设落后

农业基础设施建设与家庭农场生产规模、经营管理不配套，机耕道路窄，机械作业率低，水利设施年久失修，烘干、仓储等产后环节设施缺乏，难以满足家庭农场发展适度规模经营的需要。

（二）农业机械作业率低

据典型调查了解，大部分家庭农场只有一些小型机械，作业效率低，漏损率较高，难以满足家庭农场发展适度规模经营的需要。

（三）扶持资金规模总量不足

6年来，省级财政共安排家庭农场扶持资金8970万元，扶持了849家家庭农场，但仅占目前全省家庭农场总数的2.2%。中央财政项目扶持资金仅368万，扶持家庭农场46家，仅占0.12%。

五 下一步工作

（一）贯彻落实扶持政策

督促各地认真贯彻落实《四川省人民政府办公厅关于培育和发展家庭农场的意见》（川办发〔2015〕89号），切实加大资金扶持力度，以省级示范场为重点扶持对象，以农田基本建设、土地整理、农业综合开发、农机购置补贴等为关键环节，着力改善家庭农场基础设施条件；推动工商登记、金融保险、税收优惠、用地用电等扶持政策落实，优化家庭农场发展环境。

（二）深化典型示范创建

深入开展示范性家庭农场创建行动，在不同地区、不同行业着力培育一批基础设施较好、机械设备较多、经营规模较大、经营效益较高的家庭农场示范场，以典型样板引领家庭农场持续健康发展。2018年，新培育家庭农场省级示范场300家。

（三）开展家庭农场主培训

充分利用农业、人社、教育、科协等部门和社会各类相关培训项目，围绕产前、产中、产后关键环节，优先安排家庭农场主参训，有针对性地开展专题培训和业务指导，提高家庭农场生产技能、市场意识和经营管理水平。

（四）提升社会化服务水平

落实《关于支持新型农业经营主体开展农业社会化服务的指导意见》，支持符合条件的新型农业经营主体和服务主体开展农业社会化服务和承担农业公益性服务项目，引导家庭农场应用先进实用农业新技术、引进优质高产新品种、种养新模式，开展农业标准化、规模化生产。大力开展农业生产托管服务，积极发展服务带动型规模经营，推动小农户生产与现代农业发展实现有效衔接。

贵州省家庭农场发展情况

一 基本情况

贵州省家庭农场 5595 个，其中在当地工商部门登记的 1182 个，经当地农业部门认定的未经工商登记 4413 个。分产业看，粮食类 152 个、占 2.7%；水果类家庭农场 915 个、占 16.3%；蔬菜类 1189 个、占 21%；茶叶类 276 个、占 4.9%；中药材类 387 个、占 6.9%；养殖类 1088 个、占 19.4%；林业类 197 个、占 3.5%；休闲观光类 355 个、占 6.3%；其他综合类 1036 个、占 18.5%。

二 主要做法

各地通过政策引导、资金扶持、技术服务、规范管理等方式，大力培育和发展具有现代特色的家庭农场。

(一) 多措并举，促进家庭农场健康发展

一方面通过大力推进农村土地承包经营权流转，鼓励种养大户通过承租、转包、转让、入股等形式进行土地流转，建设现代家庭农场，开展适度规模经营，给予土地要素的有力支撑。另一方面，充分发挥政策导向作用，在农业产业化政策中，适度对家庭农场发展进行政策倾斜，并在贷款发放、农业项目申报等方面给予一定的倾斜；对家庭农场开展基础设施改造、购置现代农用机械等给予一定的补助。

(二) 推广典型，实现家庭农场规范管理

在培育家庭农场的过程中，坚持发展、规范、提升并举，着力打造一支素质较强，可学可赶，具有标杆示范性的家庭农场。一方面，积极鼓励家庭农场进行工商登记注册，成为法人型经营主体，为生产经营活动提供法律保障。另一方面，针对粮食、蔬菜、水果、水产等不同生产类型的家庭农场，分别制定了相应的建设标准，坚持推行"四有五化三效益"目标管理，即建时"有规模、有标牌、有场所、有配套"，经营管理中实施"生产组织化、管理科学化、营销网络化、技术标准化、产品品牌化"。

（三）创新模式，提升家庭农场经济效益

家庭农场是现代农业发展中出现的新生事物，尚处在发展的初始阶段，应对市场经济变化的能力尚显薄弱，迫切需要产业龙头的带动和助推发展。为此，各地积极鼓励农业企业和农民合作社发挥带动辐射作用，建立起"农业企业＋合作社＋家庭农场"的利益联结模式，以"订单"生产、"订单"销售的形式把家庭农场组织起来，实行标准生产、质量追溯和品牌营销，有效解决了家庭农场在生产销售上的顾虑，保障了企业对加工原料的需求和合作社产品供应的稳定性，实现合作多赢。

（四）提升发展，不断培养打造实用人才

通过农广校、阳光工程、三百工程等，开展农业"两创"人才、农业专业技能、农村劳动力转移培训，积极培养一批职业农民带头人、农村职业经纪人和农业社会化服务人才，为家庭农场发展储备力量；鼓励农场主参加各种学习，不断掌握现代农业先进技术，努力转变发展思路，提升自身综合素质；积极推广"三新"技术，鼓励家庭农场引进新品种、应用新技术、装备新农机，加强与贵州农学院、贵州农科院、市（州）职业学院等院校科研单位的合作，促进了家庭农场的发展壮大，增强了科技支撑能力。

三 主要问题

贵州省家庭农场正在起步和发展中，存在着发展基础不牢固、政策支持不到位、发展资金难筹措、人才瓶颈难破局、综合服务难到位等制约因素。一是各地对家庭农场的认识还不统一，有的地方关注数量不重视质量。二是家庭农场融资渠道不多，融资难问题依然存在；三是土地经营权流转存在不规范的情况，容易引发纠纷；四是经营管理队伍素质有待进一步提高；五是注册登记门槛不高。

四 下一步打算

(一) 突出重点环节，加快家庭农场发展步伐

一是以特色优势产业为重点。家庭农场的发展总体上必须立足贵州省特色优势产业，根据国家农业发展政策和本省具体特点，不断推进农业结构调整，大力发展市场前景好、经济效益高的经济作物和养殖业，重点围绕生态畜牧、茶叶、蔬菜、精品水果、马铃薯、中药材、核桃、油茶、特色粮油9大特色优势产业，根据产业分布和群众意愿，每个村组重点发展几个家庭农场，推进家庭农场全面发展。

二是以专业大户、农村致富带头人的改造提升为重点。指导扶持专业大户、农村致富带头人等稳定经营形态，克服短期发展的心理和行为，长远谋划生产经营，提高集约化经营能力。指导扶持符合家庭农场条件的专业大户、农村致富带头人等经过工商登记注册或变更登记为家庭农场，获得法人资格；把新型农业经营主体人才培养作为农业农村人才队伍建设的重要内容，利用和整合各类培训资源，开展农业职业教育和职业培训，重点培训专业大户、家庭农场主、农民合作社经营管理人员，率先发展成为职业农民。

(二) 狠抓规范管理，确保家庭农场发展质量

一是规范注册登记。在登记程序上，应由农业农村经管部门对家庭农场规模、业主情况等进行实质性审查，然后由工商部门注册登记。工商、经管部门应根据本地实际，出台家庭农场的认定标准，主要应包括以下几个方面的内容：家庭农场成员为主要劳动力，无常年雇工或常年雇工数量不超过家庭务农人员数量；以第一产业为基础，同时经营的第二、第三产业是以家庭经营的第一产业为基础拓展的；有稳定的经营场所；经营规模达到一定标准。

二是规范土地流转。长期稳定的土地经营权是家庭农场稳步发展的关键，家庭农场流转耕地至少要稳定流转期限在5年以上。乡镇农村土地流转服务中心是基础，切实承担起指导流转合同、调节土地承包矛盾纠纷、搜集发布流转信息等职能，为土地流转搭建便捷的沟通和交易平台；逐步探索建立土地流转双方的价格协调机制、利益联结机制和纠纷调解机制，促进流转关系稳定和连片集中。

三是规范经营行为。严厉制止家庭农场掠夺式经营、破坏农业资源和农村生态环境、改变土地用途等不法行为。规范农业投入品，不购买不使用禁用的农业投入品，消除农业面源污染，加强环境治理和保护。规范土地使用，禁止随意扩大临时建设用地范围，禁止擅自将农用地非农使用，禁止将基本农田开挖鱼池、改种多年生果木等破坏耕作层的行为，禁止以圈地为目的的粗放经营、降低土地生产率的行为。规范财务管理，建立较为完善的财务档案。

云南省家庭农场发展情况

2017年云南省各地继续深入贯彻农业农村部和省委、省政府加快培育家庭农场有关文件精神，积极推进家庭农场认定工作，探索开展示范家庭农场创建，全省家庭农场发展保持稳步增长态势。

一 发展情况

2017年，全省经农业部门认定的家庭农场5853个，比2016年增加1738个，增长42.2%。其中，被县级以上农业部门认定的示范家庭农场1771个，比2016年增加687个，增长63.4%，示范家庭农场占总数的30.2%。

家庭农场经营土地面积总量51.25万亩，比2016年增加14.42万亩，增长39.1%。家庭农场经营的耕地中，家庭承包经营6.9万亩，流转经营土地22.6万亩。平均每个家庭农场经营土地面积87.5亩。

从事种植业的家庭农场2532个，比2016年增加707个，其中，从事粮食生产的家庭农场932个，比2016年增加297个；从事畜牧业1936个，比2016年增加508个；从事渔业的142个，比2016年增加25个；从事种养结合的877个，比2016年增加311个；从事其他类的366个，比2016年增加187个。从事种植业和畜牧业（含种养结合）的家庭农场占总数的91.3%。

家庭农场销售农产品总值23.39亿元，家庭农场购买农业生产投入品总值11.83亿元，78%的家庭农场年收入10万—50万元。

各级财政扶持家庭农场资金997.8万元，扶持了238个家庭农场。全省363个家庭农场获得金融部门贷款支持，贷款资金总额6436.5万元。

二 主要工作

(一) 积极推进家庭农场认定

按照农业农村部和省委、省政府有关工作要求,积极开展家庭农场认定工作的培训指导,督促各地加快建立家庭农场认定制度,全省基本实现家庭农场的认定办法全覆盖。各县(区、市)按照家庭农场认定办法,加大工作力度,对提出申请且符合当地认定标准的家庭农场,及时开展实地核查,进行综合评价和认定。

(二) 制定下发了省级示范家庭农场评定办法

为贯彻落实《中共云南省委办公厅、云南省人民政府办公厅〈关于加快发展家庭农场的意见〉的通知》(云办发〔2014〕47号)中"到2020年创建1000个省级示范性家庭农场"有关要求,研究草拟了省级示范家庭农场评定办法,在征求有关部门意见基础上,联合省林业厅下发了《云南省省级示范家庭农(林)场评定办法》(云农经〔2017〕4号)。

(三) 组织开展了首批省级示范家庭农场评定

联合省林业厅下发了《关于申报2017年省级示范家庭农(林)场的通知》(云农经〔2017〕12号),组织开展了全省首批省级示范家庭农(林)场申报和评定工作。经各级农业、林业部门逐级审核推荐,全省共有264个家庭农(林)场申报。经与省林业厅联合进行审核,并征求省国税局、省地税局、省工商局意见无异议后,2018年1月17日由省农业厅、省林业厅联合发文公布了第一批评定的133个省级示范家庭农(林)场(家庭农场128个,家庭林场5个)。

(四) 推进家庭农场信息化管理

为加强家庭农场信息化管理,根据农业农村部农场名录系统建设有关要求,布置全省各地开展了家庭农场名录信息录入工作,经农业部门认定的家庭农场全部纳入名录系统管理,逐步完善农场名录系统信息采集和数据审核,推进家庭农场信息化建设。

三 存在问题

云南省家庭农场起步较晚,一是地区发展不平衡,大部分部地方在扶持引导、示范评定等方面配套政策日趋完善，但尚有个别县至今未开展家庭农场认定工作。二是扶持力度不够。2017年，各级财政扶持的家庭农场仅占总数的4%。政策引导力度不够，农户发展积极性不高。三是融资贷款难。大多数家庭农场发展迫切希望得到金融部门的融资支持，但由于融资担保体系缺失和商业贷款门槛高等原因，农场主贷款难。2017年全省仅有6.2%的家庭农场获得金融部门贷款支持。三是相关配套服务不够。家庭农场依靠农民自主经营，大部分农场受地理位置、交通、通信等因素制约，在新品种引进、市场信息、产品质量、实用技术等方面缺乏完善的配套服务。

四　2018年工作重点

（一）深入落实家庭农场认定制度

推进落实农业农村部和省委、省政府建立家庭农场认定制度有关工作要求，重点督促各县（市、区）建立家庭农场认定制度，完善州市对认定家庭农场审核备案制度。积极推进农场名录系统信息采集和数据审核，经认定的家庭农场全部纳入农场名录系统管理。

（二）开展省级示范家庭农场评定

组织开展第二批省级示范家庭农场评定，带动各地分级创建示范性家庭农场，逐步构建省、州市、县（市、区）示范家庭农场评定机制。在各级示范家庭农场带动下，促进全省家庭农场经营水平和能力稳步提升。

（三）研究完善政策措施

加强工作调研，分析家庭农场的发展变化趋势，研究新情况新问题，积极争取财政支农资金向家庭农场倾斜，配合有关部门着力解决制约家庭农场发展资金、土地和税收等政策措施，不断优化发展环境，促进家庭农场更好更快发展。

陕西省家庭农场发展情况

2017年以来，陕西省持续实施"十百千万"新型农业经营主体发展工程，大力培育发展家庭农场，将家庭农场作为发展适度规模经营增加农民收入的有利抓手，呈现出主体多元化、种类多样化、服务综合化的良好发展态势。截至2017年年底，全省农业部门认定的家庭农场12201家，评定县级以上示范家庭农场3807家，认定为省级示范家庭农场1772家，经营土地163.2万亩，场均经营规模为133.73亩，场均年销售农产品总值21.84万元。在转变农业发展方式，创新农业经营体制机制，推进特色现代农业发展等方面发挥了重要作用。

一 发展家庭农场的主要做法

（一）明晰政策环境，加大扶持指导

一是印发《陕西省新型农业经营主体培育方案》，明确各级培育新型农业经营主体的工作任务。二是修订下发《陕西省家庭农场资格认定办法》和《陕西省示范家庭农场评定及监测办法》，统一认定标准，简化认定程序。各级政府也相继出台扶持发展新型农业经营主体意见，94%的县区出台家庭农场认定办法，78.5%的县区出台示范家庭农场评定及监测办法。三是制定《陕西省关于依托新型农业经营主体促进产业扶贫精准脱贫的指导意见》，积极引导家庭农场参与到扶贫攻坚工作中，带动贫困户发展产业，为新型经营主体产业扶贫明确了政策导向。四是与陕西省工商局、省林业厅联合印发《陕西省家庭农场（林场）登记管理暂行办法》，进一步规范陕西省家庭农场（林场）登记管理工作，支持、促进和引导全省家庭农场（林场）快速健康发展。五是按地域、按产业编制《陕西省农民合作社示范社和示范家庭农场名录》，并在《陕

西日报》刊登，列入产业资金扶持项目库，作为各个产业主管部门扶持家庭农场的依据，增强示范家庭农场的市场竞争力和凝聚力，带动农户发展规模经营。

（二）"十百千万"工程，加强财政支持

近年来，省财政加大新型农业经营主体发展的扶持力度，实施"十百千万"新型农业经营主体培育工程，重点扶持合作社、龙头企业开展农产品贮藏、加工、流通，扶持专业大户和家庭农场完善基础设施、引进优良品种等。省级每年扶持1000多家示范家庭农场发展适度规模的家庭经营，加快转变农业生产经营方式，提高经营管理水平。另外，自2015年起实施肉牛、肉羊和奶山羊家庭牧场支持项目，按照场均10万元予以补助，2017年共扶持174个家庭牧场，财政补助1740万元。按照原农业部、原财政部2017年下发的《关于做好2017年中央财政农业生产发展等项目实施工作的通知》（农财发〔2017〕11号）要求，在"农业生产发展资金"中安排部分资金支持家庭农场发展，重点扶持以粮食类种植为重点的家庭农场48个，平均每个家庭农场5万—10万元。

（三）强化指导培训，加快示范评定

一是开展新型经营主体示范提升活动，采取多种方式、按专业分类开展家庭农场主培训，对示范家庭农场主进行轮训。全年举办10期培训班，累计培训新型经营主体带头人和辅导员1500人。二是组织农场主积极参加新型职业农民培训和全省优秀职业农民评选活动，商洛市洛南县景村镇御史庄园家庭农场主郭夏峰获得全省"优秀职业农民"称号。三是按照原农业部要求，组织富平、洛南和定边三个家庭农场监测县完成2016年度家庭农场发展情况监测的数据填报工作，并对存在生产经营终止、监测质量较低的5家家庭农场进行替换。四是按照新修订的《陕西省家庭农场资格认定办法》，市县两级也积极制定相应政策，101个县区出台家庭农场认定办法，加快认定家庭农场的步伐，全省新认定家庭农场12201家。五是组织开展省级示范家庭农场评定监测工作，对2015年评定的1017家省级示范家庭农场进行动态监测，淘汰不合格的省级示范家庭农场93家，再评定和递补848家省级示范家庭农场，截至2017年年底，共评定省级示范家庭农场1772家。

(四) 加强名录建设，提升管理水平

按照《陕西省农业厅关于进一步做好家庭农场发展工作的通知》(陕农业函〔2017〕312号) 要求，指导各市抓紧应用农业农村部组织开发的家庭农场名录系统，帮助和培训农场主积极填报，将现有县级农业部门认定的家庭农场基本信息及时录入名录系统，并将新认定的家庭农场也统一通过名录系统进行管理，以更好地与农业农村部新型农业经营主体信息直报系统（简称"新农直报平台"）衔接，提升扶持培养家庭农场能力。

二 家庭农场发展成效

(一) 家庭农场覆盖面日益广泛

截至2017年年底，各级农业部门认定家庭农场12201家，主要集中在高效种养业。其中种植业家庭农场6255个，畜牧业3660个，渔业169个，种养结合1670个，其他447个，分别占家庭农场总数的51.27%、30.00%、1.39%、13.69%、3.66%。

(二) 适度规模经营加快发展

随着家庭农场政策的出台，各地以家庭农场形式为主的适度规模经营不断发展。截至2017年年底，全省农村土地流转面积1383.47万亩，占家庭承包土地面积的24.7%，较2016年年底增长2.73个百分点。其中，经营耕地50亩以上的农户达到7.69万户。从陕西省粮食类家庭农场经营规模看，69.31%的家庭农场经营面积为50—200亩。

(三) 有效促进了农户收入增加

家庭农场的专业化、机械化、规模化程度较高，生产效率和经济效益明显高于一般农户。据统计，2017年陕西省家庭农场场均销售农产品总值26.64亿元，其中达到销售总值50万元以上的家庭农场1749家，占到家庭农场总数的14.33%。从实际调研看，从事养殖业的家庭农场经济效益十分可观，年人均纯收入大约达到3万元以上。

(四) 与农民合作社联系愈加紧密

家庭农场与合作社的联系较为紧密。据调查，陕西省40%以上的家庭农场已加入农民合作社，向合作社出资入股的家庭农场占入股成员的80%，许多未入社的家庭农场也接受了合作社的技术信息、农资供应、农产品销售和资金等服务。

三 目前存在的问题和困难

(一) 对家庭农场重要性认识不足

作为一种新型农业经营主体，个别地方党委、政府对家庭农场发展前景、作用意义还缺乏深刻认识，在引导群众发展过程中缺乏必要的政策措施。同时，家庭农场经营者对家庭农场发展定位缺乏认识，没有发展规划和计划，阻碍了家庭农场的快速发展。

(二) 家庭农场流转土地困难

由于基层土地流转指导服务不到位，土地流转不规范、期限短，合同规范化程度低，影响了农场经营者对经营项目的长远规划和在土地上的长期投资。土地资源紧张的地方，多数农民仍然把土地看成是"老本"和"保命田"，不愿也不敢轻易放弃土地使用权，家庭农场难以形成较为可观的规模。稍具规模的农场，却以山地居多，土地较为贫瘠，初期整理投入高，规模效益较差。

(三) 家庭农场经营者素质不高

家庭农场主虽属农村能人，但对家庭农场相关政策知识了解不够，多数农场主还不能准确把握政策趋势和运营规则。整体存在科技素质较低，文化程度普遍不高，管理粗放，市场意识、品牌意识和风险意识不强，有的满足于现状，发展专业化、标准化、集约化家庭农场的自觉性和积极性还不高，在一定程度上抑制了家庭农场自身的发展。

(四) 家庭农场获融资困难

农业生产周期较长，效益比较低，回报见效慢，家庭农场在经营初期一次性投入比较集中，资金需求较大。而作为家庭农场登记的主体农民，在现行的金融体制下，很少有可抵押的资产，金融机构缺乏对家庭农场经营的融资动力。部分已经登记注册的"家庭农场"，由于缺少必要的资金支持，对基础设施和生产资料的长期投入严重不足，影响了农场土地整理、农业机械的购置等，制约了家庭农场集约化发展。

四 促进家庭农场发展的意见和建议

(一) 明确配套扶持政策

尽快协调财政、发改、工商、税务、金融、国土、电力等部门出台家庭农场扶持政策，进一步加大财政资金、产业政策、税收、金融、用地、用电、交通等方面扶持力度。鼓励农民、回乡农民工、个体工商户、农业科技人员和大学生返乡创办家庭农场。

(二) 加大家庭农场发展资金扶持

建议设立扶持示范家庭农场专项资金，支持其提高经营管理水平、开展标准化生产、拓展产品销路等，发挥其示范带动效应。在扶大扶强扶优的同时，推动家庭农场实施涉农建设项目、财政补贴、农业保险、设施用地等相关政策，帮助解决家庭农场发展中遇到的困难和问题。

(三) 加快家庭农场经营人才培养

充分利用现有农业教育和培育资源，整合职业农民等培训资源，重点加强县级开展农业职业教育和职业培训，对兴办家庭农场的农民优先纳入职业农民培训范畴，并颁发认定证书，提升家庭农场经营水平。

(四) 健全家庭农场社会化服务体系

加强对家庭农场的指导服务，支持基层农技推广机构、高等学校、职业院校、科研院所与家庭农场合作和联合，面向家庭农场开展农业实用技术推广。以农民合作社为主体，农业社会化服务公司和其他中介组织为补充，用市场关系或合同形式，围绕家庭农场经营管理、土地流转、农资统供、技术指导、产品销售、品牌营销、农业信贷保险等服务，帮助家庭农场规范运营，健康发展。

甘肃省家庭农场发展情况

近年来,甘肃省把培育发展家庭农场作为推动适度规模经营、加快建设现代农业、增加农民收入的重要途径和有力抓手,以提质增效为重点,抓典型示范、抓规范管理、抓示范家庭农场创建,不断增强家庭农场发展实力。总的来看,尽管甘肃省家庭农场发展起步较晚,但发展势头良好,已逐步迈入快速可持续发展的轨道。

一 基本情况

截至 2017 年年底,全省共有各种类型家庭农场 8300 家,较 2016 年的 7221 家增加了 1079 家。其中种植业 4216 家,占 50.8%;养殖业 1919 家,占 23.1%;种养结合型 2063 家,占 24.9%;其他类型 102 家,占 1.2%。在工商部门注册登记的家庭农场有 5258 家。家庭农场经营耕地面积 125.5 万亩。其中,50 亩以下的 2946 家,51—100 亩的 2177 家,101—500 亩的 2407 家,501—1000 亩的 560 家,1001 亩以上的 210 家;家庭农场从业劳动力总数达 5.9 万人。

二 主要工作

(一) 强化政策引导,推动家庭农场发展

为鼓励和支持家庭农场快速、健康、有序发展,提高农村土地适度规模经营水平,中办、国办《关于加快构建政策体系培育新型农业经营主体的意见》(中办发〔2017〕38 号)下发后,甘肃省农牧厅为抓好贯彻落实,立即起草并报请省委办公厅、省政府办公厅下发了《关于加快构建政策体系培育新型农业经营主体的实施意见》(甘办发〔2017〕65 号),明确就培育发展家庭农场的总体要求、重点任务、政策措施和保障机制提出了具体要求，为家庭农场发展提供了政策支撑。同时，省农牧厅专门下发了《关于进一步做好家庭农场有关工作的通知》，对家庭农场工作进行了再安排再部署。上述政策措施的出台，为培育发展家庭农场提供了有力的政策支持，创造了良好的发展氛围。

（二）开展示范创建，带动家庭农场发展

为贯彻落实《甘肃省人民政府办公厅关于培育发展家庭农场的指导意见》精神，省、市、县三级都制定出台了示范性家庭农场认定管理办法，明确了示范性家庭农场的评选条件、标准、认定程序及管理扶持措施。截至2017年年底，全省已累计认定省级示范性家庭农场238家、市级示范性家庭农场1068家，县级示范性家庭农场1715家。通过示范性家庭农场的认定及示范引领和典型带动，有效促进了家庭农场培育和适度规模经营发展。

（三）加强人才培养，支持家庭农场发展

甘肃省将家庭农场人才培养作为新型职业农民培育的首要任务，结合新型职业农民、千名农村实用人才和"阳光工程"等培训，制定了培训规划和年度培训计划，确立培训目标，通过开展田间课堂、集中培训和外出考察学习等方式，对家庭农场从业者开展了普及性培训、职业技能培训和农民学历教育培训，全方位提高了家庭农场主的生产技能、经营管理水平、法律观念和品牌意识，培育了一批有文化、善经营、会管理的新型家庭农场主。

（四）加大扶持力度，促进家庭农场蓬勃发展

根据原农业部、原财政部《关于做好2017年中央财政农业生产发展等项目实施工作的通知》（农财发〔2017〕11号）要求，制定了《省级家庭农场示范项目资金实施方案》，并下发了《甘肃省农牧厅关于下达2017年中央财政家庭农场示范项目资金计划的通知》（甘农牧财发〔2017〕61号），组织庄浪县、山丹县、金塔县3个监测试点县积极申报中央财政家庭农场示范项目，争取项目资金288万元，对36个担负监测任务的家庭农场进行了奖励扶持。甘肃省酒泉市、金昌市、武威市还制定了奖补办法，预算安排专项资金进行奖补。如酒泉市根据市人民政府办公室《关于印发〈2016年农业重点产业发展扶持与考核管理办法〉的通知》文件精神，对经营规模在100亩以上，流转农户承包地期限在5年以上的市级以上示范性家庭农场予以扶持，2017年对符合扶持条件的34个家庭农场每个补助1万元，共计发放市级补助资金34万元。

（五）认真组织开展家庭农场监测县试点工作

根据原农业部《关于做好2016年度家庭农场生产经营情况监测工作的通知》要求，指导山丹县、金塔县、庄浪县3个县对2017年监测情况进行了填报，按期完成农业农村部家庭农场信息监测任务，并组织试点县业务主管人员参加了原农业部组织的培训学习。

（六）建立健全家庭农场名录

组织各市州将已认定注册登记的家庭农场所有基础信息、土地规模、生产设施等信息录入家庭农场名录，加强监测管理，更好地引导和促进家庭农场健康发展。截至目前，全省已录入4344家。每季度及时督促并组织县区对家庭农场发展情况进行监测统计，为各级管理部门指导工作提供了决策依据。

三 存在的问题

（一）土地流转难度较大

土地对农民来讲具有保障功能，农民视土地为生活的退路，经营土地仍是大多数农户的重要收入来源，从而导致个别农户不愿流转土地，土地集中连片流转难。加之，土地流转价格的逐年上涨，给农场经营者带来较大的成本压力，使家庭农场难以扩大经营规模。

（二）融资贷款困难

家庭农场在经营初期一次性投入比较集中，资金需求较大，而多数家庭农场资金实力不强，再加上固定资产不多，无法通过资产抵押等方式获取银行贷款，从而大大制约了其扩大生产规模和正常生产经营活动。

（三）经营管理水平相对不高

目前，甘肃省的家庭农场主大多是农村的种（养）能手、村组干部等，他们尽管在农村中素质相对较高，具备一定经营管理水平，但就多数家庭农场经营者而言，他们与现代家庭农场经营管理的要求还存在较大差距；从事农业生产的年轻人数量较少，且缺乏创新精神，很多农场主在种植、养殖及经营管理上仍延续传统的生产经营模式，对新技术、新品种的推广应用不敢尝试，一旦遇到技术难题、经营问题就显得无能为力，力不从心，从而制约了家庭农场正常发展。

（四）相关法律法规有待完善

家庭农场不具备独立的法人主体，在法律适用上并不明确，没有统一的规定。如果发生破产，按照个体工商户来登记家庭农场，就对债务承担无限责任；如果按有限责任公司注册，就要对债务承担有限责任。对家庭农场的进入、运营和退出，法律没有统一的更明确的界定，影响到家庭农场的确认扶持及可持续发展。

四　下一步工作打算

（一）继续抓好政策落实

指导各市州、县区农牧（农经）部门严格按照农业农村部和省有关发展家庭农场意见要求和精神，持之以恒地抓好政策的贯彻落实，确保政策措施落地见效，稳步引导促进家庭农场健康有序发展。

（二）着力提高服务指导能力

农村土地承包经营权流转是实现适度规模经营，发展家庭农场的前提条件和必要基础。要进一步健全完善农村土地流转服务体系和纠纷调解仲裁体系建设，为土地流转搭建便捷的沟通、交易和服务平台，为家庭农场顺畅流转土地承包经营权创造条件。

（三）积极完善保障制度

一是在土地承包经营权确权登记工作的基础上，进一步完善建立归属清晰、权责明确、保护严格、流转顺畅的现代产权制度，推进农地产权制度创新，让农户拥有完全而有保障的土地租赁权、入股权、抵押权和继承权。二是健全土地流转机制。建立健全土地流转市场和服务平台，建立规范的土地流转机制，实现家庭农场的适度规模经营要求。三是加快开展农村土地承包经营权抵押贷款工作，优化农村融资环境，从根本上解决家庭农场融资难问题。

（四）继续开展示范创建

围绕苹果、中药材、马铃薯、玉米制种、高原夏菜、草食畜等主导产业，积极发展培育家庭农场，认真开展家庭农场认定监管。通过开展培育扶持、规范指导、典型示范等活动，培育创建一批产业特色鲜明、运作管理规范、带动作用显著、社会效益明显的家庭农场；通过以点带面、示范引领，全面推动家庭农场建设。

(五) 建立健全家庭农场名录

根据农业农村部要求，组织并督促各市州、县区农牧（农经）管理部门将已登记注册或备案的所有家庭农场基本信息全部录入名录系统，实行名录管理。

青海省家庭农（牧）场发展情况

截至目前，青海省由农牧部门认定的家庭农牧场已经发展到9712家，其中民和县的小型家庭牧场5829家。

一　主要工作

（一）建立规范化运行体系

为贯彻落实好原农业部《关于促进家庭农牧场发展的指导意见》精神，对青海省各地贯彻落实提出了明确要求，一是对已经出台的家庭农（牧）场认定标准，要求进行补充完善，使认定标准更符合实际和具有可操作性；二是对还没有制定家庭农（牧）场认定标准的地区，结合实际对家庭农（牧）场经营者资格、劳动力结构、收入构成、经济规模、管理水平等提出相应要求，制定家庭农（牧）场认定标准；三是开展示范家庭农（牧）场创建活动。要求逐级开展示范性家庭农（牧）场创建，分级建立和发布县（市、区）、市（州）、省级示范性家庭农（牧）场名录，形成省、市（州）、县（市、区）三级联创机制。

（二）制定《青海省省级示范性家庭农牧场认定管理办法》

通过反复的讨论研究，2017年6月出台了《青海省省级示范性家庭农牧场认定管理办法》。

（三）首次开展省级示范性家庭农牧场认定工作

2017年青海省根据《青海省省级示范性家庭农牧场认定管理办法》，首批认定了253家省级示范性家庭农牧场。

（四）继续实施对家庭农牧场的奖励补助政策

通过奖励补助的形式进行扶持。2017年安排1000万元资金对200家家庭农牧场实施了奖励补助。

二 存在问题

缺乏家庭农牧场发展总的布局、规划和指导。

三 2018年工作安排

1. 根据党的十九大精神,为全面开展乡村振兴战略,在全省开展家庭农牧场基本情况调查,为开展直报工作打好基础。
2. 继续实施家庭农牧场奖补项目。

宁夏回族自治区家庭农场发展情况

根据原农业部办公厅《关于布置 2017 年农村经营管理情况统计年报工作的通知》（农办经〔2017〕24 号）要求，现将宁夏回族自治区家庭农场基本情况简要汇报如下。

一 发展现状

（一）发展数量稳中有增，示范效应明显

截至 2017 年 12 月底，宁夏回族自治区家庭农场共 2706 家，比 2016 年增加 462 家，增长 20.6%；其中，被县级以上农业部门认定为示范性家庭农场 653 家，比 2016 年增 113 家，增长 20.9%，占家庭农场总数的 1/4。

（二）围绕主导产业、区域产业发展优势明显

在 2706 家家庭农场中，种植业 1201 家，比 2016 年增长 100 家，增长 9%，占总数的 44.4%；畜牧类 912 家，比 2016 年增长 248 家，增长 37.4%，占总数的 33.7%；渔业类 62 家，比 2016 年增长 16 家，增长 34.8%，占总数的 2.3%；种养结合 402 家，比 2016 年增长 83 家，增长 26%，占总数的 14.8%；其他 129 家，比 2016 年增长 15 家，占总数的 4.8%。其中，粮食及畜牧养殖农场数占总数的 67.1%，种植、畜牧、种养结合占总数达 93%。

（三）经营规模趋于合理

2017 年家庭农场经营土地面积 811755 亩，比 2016 年增加 53368 亩，增长 7.04%，其中，耕地 698672 亩，比 2016 年增 38701 亩，增长 5.9%，占总面积 86%（耕地中家庭承包经营土地面积 89871 亩、流转经营面积 601282 亩）；每个种植农场（含种养殖结合农场）平均种植

435.9亩，比2016年平均下降28.9亩，下降6.2%。草地39842亩，占总面积的4.9%；水面24686亩，占总面积的3%；其他48555亩，占总面积的6%。

在种植农场中，粮食农场有904家，比2016年增加43家，增长5%，占种植农场的75.3%；其中，经营土地面积50—200亩的有327家，比2016年增加84家，增长34.6%，占粮食种植农场的36.2%，200—500亩的有308家，比2016年减少20家，减少6.1%，占粮食种植农场的34.1%，经营土地面积500—1000亩的有160家，比2016年减少17家，减少9.6%，占粮食种植农场的17.7%，经营土地面积1000亩以上的有109家，比2016年减少4家，减少3.5%，占粮食种植农场的12.1%。

经营规模在200—1000亩家庭农场和每个农场平均种植规模都呈现下降趋势，经营规模逐步趋于合理。

（四）年生产经营收益高于普通农户，但呈现下降趋势

2017年年底，家庭农场年销售农产品总值126872.4万元，比2016年增加13561.7万元，增长11.97%，平均每个农场年销售农产品总值46.9万元，规模效益明显，但比2016年有所下降，下降3.6万元，下降7.1%。购买农业生产投入品仍是最大的开支，达74101.7万元，占总产值的58.4%，每个农场平均投入27.4万元。

（五）受雇工成本影响，劳动雇工数有所减少

2017年从事家庭农场的劳动力有10830个，平均每个农场有4个劳动力，总数比上年减少9.3%；其中，家庭成员劳动力是7849个，占劳动力人数的72.5%，平均每个农场家庭劳动力2.9个，总数比上年减少3.2%；常年雇工劳动力是2981个，占劳动力人数的38%，平均每个农场有1.1个雇工劳动力，总数比上年减少15.4%。

（六）获扶持的家庭农场数占比不到一成，与发展数量不匹配

在2706家家庭农场中：获得财政扶持资金的家庭农场有108家，比2016年增加50家，增加86.2%，占总数的4%；各级财政扶持资金总额为435.5万元，比2016年增加279.5万元；获得贷款的家庭农场有191家，比2016年增加117家，占总数的7%；获得贷款资金总额5287.5万元，比2016年增加4439.5万元，增长5.2倍。

二 主要做法

（一）促规范，推进示范创建力度

按照逐级把关评审原则，将宁夏回族自治区家庭农场示范场创建划分为三个星级：二星级示范家庭农场由县级创建，三星级示范家庭农场由地级市创建，四星级示范家庭农场由自治区创建，各级示范创建依据联合评定机制，从严把关。2013—2017 年共考核命名了县级（二星级）示范农场 653 家，市级（三星级）示范农场 368 家，自治区级（四星级）示范农场 272 家，并在宁夏回族自治区多家媒体上进行了宣传和推介，起到了很好的典型引路作用。

（二）做好农场名录系统和新农直报系统的录入工作，促对接政策

按照原农业部《关于进一步做好扶持家庭农场相关工作的通知》和《关于做好农业部新农直报平台试运营工作的通知》，宁夏回族自治区先后通过发通知、发教学视屏等方式安排系统录入工作，后又举办了"全区家庭农场名录系统培训班"对信息录入工作予以推进，目前直报系统中已注册登记的家庭农场有 384 家，进入农场名录系统的家庭农场有 2031 家，其中，系统导入 1116 家，自行填报 915 家，审核通过直报系统录入数量在全国排在前 4 位，农业农村部已将宁夏作为试点省区，探索名录系统与土地确权成果的对接工作。

（三）加大培训，开展多层次多渠道业务知识培训

按照原中组部、原农业部《关于下达 2017 年农村实用人才带头人和大学生村官示范培训计划的通知》分别组织了 8 期选派 440 名新型经营主体带头人在宁夏、陕西、甘肃、北京、浙江等省份外出培训。按照《农业部农民合作社示范社带头人培训班通知》要求，先后组织 5 期 20 余人参加培训。通过多层次专题培训，使家庭农场管理人员学习、掌握家庭农场运作理念、农产品营销理念，提升农场主的农业产业化经营水平和管理能力，带动我区现代农业规模化发展，实现农业增效和农民增收。

（四）加强新闻媒体宣传

各级农牧部门积极做好与新闻媒体的沟通协调，加大对宁夏回族自治区家庭农场先进典型的系列宣传报道。宁夏日报、宁夏电视台、银川日报、银川晚报、银川电视台等地方宣传媒体对多个家庭农场进行了宣传报

道，扩大了家庭农场的社会影响力，为家庭农场发展创造了良好社会舆论氛围。

三 存在的主要问题

近年来，宁夏回族自治区家庭农场在各项惠农政策的扶持下得到了快速的发展，为转变农业发展方式、发展农业适度规模经营、保障农产品有效供给和质量安全创造了条件，更好地实现了小农户和现代农业的有机衔接。但现实中也面临着一些突出困难和问题。**一是家庭农场融资较难**。随着家庭农场经营者规模越大，资金缺口就越大，就越需要金融机构的贷款支持。**二是具有品牌效应的农场数量少**。宁夏回族自治区家庭农场拥有注册商标的比例很低。随着我区经济发展水平的提高，居民对于食品的品质需求也相应提高。人们更倾向于消费拥有知名品牌和通过质量认证的产品，但很多家庭农场创建品牌意识不足。**三是传统、一产家庭农场比例大，获得附加值少**。

四 下一步发展建议

（一）加强金融支持，破解融资难题

家庭农场发展过程中的资金缺乏问题日益凸显，严重制约家庭农场的发展。解决家庭农场的融资难题，对于扩大农场的生产规模和经营效益具有重要意义。首先，中国应设立家庭农场发展专项基金，为家庭农场大型农机具的购买和基础设施的建设提供支持；其次，拓宽家庭农场融资渠道，不能仅依靠政府的贷款支持，更要鼓励和引导银行、公司以及各类社会资本向家庭农场提供资金支持；同时为家庭农场制定合理的放贷程序和贷款条件，适当提高贷款金额上限，降低贷款利率，延长贷款周期；最后，提高国家财政资金支持的数量和比例，同时优化财政支持结构，把有限的支农资金用到最能发挥效益的地方。

（二）加快农产品品牌建设，提升质量保证

在当前农业产业化的大背景下，农产品竞争加剧，加强家庭农场的品牌建设是破解这一问题的有效途径。首先，家庭农场主要树立品牌意识，充分认识到农产品品牌的树立在市场竞争中的重要作用；其次，制定合理

的品牌战略，根据自身产品的优势，选准市场定位，为产品确定一个既符合消费需求又具备自身特色的品牌定位；同时农产品品牌的宣传和推广也至关重要，可以通过直销、网络营销、农产品会展等渠道扩大品牌的影响力；最后，农产品的质量是家庭农场长久发展的保障，建立品牌农产品的质量标准体系，定期对家庭农场的生产环境和产品质量进行检查，将质量管理与品牌建设相结合，既能保障农产品的质量安全，又有利于农产品的品牌形象维护。

(三) 引导家庭农场健康规范发展

针对家庭农场发展分散的现状，积极探索成立家庭农场服务联盟，将分散的生产、经营力量聚合，带动家庭农场抱团发展，为家庭农场提供"一对一"个性化保姆式服务，降低经营成本。进一步完善家庭农场认定标准和管理办法，积极开展家庭农场星级评定工作，支持家庭农场从事大宗农产品生产、保障农产品供给，发挥其对小规模农户的示范带动作用。

新疆维吾尔自治区家庭农场发展情况

2017年以来，新疆维吾尔自治区农经局认真贯彻落实"中央1号文件"关于培育新型农业经营主体有关精神和原农业部办公厅《关于进一步做好扶持家庭农场相关工作的通知》（农办经〔2017〕15号）要求，积极鼓励和扶持本区家庭农场规范有序发展，使之逐渐成为发展土地适度规模经营、带动土地资源优化配置、推动农民脱贫增收的新生力量。

一 家庭农场基本情况

截至2017年年底，新疆维吾尔自治区各类家庭农场773个，家庭成员劳动力1785人，常年雇工1133人。**种植类**家庭农场383个，占比49.5%。从事粮食产业的262个，占种植类家庭农场的68.4%，其中，经营土地面积50—200亩的67个，占比25.6%；经营土地面积200—500亩的85个，占比32.4%；经营土地面积500—1000亩的70个，占比26.7%，经营土地面积1000亩以上的40个，占比15.3%；**畜牧类**家庭农场167个，占比21.6%；**种养结合**的家庭农场136个，占比17.6%；**其他**类型的75个，占比9.7%。2017年，全区家庭农场年销售农产品总值32083.5万元，其中销售收入10万元以下的218个，占比28.2%；10万—50万元的363个，占比47.0%；50万—100万元的139个，占比18.0%；100万元以上的53个，占比6.9%。全区拥有注册商标的家庭农场69个，通过农产品质量认证的57个，获得贷款支持的家庭农场67个，贷款资金总额3823.47万元。

二 主要做法

一是开展第二批家庭农场认定工作。按照《新疆维吾尔自治区家庭农场认定标准（试行）》有关规定，2017年农经局在全疆范围内组织开展了第二批自治区家庭农场认定工作。经县（市）农业部门认定、报自治区农业部门备案的第二批自治区家庭农场242个，其中种植类116个，占比48%；养殖类67个，占比28%；种养结合59个，占比24%。截止目前，经农业部门认定的家庭农场共计773个。

二是起草了《新疆维吾尔自治区关于加快构建政策体系培育新型农业经营主体的实施意见》。为贯彻落实中共中央办公厅、国务院办公厅《关于加快构建政策体系培育新型农业经营主体的意见》的通知精神，加快构建我区培育家庭农场、合作社等新型农业经营主体政策体系，农经局结合新疆实际，起草了《新疆维吾尔自治区关于加快构建政策体系培育新型农业经营主体的实施意见（审议稿）》（以下简称《实施意见》），意见包括三个方面、二十条措施和六十五条具体措施，涉及34个部门，征求了48家相关部门及单位意见。2018年3月26日，自治区领导召集相关部门对《实施意见》进行了专题研究，拟将以自治区党委办公厅、自治区人民政府办公厅文件印发。

三是组织开展家庭农场名录系统录入。按照原农业部办公厅《关于进一步做好扶持家庭农场相关工作的通知》的要求，进一步加强家庭农场名录建设，农经局下发了《关于做好家庭农场名录系统录入及宣传工作的通知》（新农经字〔2017〕6号），要求各地对2016年已经进入系统名录的家庭农场进行修改完善，并对2017年新认定的家庭农场进行了录入。目前录入率达78%，计划于2018年上半年完成名录录入和审核工作。

四是注重项目扶持。按照2017年中央"大专项+任务清单"中培育新型农业经营主体的有关要求，自治区将被原农业部列入全国家庭农场发展情况监测县的伊宁县、精河县及44家家庭农场列入项目资金补助范围，每个家庭农场项目资金补助6万元，支持其改善生产条件、购买中小型农机设备、引进新品种新技术和规模化经营，以提高全区家庭农场发展的积极性。

三　存在的问题

从自治区家庭农场的发展情况看，目前尚处于起步阶段，不少地方对其概念也较为模糊，对家庭农场经营的土地性质、经营规模把握不准，相当一部分家庭农场经营能力较弱，集约化、专业化、组织化、社会化水平不高，农业生产面临的自然风险、市场风险、疫病风险都比较大，机械化程度相对偏低，发展模式也较为单一，以自我发展为主，与合作社、龙头企业等其他经营主体的联结机制尚未建立。加之自治区和各地州近几年也未出台相关的政策和资金扶持政策，家庭农场发展较为艰难，面临数量增长不快，质量发展不优的困境。

四　下一步工作计划

一是出台家庭农场奖扶政策。尽快出台切合实际的、操作性强的，在土地流转、土地整理、引进产品、搭建大棚、基础设施建设、水电等生产要素等方面鼓励发展家庭农场的一系列政策措施，并协调人社、教育等各个部门制定鼓励引导大学生、外出务工农民、个体工商户、农村经纪人等投资创办家庭农场的办法，积极营造我区家庭农场发展的良好政策氛围。

二是研究制定自治区示范性家庭农场认定标准。为继续推动示范家庭农场的规范化发展，自治区将进一步加强对家庭农场的管理服务，规范已备案家庭农场的档案管理，建立自治区家庭农场动态名录和信息数据库，并制定一个自治区级示范家庭农场的标准和相关支持政策，培育发展一批基础条件好、经营管理好、生产效益好的示范家庭农场。

三是大力加强新型职业农民培养。将中央、自治区财政扶持项目中的部分资金用于大户、家庭农场经营者、合作社带头人、农民经纪人、农机手和植保员等新型职业农民和专业人才的培训工作，全面普及鼓励其发展的政策理论、法律法规和相关技术技能，引导其建立规范发展、创新发展的新理念。

西藏自治区家庭农（牧）场发展情况

党的十八大以来，在原农业部的关心和大力支持下，西藏自治区深入贯彻习近平新时代中国特色社会主义思想，不断加强组织领导，强化措施，明确发展目标，突出工作重点，认真开展家庭农（牧）场发展工作，通过全区上下共同努力，取得了一定成绩，为培育新型农牧业经营主体，构建现代农业产业生产体系，促进现代农牧业发展，探索了一些符合西藏实际的做法和经验。

一　基本情况

截至2017年，自治区家庭农（牧）场有15家，比2015年增加了3家。规模较大的有拉萨市的德勒农场、日喀则市岗苏农场2家。主要从事奶牛、牦牛、绵羊、绒山羊、生猪、藏鸡的养殖等。据了解，未在工商部门注册的家庭农牧场超过100家，发展迅猛。以林周县为代表，全县发展种草养畜家庭农（牧）场30多户，从业人员近1000人，主要开展牦牛、黄牛、绵羊、山羊、生猪等养殖，年末存栏牲畜超过10万头（只），种植饲草料面积36480亩。其中，家庭牧场养殖彭波半细毛羊78384只，占南部绵羊总数的85.2%，家庭牧场年推广澎波半细毛羊种羊3250只，年出栏育肥羊30538余只，年产绵羊肉488.61吨，年产羊毛15.68万公斤。家庭农牧场人均纯收入达到8980.72元，其中，半细毛羊养殖占农牧民人均收入的80%以上。

二　主要措施及成效

各级农牧部门对家庭农（牧）场发展工作非常重视，充分认识到培育新型农业经营主体的重要性，结合各地（市）农牧业农牧区经济发展现状，以培育家庭农（牧）场为抓手，努力创新农业机制，着力培育和壮大新型农业生产经营组织，充分激发农村生产要素潜能，实现农牧业更好更快发展。

（一）制定了家庭农（牧）场管理制度

2015 年以来，为促进自治区家庭农（牧）场发展，在调研的基础上，修改和完善了《西藏自治区家庭农（牧）场认定和管理暂行办法》，规范了家庭农（牧）场的发展。

（二）培养和带动了了一批懂管理、会经营的新型农牧民

通过培育发展农牧场，有重点、有计划地培育了农牧区致富带头的新型农牧民，对推动农牧业转变发展方式，起到了积极的示范引领作用。

（三）家庭农（牧）场取得了较好经济社会效应，发挥了积极的引领示范作用

1. 日喀则市的桑珠孜区岗苏家庭农场为甲措雄乡岗村修建水塘，彻底解决 562 亩土地的灌溉问题，每年为甲措雄乡岗村增加集体收益 5 万元。农场也为当地贫困户直接提供 15 个就业岗位（其中包括岗村、琼孜村的 10 户贫困户、贫困党员），平均每年为从业人员带来 32.4 万元的现金收入（按照每月 1800 元的工资）。同时为特困户提供免费技术培训、指导，助其早日脱贫致富。2015 年为 10 户特困户每户免费发放价值 1.5 万元的家具，为 4.25 地震受灾群众捐款 3 万元；同时给岗村捐款 10 万元用于扶持村集体经济发展。农场的成功发展还在带动岗村、琼孜村等周边乡村农户淘汰劣质牛、改进品种、扩大良种群、发展良种奶牛养殖，调整农业结构，促进农牧民致富增收等方面起到了典型示范作用。下一步农场还将与周边农户签订牛奶收购合同，按照"农场＋农户＋基地"的生产经营模式，进行酸奶加工销售，深化延伸产业链条，更大程度地提高农户开展良种养殖的积极性，示范带动桑珠孜区农业走规模化、集约化、商品化的生产经营发展之路。

2. 拉萨市曲水县的德勒农场其承包土地面积达 300 余亩，拥有高原蔬菜大棚 69 栋，年产值达 120 余万元，农场通过租赁土地、雇佣劳动力等方式带动当地 70 余户农民实现年收入 20 余万元。

3. 那曲地区家庭牧场通过对每个生产环节的掌控，实现了生态效益、经济效益、社会效益相统一，科学回答了怎么养畜、养什么样的畜等牧业

转型升级的根本问题。在养殖方式方面，家庭牧场尝试放牧与补饲相结合的方式，开展适度规模化养殖，积极用先进技术，调整生产结构，优化种养模式，提高养殖水平，逐步推动传统养殖方式向现代养殖方式转变，牛羊肉产量质量明显提高，适龄母畜比例达到60%以上，幼畜成活率提高了5个百分点，每头母牛产奶量比以前增长了40%。家庭牧场通过实施人工种草、流转草场、饲草料储备等方式，减轻了天然草场的压力，保护了草原生态环境。树立"立草为业、草业先行"的畜牧业发展理念，鼓励引导群众采取合作、入股、租赁、转让等形式，促进经营权向家庭牧场流转，较好地解决了牧户各自经营、管理不便、草畜矛盾的问题，分别租赁无畜户、少畜户草场，有效解决了牲畜超载的问题。通过发展家庭牧场，引导发展适度规模经营，激发了养殖大户和养殖能手的养殖积极性，既增加了牧场主的收入，又拓宽就业渠道。一方面，家庭牧场以牧区家庭为生产单位，以家庭成员为主要劳动力，实施适度规模养殖，这种生产方式具有生产成本低、管理细致、决策快捷、经营灵活、易于规避风险等特点，能够获得更多的经济效益。另一方面，家庭牧场建设也是精准扶贫工作中解决贫困户尽快脱贫的有效的手段之一，家庭牧场通过租赁贫困户草场、吸纳贫困户就业，增加群众收入；通过吸纳大批返乡牧民工就业、培养畜牧养殖熟练工和部分季节工，为技术服务、货物运输、产品加工等相关产业提供就业机会，扩展群众就业渠道。

三 存在的问题

1. 家庭农（牧）场刚起步，相关的工作尚未开展。自治区目前还没有开展家庭农牧场的工商登记工作。

2. 自治区还没有支持家庭农（牧）场发展相应的政策措施。

3. 对职业农牧民、家庭农（牧）场负责人或种养业大户带头人没有进行系统的培训，管理水平参差不齐，引领带动能力不足。

四 下一步打算

1. 尽快建立家庭农（牧）场科学、规范的管理工作体制，以促进我区家庭农（牧）场又好又快的发展，发挥积极的引领示范带动作用，不断拓宽农牧民群众增收渠道，实现有效增收。

2. 加大政府引导力度，广泛宣传申办家庭农场的优惠政策和扶持措施，积极树立家庭农（牧）场的先进典型，引导农村有文化、懂技术、会经营的农村实用人才和农村青年致富带头人成立家庭农（牧）场。

3. 进一步加强对家庭农（牧）场的服务工作，加强基层农业公共服务中心建设，为家庭农（牧）场提供更多更有效的服务，定期或不定期对家庭农（牧）场进行回访，积极主动帮助其解决在建设和发展中遇到的困难和问题。

4. 加强对家庭农（牧）场经营者的培训工作，开展专项生产技术、经营管理、市场营销等业务培训，不断提高经营者的综合素质，提高家庭农场经营管理水平。

三 理论文章

家庭农场发展模式及其规范化管理问题研究报告

中国人民大学农业与农村发展学院 高 原

一 家庭农场发展与管理的政策背景

农业作为第一产业,是中国国民经济的基础,但又有着投资回报周期长、受季节性和自然天气影响较大等特点,另一方面,中国第二、第三产业的不断发展,其投资回报率远比第一产业要快、高,这造成了农业从业人员将不断走向非农产业,而最终的结果是农业的发展将面临更加严峻的考验。在这种情况下,新型农业经营主体,如专业大户、农民合作社和家庭农场等,被普遍视为在小农户之外能促进农村产业发展与引领现代农业潮流的重要载体。

家庭农场是近年来国家政策与学术部门重点关注的一种新型农业经营主体,并且被认为是寄托了农民专业化、职业化与技术化的承载潜力,以及解决未来谁来种地这一重要问题的关键担纲者。截至2017年,全国家庭农场数量超过87.7万户,其中纳入农业部门名录管理的家庭农场达到44.5万户;依法在工商部门登记注册的农民合作社数量达到190.8万家,实有成员11448万户,占农户总数的46.6%;各类农业产业化龙头企业数量达到13万家,以龙头企业为主体的各类产业化经营组织辐射带动全国1.27亿户农户;各类农业公益性服务机构达到15.2万个,农业经营性服务组织超过100万个(张红宇、杨凯波,2017)。

国家政策对家庭农场的关注,从近几年的"中央1号文件"可以清晰地体现出来。首先是2013年"中央1号文件"中明确提到"要将农业补贴资金继续向专业大户、家庭农场、农民合作社等新型生产经营主体倾斜"。然后,在强调要着力加大对这些新型经营主体的领导者进行培训,从根本上解决新型经营主体的人才问题时,也专门提到"努力培育新型农民和农村实用人才，着力加强农业职业教育和职业培训。充分利用各类培训资源，加大专业大户、家庭农场经营者培训力度，提高他们的生产技能和经营管理水平。制定专门计划，对符合条件的中高等学校毕业生、退役军人、返乡农民工务农创业给予补助和贷款支持。"

紧接着，2014年的"中央1号文件"在2013年扶持政策的基础上进一步深化，在"构建新型农业经营体系，扶持发展新型农业经营主体"的任务安排中，明确提出要将家庭农场纳入现有支农政策扶持范围，并予以倾斜，按照自愿原则开展家庭农场登记。允许财政项目资金直接投向合作社，推进创新试点的建立并开始家庭农场登记工作。对符合注册条件的家庭农场按照自愿原则进行登记，然后对登记在册的家庭农场进行资金和政策等方面的补贴和扶持。这就打通了对家庭农场进行扶持的政策通道，使财政扶持资金可以进入对家庭农场的支援渠道中。

2015年"中央1号文件"同样提到"加快构建新型农业经营体系"和"鼓励发展规模适度的农户家庭农场，完善对粮食生产规模经营主体的支持服务体系。"强调要在之前的努力的基础之上，进一步推动包括家庭农场在内的新型农业经营体系的构建与发展，使对家庭农场的扶持落到实处。

而随着家庭农场在新型农业经营主体培育中的发展规模的壮大，2016年、2017年的"中央1号文件"对家庭农场的进一步发展提出了具体的要求。2016年的"中央1号文件"指出"坚持以农户家庭经营为基础，支持新型农业经营主体和新型农业服务主体成为建设现代农业的骨干力量，充分发挥多种形式适度规模经营在农业机械和科技成果应用、绿色发展、市场开拓等方面的引领功能……积极培育家庭农场、专业大户、农民合作社、农业产业化龙头企业等新型农业经营主体。支持多种类型的新型农业服务主体开展代耕代种、联耕联种、土地托管等专业化规模化服务。"文件一方面确立了家庭农场等新型农业经营主体要发展成为建设现代农业的骨干力量的重要目标，对其发展提出了更高的要求；另一方面又对其进一步的发展方向即开展多种类型的新型农业服务主体开展代耕代种、联耕联种、土地托管等专业化规模化服务提出了具体的指导。

而在2017年的"中央1号文件"中则提出"积极发展适度规模经营……积极引导农民在自愿基础上，通过村组内互换并地等方式，实现按户连片耕种。完善家庭农场认定办法，扶持规模适度的家庭农场"。"强化农业科技推广。创新公益性农技推广服务方式，引入项目管理机制，推行政府购买服务，支持各类社会力量广泛参与农业科技推广。鼓励地方建立农科教产学研一体化农业技术推广联盟，支持农技推广人员与家庭农场、农民合作社、龙头企业开展技术合作。"在大力扶持和发展家庭农场等新型农业经营主体的基础上，引入科学合理的管理制度和先进有效的技术要素，从而意在促进适度规模经营和高效产出并举。

除历年"中央1号文件"对家庭农场的重视之外，原农业部在2014年专门出台了《关于促进家庭农场发展的指导意见》（农经发〔2014〕1号）。在文件中明确界定了家庭农场的性质即"家庭农场作为新型农业经营主体，以农民家庭成员为主要劳动力，以农业经营收入为主要收入来源，利用家庭承包土地或流转土地，从事规模化、集约化、商品化农业生产，保留了农户家庭经营的内核，坚持了家庭经营的基础性地位，适合我国基本国情，符合农业生产特点，契合经济社会发展阶段，是农户家庭承包经营的升级版"。文件还提到"现阶段，家庭农场经营者主要是农民或其他长期从事农业生产的人员，主要依靠家庭成员而不是依靠雇工从事生产经营活动。家庭农场专门从事农业，主要进行种养业专业化生产，经营者大都接受过农业教育或技能培训，经营管理水平较高，示范带动能力较强，具有商品农产品生产能力。家庭农场经营规模适度，种养规模与家庭成员的劳动生产能力和经营管理能力相适应，符合当地确定的规模经营标准，收入水平能与当地城镇居民相当，实现较高的土地产出率、劳动生产率和资源利用率"。这就对家庭农场的具体发展和经营模式作了明确的指导。

二 家庭农场的内涵与经验特点

（一）已有研究梳理

1. "家庭农场"概念的历史渊源及其含义变迁

我们首先要明确的是家庭农场这个概念的含义在学术话语场域中的产生及其变迁。在中国在农村体制与形式的发展变革中，出现过两个类别的家庭农场。一类家庭农场出现在20世纪80年代，是农垦企业为了解决职工吃企业"大锅饭"的问题，遵循农业生产适于家庭经营的特点与规律，调动职工生产经营积极性的重要改革（贾大明，1999）。另一类家庭农场是从20世纪末期以来中国农村地区探索农业规模化经营的产物。2008年，十七届三中全会报告第一次将家庭农场作为农业规模经营主体之一提出。随后2013年"中央1号文件"再次提到家庭农场，指出鼓励和支持承包土地向专业大户、家庭农场、农民合作社流转，发展多种形式的适度规模经营（刘文勇、张悦，2014）。关于农垦企业时期的职工家庭农场这里只用于区分概念，不作具体分析。

2. 家庭农场内涵的讨论

在2013年"中央1号文件"出台后，家庭农场这个词被赋予了新的含义，内涵更加丰富。很多学者都在积极研究。高强、周振和孔祥智（2014）认为家庭农场是以家庭经营为基础，又与现代农业生产要素相结合的重要微观经济组织。它既是家庭农业的重要实现形式，又是新型农业经营体系的重要主体。其突出了家庭经营的重要性，这也是我国发展的家庭农场最重要的特点之一。高帆、张文景等学者认为家庭农场是介于小农户和农业企业两者之间的中间型经营组织方式。而之所以介于二者之间，一方面家庭农场是以家庭成员为主要劳动力，与小农户相似；另一方面，家庭农场又具有法人性质和规模化生产机制，与农业企业相似。是自己经营而非雇佣劳动工人经营，并以农业收入为家庭主要收入来源的具有一定规模、一定土地面积和一定技术含量的新型农业经营主体（徐会苹，2014）。也有学者如黄新建等从经济利润的角度分析其内涵认为，家庭农场应当是以家庭经营为基础，以适度规模经营为目标，以高效的劳动生产率从事农产品的商品化生产活动。获取与农户从事非农产业收入相当甚至略高的经济利润的经济单位，突出了其"高回报、高利润"的特点。

3. 对家庭农场经营特征的讨论

关于家庭农场特征的讨论是众多学者关注的热点之一，其原因是"家庭农场"这一词源于美国，不同的国家基于本国的具体情况不同对家庭农场的定义都不尽相同。关于这一点，中国不同的学者都给出了自己对此的理解，例如高强、周振和孔祥智（2013）在其文章中曾梳理了俄罗斯、美国、日本等国家关于家庭农场的不同法律规定。并对比各国法律规定，将家庭农场的特点总结为家庭经营、适度规模、市场化经营、企业化管理等四个显著特征。黎东升等（2000）认为家庭农场的特征为市场化、利润最大化、企业化、科学管理化、规模化，着力突出家庭农场以市场为导向的特点。除此之外，蒋辉（2008）提出家庭农场集约化特点；关付新

（2005）突出强调家庭农场的职业农民的教育水平要求高的特点，提出专业化农民；以及何多奇（2009）认为家庭农场具有法人性质所以还要具有法人化的特点。

4. 对家庭农场适度规模化的界定

首先，郭熙保、冯玲玲（2015）从劳动力在农业与非农业两部门之间流动和工资报酬角度分析论证了家庭农场实现规模化的可行性，其认为，农村劳动力向城市转移是工业化过程的一部分，在工业化过程中，非农工资高于农业工资成为农民离开农村的动力之一，农村劳动力减少使农场规模扩大成为可能；与此同时，随着技术进步，机械相对价格下降，农民选择使用更多的机械和更少的人力，从而使农场规模扩大变为现实。但需要指出，农户经营规模扩大除了受经济因素的影响外，还特别受到制度的制约。中国城乡二元管理体制制约，土地流转制度不健全以及转移人口社会保障跟不上等问题都在制约着农场规模的扩大。高强、周振和孔祥智（2014）也指出，家庭农场以家庭成员为经营主体、不雇人的特点，使其受限于人数少，管理能力有限。规模化只能结合自身具体情况适度扩展与经营，不能一味求大。韩苏、陈永富（2015）提出家庭农场在我国作为一种新型的经营主体，家庭农场的适度规模研究相对较少，但其与农业或土地适度规模密切相关，其经营规模并不是越大越好，存在一个"适度"的问题。

黄宗智在《"家庭农场"是中国农业的出路吗？》一文中则概括道：中国家庭农场的发展切莫完全照搬美国家庭农场模式，中国过去30年来已经摸索的"小而精"农业现代化模式是真正的适度规模经营、提供更多的农业就业机会，并可能逐步稳定、重建农村社区的道路。未来，它更可能会创造更高收益并为人民提供健康食物，且同样是"小而精"的绿色农业道路。陆文荣、段瑶和卢汉龙（2014）则梳理了技术效率派和制度环境派对家庭农场适度规模经营的研究，提出要回到村庄内部视角看待家庭农场适度规模经营，要基于村落成员权利的土地福利分配，形式平等与事实平等兼顾的村庄大公平观等强大的集体制传统，在此基础上与政府、市场共同建构家庭农场适度规模，并强调适度规模应该是家庭农场最重要的特征。

蔡瑞林、陈万明（2016）基于江苏省粮食生产型家庭农场的调研数据，构建了具体的划分尺度，即需要秉承"效率与公平兼顾"的农地流转指导思想，依据地区种粮收益、外出务工机会收益、城镇在岗职工工资水平、城乡公共服务水平等指标构建家庭农场适度规模经营的三个临界点：一是最小必要规模即家庭农场生产经营所得相当于家庭劳动力外出非农务工收入时的农地规模；二是中等适度规模即经营家庭农场既能够获得家庭劳动力外出务工的平均收入，又能获得能够替代当地城镇居民基本公共服务水平相当的经济收入；三是超适度规模即家庭农场经营规模能够使得家庭劳动力获得相当于当地城镇非私营单位在岗职工平均工资收入，同时享有当地城镇居民的公共服务水平。根据三个临界点，可以将家庭农场适度经营规模区分为低适度规模、中等适度规模、高适度规模、超适度规模四种情形。为进一步的研究指明了方向。

5. 其他视角的家庭农场发展问题的讨论

除了以上问题的讨论，还有很多学者从其他视角来分析研究家庭农场，见解深刻。胡光志、陈雪（2015）从相关法律制度体系健全的角度分析，认为适时建立并完善家庭农场生态农业相关法律制度体系是中国特色农业现代化的重要保障，建立家庭农场主体法律制，改革现行农地流转法律制度可以促进生态农业家庭农场在我国的形成。刘学梅（2013）从人力资源的角度分析，认为培养一大批具备较高文化素质、技术素质、商品意识、市场意识、社会责任意识、生态保护意识和经营管理水平的中国现代家庭农场主和农民企业家，是当前发展中国家庭农场的当务之急。兰勇、周孟亮和易朝辉（2015）从金融支持体系角度分析，在文章中提到家庭农场已成为重要的新型农业经营主体，也是中国现代农业发展的重要载体。中国现有金融体系已不适应家庭农场发展需要，表现在信贷支持不足，农业保险和农产品期货发展滞后。加快配套金融体系的改革，是实现家庭农场长期、良性发展的重要保证。与此同时，苏昕、王可山和张淑敏（2014）也从资源禀赋的角度分析了家庭农场的切实可行。还有学者从生态学的角度看家庭农场的发展，例如蔡颖萍、杜志雄（2016）认为家庭农场的生产行为已初具生态自觉性；农场主受教育程度、接受培训以及从事农业规模经营的年限、加入合作社、被评比为示范家庭农场、产品通过"三品一标"认证、拥有注册商标等因素对家庭农场生态生产行为具有显著的正向影响。政府应当重点扶持家庭农场等新型农业经营主体，并在政策上提供指引，激励其选择资源节约、环境友好的农业生产行为。除此之外，有一些学者从更加微观的视角分析问题，例如曾福生、李星星

(2016)通过定量分析得出农业扶持政策对家庭农场经营绩效的直接效果不显著,但通过两条中介路径,即:改善家庭农场的经营环境和提高家庭农场主企业家才能的间接效果显著。为政策的制定提供了现实基础。

(二)本报告的界定与分析

1. 家庭农场的内涵

从目前中央发布的与家庭农场有关的具体政策来看,可以对家庭农场的内涵总结出如下几点。

第一,属于"新型经营主体"的一种,从而区别于"小农户"。文件中将家庭农场定义为"新型农业经营主体"。所谓"新型农业经营主体"是在农村出现的新的农业生产模式,在家庭联产承包责任制基础上,由有文化、懂技术、会经营的职业农民进行大规模经营的农业生产模式。这种模式的集约化程度较高,其产品也比较有市场竞争力。家庭农场作为"新型经营主体"的一种类型,其与传统农业的"小农户"生产经营模式相比,还是具有较大差别。

第二,具有生产专业化的特点。家庭农场的生产是以家庭成员为生产主体的企业化经营单位,且具有法人性质。其并非从事简单的初级农产品生产,而是进行农业的专业化生产且非兼业,包括种植、养殖等。其专业化生产是集生产,加工,流通,销售为一体,实现了三大产业融合,集约化程度较高。

第三,具有产品商品化的特点。家庭农场是通过提高市场化程度和商品化水平,不考虑生计层次的均衡,而是以盈利为根本目的的经济组织(高强、刘同山、孔祥智,2013)。所以说,家庭农场的生产最终品并非是用于自家消费,而是流入市场谋利,从而获取利润。

第四,具有规模化的特点。家庭农场的规模化是有两个层次的含义的。一方面,家庭农场必须要有一定的规模化,获得规模效应的成本降低的福利,实现规模经济。另一方面,因为家庭农场的经营主体还是家庭成员而不雇人,受制于管理能力,规模的扩大也有限制,所以家庭农场的规模化特征表现为适度规模化。

第五,具有高收入的特点。家庭农场依靠农业形成有足够吸引力的收入。其实现的产品商业化和三大产业融合使得家庭农场的收入较传统"小农户"生产模式有较大提高,能给农民带来较高利润。高收入这一特点也是国家提出大力发展家庭农场等新型农业生产经营主体的原因。

第六，但又有小农户的一些特点，从而区别于大企业—大资本农场。这尤其体现在原农业部 2014 年文件的界定："农户家庭承包经营的升级版""主要依靠家庭成员而不是依靠雇工"。家庭农场由于概念的界定，使其还保留着一些"小农户"的特点。但是较之"小农户"模式和农业企业，家庭农场都有着明显的区别。家庭农场区别于普通农户的根本特征，就是以市场交换为目的，进行专业化的商品生产，而非满足自身需求，而区别于农业企业的根本特征，就是以自有劳动为主，依靠家庭劳动力就能够基本完善经营管理。

2. 家庭农场与小农户不同，相比更接近于企业或厂商。详情参见表 1 （高强、刘同山、孔祥智，2013）。

表 1 农业企业、家庭农场和普通农户的区别

项目	农业企业	家庭农场	普通农户
土地	主要靠租赁土地	以租赁土地为主，以自有土地为辅	以自有土地为主，以租赁土地为辅
资本	以外投资本为主，拥有明晰的资本收益率	外投资本与自有资本，拥有较为明晰的资本收益率	以自有资本为主，缺乏明晰的资本收益率
劳动	以雇佣劳动为主，很少自有劳动	以自有劳动为主，以雇佣劳动为辅	以自有劳动为主，偶有邻里换工
经营者劳动	以管理性劳动为主，以生产性劳动为辅	生产性劳动与管理性劳动结合	以生产性劳动为主，以管理性劳动为辅
产品属性	产品担负着交换盈利功能	产品主要担负着交换盈利功能	产品担负着维持生计功能

从土地、资本、劳动、经营者劳动和产品属性角度来看，家庭农场的特征更近于农业企业形式。

3. 对小农户的理论理解

关于小农户生产模式，很多学者都有深入的研究，如俄罗斯—苏联经济学恰亚诺夫（20 世纪 20 年代）：《农民经济组织》；世界银行经济学家（20 世纪七八十年代）：《农户模型》；美籍华裔经济史学家黄宗智（20 世纪 80 年代至今）：《华北的小农经济与社会变迁》《长江三角洲的农民家庭与乡村发展》《中国的隐性农业革命》。基于以上作者的研究，可以总结出小农户的如下特点。

第一，具有杂样的生产目的的特点。不同于以市场为主要目的，往往满足自家消费需求或其他社会属性的生产目的。相比于新型农业经营主体的市场导向，小农户的自给自足导向是造成杂样生产目的的源头。在传统时代，为自家消费的生产甚至占首位。同时还存在"一家两制"的现象即农户对自己食用的农产品少用或不用化肥、农药、激素及添加剂，而对面向市场销售的农产品却使用大量的化肥、农药、激素及添加剂。这样现象的存在，对于小农户模式的收入也有着负面影响。

第二，具有除农业外普遍兼业，依靠较多类型的经济活动支撑家计的特点。基于恰亚诺夫对俄国农民的观察、费孝通19世纪30年代对开弦弓村的研究、黄宗智对华北平原和长三角的研究可以看出，小农户的生产方式是除了农业生产之外，还有其他的兼业，主要的目标是满足生计而不在乎从事的生产活动的类型。同时满足生计为导向的生活也使其不深究其生产技术的改进问题，效率问题等。

第三，农业本身不足以支撑家计。目前小农户生产模式中存在长期人地比例失调的普遍现象，而人地比例失调导致农场规模很小，加之剩下的老幼等低产出劳动力导致劳动/工资回报较低从而使得农业生产收入不足以支撑家计支出。这样的恶性循环也就造成了小农户生产模式的"农业+兼业""半工半耕""两条拐棍"的突出特点。

4. **家庭农场和小农户之间不是非此即彼，而是存在过渡地带。**

前面提到，家庭农场并没有完全脱离"小农户"模式。家庭农场虽然具有法人性质，但还是以家庭成员为经营主体，不雇人。正如2014年原农业部下发的促进家庭农场的指导文件里界定的那样，家庭农场是"农户家庭承包经营的升级版"，是集约化程度更高，生产效率更高的升级版"小农户"模式。所以说家庭农场和小农户之间并不是无交集的，而是存在过渡地带。例如，寿光蔬菜大棚产业，一对夫妇经营3—4亩土地，一个大棚，规模小、不流转土地、收入高（相比外出务工和传统大田农业）、农业部门内就业充分。[①] 这里的"家庭农场"与"小农户"之间并没有明显的区别。但是作为"理想类型"的家庭农场却在现实情况与政策指导方面存在一定模糊性与弹性（灵活性）。

5. **家庭农场相比小农户更接近一个专注于（短期或长期）利润最大**

---

① 资料来源于作者调研。

化的企业。

　　这对家庭农场的经济活动产生了深刻影响。从实现利润最大化的成本控制来讲，小农户往往不甚精确的成本收益估计，但在家庭农场那里变得至关重要。前述对家庭农场内涵的理解中有助于澄清这一点。一个小农户的"经济体量"（无论衡量家庭总收入还是农业经营总收入），都不足以（或不值得）支撑精确核算成本收益所带来的"管理成本"。精确核算成本收益所带来的增量收益，不足以对小农户形成有效的激励。但是对于家庭农场则不然，如以种植业为主业的家庭农场，因普遍需要流转入土地和一定程度地雇工（尤其是农忙季节），这使土地与劳动力成本均显化了：土地成本由土地流转费、劳动力成本由雇工工资刻画。生产要素的成本显化加上利润最大化的生产目标就有了精确核算成本收益以实现成本控制的诉求。而对于小农户而言，土地与劳动力均没有显性的价格，而只有"影子价格"。如前所述，在农业本身只占小农户总经济活动量一小部分的情况下（数千元之于数万元），小农户不会精确衡量这部分影子价格所带来的成本，进而决策与家庭农场或专业大户竞争的效率。加之，对于小农户而言，完全可以由辅助劳动力，如不愿外出的老人、留守在家照顾幼儿的女性，进行大田农业生产。这部分辅助劳动力，要么因为特殊偏好的考虑从而不愿进入城镇劳动力市场，要么因为某些障碍无法进入。但其进入基于家庭承包地的大田农业，则几乎没有障碍。这尤其得益于上世纪90年代中期尤其是2000年以来，机械化服务的快速发展对主劳动力（青壮年男性）的替代。以主劳动力外出务工的（相对高）收入支付机械化服务的费用（黄宗智、高原，2013）。这就形成了现代小农户模式即辅助劳动力结合机械化设备服务进行大田农业生产，而主劳动力外出打工进入第二、第三产业并获取报酬用以支付设备租赁使用费用的经营模式。

表2　　　　　　　**鲁西北种植业规模化农场与小农户的对比案例**

面积（亩）	736	120	201	5.4—22
参与粮食生产的家庭劳动力数量（个）	0	1	2	2—4人
机耕、播、收情况	自有机械	自有机械、购买服务	购买服务	购买服务
机耕、播、收杂工方式	雇工	雇工	家庭劳动力、雇工	家庭劳动力
施肥—打农药—浇水方式	雇工	雇工	雇工	家庭劳动力

资料来源：作者调查。

鲁西北地区的粮食生产，一般是冬季小麦—夏季玉米轮作，其主要的生产环节，按照时间顺序，包括：小麦部分：耕地、施底肥、播种、追肥（1—2次）、浇水（1—2次）、除草、治病虫（1—2次）和收割；玉米部分：播种和施底肥（底肥一般在播种时和种子混合施入田中）、追肥（1—2次）、浇水（1—2次）、除草、治病虫（1—2次）和收割（见表3）。

表3　　　　　　　　　　劳动投入情况　　　　　　　　　　（单位：个、亩）

生产单位	相对劳动密集的生产环节劳动力投入						合计劳动投入数量	耕地面积	亩均用工
	小麦			玉米					
	施肥	浇水	打农药	施肥	浇水	打农药			
A农场	253	72	152	114	0	114	705	736	1.0
B农场	21	10	12	24	10	8	85	120	0.7
C农场	44	24	39	20	0	60	187	201	0.9
A农户	2	18	3	12	6	21	62	22	2.8
B农户	3	6	3	12	4	11	39	10	3.9
C农户	10	12	9	6	12	9	58	10.8	5.4
D农户	5	6	9	3	6	4.5	33.5	5.4	6.2

表4　　　　　　　家庭农场与个体户的生产成本对比　　　　　　（单位：元）

生产单位	机耕—机播—机收费用				种子费	化肥费	农药费	浇水油费	雇工工资	地租	合计
	司机工资	机器折旧	油费	机械化服务							
A农场	12	55	46	0	80	317	45	8	81	1000	1643
B农场	9	104	48	90	85	244	19	19	50	600	1267
C农场	0	0	0	220	100	285	33	12	47	570	1267
A农户	0	0	0	199	115	328	71	61	0	236	1010
B农户	0	0	0	200	110	240	28	45	0	102	725
C农户	0	0	0	235	121	430	47	48	0	0	881
D农户	0	0	0	235	116	420	48	48	0	0	867

种植业中，家庭农场因规模的扩大和一定程度上使用雇工，可以实现单位耕地面积的劳动投入显著低于小农户。土地流转费以及一定程度上的雇工费用，使家庭农场单位耕地面积的生产成本显著高于小农户。规模增

加使购买农业机械变得合算，按照折旧分摊到每年，单位耕地面积的机械投入，比小农户购买机械化服务的费用明显为低。一些学者认为家庭农场单位面积净收益小于小农户（贺雪峰，2013；陈义媛，2013；尚旭东、朱守银，2015）。

三 各地家庭农场发展模式及管理办法实践

（一）发展模式

目前，国家政策的扶持力度的逐年加大，家庭农场也呈现井喷式发展。因地制宜地发展家庭农场的理念也创造出了多种发展模式。关于家庭农场发展模式的研究，很多学者都进行过总结。例如高强等学者，将中国的家庭农场发展模式总结为四种：**一是"经营自耕农"式发展模式，这种模式以上海松江为代表**。以"种养结合""机农一体"为发展原则，加强新型高素质农场主培训，从而实现生产发展、农民增收、环境改善和保护耕地的良好效果。**二是"与城镇化联动"式发展模式，这种模式以吉林延边州为代表**。以土地流转为中介，实现专业农场与城镇化联动发展，将专业农场的发展作为破解阻碍农民离土离乡和制约城镇健康发展的有效途径。进而实现土地快速流转，加速农场发展的目的。**三是"依靠协会带动"的发展模式，这种模式以安徽郎溪为代表**。郎溪县将一些经营规模较大，辐射带动能力强，发展较规范的家庭农场组织在一起，成立了家庭农场协会。通过家庭农场协会的示范带动，推动家庭农场的培育与发展。**四是"实施分类管理"的发展模式，这种模式以山东省诸城为代表**。在登记管理方面，诸城依据产业规模及年纯收入两个指标，将家庭农场分成了大、中、小三种类型，分别在种植，养殖和种养结合三大领域，按照粮食、油料、露地瓜菜、设施农业等16种农产品提出家庭农场认定标准。

除此之外，家庭农场的产业特色按其发展模式可分为生态有机农场、休闲农场、观光农业、现代农业、牧渔殖养五大类型。

生态有机农场是以农业生产生态化，产品有机化为特点的有机农场。前期需要快速完成土地流转实现较大面积的土地规模，生产活动主要以种养结合方式为主并向生态化、有机化方向发展。例如天津九州泓科技农业生态园，园区以设施化种植为突破口，以优质果品和绿色蔬菜的设施化栽培为补充，建成集特种作物生产、果蔬标准化生产、技术服务和生态观光于一体的农业科技生态园区，建设过程中紧密围绕"绿色、生态、循环、高效"的理念，结合绿色城市发展，以实现农业资源高效利用和服务城市为目标，推广集约型、节约型、生态型农业发展模式，构建循环产业链条，实现高效、低碳发展，符合生态有机农场的特征。再例如衡荣生态农场，其与山西农业大学、北京农学院、北京林业大学、中国农业大学、中国农科院、山西省农科院等高校和科研院所合作，探索出衡荣有机生态产业链模式，开发出植物源有机农药、生物有机肥、防治奶牛乳腺炎的功能饲料、预防和治疗感冒的金花茶，培育出了多个多倍体新品种，并研制出根茎类药用植物全机械化栽培技术等多项国内及世界领先的技术成果。同时衡荣有机生态产业链生态恢复模式在平朔煤矿的复垦土地上已经成功实施，实现了经济效益、社会效益、生态效益的完美结合。

休闲农场是在生态化的基础之上，加入休闲旅游元素的家庭农场类型。其产品更加偏向实用化和流行化。例如北京涵碧泉休闲农业园，其秉承可持续、零污染的环保理念，通过可再生循环农业生态增值等先进科学技术的资源整合，充分开发以菊花为原材料极具经济价值的清新降霾、食用药用、美容护肤等产品，努力将"夏都菊海"打造成"花人合一"的全景菊海大美田园摄影基地。除了以风景美丽为品牌，该种农场还加入了农业参与式旅游的元素。北京的金冠果业采摘园，主要从事果品的观光采摘、集团购买，新品种示范及果树苗木的繁育。果品主要有温室桃、樱桃、红提葡萄等。同时果品的采摘按照时节不同，有不同的产品供应，使农场实现了全年收益增加、客服采摘型参与式旅游农业季节性盈利等特点。

观光农业类型的家庭农场，主要以观光旅游为主打品牌，该种农场多以美丽苗圃花卉景色为特点吸引游客。例如鄢陵五彩大地，是一个以大型花卉种植为宗旨，集田园与优势产业结合起来，把现代农业与生态旅游观光休闲、影视拍摄、花卉农耕文化展示为中心，集休闲度假、农家餐饮、休闲娱乐为一体的生态观光休闲旅游区，主要以田园美丽景色为特色，吸引大量游客。再如宁夏艾伊薰衣草生态庄园，充分开发利用当地的自然风光和优越的地理条件，因地制宜，以薰衣草和各种香草种植和加工为龙头，以生态农业为依托，以环保、绿色、健康为经营理念，以"以人为本，客户至上"为服务信条，坚持把自然景观与人文景观结合起来，把现代科技结合起来，把发展循环经济与观光农业结合起来。打造以薰衣草景色为特色的观光农业。除此之外，山东天佛山生态庄园，江南葡萄园休闲观光园等家庭农场，都是此种类型家庭农场的优秀典范。

现代农业是以农产品创新化为特色的一种家庭农场类型，该类型以农业科技技术为依托，开展农产品创新生产活动。其产品相较于一般市场的农产品更具异质性，更有特色，从而其产业利润也更丰厚。例如通化禾韵现代农业股份有限公司，致力于蓝莓产业的发展，在品种区化和技术区化方面用了整5年时间全面建立了蓝莓生产技术体系。依据技术体系和标准，公司又建立健全了相应的生产管理体系，确保了基地产品达到国际有机食品标准。同时，该农场还发展蓝莓规模化和种植、加工、营销、科研一体化发展，全力打造"大美长白山，禾韵蓝莓谷"。

牧渔殖养类型的家庭农场，是主要以牧业、渔业的养殖为主，注重开展鸡蛋、牛奶等养殖业副产品的创新性生产活动，并在养殖业实现集约化、规模化、专业化，从而发展高效率的规模养殖产业，获得高利润。该类农场主要以牧场、水产养殖园等形式为主。例如圣迪乐村，此前其提出了"耐克＋麦当劳＋沃尔玛"的商业模式，意为"品牌＋标准＋规模"，就是要在鸡蛋这一传统农产品领域，像耐克一样创建品牌，建立像麦当劳一样的严格标准，达到沃尔玛一样的产业规模。与工业产品不一样，影响鸡蛋品质的环节非常多。圣迪乐村率先在行业内建立全产业链模式，从种鸡到鸡蛋，全程自控，近百个关键控制点，都开始探索建立与国际标准接轨的"SDL标准体系"。在养殖方式上，圣迪乐村引进欧洲标准的自动化设施设备，给母鸡建立"高星级"的生活公寓，生长环境大大改善。公寓内有新风系统、温控系统、清洁系统、净水系统，母鸡舒适生活，健康成长，产的蛋自然更加高品质。为了蛋品更加安全、品质一致，圣迪乐村运用欧洲先进的全自化鸡蛋洁净与分选设备，消除蛋壳表面99.9%的大肠杆菌与沙门氏菌，并把不符合质量标准的蛋品筛选出去。如此专注于创新化生产鸡蛋的家庭农场，也成为该种类型的家庭农场的典范。

(二) 管理办法实践

2013年"中央1号文件"出台之后，中央对发展家庭农场这种新型经营主体做了宏观的严格的定义界定，之后各级政府依据"中央1号文件"和原农业部下发的《关于促进家庭农场发展的指导意见》（农经发〔2014〕1号），以下简称《指导意见》，结合本省的实际情况颁布有关的指导意见，对省内发展家庭农场进行了进一步的界定。例如，山东省将家庭农场主认定为"投资、经营者"。江苏省则将家庭成员的角色扩展为"主要劳动力或生产经营者"。在经营范围方面，山东省的定义最细致，不仅规定了经营土地的来源构成，而且将农业经营细分为"农、林、牧、渔业"。总体而言，家庭农场的概念界定正在逐步完善，为登记管理制度与扶持政策的制定奠定了基础（高强、周振、孔祥智，2014）。

截至本课题研究结束时，全国已经有 29 个省、自治区和直辖市颁布了关于家庭农场的认定标准和资格审查条件办法，对其进行规范化管理。各地的管理办法的大同小异，都对农场的规模化程度、环保生产、管理制度等有所规定。总的来看，一方面是对家庭农场的资格条件有所放宽，取消了例如农场主的年龄限制等。只要农场符合规模，设施达标等要求，就可以得到认定。另一方面，各地都对土地经营规模和土地流转期限作出规定，基本都要求土地流转年限不得低于 5 年。此外，各地关于家庭农场的规范化经营都是农业部门和工商管理部门共同管理，认定与登记相结合。比较各地的管理办法除共同特点外，各地关于家庭农场资格条件的认定也存在诸多不同之处，主要体现在农场主身份、经营规模、经营范围与农场从业人员四个方面。

在农场主身份问题上，虽然是对于户籍所在地条件有所放松，但是对于户籍类型不同的地区有不同的界定，例如江苏省和湖北省规定农场主必须为农村户籍人口，这也和农业农村部的规定是相契合的；而浙江省的规定就较为宽松。此外吉林等地还鼓励城市居民发展家庭农场。

在经营规模方面，关于家庭农场资格条件的认定中，要求"从事粮食作物的，土地经营面积达到 50 亩（一年两熟制地区）或 100 亩（一年一熟制地区）以上；从事经济作物、养殖业或种养结合的，应达到当地县级以上农业部门确定的规模标准"。湖北省要求，从事粮棉油大宗农产品种植的，土地经营面积不低于 50 亩，而延边州则要求"水稻、蔬菜和经济作物经营面积三十公顷以上，旱田粮食作物经营面积五十公顷以上"，并且土地必须相对集中连片。江苏省除对土地经营规模作出具体要求之外，还指出"从事种养相结合的，其土地经营规模应当达到标准下限的 70% 以上"（孔祥智等，2014）。总的来看，关于经营规模方面，全国各地市基本都规定了下限，没有规定上限。

在经营范围的方面，山东省和湖北省基本相似，规定家庭农场在进行传统农业生产的基础上，还可以"兼营相关研发、加工、销售或服务"。

而同时，两省均提出，"经营范围中有法律法规和国务院决定规定需要前置许可的，应依法依规办理前置审批文件或许可证件"。而江苏省的规定则为家庭农场应"以谷物、蔬菜、水果、园艺作物或其他农作物种植以及水产养殖为主要经营项目"，但是可以在"种养结合或兼营相应的农场休闲观光服务"。此外，江苏省还要求家庭农场"从事的农业生产经营活动应当符合当地政府的农业发展规划、产业布局和环境保护等方面要求"。相对于省级规定来说，一些基层政府对于家庭农场经营范围的认定较宽泛。例如，浙江省江山市就规定，家庭农场可以从事"农产品运输贮藏"引进新技术新品种以及农业生产经营有关的技术培训、交流和信息咨询服务"。作为新型农业经营主体之一的家庭农场，随着不断发展壮大，将是中国商品农产品生产的主体。因此，应该在详细论证的基础上，对家庭农场的经营范围进行全面科学与细致的核定，引导其以市场为导向，从事专业化生产、集约化经营和社会化服务，在更广阔的领域参与市场竞争（高强，2014）。

关于农业从业人员方面，《指导意见》提出要以自有劳动力为主，以家庭成员为主要经营主体。这一点在不同地区的文件中也有不同的要求，例如浙江衢州市要求长期从事农业生产的不得少于两人，没有具体约束雇工的问题。而上海松江要求可以短期雇工，不得长期雇工。关于这一方面，有学者认为从实践来看，资格条件中直接对家庭农场从业人员或雇工数量进行规定，不免过于僵硬。可以以家庭成员投入农业生产经营活动的劳动时间与总劳动时间的比例作为衡量指标。按照这个指标进行拿捏尺度更为科学。

农场主需要因地制宜地对家庭农场进行管理。结合自身实际情况，根据所开办的家庭农场的具体特点开展工作。目前家庭农场大致有生态化生产、三大产业融合高效率生产以及观光旅游为特色等类型。要根据不同的类型制定不同的管理制度，例如惠州市博罗县大铜锤农场是集农庄、生鲜超市、生鲜配送于一体，专供果园鸡、走地鹅、放养土猪、有机青菜、农家米油等产品，其管理制度就是结合其产品生态化、无污染的特点，严格控制产品生产的质量关，做到生产产品环节的全程监控，从而加速资金回流，实现高利润、高收入。再例如鄢陵五彩大地，其位于鄢陵名优花木园区西北部，东临黄南、黄北、安庄村，西临长葛边界，南临万绿园林搭界，北临大浪沟河，是一个以大型花卉种植为宗旨，集田园观光休闲、影视拍摄、花卉农耕文化展示为中心,集休闲度假、农家餐饮、休闲娱乐为一体的生态观光休闲旅游区,该农场结合自身观光旅游的特点,加快旅游基础设施建设,从而实现其快速发展。

四 从产业组织视角看家庭农场的发展

对于家庭农场发展模式的理解,可以从农场的规模、产品类型、与市场及产业的对接形式几个线索进行分析。

(一) 规模与产品

2013年至2017年的"中央1号文件"和原农业部的《指导意见》均将适度规模与家庭农场联系起来。但在实践中,对家庭农场规模的理解需要更细致地与其向市场供给的产品的品类与特性联系起来。相比较传统大田农业和高价值农产品,后者往往是"资本与劳动双密集",需要的规模不一定超出小农户太多。大田农业如粮食生产,则需要"适度规模",需要明显超过小农户。这就给家庭农场规模和产品的结合找到了衔接点。据原农业部统计,全国家庭农场中,从事种植、养殖及种养结合的家庭农场占总数的98.2%,其中从事粮食等大田作物生产的家庭农场占农场总数的40%(张红宇、杨凯波,2017)。

(二) 产品的多样化与市场竞争力

在产品方面,它同小农户一样,主要生产大田作物,如水稻、小麦、大豆等主粮。同时也生产缺乏标识度的蔬菜、水果等。而在销售端口面对接近完全竞争的市场,缺乏市场势力,价格只能随行就市。另外,家庭农场能够生产具有一定标识度的产品从而区别于小农户。例如生产具有认证的有机食品,产品标识度越清晰,目标消费者定位越准确,可以得到更大的市场势力,享受较高的价格。同时,赋予产品纵向区分和横向区分。在对家庭农场的农产品选择目标消费者时,一方面要赋予农产品诸如价格等更多属性,以实现其横向发展优势,另一方面要深化其产品的特色,实现纵向发展优势。此外,和小农户相比,家庭农场进行产品细分选择目标消费者的能力更大,更有可能成为增收之道。

(三) 与市场与产业的对接

要将家庭农场的发展与市场和产业进行合理对接。结合点的选择很关键,要结合家庭农场的具体情况选择对接模式,例如:家庭农场可以和市场直接对接,实现生产销售一体化,避免中间环节,打通销售渠道,快速获得利润;若家庭农场的生产规模拓展和销售机制尚未成熟,可以和小农户联合领办合作社,或参与合作社一起,快速实现规模化、产业化,进而将联合体与市场对接以实现三大产业融合;家庭农场还可以与行业协会/技术协会进行合作,改进生产技术和管理制度,发展特色、高效率产业,并将产品推向市场。当然,家庭农场也可以参与社会化服务或直接与农业企业(双边)平台进行合作,以获得最大利润。

五 从社会属性视角看家庭农场的发展

除了前述产业组织的视角以外,社会属性同样是理解家庭农场发展的重要维度。这是因为和其他诸多乡村经济与社会组织一样,家庭农场并非是孤立的、原子化的个体,而是内嵌于乡村社会之中,与最基层的村庄社区之间有着种种属性的联系。本报告用以分析家庭农场社会属性的基本概念是"悬浮型"家庭农场和"内生型"家庭农场。前者指的是家庭农场在经营过程中,存在一定程度的和当地社区的疏离,主要转为谋求自己利润,而较少地承担社区公益支援、引领社区发展等社会公共利益导向的活动。后者则恰恰相反,它意在刻画的是,有一类家庭农场在发展过程中,深深扎根于其赖以产生的乡村社区,不仅追求自己的利润,而且有意识地服务于社区发展与一定程度的公共服务。这一分析视角的政策意义在于,农业与农村政策不仅应考虑农场的经济属性,如成本收益和盈利性,也应考察其支援村庄社区发展的能动性与潜力,由此在评优、宣传与项目支持上,进行更加综合性的考量,使"内生型"家庭农场得到更充分的支持,并且促使"悬浮型"家庭农场向"内生型"家庭农场的转变。

接下来报告将具体分析几个具有社会属性的家庭农场案例[1]。值得注意的是,目前观察到的家庭农场案例,更多的是专注于自身利润的实现与发展,而在社区责任和公共服务方面,还刚刚起步。不过一些农场的发展过程中,也清楚地展现出从悬浮型向内生型转化的趋势。这很可能是因为社区责任和农场经济利益之间,存在相互促进的作用。这一点尤其值得重视。

---

[1] 这些案例来自2017年张宁宁、龚博洋等人在农场的5次调研所积累的素材。

1. 小毛驴市民农园

小毛驴市民农园（以下简称"小毛驴"）创建于 2008 年，占地面积 230 亩，位于北京西郊著名自然风景区凤凰山脚下、京密引水渠旁。小毛驴建设初期是以外来团队经营为主，依靠蔬菜种植获得利润，和当地村民发生的关系较少，具有悬浮型农场的特征。在农园建立之时，通过土地租赁，获得土地经营权置办基础设施，包括厂房、办公用品等；在农业生产上采用自然农业技术，尊重自然界的多样性，遵循种养殖结合的原理；使用腐熟的生物肥料以及生物液体，比如腐熟的鸡粪、驴肥、秸秆作为蔬菜的肥料，使用生物酵素改善土壤环境以抗击自然害虫等；在养殖方面学习韩国的生态养殖方式，采用"发酵床"方式养殖原种黑猪，利用剩余秸秆、蔬菜作为黑猪原材料。因为这些种植与养殖模式需要的劳动日益增多，为此农场在扩大设施建设的同时，开始从当地村庄聘请村民在农场上工作，既可以发挥当地人员长期积累的农业经验特色，也可以帮助农业人员增加劳务收入。此时农场开始展现出内生型色彩。

随着农场经营逐渐成型，农场开始开创新发展模式，逐渐增加了若干项目，以扩大农场经营利润。其中包括向会员出租菜地，开发亲子农耕教学活动，集中开办北京市内有机农夫市集等活动，这些活动和项目不仅快速扩大了农场的的经营利润，也使农场的经营方式逐渐丰富，社区知名度也逐渐增加。

小毛驴于 2012 年与海定区苏家坨柳林村村委会共同成立了"小毛驴柳林社区农园"，进一步探索与农村社区更加紧密的互助模式。此时农场扮演的社区责任也更多，尤其是在 2012 年开始同当地村庄一起举办社区文化节、开耕节等，创办农业文化展览长廊，协助原本发展困难的村庄打造了一个集旅游与乡村文化实践为一体的品牌，为当地乡村发展带来很大帮助。

不仅如此，小毛驴市民农园在后续的经营过程中，不再仅仅局限单纯的生产、经营农园，而且已经培训生态农场人员，逐步开始推出"CSA 生态农业实习生项目"，招收当地村民加入。经过若干期的项目，目前已经培训了 110 名新农人，这些人在培训结束后，掌握了相应的农园运营的技能，逐渐开创到新的农园，继续为促进绿色农业做贡献。除服务于当地村庄以外，小毛驴市民农园还先后举办了三期面向全国的自然农业技术培训班，培训学员 120 名；五期全国 CSA 培训班，培训学员 200 名；一期全国永续生活工作营，培训学员20名；一期全国农场经理人培训班，培训学员35名。总计有近400名返乡青年、涉农企业经理通过培训收集了经验、积累了资源，并积极向可持续农业转型，发展有机农业。

除此外农园在2010年联合北京若干家相似的农园，一起走进社区、商场写字楼用于销售农产品并进一步推广这种农业的生产方式，倡导绿色、环保的种植模式。农园从自身利润优先逐步转换成以社会责任与盈利并重，可以说已经发展成为一种以致力社区发展、社会进步为重要目标的内生型农场。

2. 北京分享收获农场

分享收获农场也具有较为明显的内生型特点。其生产基地包含北京通州、顺义和黑龙江五常3个基地，包含蔬菜、水稻种植，生态鸡以及黑猪养殖。其蔬菜生产的具体标准为不使用化学合成农药、肥料和转基因品种，家禽养殖的标准为林间散养、自然成长、粗粮喂养，不使用合成饲料并且禁止使用添加激素等。经过5年的发展，已经在通州区拥有60亩蔬菜种植基地和110亩林地养殖基地，其生产活动主要与当地农户合作，种养结合。蔬菜基地主要与郎叔合作社合作，共有4栋大棚，1个配菜棚，能够满足300—400户会员的蔬菜配送需求。主要在100余亩的林地下散养"跑步鸡""大真猪"等，其食用物主要来源农场内单一的玉米、麸子以及青饲料以保证纯食喂养。另外在顺义区拥有50亩蔬菜种植基地和230亩果树基地，其中蔬菜基地有26栋大棚，另外果树基地也作为"食育教育"项目的场所。而黑龙江水稻基地主要与当地村民合作社合作生产，从最初的30亩扩大到60亩，采收的稻米都达到了相应的标准。

在生产环节，分享收获农场从土地配置、人员采摘等方面与本地社区居民合作开展，不仅通过土地入股和农场劳务方面增加当地居民的收入，同时也为广大社区居民提供更多的健康食品，并促进当地环境的改善。农场还积极与本地村民合作，促进当地有机农业合作社的发展，这进一步增加了农场的在地性。

不仅如此，农场在社会服务上也扮演者重要的角色，包含社区、学校、公益的多重角色，也逐渐具有内生型农场的重要特征。通过几年的不断积累，其生产的产品累计可以服务到1000余户家庭，能够让更多的家庭获得更多的健康食品。而社区的家庭经过自己的体验后又继续帮助农场扩大影响力。而在社会公益上，一方面农场每年培训"新农人"5—10

人，以便在更广阔的地方开展农业服务。另一方面农场积极倡导健康饮食并推出食育教育项目"分享收获大地之子学园"，目前根据现有的基地分别与呼家楼中心小学、顺义区东风小学、顺义国际学校、海嘉国际双语学校、博识幼儿园、清华大学附小、人民大学附小等学校建立了合作关系，实现现场教学，推动学生的实践动手能力，为学生教育打下良好的基础。农场在社区扮演着新家人的角色，在学校扮演着实践课的角色，在社会扮演着引领者角色等，也具有内生型农场的特征。

3. 稻香南垣家庭农场

稻香南垣农场位于江西省宜丰县新庄镇南垣村，是一家以古老水稻品种为主、使用农基肥等可持续方式种植水稻的家庭农场。经过发展，该农场将生态种植的方式扩大到全村，带动了村民的收入，使得村庄社区变得更加巩固、农民经济收入与社会地位变得更加均等。由此具有典型的内生型农场特征。

在 2011 年时，农场经营者姚慧峰决定从城市返回农村开始踏上生态农业的道路，尽管道路异常艰难，但是经过两年的发展逐渐打开了销路，比常规水稻价格高出很多，单价为 7 元/千克，亩产 250 千克，而普通水稻价格为 2.5 元/千克，亩产 400—500 千克，这在当地产生了巨大的反响，为农业转型提供了良好的发展契机。2013 年年初，创始人姚慧峰开始以家庭农场为基础，进一步带动当地村民成立稻米生产合作社，使有机农业种植范围逐渐开始扩大，相应的农业害虫防治方式也发生了变化。采用稻鸭共生的生产模式，既除治了杂草又减少了害虫，最重要的是因该生产模式可产出高价值稻米而促进了农民增收。当合作社的种植基地扩大后，稻鸭共生规模效应甚至扩散到了其他村庄。

其次，姚慧峰在 2015 年通过利用家庭农场资金存余为乡村开办了一家乡村图书馆"慎修书社"，此书社不仅给村民提供阅读的场所，还为当地孩童提供一个公共学习的场所。另外书社完成了村庄姚氏家谱修订。这一功能的完成，也意味着该农场，还在一定程度上承担起社会服务的公共职能，为村庄的发展提供重要推力。不仅如此，该农场还着力推动搜集当地优良的传统水稻种，推进水稻种进行保种流传，目前已经搜集了红米、黑米等 40 多个品种，并得到了广泛试种。可见这一农场的发展不仅仅停留在单纯的利益上，而是扮演了诸多社区、社会的责任。由此稻香南垣家庭农场也具有内生型农场的重要特征。

六　家庭农场未来发展趋势的研判与可能的管理应对思路

（1）平均规模有可能难以持续扩大，有可能稳定在一个适度的水平上。首先看土地流转的趋势。2008年十七届三种全会提出"现有土地承包关系要保持稳定并长久不变"，土地流转从2008年开始加速，当年土地流转面积占家庭承包经营总面积的8.9%，2016年年底达35.1%，30亩以上经营主体为1052.1万家，50亩以上为356.6万家；土地流转比例下降，2015年土地流转比例增速从前3年的4.3%降低到2.9%，2016年进一步下降为1.8%。从土地流转趋势的变化看出，未来想持续增加家庭农场的规模，将受到较大的制约。其次，中国工业化发展导致的对经营性土地估值的上升，这一趋势开始从大都市、工业中心城市逐渐向外扩散；农业产业结构转型中兴起的高价值农产品生产以及伴随着城乡居民收入增高所带来的观光农业、休闲农业的发展，导致对土地流转估价和预期的提高；越是经营农业条件优越的地方，无论是资源禀赋优越还是市场、产业组织条件，其土地流转费越高。对经营性土地估值的上升趋势导致家庭农场的固定成本增加，一定程度上抑制了家庭农场的规模扩大。在中国劳动力成本上升的大趋势下，如果扩大规模需要雇工（尤其是生产大田作物，如粮食型农场），雇工费用投入也将攀升。

（2）家庭农场有可能从"追求适度规模"的阶段，转向"追求产品细分和市场势力"的阶段。以产品细分和市场势力所带来的增量收益，弥补其在土地和劳动等方面的投入，优于以更低成本进行生产的小农户；同时更巧妙地利用其已经形成的规模经济（固定成本的下降）和范围经济（多样化的产出，例如：有机农产品+观光休闲），以增加收益。

（3）家庭农场+（双边）平台+市场（消费端），有可能成为未来更加重要的产业组织形式。目前中国互联网技术发展迅速，互联网行业中"超级平台"的形成，及其对厂商、消费者、行业标准和物流的巨大影响，很可能将重塑家庭农场接入市场的方式。

（4）基于和小农户的不同及其接近性，家庭农场规范化管理的一个重点可能是通过实用的簿记与会计制度加强其对成本收益的核算，同时控制这一要求所带来的管理成本。可搭配的低成本技术与服务包括手机账本

APP、在线教育视频、基础财务微课、村庄微信群等①。

（5）在具体管理方面，增加对农业产品与市场的细致理解显得越来越重要。产品细分、消费者定标、增加标识度，可能需要家庭农场、农业管理部门与平台的协作。这方面的管理操作也具有外部性，不仅家庭农场受益，相关合作社与小农户也可受益。

（6）对家庭农场的项目制支持与其他类型的补贴，其金额的确定，可以适当参考当地土地流转费和雇工费用。在现阶段，前者相对于后者可能更加关键。随着劳动力成本的上升从制造业中心与大城市进一步扩散，可逐渐纳入后者。

（7）传统管理措施的继续优化。应当从培训、管理组织建设、土地确权、土地流转平台和用工平台的发展、金融支持、保险支持、税收减免等方面，继续加强对家庭农场的支持。

七 主要结论

本报告通过分析政策背景梳理家庭农场的发展过程并通过大量文献的综述探讨家庭农场发展过程中的各个层面的问题；加之对比小农户的特征，得出家庭农场的具体内涵。同时报告还梳理了目前家庭农场的一些发展模式并结合各地方实践情况，对家庭农场的趋势进行了分析和估计。

本报告的主要结论与政策建议是：（1）从产业组织视角看，家庭农场下一步的发展应从追求适度规模转向追求产品细分和市场势力，从而创造出更大的经济收益，形成持久的发展动力。（2）从家庭农场的社会属性视角看，应扶持扎根乡村社区，为当地乡村振兴提供动力、激励与机遇的内生型家庭农场，而同时应积极引导那些与乡村社会联系不紧密、主要追求自身谋利的悬浮型家庭农场向内生型家庭农场转型。（3）应寻求家庭农场与现在发展迅速的双边平台进一步融合，加大现代化管理要素的注入，从而提高家庭农场的规范化管理水平，以期取得更大发展。

---

① 该观点基于 2017 年 7—11 月中国人民大学农业与农村发展学院平顺县教学科研基地在晋东南村庄的田野实践。

参考文献

[1] 蔡颖萍、杜志雄：《家庭农场生产行为的生态自觉性及其影响因素分析——基于全国家庭农场监测数据的实证检验》，《中国农村经济》2016年第12期。

[2] 蔡振棠：《发展商品粮生产的新路子——宁官村专业化、机械化家庭农场的调查》，《中国农村经济》1985年第11期。

[3] 曾福生、李星星：《扶持政策对家庭农场经营绩效的影响——基于SEM的实证研究》，《农业经济问题》2016年第12期。

[4] 陈振年：《有关职工家庭农场的一些看法》，《中国农村经济》1985年第10期。

[5] 邓文、刘英、谭杰扬、金龙新、王剑：《家庭农场不同规模稻作绩效及影响因素研究——以湖南为例》，《农业现代化研究》2017年第6期。

[6] 杜志雄、肖卫东：《家庭农场发展的实际状态与政策支持：观照国际经验》，《改革》2014年第6期。

[7] 高强、刘同山、孔祥智：《家庭农场的制度解析：特征、发生机制与效应》，《经济学家》2013年第6期。

[8] 高强、周振、孔祥智：《家庭农场的实践界定、资格条件与登记管理——基于政策分析的视角》，《农业经济问题》2014年第9期。

[9] 郭熙保、冯玲玲：《家庭农场规模的决定因素分析：理论与实证》，《中国农村经济》2015年第5期。

[10] 韩苏、陈永富：《浙江省家庭农场经营的适度规模研究——以果蔬类家庭农场为例》，《中国农业资源与区划》2015年第5期。

[11] 何劲、熊学萍：《家庭农场绩效评价：制度安排抑或环境相容》，《改革》2014年第8期。

[12] 胡光志、陈雪：《以家庭农场发展我国生态农业的法律对策探讨》，《中国软科学》2015年第2期。

[13] 胡中：《国营农场发展职工家庭农场是个历史性创造》，《中国农村经济》1985年第1期。

[14] 黄海：《美国家庭农场的认定、组织制度及其启示》，《农业经

济问题》2016 年第 9 期。

[15] 黄宗智：《"家庭农场"是中国农业的发展出路吗?》，《开放时代》2014 年第 2 期。

[16] 贾大明：《从家庭农场的发展看农垦农业管理体制的改革》，《中国农村经济》1999 年第 4 期。

[17] 兰勇、周孟亮、易朝辉：《我国家庭农场金融支持研究》，《农业技术经济》2015 年第 6 期。

[18] 李东亮：《把家庭农场办成经济实体是国营农场改革的目标》，《中国农村经济》1990 年第 1 期。

[19] 李惠安、王刚、华荣传：《从承包大户到家庭农场——江苏省黄海农场三户职工家庭农场的调查和研究》，《农业经济问题》1984 年第 1 期。

[20] 刘良玉：《四年的实践和选择——对国营农场兴办家庭农场的几点分析》，《农业经济问题》1987 年第 3 期。

[21] 刘权：《安新县兴办家庭农场开发洼荒地发展粮食生产》，《中国农村经济》1990 年第 1 期。

[22] 刘万勤、田风君、张生武：《对职工家庭农场与机械化关系的探讨》，《中国农村经济》1987 年第 5 期。

[23] 刘文勇、张悦：《家庭农场的学术论争》，《改革》2014 年第 1 期。

[24] 刘雪梅：《我国家庭农场人力资源开发的途径探索》，《农业经济问题》2013 年第 10 期。

[25] 刘玉满、李静：《荷兰以家庭农场为基础发展现代奶业》，《中国农村经济》2005 年第 9 期。

[26] 陆文荣、段瑶、卢汉龙：《家庭农场：基于村庄内部的适度规模经营实践》，《中国农业大学学报》（社会科学版）2014 年第 3 期。

[27] 罗贞治：《谈谈职工家庭农场和完善大农场套小农场体制问题》，《农业经济问题》1986 年第 7 期。

[28] 吕惠明、朱宇轩：《基于量表问卷分析的家庭农场发展模式研究——以浙江省宁波市为例》，《农业经济问题》2015 年第 4 期。

[29] 秦其明、宋国青、林地：《澳大利亚的家庭农场》，《农业经济问题》1984 年第 8 期。

[30] 屈学书:《我国家庭农场发展的动因分析》,《农业技术经济》2016年第6期。

[31] 尚旭东、朱守银:《家庭农场和专业农户大规模农地的"非家庭经营":行为逻辑、经营成效与政策偏离》,《中国农村经济》2015年第12期。

[32] 苏昕、王可山、张淑敏:《我国家庭农场发展及其规模探讨——基于资源禀赋视角》,《农业经济问题》2014年第5期。

[33] 田广生:《我是怎样当职工家庭农场场长的》,《中国农村经济》1985年第3期。

[34] 万宝瑞、李存伩:《家庭农场土地适度经营规模探讨》,《中国农村经济》1986年第12期。

[35] 王春来:《发展家庭农场的三个关键问题探讨》,《农业经济问题》2014年第1期。

[36] 王贵宸:《关于职工家庭农场的几个理论问题》,《中国农村经济》1986年第4期。

[37] 王勇:《家庭农场和农民专业合作社的合作关系问题研究》,《中国农村观察》2014年第2期。

[38] 魏壮修:《家庭农场不宜办成"三自"型的经济实体》,《中国农村经济》1990年第1期。

[39] 温富斌:《发展粮食生产的新路子——大同县家庭农场的剖析》,《中国农村经济》1986年第2期。

[40] 夏少清:《怎样看待家庭农场的自主经营问题》,《中国农村经济》1990年第1期。

[41] 肖斌、付小红:《关于发展家庭农场的若干思考》,《当代经济研究》2013年第10期。

[42] 肖发灿:《家庭农场在新疆垦区的建立和完善》,《中国农村经济》1989年第3期。

[43] 肖卫东、杜志雄:《家庭农场发展的荷兰样本:经营特征与制度实践》,《中国农村经济》2015年第2期。

[44] 徐立幼:《也谈职工家庭农场的定义》,《中国农村经济》1987年第6期。

[45] 许人俊:《职工家庭农场在活跃农场经济中的积极作用》,《中

国农村经济》1985年第3期。

［46］薛亮、杨永坤：《家庭农场发展实践及其对策探讨》，《农业经济问题》2015年第2期。

［47］岳正华、杨建利：《我国发展家庭农场的现状和问题及政策建议》，《农业现代化研究》2013年第4期。

［48］张红宇、杨凯波：《我国家庭农场的功能定位与发展方向》，《农业经济问题》2017年第10期。

［49］张永强、才正、张璐：《农业龙头企业对家庭农场知识溢出效应研究——以黑龙江省为例》，《农业经济问题》2014年第11期。

［50］张悦、刘文勇：《家庭农场的生产效率与风险分析》，《农业经济问题》2016年第5期。

［51］赵方田：《职工家庭农场的现状与发展趋势》，《中国农村经济》1987年第10期。

［52］赵佳、姜长云：《兼业小农抑或家庭农场——中国农业家庭经营组织变迁的路径选择》，《农业经济问题》2015年第3期。

［53］赵鲲、赵海、杨凯波：《上海市松江区发展家庭农场的实践与启示》，《农业经济问题》2015年第2期。

［54］周慎芝：《内蒙古巴彦淖尔盟召开职工家庭农场学术讨论会》，《中国农村经济》1985年第1期。

［55］周迅：《职工家庭农场的经营管理服务问题》，《农业经济问题》1984年第12期。

［56］朱启臻、胡鹏辉、许汉泽：《论家庭农场：优势、条件与规模》，《农业经济问题》2014年第7期。

［57］朱学新：《家庭农场是苏南农业集约化经营的现实选择》，《农业经济问题》2006年第12期。

家庭农场立法问题研究

蔡颖萍

2014年被第66届联合国大会确定为"国际家庭农业年"（2014IYFF），旨在重新定位家庭农业在国家农业、环保和社会发展政策中的重要性。在中国，家庭农场被定义为新型农业经营主体，是指"以农户为经营主体，主要利用家庭劳动力，生产经营规模适度，专业化、标准化、集约化、商品化水平较高，且以农业收入为主要收入来源的农业生产经营单位"，是从事农产品商品化生产并进入市场、参与市场竞争的主体。

一 家庭农场立法问题研究的必要性和紧迫性

（一）家庭农场发展势头良好

2013年首次在"中央1号文件"中提出"创造良好的政策和法律环境，采取奖励补助等多种办法，扶持联户经营、专业大户、家庭农场"以来，全国家庭农场数量增长很快。截至2016年年底，全国经农业部门认定的家庭农场总数接近44.5万家，比2015年增长了20%以上，个别省份如内蒙古呈现出了8倍以上的增长速度；从全国各省家庭农场数量分布来看，安徽省的家庭农场数量最多，超过5万家，在全国家庭农场总数中占到了12.24%；其次是江苏省，约3.6万家，占全国的8.1%。

其中种植业家庭农场数量约27万家，占全部家庭农场数量的60.82%；畜牧业家庭农场数量约8.7万家，占比为19.45%；渔业家庭农场数量约2.5万家，占比为5.64%；种养结合家庭农场数量约4.4万家，占比为9.9%；其他类型家庭农场数量约1.9万家，占比为4.19%。截至2016年底，全国粮食类家庭农场约17.8万家，占全部家庭农场的40.3%。全部粮食类家庭农场中，经营土地在50（含）—200亩的占比63.2%，经营土地在200（含）—500亩的占比27.46%，经营土地在500

（含）—1000亩的占比6.79%，经营土地在1000亩及以上的占比2.55%。

全国数据统计显示，家庭农场平均劳动力为6人，其中家庭成员劳动力平均约4.1人，常年雇工劳动力平均约1.8人。2016年家庭农场平均年销售农产品总值为33.31万元，其中年销售农产品总值在10万元以下的家庭农场占比为34.59%，10万—50万元的占比为44.47%，50万—100万元的占比为14.47%，100万元以上的占比为6.47%。2016年获得财政扶持资金的家庭农场约2.9万家，占全国家庭农场总数的6.59%。一方面，在获得财政扶持资金的家庭农场中，平均获得各级财政扶持资金5.29万元，其中省级扶持资金占比48.17%，市级扶持资金占比13.81%，县级及以下扶持资金占比38.02%。另一方面，财政资金用于贷款支持的家庭农场约2.9万家，占比仅有6.53%，平均获得贷款资金15.7万元，其中获得20万元及以下贷款的家庭农场占比65.09%，获得20万—50万元的占比25.64%，获得50万元以上的占比9.27%。家庭农场是规模农业生产经营主体，前期投入较高，在土地成本和人工成本不断上涨的背景下，对资金的需求量较大，但目前从总体上来看，家庭农场获得财政扶持与贷款支持的情况并不乐观。

（二）家庭农场发展的政策法规缺乏

从法和经济的关系来看，市场经济要求法律规定权利主体的资格以及权利的范围、行使的程序，进而保障经济的发展。法律和政策对社会关系的调整都有重要作用，法律具有稳定性、普遍性，且效力等级大于政策。因此，在法律缺位的时候，可以用政策来弥补法律漏洞，但当社会关系需要法律调整且法律调整具备条件时，应该以法律调整为主。

家庭农场的发展离不开健全的法律体系作为支撑，中国目前调整家庭农场的基本法律缺位，立法实践主要集中于地方性法规、部门规章等位阶较低的规范性文件，且数量较少、内容不完整。各地政府根据本地情况制定的规范性文件，具有不确定性，缺乏普遍适用力，因此在执行过程中容易产生认定不明确、家庭农场标准不确定等问题，使得家庭农场在实践中的发展结果脱离了政策法规制定的初衷，也使得市场中伺机进入了不合标准的经营主体。如关于家庭农场的法律地位，无论是中央层面还是地方政府层面，都没有对此予以明确化。目前国家鼓励有条件的地方建立家庭农场登记注册制度，制定家庭农场认定标准和登记办法，但各地发展条件不同，有的地区尚未制定出相应的认定标准和登记办法，这就造成了这些地区的家庭农场无法获得法定的商事主体资格。家庭农场的认定标准、进入、退出等问题目前还没有相关法律来统一规范，家庭农场在实践中"无法可依"的现状制约了其健康持续的发展。

二 国外家庭农场相关法律制度研究

国外一些发达国家家庭农场起步较早，如美国、法国、德国、日本等国家在家庭农场法律制度的不断探索和完善的实践经历中积累了一套可操作性强的宝贵经验，这些国家在宏观调控方面普遍都颁布了促进家庭农场发展的特别法，并加强财税、金融、科学技术等方面的立法，为家庭农场提供了大力的扶持和帮助。

(一) 美国家庭农场相关法律制度

美国联邦政府常常利用立法作为其政策实施的手段，通过短期立法与中长期立法相结合的方式保障联邦政府短期政策的时效性以及中长期政策的稳定性。在此大背景下，美国联邦政府将美国《农业法案》作为主要的农业政策工具，联邦政府中短期的农业计划在农业法案的制定和实施中得以完整体现。美国《农业法案》每5年由美国国会制定一次，涉及美国农业的各方各面，并包括由美国农业部管辖的其他事项。美国《农业法案》往往对美国农业永久法的相关条款进行修订或暂时中止其效力，对上一期农业法案的条款进行再次授权、修订或废止，并对当期农业新政策的实施做出有期限的规定。美国《农业法案》对美国当期的农产品国内销售与国际贸易、自然资源与环境保护、食品卫生安全以及农村社区生活将产生很大影响，因此美国《农业法案》的制定以及实施在美国国内外备受关注和争议。

最早的家庭农场出现在美国西进运动时期，为了吸引大量的劳动者来到西部，美国制定了一整套的优惠政策，允许土地自由买卖。1820年颁布的《土地法》以法律形式允许公有土地以较低价格出售给农户，促进了家庭农场的稳定发展。42年后通过的《宅地法》将公有土地以赠送的形式免费给予需要的人，巩固了家庭农场的发展。

1. 农业补贴

经济大危机时期，美国出台了一系列法律以走出困境。1933年末，联邦政府出台《农业调整法》，通过立法的方式要求财政必须根据家庭农场的经营项目提供补助。第一是休耕补贴。管理层从政策层面调整农产品供应，控制产能过剩致使农户丰收而收入不增加的状况，在重要关头对一些农产品做出临时休耕，由此引发的损失将由政府对其补助；休耕补贴不仅保障农业生产的市场稳定，也维护了农户的根本利益。第二是储备补贴。管理者为了保障农业经营市场的供需平衡，利用支付储存费和无息贷款补偿，支持农民主动加入到政府储备政策中，把一些可销售粮食储备起来，保障供求市场的均衡。经济大萧条褪去之后，联邦政府每过5年就修改一次农业法已成常态。

联邦政府出台《美国农业安全与农村投资法案》，该法律指出财政给予农业耕作一定的货币补助，与此同时还落实出口补助，以开展境外市场。财政加大对麦子、玉米、花生等高产量粮食的出口补助，使出口补贴与耕作补贴配套，保障美联邦的粮食在境外交易占有一席之地。2008年联邦政府再次完善《农业法案》，提高财政对农业的资金补助数额。在对玉米等几种传统农产品提供补助的政策上，扩大补贴种类，并把资金同耕作面积与农业产量联系起来，这也间接加快家庭农场的发展步伐。

2. 农业信贷

美国非常注重农业信贷，联邦政府于1916年通过《联邦农业信贷法》创办联邦土地金融机构，主要核办中远期的农业贷款；1923年政府修订了《农业信贷法》并创办联邦中介信贷机构，该部门主要对该国不同地区的生产信贷组织协办信贷；十年后再次完善该法，通过合作社银行，向全国范围内的供销与服务合作社的设施购买提供信贷保障。

美国农场信贷体系包括商业性信贷、合作性信贷以及政府信贷，其中，商业性信贷所占比重最大，合作性信贷所占比重仅次于商业性信贷，虽然美国农业部服务署给予的政策性信贷比例不大，但却有无可比拟的意义，是农业信贷的基石和关键所在。《联合发展法案》在信贷部分较为全面的规范了美国农场的政府贷款，规定了农场所有权贷款、经营贷款、紧急贷款，对借款人的主体资格以及贷款目的做了明确规定。同时，为了降低信贷风险，通过过程风险控制和借款人转移制度，保持农场信贷平稳运行。《联合发展法案》中规定了不动产销售、出租、土地赔偿、个人经营户头和现金支付等配套政策，确保新生代农场主和处于劣势的农场主获取信贷机构的保障。

3. 农业保险

美国关于农业保险的立法比较全面，最早可追溯到1788年总统关于农作物保险的指令。《农业调整法》的第五部分《联邦农作物保险法》明确规定了农业保险的性质、办理方式等，给农业保险的实施提供法律依据，还创办了联邦农保公司直接经营农业保险，但农业保险费率高，农民参保意愿不足。1980年政府第一次修订了《联邦农作物保险法》，首次将农作物纳入保险体系，并做出保费补贴，赔偿金额比例为纯保费的三成。1994年联邦政府出台了《克林顿农保改革法》，废除1980年的"重大灾害救助措施"，实施了农保巨灾保障计划，这部法律颁布后，农业保险参保率大幅提高。2000年美国国会颁布《农业风险保障法》，将专项拨款的八成专款专用，保障保费补贴，又一次增加对高风险险种的保费补贴金额。2008年，美政府出台《食物、自然保护与能源法案》，该法案的第十二部分《联邦农保法》和《未保险农作物援助计划》对农业保险进行了规定，降低了法定赔付率，此外还对农场主提出赔偿要求的有效期以及提出的方式进行规定，给予农场主4个月的延展期，以保障农场主的获得赔偿权。农场主可以根据实际情况对赔偿额给出建议，也可经过有关部门审查或裁定来认定。此外，还增加农场主所支付的重大灾害风险保险和对未参与保险的农产品的援助管理费，全方位保障农场主灵活行使赔偿权。

4. 农业教育

美国历来关注农村基础教育。1852年，全美农业协会首次创立，1820—1860年，在各地产生了大量农协。在农协的指导下，各地创办了大量的农技学校，与此同时联邦政府着手创办各类州级农校。1862年，战乱中的美国政府出台了对职业教育影响深远的《莫雷尔法案》，即对开办农业和机械工艺学院的各州和准州授予公有土地的法案，法案规定分配给有志于州事务的国会议员和参议员每人3万英亩土地自由交易，将交易款的利息用于支持"最少一个学校，该校的教学内容应根据法律规定，与农业知识息息相关"。因此创办的学校即为"赠地学校"，"赠地学校"的目的一是要培养具有专业素质的一线教研教师和技术人员，二是培养有一定文化水平和技能的农户，为促进现代化的农业生产打下坚实的基础。随后，1887年的《哈琦法案》明确政府通过给予赠地学校资金支持的方式鼓励其发展农业职业教育。18世纪90年代通过的"第二莫雷尔法案"在《哈奇法案》的基础上，规定在此后的十年内，资金支持逐年增加一千美元。到1896年，全美创办了将近70所农学院，这部分农学院已经初具规模，还设立了农学、畜牧、茶学、林学、园艺、园林等一系列学科，威斯康星大学、康奈尔大学等众所周知的大学均在当时的学院基础上逐步成长起来的。

（二）德国家庭农场相关法律制度

早期德国家庭农场发展也面临着细碎化、分散化的问题。1955年出台了《农业法》，将土地私有制以立法的形式确立下来，集中了农业资源，使经营具备了规模。在这之后制定《土地交易法》规范土地买卖行为，土地所有者经过州政府农业部门许可后，可以出让土地所有权，但以明显不合理的价格或者未经同意更改用途的土地不能出售。完善《土地整理法》，明确土地整合任务由土地整理的所有人员形成的专门机构负责，但政府必须参与；参与土地协调整合的土地权属人都有权取得同原有土地等值的土地，对于拒绝接受等值土地的可以现金来代替；土地整理后进行重新登记，同时整理过程中的土地纠纷由土地整理审批委员会负责解决。1986年出台《农地用益租赁交易法》，规定了合同存档制度，其适用的对象是租赁土地，其有效时限在12—18年；对土地租赁协议的实施状况作核查，核查的关键主要是租赁田地的性质是否发生变化、期间是否出现再次租赁等现象，如若出现没有经过承租人同意私自转让或者变更土地用途的现象，立马取消租赁双方签订的协议。政府颁布的一系列法律规章，以明确土地产权和规范产权保障体系，极大减少了土地流转的成本，提高了德国发展和管理家庭农场的效率。

1. 财政扶持

德国政府出台了全国性扶持农业的法律，如1990年出台的《托管法》，间隔一年出台《农业适应法》。政府坚持给农户发展提供扶持资金，且补贴的资金不断增长。同时，采取多元化的措施来支持农业发展。首先是税收减免，合作组织均可在不开展有损于纳税交易的情形下享受免税待遇；落实免征个税的政策，德国的劳动者只要年收入不超过15万欧元，就可在个税方面得到一定的优惠。其次是信用贷款、补助补贴与赔偿。国家鼓励农户流转土地，为出售和出租土地的农户提供资金补助或优先贷款权，这一政策加速了德国"农转非农"的进程；与此同时，国家对合作组织日常经费作一定比例的补助。当前德国农业从业者的收入大概有六成是利用市场销售农产品，约四成是接受财政补贴。财政补贴不断改变补贴形式和补贴对象，逐步从提供产量向农作物生产安全、农村环保、基础设施投入、产品质量安全和改善农户生活等方面延伸。

2. 职业准入

严格的农业职业准入制度促使德国农业稳步向前发展，通过立法使农业劳动力更加正规、有秩序。法律规定，农民必须要经过正规的农业教育，获得相应的资格证书才能从事农业活动，这使得在德国不论是农场主还是农场的工人都是高水准、高技术的知识型与应用型的综合人才。1969年，德国制订《农民职业教育法》，为《德国联邦教育法》的特别法，专门调整农民职业教育法律关系，该法加强对农业职业教育的培训力度。在联邦政府上位法的引导下，各州政府纷纷响应，结合本州情况，细化制订了一系列有关农业教育的法案。1981年，通过对职业教育制定促进法和保障法，健全了职业教育法律体系，形成了完整的德国职业教育体制。该体制强调在农业教育的过程中要让学校与企业做好沟通，方便学生的学习与实践相结合，大大的增强了农业教育的实用性。法律规定农业教育有两种类型：第一种，由大学培养人才。在大学可以设立有关农业方面的专业，比如农学、农业机械制造、动物医学等，还可将正在进行农业劳动的农民按照计划安排到大学学习。另外一种，由农业教育机构培养农民。农业教育机构在对农民进行相关农业劳动指导后，要求农民取得从事农业生产的资格证，持证上岗。德国农业教育分为三个等级：第一，进入农业初级培训学校学习满三年，参加全国统一的农业初级资格证书考试，该考试对农业知识以及实际操作能力进行考察，通过后取得相应的上岗证书；若没有通过考试，可以再延长学习一年重新参加考试。第二，初级农业教育毕业生在获得初级资格证书后，可以在中级农业教育学校继续学习，中级农业教育目的在于培养农民对农业的经营能力。第三，完成中级农业教育且有一年的工作实习经验后，可申请高级农业教育培训，高级农业教育旨在培养出适应农业企业发展，管理、营销的高端人才，学制一年。通过初级、中级、高级农业学校的设置，形成了层次分明的农业教育体系，逐步提高农民的综合能力。除了有专门的职业学校，德国还会依据国内农业发展现状，有目的、针对性地进行短期培训，提高专项技能。

（三）法国家庭农场相关法律制度

1804年《法国民法典》的颁布，以法律的形式确定了小农土地所有制。之后1946年法国出台了《土地法》，开始大力支持农户开展土地租赁，租赁时间最少9年，到期后可以继续签订9年，同时密切关注地租价格的上升幅度，以保障土地的规模经营，这一法律的出台有效地支持了法国中等规模家庭农场的发展。1960年，法国政府颁布了《法国农业指导法》，政府要将农业和其他经济部门置于平等的地位；同时要求各级政府成立"乡村设施和农业治理协会"（SAFER），该组织是政府针对土地流转设置的专业部门，专职从事采购、整合零星土地，并对其做调配，使农业生产土地面积得到重新调整，以改进农业结构，增加农业生产单位的土地面积，为农民耕作提供方便等；这不仅给农户生产提供方便，还可以有效重组资源，卖给将来的"超级大户"；正因为规范的丈量和规划土地资源，在法国家庭农场生产过程中，避免了大量因为于土地整理问题带来的民间矛盾。1962年，政府又颁布《农业指导补充法》，设立了"调整农业结构行动基金"，对自愿离农者给予补贴。20世纪70年代初，又设立"非退休金的补助金"，给55岁以上的农民一次性发放"离农终身补贴"，鼓励年老农场主退出土地经营；同时，对自愿离开农业、到工业、服务业投资或就业的青年给予奖励性赔偿和补助；这一做法为有意从事农业工作的青年农民给予了发展壮大农业规模的舞台，并从中造就了大量年轻力壮的有能力的成规模的农户。因此在20世纪60年代之后，法国的农场数量逐步减少，农场的土地数量逐渐增大。

1. 农业补贴

从1960年开始，《法国农业指导法》和《农业指导补充法》及相关法律文件通过，政府陆续出台了一系列措施，对农业实行优惠和补贴政策，加大农业投入和资金注入及鼓励农产品出口等。具体说来，法国政府农业补贴政策经历了三个阶段，每个阶段侧重点皆有所不同。

第一阶段：按产品价格补贴（1962—1991年）。该阶段补贴的特点是对农产品实行价格保护，这种保护价一般比国际市场高出20%。若农产品价格低于保护价，政府则给予农民差价补贴或直接按保护价收购。

第二阶段：按生产规模直接补贴（1992—1998年）。政府对农业补贴政策进行大幅度改革，降低农产品价格，对农产品连续三年实施降价，最终降至30%，同时，还实行强制性休耕，这就必然损害农民利益，由此给农民造成的损失全部由国家承担。20世纪90年代以后，法国财政再次提升农业补贴额度；把间接补贴改作直接补贴，由先前的按产量计算转而实行按农场规模和职工人数直接给予补贴的方法，平均每个农户家庭受益9.5万法郎，财政补贴资金比重占到农户家庭一年纯收入的25%；把逐级支付补贴改为利用金融机构直接把资金转到农民账户。

第三阶段：农业补贴与促进农村发展和环境改善相结合（1999年至今）。1999年，欧盟15国首脑签署了柏林协议，对欧盟农业补贴政策进行了新的改革。为此，法国政府于20世纪末颁布《农业指导法修正法案》，并编制《2000—2006年法国农业发展纲要》，农户如果承担了环保义务便可每年得到5万法郎的财政补贴，这一措施紧紧把补贴力度与承担的环保义务联系起来，有助于家庭农场健康有序的发展。

2. 金融保险

《法国农业指导法》中明确了财政对农业执行低息金融政策。为了加快家庭农场的发展速度，支持农业高效化、机械化、一体化生产和帮助农工商整体发展，法国财政为以上各种生产发展需要的资金给予优惠贷款，支付利息比一般贷款利息减少50%以上。有需要发展壮大生产规模的农户都可申请优惠贷款，由此产生的利息差将由政府来承担。这一措施导致金融机构频频对农民放贷。1960年后，法国财政中断向"不生利农户"（通常是生产规模小的农民）支付低息贷款，只对有生产许可证的农业机构和成规模的农场主支付。这一做法导致"不生利农户"把田地转让给具有发展潜力的大规模农场主。1976年法国出台《农保法》，1982年出台并执行《农业灾害救助法》，健全了政府的农业保险体系，加大了维护农户的合法权利。

3. 农业教育

法国政府同样重视农业知识的学习与培训，设立专项补贴，扶持农业教育。与其他国家不同的是法国的农业培训更具灵活性，不固定具体的培训时间和地点、不拘泥于单一的培训方式。农业培训人员走进家庭农场进行实地考察，根据家庭农场的实际情况以及劳动力的自身能力，"量体裁衣"的进行教育，为他们制定相应的学习计划、短期与长期目标，通过对农业知识和实践能力的学习与培训，提高农业劳动力的综合素质。此外，法国政府通过一系列的优惠政策鼓励有文化青年积极创设家庭农场，进行农业生产。

（四）日本家庭农场相关法律制度

日本政府于1946年颁布《土地调整修正案》与《创办自耕农特别修正法案》，在1947—1950年间首次实施农户田地改革，明确了自耕农的主体地位。随后两年又出台了《农地法》，特别指出农业大户不得出租在土地改革中获得的土地，以巩固改革成果。这一法律对当时的国民经济发展具有重要的意义，但阻碍了家庭农场的规模化经营。随着现代化的发展，小农经济越来越不适应经济的发展，因此日本1961年颁布了《农业基本法》，旨在将土地集中，实现家庭农场的规模经营，这部法为日本农业的"母法"，标志着第二轮农地改革的开始。1962年第一次修改《农地法》，取消农民对田地面积的限定，支持有实力的农户兼并闲散农户的田地以发展壮大。1970年修订的《农地法》，具体指出土地所有人的权属同生产管理权脱离，同意农户田地租赁，解除对租赁面积的要求，对土地租金统一制定标准；撤销农民取得田地面积的最高限制；降低从事农业人员的准入条件，解除从事农业人员租赁农地面积的限制等。这次法律的修订取消了农民租赁或者出售农地须通过农地管理机构同意的要求，支持长时间、大面积租赁土地的做法，同时政府要对租赁田地的农户给予一定经济上的支持。日本政府每隔十年就完善一次《农地法》，经过该法的不断健全和规范，逐步破除了零星农地对农业发展的制衡，有效提升了农地流转；同时，日本采用农地保有合理化法人制度推进土地的规模化，农地保有合理化法人是为了实现土地整合的公共法人，具有非营利性。日本通过一系列立法为家庭农场的长远规划提供了条件。

1. **农业补贴**

日本的农业补贴主要经过以个体农业生产者为对象和以特殊农作物价格为主的政策，逐步向"农地规模发展直接补贴"和"收入支持直接补贴"过程的转变。日本为了应对农地减少、农村经济水平下降的新变化，1999年，日本政府修正《农业基本法》，制定了《食品、农业和农村基本法》，以后间隔五年就出台新的措施，2005年出台了土地规模发展直接补贴，2010年出台了收入支持直接补贴。日本为减小因收入降低带来的影响而实行政府补助和经营情况不利补助政策，制定水、旱田管理补助优惠政策，同时，水、旱田在政策补助上要达到规定的面积要求。

2. **融资保险**

日本国会于1994年制定并通过了超级长期贷款政策，主要是给农业从业人员提供金融保障，以完善农业生产。超级长期贷款的还款时间长、利息少，相对而言，取得贷款的前五年支付的利息为零，主要适用于购买耕地、农房、耕地设备以及提高经营管理所需要的资金。现在负责经营管理超级长期贷款的是日本金融公司，它是日本政府指定的法定金融机构，具体业务主要是农、林、水业和食品业务。日本的农业保险制度也很健全，农业保险机构遍及国内的各个区域，覆盖范围十分广泛，从农作物到家禽、从农具到机械设施等都有所包含。面积超过 30000 亩的水稻种植的农户必须进行投保，这是强制性规范，对于强制性保险，所有达到标准的农户都应参加。除此之外的农户可以根据自身需要自愿投保，保费由国家和农户共同承担。在保险合同约定的事由成立时，农民可享有全部赔偿金。

（五）英国家庭农场相关法律制度

在土地保有制度实施的过程中，英国农业的主要经营形式是租佃制农场。进入 20 世纪以来，政府不断通过立法、财政补贴等方式，限制地主权利，发展自营农场，促进规模经营。1906 年《农业持有地法》规定，地主不得干涉农场主如何使用租佃的土地；1941 年《农业法》规定，农场主可获得终身租期；1967 年修订的《农业法》规定，对愿意放弃经营的小农场主可以发 2000 英镑以下的补助金，或者每年发不超过 275 英镑的终身年金；1976 年又将租期延长到租地农场主死后的两代人；1986 年在坚持赋予租地农场主终身租赁权和两代继承权的同时，对租金实行三年一次评估调整，防止租金过高。经过上百年的调整，英国在限制地主权利的同时，催生和发展了自营农场。自营或者以自营为主的农场已占农场总数的 84%，成为英国现代农业最基础的经营形式。农场的平均经营规模提高到 70 公顷，其中一半以上的耕地由经营规模超过 120 公顷的农场经营。

（六）俄罗斯家庭农场相关法律制度

俄罗斯一直重视家庭农场的立法工作，以法律手段保障家庭农场的建立和经营。1990 年 11 月 22 日，《俄罗斯联邦农场法》（以下简称《农场法》）出台，历经多次修改。2003 年 6 月 11 日，新的《农场法》颁布，1990 年《农场法》废止。随着家庭农场发展的需要，该法在 2008 年、2009 年、2010 年和 2012 年又经过多次修订。

1. 概念特征

《农场法》规定了农场的概念、建立、成员、财产、经营等相关内容，共 9 章。《农场法》第一条第一款规定："农场，是指有血缘关系或姻亲关系的公民联合起来，财产共有，在亲自参与的基础上共同进行生产和其他经营活动（生产、加工、储存、运输和农产品销售）的组织。"

2. 农场建立与终止

在俄罗斯，一个公民可以建立家庭农场，大多数家庭农场是由两个或两个以上公民建立。两个或两个以上公民建立家庭农场的，家庭农场属于公民联合体，家庭农场并不具备法人资格，但是家庭农场从事经营活动应符合法人的规则。1990年，俄罗斯《农场法》中"宣布农（牧）场为法人，尽管它的财产并未从经营它的公民的财产中独立出来，而这些公民因此以自己的全部财产对农（牧）场的债务负责"。2003年《农场法》修订了这一做法，其家庭农场并未享有法人地位。

具有完全行为能力的俄罗斯公民、外国公民和无国籍人有权建立家庭农场。两个或两个以上公民建立家庭农场，应当签订书面合同。建立家庭农场的合同应附加上证明公民血缘关系及表示家庭农场建立意图的复印件，并由所有家庭农场成员签名。为了建立家庭农场并进行经营活动可以从农业用地中提供和获得土地。为了家庭农场的经营活动而必须建造房屋和设施的，可以从农业用地和其他范围的土地中提供和获得土地。

家庭农场的经营活动主要是生产、加工农产品，以及输送、储存和销售自产的农产品。家庭农场成员自主确定家庭农场的业务类型，根据自身利益确定农产品的生产范围。除法律另有规定外，家庭农场终止的程序依据《俄罗斯联邦民法典》进行。

3. 农场成员

家庭农场的成员包括夫妻，夫妻的父母、子女、兄弟姐妹、孙子女以及夫妻中任何一方的祖父母，但不得超过3个家庭。家庭农场成员中的子女、孙子女、兄弟姐妹须年满16周岁才可作为家庭农场成员。此外，与农场领导者没有血缘关系的公民可以作为家庭农场的成员，但是这类公民不得超过5人。家庭农场成员退出家庭农场的，需要通过书面申请提出。根据建立家庭农场的合同，确认家庭农场成员中的1人为农场领导者。农场领导者的变更不导致其家庭农场成员资格的终止。家庭农场可以按地域或者行业建立联合组织，并且该联合组织可以作为创建者、参与者成为商业组织和非商业组织的成员。

4. 农场财产

家庭农场成员共同占有和使用财产，占有和使用家庭农场财产的方法由合同确定。家庭农场财产的处分方法由家庭农场成员约定。任何一个家庭农场成员退出农场时，不得对家庭农场的土地、生产资料进行分割。家庭农场成员在退出家庭农场时，有权要求货币补偿，价值等同于他在家庭农场财产中所占的份额。支付期限由家庭农场成员之间签订的合同来确定；没有约定的，依据法律程序自家庭农场成员递交退出申请之时起一年内支付。在家庭农场所有成员都退出家庭农场，从而终止家庭农场经营时，家庭农场的财产应当进行分割。家庭农场的财产可以继承。

三 现有文件中针对家庭农场的相关政策梳理

(一) 中央文件及政策

家庭农场，是指以家庭成员为主要劳动力，从事农业规模化、集约化、商品化生产经营，并以农业为主要收入来源的新型农业经营主体。早在中共中央、国务院《关于2009年促进农业稳定发展农民持续增收的若干意见》中就提出"根据新增农业补贴的实际情况，逐步加大对专业大户、家庭农场种粮补贴力度"。党的十八大提出要大力发展家庭农场，之后连续几年的"中央1号文件"都明确提到家庭农场，相关政策为家庭农场的发展提供了指引。国务院2014年在落实《政府工作报告》的意见中提出要确保家庭经营的基础性地位。2014年和2015年国务院办公厅印发的《关于引导农村土地经营权有序流转发展农业适度规模经营的意见》和《关于引导农村产权流转交易市场健康发展的意见》对农村土地流转做了规定，为实现家庭农场的适度规模经营提供政策依据。国务院相关文件中从2015年开始对家庭农场在粮食补贴方面实行政策倾斜，还规定加大对家庭农场经营者的培训，规定实际中的"设施农用地"无需办理农用地转用手续等，这些措施为家庭农场的发展提供了便利，可以看出国务院的规范性文件主要针对的是对家庭农场的扶持。农业农村部门是规制家庭农场的重要主体，原农业部于2013年6月颁布《农业部办公厅关于开展家庭农场调查工作的通知》对家庭农场的认定标准进行了规定；2014年下发《关于促进家庭农场发展的指导意见》，从促进土地流转、加大扶持力度等方面进行了规定，引导积极探索对家庭农场的管理制度。全国层面来看，近几年相关政策性文件中涉及家庭农场的条款逐渐增多，但文件中对家庭农场的规定都是政策性质的，目前还未出台相关的法律规定。

表1罗列了部分重要文件中提到家庭农场的相关条款，主要集中在阐述家庭农场在新型农业经营体系中的基础性地位，完善各项政策支持家庭农场发展，完善家庭农场的相关管理制度等方面。

表1 中共中央、国务院及国家部门相关文件中关于"家庭农场"的内容

序号	文件名称	关于"家庭农场"的内容
1	2013年"中央1号文件"	继续增加农业补贴资金规模，新增补贴向主产区和优势产区集中，向专业大户、家庭农场、农民合作社等新型生产经营主体倾斜 坚持依法自愿有偿原则，引导农村土地承包经营权有序流转，鼓励和支持承包土地向专业大户、家庭农场、农民合作社流转，发展多种形式的适度规模经营 创造良好的政策和法律环境，采取奖励补助等多种办法，扶持联户经营、专业大户、家庭农场 充分利用各类培训资源，加大专业大户、家庭农场经营者培训力度，提高他们的生产技能和经营管理水平
2	2014年"中央1号文件"	按照自愿原则开展家庭农场登记
3	2015年"中央1号文件"	坚持和完善农村基本经营制度，坚持农民家庭经营主体地位，引导土地经营权规范有序流转，创新土地流转和规模经营方式，积极发展多种形式适度规模经营 鼓励发展规模适度的农户家庭农场，完善对粮食生产规模经营主体的支持服务体系
4	2016年"中央1号文件"	坚持以农户家庭经营为基础，支持新型农业经营主体和新型农业服务主体成为建设现代农业的骨干力量，充分发挥多种形式适度规模经营在农业机械和科技成果应用、绿色发展、市场开拓等方面的引领功能 完善财税、信贷保险、用地用电、项目支持等政策，加快形成培育新型农业经营主体的政策体系，进一步发挥财政资金引导作用，撬动规模化经营主体增加生产性投入 适应新型农业经营主体和服务主体发展需要，允许将集中连片整治后新增加的部分耕地，按规定用于完善农田配套设施 积极培育家庭农场、专业大户、农民合作社、农业产业化龙头企业等新型农业经营主体
5	2017年"中央1号文件"	完善家庭农场认定办法，扶持规模适度的家庭农场
6	2018年"中央1号文件"	实施新型农业经营主体培育工程，培育发展家庭农场、合作社、龙头企业、社会化服务组织和农业产业化联合体，发展多种形式适度规模经营
7	《中办、国办印发关于引导农村土地经营权有序流转发展农业适度规模经营的意见》(2014)	重点培育以家庭成员为主要劳动力、以农业收入为主要收入来源，从事专业化、集约化农业生产的家庭农场，使之成为引领适度规模经营、发展现代农业的有生力量 分级建立示范家庭农场名录，健全管理服务制度，加强示范引导 鼓励各地整合涉农资金，建设连片高标准农田，并优先流向家庭农场、专业大户等规模经营农户 鼓励地方扩大对家庭农场、专业大户、农民合作社、龙头企业、农业社会化服务组织的扶持资金规模 加大对专业大户、家庭农场经营者、农民合作社带头人等的培养培训力度，把青年农民纳入国家实用人才培养计划

三 理论文章

续表

序号	文件名称	关于"家庭农场"的内容
8	《中办、国办深化农村改革综合性实施方案》(2015)	加快培育家庭农场、专业大户、农民合作社、农业产业化龙头企业等新型农业经营主体，构建符合国情和发展阶段的以农户家庭经营为基础、合作与联合为纽带、社会化服务为支撑的立体式、复合型现代农业经营体系 提升农户家庭经营能力和水平，重点发展以家庭成员为主要劳动力、以农业为主要收入来源、从事专业化集约化农业生产的规模适度的农户家庭农场，使之成为发展现代农业的有生力量 适时提出促进家庭农场发展的相关立法建议
9	《中办、国办关于完善农村土地所有权承包权经营权分置办法的意见》(2016)	完善新型经营主体财政、信贷保险、用地、项目扶持等政策 积极创建示范家庭农场、农民专业合作社示范社、农业产业化示范基地、农业示范服务组织，加快培育新型经营主体 支持新型经营主体相互融合，鼓励家庭农场、农民专业合作社、农业产业化龙头企业等联合与合作，依法组建行业组织或联盟 认真研究农村集体经济组织、家庭农场发展等相关法律问题
10	《中办、国办关于加快构建政策体系培育新型农业经营主体的意见》(2017)	支持发展规模适度的农户家庭农场和种养大户 鼓励农户家庭农场使用规范的生产记录和财务收支记录，提升标准化生产和经营管理水平 深入推进示范家庭农场、农民合作社示范社等创建，发挥示范带动作用 支持龙头企业为其带动的农户、和农民合作社提供贷款担保
11	《中华人民共和国国民经济和社会发展第十三个五年规划纲要》(2016)	以发展多种形式适度规模经营为引领，创新农业经营组织方式，构建以农户家庭经营为基础、合作与联合为纽带、社会化服务为支撑的现代农业经营体系，提高农业综合效益 健全有利于新型农业经营主体成长的政策体系，扶持发展种养大户和家庭农场，引导和促进农民合作社规范发展，培育壮大农业产业化龙头企业，大力培养新型职业农民，打造高素质现代农业生产经营者队伍
12	《农业部办公厅关于开展家庭农场调查工作的通知》(2013)	纳入本次调查的家庭农场应符合以下条件： 家庭农场经营者应具有农村户籍（即非城镇居民） 以家庭成员为主要劳动力。即无常年雇工或常年雇工数量不超过家庭务农人员数量 以农业收入为主。即：农业净收入占家庭农场总收益的80%以上 经营规模达到一定标准并相对稳定。即：从事粮食作物的，租期或承包期在5年以上的土地经营面积达到50亩（一年两熟制地区）或100亩（一年一熟制地区）以上；从事经济作物、养殖业或种养结合的，应达到当地县级以上农业部门确定的规模标准 家庭农场经营者应接受过农业技能培训 家庭农场经营活动有比较完整的财务收支记录 对其他农户开展农业生产有示范带动作用

续表

序号	文件名称	关于"家庭农场"的内容
13	《农业部关于促进家庭农场发展的指导意见》(2014)	充分认识促进家庭农场发展的重要意义;把握家庭农场的基本特征;明确工作指导要求;探索建立家庭农场管理服务制度;引导承包土地向家庭农场流转;落实家庭农场的相关扶持政策;强化面向家庭农场的社会化服务;完善家庭农场人才支撑政策;引导家庭农场加强联合与合作;加强组织领导 鼓励发展、支持发展,不断探索、逐步规范 县级农业部门要建立家庭农场档案,县以上农业部门可从当地实际出发,明确家庭农场认定标准,对经营者资格、劳动力结构、收入构成、经营规模、管理水平等提出相应要求。依照资源原则,家庭农场可自主决定办理工商注册登记,以取得相应市场主体资格 将家庭农场纳入现有支农政策扶持范围,并予以倾斜,重点支持家庭农场稳定经营规模、改善生产条件、提高技术水平、改进经营管理等
14	《中国人民银行关于做好家庭农场等新型农业经营主体金融服务的指导意见》(2014)	人民银行各分支机构、各银行业金融机构要充分认识农业现代化发展的必然趋势和家庭农场等新型农业经营主体的历史地位,积极推动金融产品、利率、期限、额度、流程、风险控制等方面创新,合理调配信贷资源,扎实做好各项金融服务工作 重点支持新型农业经营主体购买农业生产资料、购置农机具、受让土地承包经营权、从事农田整理、农田水利、大棚等基础设施建设维修等农业生产用途
15	《国土资源部农业部关于进一步支持设施农业健康发展的通知》(2014)	县级农业部门、国土资源主管部门应从本地实际出发,因地制宜引导和鼓励农业专业大户、家庭农场、农民合作社、农业企业在设施农业和规模化粮食生产发展过程中,相互联合或者与农村集体经济组织共同兴建粮食仓储烘干、晾晒场、农机库棚等设施,提高农业设施使用效率,促进土地节约集约利用
16	《财政部、农业部关于调整完善农业三项补贴政策的指导意见》(2015)	支持对象为主要粮食作物的适度规模生产经营者,重点向种粮大户、家庭农场、农民合作社、农业社会化服务组织等新型经营主体倾斜,体现"谁多种粮食,就优先支持谁"
17	财政部《农业综合开发推进农业适度规模经营的指导意见》(2015)	加大对新型农业经营主体建设高标准农田的支持力度 鼓励农垦集团、龙头企业等法人实体以及农民合作社、家庭农场、专业大户等新型农业经营主体,通过贷款、融资担保等方式获取资金开展高标准农田建设,发展生产技术先进、经营规模适度、市场竞争力强、生态环境可持续的现代农业。对用于高标准农田建设的贷款,中央财政予以贴息 放宽立项门槛,将在工商部门注册登记的种养大户、家庭农场、农业社会化服务组织纳入扶持范围,实现对新型农业经营主体的全覆盖
18	《财政部、农业部、银监会关于财政支持建立农业信贷担保体系的指导意见》(2015)	农业信贷担保服务应优先满足从事粮食适度规模经营的各类新型经营主体的需要

续表

序号	文件名称	关于"家庭农场"的内容
19	《农业部等三部门联合印发关于加快发展农业生产性服务业的指导意见》（2017）	发展农业生产性服务业，要着眼满足普通农户和新型经营主体的生产经营需要，立足服务农业生产产前、产中、产后全过程
20	《农业部等6部门联合印发关于促进农业产业化联合体发展的指导意见》（2017）	农业产业化联合体龙头企业、农民合作社和家庭农场等新型农业经营主体以分工协作为前提，通过"公司+农民合作社+家庭农场"组织模式，以龙头企业为引领、农民合作社为纽带、家庭农场为基础 兼顾农户、家庭农场、农民合作社、龙头企业等各方利益诉求 强化家庭农场生产能力，发挥其在农业产业化联合体中的基础作用

（二）地方性政策法规

部分地区已经出台了家庭农场相关的地方性法规。省、自治区人民代表大会常务委员会制定的地方性法规是家庭农场法规中效力等级最高的。2013年5月吉林省第十二届人大常委会批准的《延边市朝鲜族自治州促进专业农场发展条例》是中国首部与家庭农场相关的法规。该条例对专业农场的准入条件进行了规范，辅以土地流转、扶持政策、法律责任等方面的规则；该《条例》的制定适应了该地区发展比较成熟的专业农场实践需求，是调整和规范专业农场市场主体资格的取得、市场准入和市场竞争行为的地方性法规。2013年7月25日河北省人大常委会通过了《河北省农村土地承包条例》，条例明确指出将承包土地向家庭农场流转，为河北省家庭农场土地的流转提供法律依据。

各地政府都围绕家庭农场制定了相关的规范性文件。如安徽省政府制定《关于培育发展家庭农场的意见》和《深化农村综合改革示范试点工作的指导意见》、湖北省制定的《家庭农场登记管理工作的意见》、浙江省颁布的《关于培育发展家庭农场的意见》、武汉市颁布的《2011年家庭农场申请财政补贴项目指南》等规范性文件为家庭农场的发展提供动力。如2013年《浙江省人民政府办公厅关于培育发展家庭农场的意见》中指出，加强管理服务，规范登记管理，加强行业指导，开展示范创建；加大政策扶持力度，引导土地流转，强化财政支持，加快人才培养，落实用地政策，执行税费优惠政策，加强信贷支持力度，优化农业保险服务等扶持家庭农场发展的政策措施。

同时，各级政府的农业农村部门和工商部门在其职权范围内制定的规范性文件。如山西省农业厅制定的《山西省关于认定家庭农场的暂行意见》，规定了家庭农场的认定标准、以及申报流程；《山西省农业厅关于促进家庭农场发展的指导意见》从政府扶持、土地流转等方面保障家庭农场的发展；此外，浙江省、天津市等其他省市的工商局制定了《家庭农场登记办法》，可以看出，浙江、天津等省市对家庭农场的认定采用的是登记注册制。如2013年浙江省工商行政管理局印发《浙江省家庭农场登记暂行办法》规定，工商部门是家庭农场的登记机关；家庭农场可以根据生产规模和经营需要，申请设立为个体工商户、个人独资企业、普通合伙企业或者公司；符合农业部门规定的认定标准的家庭农场，可以享受相应的扶持和优惠措施等。

台湾针对家庭农场的生产经营活动，出台了《台湾农场登记规则》。其中定义的农场为"指利用自然资源及农用资材，从事农作物产销为主的场地"。包括自然人农场，指自然人所经营的农场；法人农场，指法人所经营的农场；土地利用型农场，指运用土地从事农作物栽培为主的农场；设施利用型农场，指运用设施从事农作物栽培为主的农场。台湾农场的主管机关为农业委员会，在县（市）级管理部门为县（市）政府。在台湾经营农场需具备的条件包括：第一，申请人为实际从事农业经营的农民或依法设立以经营农作物产销为主的法人；第二，场地面积要求土地利用型达5公顷以上或设施利用型达1公顷以上，如兼具两种经营形态者，按其比例核计；第三，农场用地应为合法利用，并以集中同一乡（镇、市、区）或同一处为原则，但采种农场不受此限；第四，农场应置一人以上的技术员。满足条件的农场应向所在地主管机关申请农场登记。农场技术人员应具备下列条件之一：一是公立或经教育主管机关立案或认可的中等以上学校有关科系毕业者；二是高等或普通考试农业类科及格者；三是具有农业实地工作经验三年以上，经主管机关、乡（镇、市、区）公所或农会证明者；四是具有农业实地工作经验一年以上，经主管机关、乡（镇、市、区）公所或农会证明者，并参加各级政府机关办理或委办的相关农业训练累计达四周以上者。

申请农场登记时需要的材料包括：申请人及技术人员身份和学历（资）证明（法人农场应附法人登记证明）、农场位置图、土地使用配置图、土地权利证明文件、经营计划书、固定资产、农用设施与流动资金表。农场登记证上应注明的事项包括：场名、场址、负责人、农场种类、经营方式、经营种类、场地面积、规定资产、有效期限。法人农场应依法人登记核准后，再申请为农场登记。自然人农场如系合伙或共同经营，应将所订合同及权利义务分配办法一起提交。登记后的农场应受主管机关的监督，主管机关每年应编列经费辅导登记的农场，包括改善经营管理、提升生产技术、加强运销、改善财务等，提升其运营能力，以促进农场科学化及企业化经营。主管机关应每年对登记的农场就其经营予以考评，其程序分初评、复评及核定。农场停办时，应于一个月内申报原发证机关注销登记证。主管机关应定期核查辖区内农场，若有违反《台湾农场登记规则》或其他法令规定，经限期改善而未改善者，由当地主管机关撤销其登记。

四　家庭农场缺乏法律主体地位的现实困境

（一）家庭农场市场主体地位不明晰

现阶段，全国各地区对家庭农场的界定标准不统一。如各地对家庭农场的成立是否需要工商登记规定不一，有着登记设立主义和登记备案主义两种类型，没有统一的主体形式。且对家庭农场的界定标准不统一，"什么是家庭农场，家庭农场的必备条件是什么"还没有一个统一的清晰的界定。在工商部门注册登记的，家庭农场也只是以个体工商户、个人独资企业、合伙企业及有限责任公司等形式登记，登记的条件是需要满足"个体工商户、个人独资企业、合伙企业及有限责任公司"等主体的设立条件。

此外，中国家庭农场在实践中面临着土地流转困难、融资难、政府扶持力度小以及农业职业化等困境，针对这些问题，农业农村部以及地方政府采取了多种措施，以助力家庭农场发展。但是，家庭农场的市场主体地位不明确，一定程度上增加了解决相关困难的障碍。

（二）家庭农场相关法律制度供给不足

实践中，家庭农场发展如火如荼，作为一种新型农业组织形式，其发展需要完善的法律制度作为支撑。在中国现行法律体系内，对家庭农场间接规制的法律法规数量少，且这些法规的位阶低，直接规制家庭农场的法律法规尚未出台。在中央层面，主要表现为党制定的关于农业发展的政策指导意见，国务院以及相关职能部门出台的规范性文件；在地方层面，主要表现为省、自治区人大常委会制定的地方性法规、各级地方政府颁布的地方政府规章、以及相关职能部门出台的规范性文件。如2015年"中央1号文件"中加大新增补贴向家庭农场的倾斜，并没有具体指出如何倾斜；地方上，如山西省农业厅出台了《关于促进家庭农场发展的指导意见》，明确对家庭农场的支持措施，但对于家庭农场补贴的具体标准并不明确。目前家庭农场法律体系并不健全，存在着诸如土地流转方面的法律不健全，难以保障家庭农场支付合理的地租和保证稳定的土地规模；家庭农场融资法律体系缺乏、财税扶持政策不足、社会化服务法律体系不健全、农业人才立法不完善等问题都加大了家庭农场可持续发展的难度。同时，我国税法体系中对农业税收优惠政策的规定不集中，分散于流转税、所得税、行为税等税种中，且相互之间没有关联性，未形成一个完整的系统，农业整体税收优惠法律不完善，且专门针对家庭农场的税收优惠政策更少，不利于扶持家庭农场的发展。

从具体来看，第一，家庭农场发展的土地流转法律制度供给不足。目前，在土地流转方面的主要格局是把《宪法》当作准绳，《民法通则》、《物权法》当作基石，《土地管理法》《农业法》当作工具，《农村土地承包法》是关键，并以《农村土地承包经营权流转管理办法》作为补充。

第二，在中国农业信贷立法方面，《农业法》第45条规定要建立健全农村金融体系，加强对农业信贷的支持，强调农村信用社的宗旨，采取贴息等措施，鼓励农业金融机构向农业生产者提供贷款。可以发现，该条文对农业信贷仅有原则性规定，不具有实际操作性。除此之外，中国的《商业银行法》《银行业监督管理法》《中国人民银行法》和《贷款通则》等法律法规及规章几乎没有涉及农业信贷的内容。由于法律没有对金融机构农业信贷规定明确的义务，中国人民银行等机构发布的文件往往也只能以倡导性意见、激励性措施为主，不能对金融机构附加法律责任。例如中国人民银行于2014年2月的《关于做好家庭农场等新型农业经营主体金融服务的指导意见》、2015年2月中国银监会的《关于做好2015年农村金融服务工作的通知》等文件往往属于倡导性的意见，不具有强制力，实际效果还有待实践考验。

第三，中国现阶段关于农业保险的规定散见于个别法律中，缺乏专门的《农业保险法》。《农业法》第46条仅对国家设立农业保险制度的宗旨和原则进行了规定，在2009年对《保险法》进行修订时，也只原则性的倡导发展农业保险制度，并未具体规定农业保险相关制度，而是采用一个委任性规则。由于农业保险法律制度的空白，对农业保险适用均参照《保险法》中关于商业保险的规定，从而忽略了农业保险的政策性特征，在对农业保险的主体进行定位时模糊不清，影响农业保险作用的发挥。

第四，农民受教育程度不高，学习能力不强，在经营中缺乏农业知识以及法律、经济知识，不利于提高家庭农场的市场化水平；农民科技素质低，经营中应用互联网等新方式接受信息的能力较差，影响到家庭农场的集约化发展。国务院、教育部针对农民职业教育出台了相关的规定，但这些规定仅仅起到引导的作用，缺少实际操作性，也缺乏监督。

(三) 现行相关法律条款中缺少针对家庭农场的内容

1. 《中华人民共和国农业法》

新修订的《中华人民共和国农业法》于2003年1月1日起实施，立法目的是为了巩固和加强农业在国民经济中的基础地位，深化农村改革，发展农业生产力，推进农业现代化，维护农民和农业生产经营组织的合法权益等。《农业法》所称农业生产经营组织，是指农村集体经济组织、农民专业合作经济组织、农业企业和其他从事农业生产经营的组织。该法规定"国家建立和完善农业支持保护体系，采取财政投入、税收优惠、金融支持等措施，从资金投入、科研与技术推广、教育培训、农业生产资料供应、市场信息、质量标准、检验检疫、社会化服务以及灾害救助等方面扶持农民和农业生产经营组织发展农业生产，提高农民的收入水平"。

2. 《中华人民共和国土地管理法》

《中华人民共和国土地管理法》中规定，农民集体所有的土地由本集体经济组织的成员承包经营，从事种植业、林业、畜牧业、渔业生产；土地承包经营期限为三十年；发包方和承包方应当订立承包合同，约定双方的权利和义务；承包经营土地的农民有保护和按照承包合同约定的用途合理利用土地的义务；农民的土地承包经营权受法律保护。农民集体所有的土地，可以由本集体经济组织以外的单位或者个人承包经营，从事种植业、林业、畜牧业、渔业生产；发包方和承包方应当订立承包合同，约定双方的权利和义务；土地承包经营的期限由承包合同约定。承包经营土地的单位和个人，有保护和按照承包合同约定的用途合理利用土地的义务。农民集体所有的土地由本集体经济组织以外的单位或者个人承包经营的，必须经村民会议三分之二以上成员或者三分之二以上村民代表的同意，并报乡（镇）人民政府批准。农民集体所有的土地的使用权不得出让、转让或者出租用于非农业建设。

3. 《中华人民共和国物权法》

《中华人民共和国物权法》中规定，土地承包经营权人依法对其承包经营的耕地、林地、草地等享有占有、使用和收益的权利，有权从事种植业、林业、畜牧业等农业生产。耕地、宅基地、自留地、自留山等集体所有的土地使用权不得抵押，但法律规定可以抵押的除外。土地承包经营权人依照农村土地承包法的规定，有权将土地承包经营权采取转包、互换、转让等方式流转。流转的期限不得超过承包期的剩余期限。未经依法批准，不得将承包地用于非农建设。

4. 《中华人民共和国土地承包法》

《中华人民共和国土地承包法》中规定，通过家庭承包取得的土地承包经营权可以依法采取转包、出租、互换、转让或者其他方式流转。土地承包经营权流转的转包费、租金、转让费等，应当由当事人双方协商确定。流转的收益归承包方所有，任何组织和个人不得擅自截留、扣缴。土地承包经营权采取转包、出租、互换、转让或者其他方式流转，当事人双方应当签订书面合同。采取转让方式流转的，应当经发包方同意；采取转包、出租、互换或者其他方式流转的，应当报发包方备案。承包方可以在一定期限内将部分或者全部土地承包经营权转包或者出租给第三方，承包方与发包方的承包关系不变。承包方之间为发展农业经济，可以自愿联合将土地承包经营权入股，从事农业合作生产。承包方对其在承包地上投入而提高土地生产能力的，土地承包经营权依法流转时有权获得相应的补偿。

5. 《中华人民共和国担保法》

《中华人民共和国担保法》中规定，抵押人依法承包并经发包方同意抵押的荒山、荒沟、荒丘、荒滩等荒地的土地使用权可以抵押；但耕地、宅基地、自留地、自留山等集体所有的土地使用权不得抵押。

6. 《中华人民共和国保险法》

《中华人民共和国保险法》里没有专门针对农业保险的条款，但是，国务院为了规范农业保险活动，保护农业保险活动当事人的合法权益，提高农业生产抗风险能力，促进农业保险事业健康发展，根据《中华人民共和国保险法》《中华人民共和国农业法》等法律，制定了《农业保险条例》。该条例所称农业保险，是指保险机构根据农业保险合同，对被保险人在种植业、林业、畜牧业和渔业生产中因保险标的遭受约定的自然灾害、意外事故、疫病、疾病等保险事故所造成的财产损失，承担赔偿保险金责任的保险活动。农业保险实行政府引导、市场运作、自主自愿和协同推进的原则。省、自治区、直辖市人民政府可以确定适合本地区实际的农业保险经营模式。任何单位和个人不得利用行政权力、职务或者职业便利以及其他方式强迫、限制农民或者农业生产经营组织参加农业保险。国家鼓励地方人民政府采取由地方财政给予保险费补贴等措施，支持发展农业保险。

国家鼓励地方人民政府建立地方财政支持的农业保险大灾风险分散机制。农业保险可以由农民、农业生产经营组织自行投保，也可以由农业生产经营组织、村民委员会等单位组织农民投保。

7.《中华人民共和国农民专业合作社法》

《中华人民共和国农民专业合作社法》中规定，农民专业合作社是在农村家庭承包经营基础上，同类农产品的生产经营者或者同类农业生产经营服务的提供者、利用者，自愿联合、民主管理的互助性经济组织。农民专业合作社以其成员为主要服务对象，提供农业生产资料的购买，农产品的销售、加工、运输、贮藏以及与农业生产经营有关的技术、信息等服务。农民专业合作社依照本法登记，取得法人资格。农民专业合作社对由成员出资、公积金、国家财政直接补助、他人捐赠以及合法取得的其他资产所形成的财产，享有占有、使用和处分的权利，并以上述财产对债务承担责任。

五　家庭农场立法的相关政策建议

经济法调整特定范围的经济关系，所以家庭农场属于农业法、经济法的调整对象。促进家庭农场的发展既不能任由市场完全支配，也不能由国家过度干预，应当将二者有机结合，国家的干预应当遵循经济法中适度干预的原则。"国家适度干预原则"是对国家经济自主和国家统制的边界条件或者临界点所作的一种介入状态，"适度干预理念"要求"在经济法能够有效、经济地克服市场缺陷的前提下，经济法的存在空间为市场不能有效运行之处"。通过对家庭农场法律行为的规制，即通过对其干预的权力、范围以及手段的规定来实现经济法对家庭农场的适度干预。

家庭农场作为一种新型经营模式在实践中面临诸如认定标准不统一、土地流转困难、融资难、国家专门针对家庭农场的财税扶持力度小以及农场主素质较低等问题，制约着家庭农场的发展壮大，这些实际问题为家庭农场立法的构建提供了现实必要性；同时，由于农业具有弱质性特征，需要国家进行宏观调控约束市场机制，这一理论为家庭农场立法的构建提供了经济学基础；而经济法中的适度干预理论，要求国家干预要具有适当性，为家庭农场立法规制的范围提供了法理基础。家庭农场作为一种新发展的农业生产经营组织形式，其持续、良好发展需要"有法可依"。目前，在我国独立的市场主体主要包括自然人、个体工商户、农村承包经营户、个人独资企业、合伙企业、公司、农民专业合作社等类型。家庭农场大多数是从农村承包经营户的基础上发展起来的，但是目前的家庭农场登记是依附于这些现有的市场主体中某一类主体形式，而不是独立于这些民事主体类型之外的一种新的主体形式。

（一）修订现有法律，增加针对家庭农场的相关条款

目前，家庭农场的立法方式主要有两种：第一种是家庭农场单独立法，第二种是修改现有的农业农村部门法律体系，通过完善土地流转、金融、财税、人才法律制度，推动和保障家庭农场的发展。我国家庭农场立法有必要单独立法，通过制定《家庭农场法》明确家庭农场法律地位、认定标准、组织机构、监管制度和退出机制等基本问题，以法律的形式认可家庭农场这一主体。

1. **构建促进家庭农场发展的土地流转法律制度**

首先，完善《农村土地承包经营权流转管理办法》。在中国现行的农村土地流转的相关法律中，对于土地流转的方式、流转合同以及流转中介服务机构进行了规定，但这些内容都是原则性质的，没有实质性内容。因此，完善《农村土地承包经营权流转管理办法》中的相关规定。一是规范流转合同，对流转合同的期限进行规定，加强管理；可以借鉴日本的规定，对土地流转合同不能一味的采用意思自治原则，而应该介入一定的行政手段，以保持承包合同的连续性。中国目前赋予流转当事人任意解除权，今后应对任意解除流转合同加以一定的限制，由对土地流转进行备案的农村集体经济组织予以许可，并明确规定需要进行许可方可解除的流转合同的范围，以保障土地流转的稳定性。二是要建立土地流转平台，通过流转平台规范土地流入、流出有序进行，由村集体经济组织统一管理使

用；土地经过流转后要进行公示，遵守物权的变动原则，让社会大众予以监督，防止出现官民勾结，产生腐败效应，有利于规范土地流转程序。三是要保护农民在土地流转中的自主权，应确定土地使用权的物权性质，切实保障农民的土地权能，避免表面进行土地流转而实质上进行土地兼并，保障农民的自主经营权。

其次，建立土地流转中介组织。法国通过成立关于土地应用和管理的公司对土地进行租赁、出售，这些公司对农村的安置地享有优先购买权。公司把零散的农村安置地买进，通过市政规划，使购买的土地化零为整，再将大片土地转让。这是法国的一大特色，公司和企业是由国家进行监督管理，旨在让土地得到最大的运用。日本类似的也通过农地保有合理化法人事业来推进土地规模化经营。中国《农村土地承包经营权流转管理办法》也建立了土地流转中介人制度，对中介组织实行的是登记备案制。虽然国家法律对中介人制度有所规定，但是内容不详细，需要进一步的完善。土地流转中介组织可以对农村土地流转市场信息进行分类和合并，增强农村土地的信息透明度，在流转过程中还可以对土地流转的合法性进行监督，解决土地流转过程中所发生的纠纷。因此，在现有法律基础之上，细化土地流转代理人相关权利、义务、责任，建立中介组织，保障土地合法流转。

最后，重视失地农民社会保障权益。在中国很多的农民都外出打工，这些农民的医疗保障、养老保险等问题依然严峻，正是由于医疗、养老等社会保障制度的不健全，"伪城镇化"导致广大农民认为社会保险不安全，不愿放弃用来生存的土地而选择兼业经营，或将土地交给亲朋打理，更有甚者宁愿将土地抛荒。

2. 构建促进家庭农场发展的金融法律制度

农村金融法律制度不完善，导致该制度实行过程中力度不足，缺乏强制性。因此必须通过立法进行规范性约束，这样才能确保金融政策在农业中的重要作用，有利于构建一个完整的、权责分明的、监督完善的农村金融体系，不断促进家庭农场的改革创新并快速发展。通过健全农村金融法律制度，对农村存在的金融服务管理机构进行多方面的促进。第一，对农村存在的多种形式的小型金融服务管理机构，比如小金额贷款机构、农村乡镇的金融服务管理机构、农民自发成立组织的金融服务管理机构，要加大扶持力度，扩大他们的服务范围和经营范围，使农村金融服务机构覆盖更多区域。第二，加强农业发展银行作为政策性银行的职能，为家庭农场的发展提供资金支持；同时，对农村信用合作社进行改革，加大经营范围，着力服务农村经济发展。第三，鼓励家庭农场、龙头企业等新型农业经营主体之间相互融资，加强信用合作，对生产过程所需要的流动性资金贷款的利息进行补贴，切实解决家庭农场的贷款难题。

借鉴美国的《农业和农村联合发展法案》，中国应为家庭农场建立政策性专项贷款并完善风险控制，配套以政策性信贷向商业信贷和合作性信贷的转移制度。家庭农场发展初期，其所拥有的资源较少，缺乏有效的抵押担保物，加之农业的不确定性，使得家庭农场很难获得商业性贷款。为了扶持家庭农场发展，中国应借鉴美国的农业信贷立法，巩固政策性信贷的基础性地位。首先，建立政策性信贷，并加强风险管控。设立专项服务于家庭农场的信用保证贷款服务管理体系、专门的服务管控办法以及对不良贷款的风险控制制度。依据经营的不同环节对家庭农场信贷业务进行分类，以便针对性的优化贷款服务。在风险防控方面，加大对贷款人的培训管理。对于不能有效管理农场财务的农场主要进行资金管理和运营家庭农场的综合培训，努力提升贷款人运营管理能力，努力提升家庭农场的运营效率、提升获取利润的能力，增强借贷人的还贷能力，减少不良贷款的风险。同时，要完善过程风险控制，申请贷款时，对贷款人的经营情况、信用程度通过走访实际评估，而非进行单一的书面审核；贷款发放后，要定期审查土地管理环节、资金资产运营管理水平，以核查其还贷能力。通过完善的过程风险控制，降低政策性信贷的风险。

此外，制定对新的农场主和弱势的农场主的帮扶政策。中国可以借鉴美国的经验，按照地域，对不同省市地区的经济情况进行调查、统计，评估家庭农场的发展程度，对缺乏实践经验的新农场以及发展欠佳的弱势农场有针对性地去援助。例如在中国农业银行中创建专门项目用于扶助这些需要帮助的农场主；还可以有针对性地对家庭农场经营过程中的不同环节进行专项资助，例如可以针对土地流转费用进行资助，以促使规模化经营。同时，由家庭农场、政府以及符合规定的法人共同出资，建立家庭农场发展专门账户，账户内的资金在一定时限内可供家庭农场经营使用，以收益来偿还。

3. 构建促进家庭农场发展的保险法律制度

建立健全中国农业保险法律制度可以借鉴美国和日本的农业保险立法

经验，由于农业保险不同于一般商业保险，具有政策性、互助性的特点，所以应该对农业保险专门立法。现实中，农民有着对风险屏障的迫切需求，由于商业保险公司的盈利性质，农民难以承担大额保费。因此，在《农业保险法》立法时，应将农业保险的法律属性定位为政策性保险，各级政府对加大财政、税收及相关配套政策等方面的扶持。各级政府出资建立巨灾风险救济基金，其补贴对象为遭受巨灾损失后，农业保险公司的超赔部分，通过专项补贴增强农业保险公司的抗风险能力。此外《农业保险法》一方面通过设计权利性条款鼓励商业保险公司积极扩展农业保险的覆盖面，另一方面成立政策性保险公司，通过政府行为来分担农业风险，规定两种保险公司不同的权利义务，形成多层次的保险体系。《农业保险法》立法最重要的是结合中国农业实际，探索符合国情的农业保险模式，厘清对农业保险关系主体的权利义务，充分发挥农业保险对家庭农场发展的保障作用。

4. 构建促进家庭农场发展的税收法律制度

在税收优惠方面，应加大对家庭农场的直接优惠，从家庭农场有关的增值税、所得税、印花税等税种全方位扶持。首先根据《国家税务总局关于农业土地出租征税问题的批复》《中华人民共和国土地使用税暂行条例》有关规定，家庭农场为从事农业活动使用、出租土地可以免税。家庭农场直接进行农业生产的专业用地，免征土地使用税。其次从农场所得税来看，按照《中华人民共和国企业所得税法》《国家税务总局关于进一步落实税收优惠政策、促进农民增加收入的通知》等文件的规定，家庭农场可以在一定的条件下减征或者是免征个人所得税。此外，在印花税方面，符合条件的家庭农场在订立保险合同时，免征印花税。除此之外，各地政府还可根据本地情况，在营业税改为增值税的大背景下，对家庭农场实行税收优惠政策，以保障家庭农场发展。

5. 构建促进家庭农场发展的补贴法律制度

目前，国家对农业的政策扶持力度大，虽然要求各项扶持政策要向家庭农场倾斜，但针对家庭农场的财政扶持制度不健全，规定比较粗糙。在对法国的补贴法律制度考察中发现，政府对家庭农场的补贴政策分为直接和间接补贴两种类型，直接补贴适用于因农产品市场不景气导致价格偏低、利润低下带来的损失，直接补贴的资金直接支付到个人账户；此外，法国政府还实行了一系列的间接补贴政策，例如减税免税、优惠贷款等措施,鼓励青年人从事农业创业,促进新型农业发展。在制定中国的财政扶持法律时,可以借鉴法国的经验,完善对家庭农场的直接补贴、间接补贴。一方面,对家庭农场经营方面加大补贴力度,促使家庭农场发展壮大;另一方面,通过对家庭农场提供税收优惠、贷款帮助以及对农业劳动力培训的扶持,为家庭农场发展增加保障。同时,在确立补贴机制时,可借鉴日本的"与农民实际种植面积挂钩的直接补贴"。通过增加基于经营规模的直接补贴金额来加大对家庭农场的补贴力度。此外,各地应根据自己的实际发展水平,在法律、政策之下细化符合本地的财政扶持政策,充分保障法律制度的灵活性,以促进家庭农场的发展。

6. 构建促进家庭农场发展的社会化服务法律制度

家庭农场的发展,除了要加大政府的扶持力度,民间力量也有十分重要的作用,完善的社会化服务体系是家庭农场发展的保障。我国应构建完善的社会化服务法律制度,尽快出台《农业投资法》和《农村公共投资法》,对民间投资法律关系进行规范,加大民间贷款机构对于农业投资的力度;详细地制定出相应的规范措施,通过财政、金融、税收等方面的优惠来鼓励民间投资主体投资家庭农场,促进家庭农场的发展。其次完善《农民专业合作社法》,加大合作社对家庭农场的带动作用;鼓励农业合作社为家庭农场提供低成本、全方位的公益性服务。最后制定《农业行业协会法》,农业行业协会是农业中不以营利为目的自我管理的中介组织,不直接参与市场竞争,代表、维护农业经营者的合法权益是其最根本的任务。国外家庭农场发达,很重要的一个因素就是农业协会的作用。因此,应对农业行业协会进行立法,对农业协会的合法地位予以确立,并对农业行业协会的成立、解散等相关事宜进行规范。通过对社会化服务法律体系的完善,为家庭农场的发展提供更多的民间资本、行业支持以及技术帮助,以保证家庭农场持续健康经营。

7. 构建促进家庭农场发展的人才法律制度

构建促进家庭农场发展的农业人才法律制度,首先要加快农民职业教育专项立法。中国实施科教兴国战略,1996年9月1日起施行了《中华人民共和国职业教育法》,促进职业教育的发展,提高劳动者的综合素质,为社会主义现代化建设贡献力量。目前关于农民职业教育的法律规定数量少,且法律概念很模糊,未形成专门的法律制度,因此应根据我国农村劳动力职业素质的现状,借鉴德国的先进经验,在《中华人民共和国职业教育法》的规则下，细化地制定《中华人民共和国农业职业教育法》，对农业职业教育涉及的各方主体的权利义务进行明确规定，促进农业职业法制化。其次，构建二元化的农民职业教育体制。比较分析家庭农场发达的国家，可以发现，这些国家均以完善的农民职业教育体系为支撑，而中国目前关于农民职业教育的方式是以地方政府牵头，组织短期、应急性的群众性科普教育，不利于为家庭农场输送持续稳定的专业人才。因此在借鉴外国经验的基础上，从教育制度、体制和运行机制着手，建立二元化的农民职业教育体制。一方面，依托现有的农业院校对农业人才进行定向培养，培养高素质的农业劳动者；另一方面，由专业的农业教育培训农民，颁发从事农业的资格证书，作为上岗凭证，促进农业职业化发展。将社会力量与国家财政支持相结合，鼓励校企合作，使实践落实到实处，让教育显现效果。同时，农业农村部以及各地农经站创办相关刊物，农场主在农闲时候自主学习，提高农业技能，培育新型农民。

（二）单独建立《家庭农场法》或《家庭农场促进法》

家庭农场作为有发展前景的农业组织，其重要性不言而喻，通过前文的分析，中国缺乏专门的家庭农场法，实践中中央及地方采用文件的形式对其进行引导，由于缺乏统一的法律对家庭农场的地位、进入、退出等基本问题进行规范，各地标准不一，因此，从立法必要性来看，应该对家庭农场单独立法。

1. 家庭农场单独立法的必要性

首先，农业是国民经济基础性产业，中国农业人口多、农地面积广，家庭农场作为农业转型时期新的生产经营方式，与传统农业相比，其优势已经很明显，家庭农场是中国未来农业长期的发展模式，具有持续的发展潜力，有必要通过法律来规范其健康发展；其次，家庭农场若在现有农业法律制度下修改，涉及修改的部门法众多，并且家庭农场规定在不同的法律部门中，缺乏系统性和协调性，从方便法律适用和节约成本角度来看，家庭农场都应制定一部专门的法律；最后，国外许多国家都单独制定了专门的《家庭农场法》来促进家庭农场的发展。

中国地域广袤，南北跨度大，地形复杂多样，使得中国农业生产带有显著的地域特点，家庭农场的立法必须考虑不同地区的特殊性，这也是中国家庭农场立法中面临的难题。家庭农场的法律位阶直接影响着其效力范围，如果法律效力等级过高，可能与地方特殊性不兼容；如果法律效力等级过低，家庭农场的统一性和执行力就会不足，我国家庭农场法律制度有必要制定一个全国性的法律来明确家庭农场的基本方向，同时通过法律授权方式赋予地方一定的立法权，各地方可依据当地的实际状况与特殊性做出适当变通。首先，要坚持自愿原则。其次，坚持适度干预原则。家庭农场是在我国经济转型时期市场自发调节和国家对农业宏观调控的双重作用下萌生的一种新型农业经营主体，属于农业法和经济法的调整对象。家庭农场首先应当由市场来调节，同时要注重国家在家庭农场中的规制与服务作用。政府要加强对家庭农场的立法规制，通过制度规定引导规范家庭农场，同时做好服务和监管工作，做到家庭农场"有法可依"。最后，坚持因地制宜原则。

2. 家庭农场基本法中应涵盖的内容

在家庭农场基本法中，具体规定：（1）家庭农场的法律标准，即什么是家庭农场。目前，农业农村部以及各地政府给出了不同的标准，在家庭农场基本法中应该清晰给出其法律定义，在进行界定后，就可明确家庭农场的法律地位，为家庭农场的发展奠定根基。（2）家庭农场的准入条件。家庭农场基本法在现行各个地方规范性文件中归纳共性标准，从经营者的农民身份、主要收入来源、劳动力构成以及土地规模四方面来对家庭农场的设立规定条件，统一确定市场准入审核主体。（3）家庭农场的内部管理结构。参照《合伙企业法》《公司法》等其他组织法，确定家庭农场的内部治理结构，通过家庭农场的财产构成确定决策者、监督者以及执行者，确定表决权的行使方式，对记账等进行规范。（4）家庭农场的退出机制。首先要明确规定家庭农场的解散分为强制解散和自愿解散两种，规定强制解散的事由以及解散主体，对家庭农场主体资格消灭后的清算程序予以规范。（5）监督责任。明确规定对家庭农场的监管主体，避免出现多头执法，而最终无人监管的现象。（6）法律责任。合理规范家庭农场的行为，对违反法律的行为明确责任承担主体以及承担形式。此外，在家庭农场基本法中应对地方政府授权，地方政府可以根据本地的实际发展情况对具有区域性特点的内容进行地方立法，以保证家庭农场基本法的稳定性。

美国家庭农场认定标准主要有如下几个特点：（1）劳动力主要是家庭成员，农忙时节雇佣季节工，允许少量长期雇工；（2）农产品以销售为主，自用为辅；（3）有充足的收入来管理运营家庭农场，另外，美国家庭农场存在大量的兼业经营现象，农场主的收入除来自家庭农场外，还有来自其他职业的收入。以美国为例，美国与家庭农场有关的法律就达 31 项，并且会定期修改以适应农业的发展需求，为家庭农场提供了良好的秩序。法国家庭农场以中小型为主，依据农产品种类的不同，可分为水果农场、畜牧业农场、蔬菜农场和农作物农场四类，家庭农场的专业化水平较高，大多实行一业经营。法国家庭农场认定标准主要有：（1）以生产销售农产品为主；（2）主要使用家庭劳动力，农忙时节雇佣少量雇工；（3）规模经营；（4）企业化管理，建立完整的会计核算制度。法国制定了许多法律来确保家庭农场的稳定发展，如 1955 年《农业法典》、1960 年《农业指导法》、1962 年《农业指导补充法》、《农业基本法》等。

　　家庭农场立法首先应当明确家庭农场的民事主体地位，这是家庭农场从事规模化、集约化、商品化农业生产，参与到民事法律关系之中的前提条件。家庭农场属于非法人组织的一类，在其民事责任承担上，首先以家庭农场的财产承担责任，不足的部分应当由家庭农场成员以其个人财产承担连带责任。因此，家庭农场成员的界定极为重要，应当严格区分家庭成员和家庭农场成员。应当借鉴俄罗斯《农场法》对家庭农场中家庭数量的限制，同一家庭农场中的家庭数量不宜超过 3 人。这是因为在家庭农场中，"家庭可以充分利用其内部的自然分工，极大地减少代理成本和决策成本，基本不存在计量、监督等交易成本"。如果同一家庭农场中家庭数量过多，其代理成本和决策成本等将会大幅提高。为了能够持续从事农业经营，还应当明确规定家庭农场土地经营权的不可分性，主要体现在两个方面：一方面，借鉴俄罗斯《农场法》的规定，一个或几个家庭农场成员退出家庭农场时，不能请求分割土地经营权，但是可以获得相应的补偿，从而保障了家庭农场存续期间农业经营的持续性。另一方面，在家庭农场终止时，可以对土地经营权进行分割，但是如果有符合法律要求的其他农业经营主体请求整体流转家庭农场土地经营权的，应当优先将家庭农场土地经营权流转给其他农业经营主体，从而保障该农地之上农业经营的持续性。俄罗斯《农场法》明确了家庭农场作为农产品生产者的地位，并对家庭农场生产经营活动做了清晰界定，对防止家庭农场的"非农化"和"非粮化"倾向有着重要意义。

3. 现有条件下家庭农场适宜的主体形式

　　目前，中国家庭农场在组织形式的选择上具有多样性，尽管多样化的组织形式在一定程度上降低了家庭农场发展门槛，但组织形式的不同意着家庭农场具有不同的法律地位，同样是家庭农场，却允许农户家庭在不同性质的民事主体之间自由选择组织形式，严重背离了法律对不同民事主体的内在要求。市场导向和家庭农场发展必然要求家庭农场要具有一个确定的组织形式。

个体工商户是家庭农场人气最高的组织形式，那是不是意味着个体工商户就是家庭农场最适宜的组织形式呢？其实并非如此，选择个体工商户这种组织形式是出于便利性和低门槛的考虑，个体工商户登记简单快捷，没有复杂繁琐的登记手续，实践中成立个体工商户操作便利，快速高效。采用个体工商户的组织形式可以享受税收上的优惠政策，可以减少税收的缴纳和增加家庭农场收入。此外，个体工商户的生产经营方式与家庭农场的"家庭性"具有很好的契合性，也具有家庭经营的特征，以上就是个体工商户这种组织形式广受欢迎的原因。

个体工商户无论是在理论还是实践中，其本身法律地位都是备受争议的，尤其是在《中华人民共和国合伙企业法》（以下简称《合伙企业法》）、《中华人民共和国个人独资企业法》（以下简称《个人独资企业法》）、《中华人民共和国公司法》（以下简称《公司法》）相继出台后，个体工商户融资困难和抗风险能力低等弊端日益显现出来，有人甚至提出"取消个体工商户"的概念，确立"个人经营者"的概念。其次，个体工商户是非法人主体，无法独立承担责任，也即个体工商户要承担无限责任，这就可能存在降低农户基本生活水平的风险，加之个体工商户的组织形式生产规模小，经营管理不规范，都不利于家庭农场的专业化发展。

理论界认为个人独资企业和个体工商户几乎是没有区别，二者的不同之处在于个人独资企业采用企业的方式，比个体工商户更具市场性。个人独资企业和个体工商户在法律上也有许多相似之处，同样的，个人独资企业设立门槛低，登记程序简单，税收上也享有优惠政策，产业分工程度低适合家庭农场的家庭经营，这也是实践中许多家庭农场采用个人独资企业组织形式的原因。但是，个人独资企业也不是一个很好的形式。首先，个人独资企业的设立者为一个自然人，家庭农场的基本单位为"家庭"，二者之间不具有一致性；加之个人独资企业的组织化程度过低，这些都不利于家庭农场的规模化经营。其次，个人独资企业也不具有独立法律主体资格，投资者要以其全部财产承担对外责任，在一定程度上增加了农业生产者的顾虑。

中国合伙企业分为普通合伙和有限合伙，大部分地方都认可有限合伙这种组织形式，但也有例外，如浙江省就将有限合伙企业组织形式排除在外。应当说，家庭农场可以采用有限合伙企业这种形式，有限合伙企业的特殊性在于责任的承担上，有限合伙人以牺牲合伙事务的决策执行权换取责任承担的有限性。有限合伙企业与家庭农场的"家庭经营"不冲突，有限合伙人不参与合伙事务的管理，不能归入家庭农场劳动力，有限合伙人也不会影响普通合伙人对家庭农场的控制权，这种组织形式不会改变家庭农场的性质。此外，有限合伙人更有利于引入资金和先进农业技术，解决家庭农场融资困难和技术水平不高的问题。因此，实践中可以采用有限合伙这种形式。通过上述分析可知，合伙企业这种组织形式抛开责任承担上的不足之外，无论是在设立程序，还是在生产要素的集中、经营管理的人合性等方面，都是一种有利于家庭农场发展的有效形式。

首先，有限责任公司的组织形式可能与家庭农场的本质属性相冲突。"家庭性"是家庭农场的本质属性，在血缘基础上形成的家庭经营因天然的亲和性和高度利益一致性使其在没有任何监督的情况下就能实现高效生产经营，血浓于水的家庭成员之间无需设立严格的组织机构，公司制的组织形式对雇工人员没有数量上限制，极有可能改变家庭农场的性质，追求规模化与市场化经营不能以牺牲家庭农场的本质属性为代价。其次，我们应当弄明白家庭农场的概念层级，家庭农场只是一个下位概念。从产权角度来看，美国农场分为家庭农场、公司制农场和合伙类农场，家庭农场与公司制农场是并列存在的类型，农场可以采用公司制的组织形式，对这类农场我们可以直接归为公司制农场即可。再次，尽管我国公司设立门槛在降低，但在登记条件、机构管理和财务会计等方面的要求对家庭农场来说有些过于严格，家庭农场相对来说更加自主化。最后，农业生产毕竟不同于工商业生产经营，农业生产有其自然特点和生产规律，贸然采用工商业的组织形式可能会有潜在的不确定风险。因此，公司制组织形式需要在实践中继续进行考量。

山东省在家庭农场实践中创造性地提出家庭农场可以采用专业合作社的组织形式，首先，作为互助性经济组织，合作社的本质是"互助与合作"，强调不同农户之间的相互联合与相互合作，而家庭农场是强调以家庭为基本单位的独立主体，二者之间有着本质的区别。其次，农民专业合作社是非营利性的经济组织，设立合作社的目的是为合作社成员服务，其本身不盈利；家庭农场要从事商品化经营，农产品参与市场流通，最终是为了获取收入。再次，在国外，家庭农场与农业生产合作社都是不同性质的农业生产经营主体，合作社是独立于家庭农场而存在的农业主体，美国的家庭农场排除了合作社的组织形式，法国和日本的法律也对家庭农场和专业合作社分别做了不同规定。农民专业合作社可以吸纳家庭农场成为其合作社的成员，家庭农场可以成为专业合作社的主要服务对象，二者之间具有互补性，都是新型农业经营主体的重要组成部分。

中国家庭农场可采用"家庭合伙"这种形式。合伙这种组织形式与家庭农场的家庭性具有高度融合性，家庭成员基于亲属关系和共同生活目的，具有强烈信赖关系，具有"不是协议，胜似协议"的作用。合伙组织形式有利于资金融通，最大限度集中生产资料，扩大家庭农场经营规模，与家庭农场具有很好兼容性，唯一的不足之处在于合伙企业要承担无限责任；针对这一不足，可以考虑通过制度的特殊设计将家庭合伙作为一种特殊的合伙，设定家庭农场承担有限责任，家庭农场主以投资额为限承担有限责任，只有当家庭财产与家庭农场财产无法区分时，才以家庭财产承担无限责任；这在合伙组织形式中具有可行性，合伙企业中有限合伙人和特殊普通合伙人都是承担有限责任。另外，对于家庭农场的内部治理结构，可以借鉴合伙的组织结构来设置。因此，中国家庭农场可以考虑采用"家庭合伙"这种组织形式。

（三）家庭农场立法内容讨论与探讨

1. 家庭农场认定标准

（1）经营者标准：户籍限制并不符合中国当前家庭农场发展国情，中国家庭农场经营者应界定为"长期从事农业生产的人员或者具备专业农业知识技能、经认定具有从农资格的人员"。这类家庭农场只要标准符合规定，权利取得合法，在实践中可以做出有益尝试，但是应严格限制此类家庭农场的数量，过度放开肯定会侵蚀农民利益，目前应只允许非常少数量的城镇人口下乡创办家庭农场。

（2）经营者年龄：现阶段，农村部分65周岁以上的农民还在从事农业活动，由于农村社会保障不健全，完全禁止他们设立家庭农场，会在一定程度上降低其生活水平。借鉴国外，在欧盟28个国家中，平均30%的农场主超过65岁，由此看来，中国对于家庭农场主的年龄限制可以适当提高。

（3）经营者农业技能培训：家庭农场除具有规模效益外，其机械化水平，专业化水平和经营管理水平都比较高，这就要求经营者要具备较高的自身素质与农业技能。农业技能培训是农民实现从"身份"到"职业"转变的需要，让农业成为一种体面职业，但不应该设置学历。

2. 经营规模和流转期限标准

当农场规模大到一定程度，农业生产就会超出家庭劳动力的生产水平，随之而来的是雇佣大量劳动力从事农业活动，这样，家庭农场的性质就可能会发生改变，有可能变成专业的超大型农场。是否可以引入其他标准（如土地产出效益）和土地面积一起作为家庭农场经营规模的认定标准，可以做出适当尝试，土地产出效益标准可以防止盲目扩大农场规模。

同时，应该根据不同的农业经营种类划分不同的最低期限标准，像种植业、养殖业、渔业和林业等都应有自己专门的标准，这样才有利于农业的全面发展。对于土地流转的最高期限，各地家庭农场的文件中都未做出说明，依据《中华人民共和国物权法》（以下简称《物权法》）对土地承包经营期限的规定，家庭农场通过流转取得的土地经营权期限最长应以不超过法定承包期限的剩余期限为限，这是法定条件的限制，超过这一期限会导致土地流转行为的无效。此外，在实践中可能会出现土地流转期限未约定或约定不清的情况，针对这一情形，基于农业生产的自然特性与规律性，在满足法定最低土地流转期限的基础上，家庭农场土地流转的期限至少要满足农作物或农产品的生产收获周期。

3. 劳动力结构标准

为确保农场的家庭性，对雇工做出一定限制具有合理性。家庭农场的"家庭"可以界定为"具有血缘、姻亲或收养关系的相互影响的人所组成的群体"家庭农场的雇工分为常年雇工和季节性雇工，对于常年雇工，应严格限制，家庭农场的劳动力应优先来源于家庭成员，只有当家庭成员劳动力满足不了农业生产需求时，才允许雇佣少量常年雇工。另外，何为常年雇工，中国目前没有统一明确的界定，应尽快出台文件完善相关概念；"以家庭农场为主要劳动力"的界定可以暂时不考虑季节性雇工。

4. 农业收入构成标准

首先，如果某年家庭农场遭遇严重自然灾害，农业损失惨重，农业收入肯定会低于现有法定标准。其次，家庭农场收入比例或收入份额在家庭农场申请设立之初并无法实际衡量，这时的家庭农场还未开始投入农业生产经营，家庭农场的收入从何而来？比例如何计算？这一切都不具有可操作性。再次，设立家庭农场并不是要求把农民束缚在农地上面，家庭成员较多的家庭，在创设家庭农场的同时，也有部分成员从事非农职业，获得的收入也不低。最后，在美国和日本的家庭农场中，兼业经营也是普遍存在的，兼业经营并没有影响家庭农场的发展，因此，只需设定家庭农场农业收入为家庭主要收入来源即可，无需设定比例或数额的限制。

5. 家庭农场经营范围

有必要对中国家庭农场的经营范围进行限制，家庭农场的经营范围应符合《中华人民共和国农业法》（以下简称《农业法》）的规定，即从事农、林、牧、渔等产业和与之相关的产前、产中和产后服务。

6. 完善家庭农场登记、监管及退出制度

首先，要设立统一登记制度。登记是家庭农场进入市场的必要条件，登记对家庭农场的发展具有重要意义，通过登记，家庭农场获得法律上的认可，成为独立的法律主体，同时，登记便于国家对家庭农场的统计和优惠政策的扶持。通过登记制度，建立完整的家庭农场档案，家庭农场设立原则可采用准则制，只要符合家庭农场认定标准，就可以申请设立家庭农场。对申请设立的家庭农场，先由农业农村部门进行实质审核认定，审核通过后，再由工商部门做形式审查，以准确认定家庭农场。目前，家庭农场登记机构主要有两个，工商管理部门和农业农村部门。工商登记属于民商法意义上的市场准入，其本质是国家通过民商事法律规范对市场创制的主体进行确权式干预；农业农村部门的认定属于经济法意义上的市场准入，是公权对私权进行认定、限制或剥夺，对私权的行使过程和结果进行干预（主要是提供服务和保障）的一种制度安排。我国家庭农场应当由农业农村部门来实质认定，对于工商登记，可由家庭农场自愿选择。

其次，家庭农场应建立一个系统的监管体系，家庭农场不仅要受到农业农村部门的监管，还要受到工商管理部门的监管，此外，还应接受行业协会的监督。农业农村部门负责对家庭农场认定标准进行实质审查，做好家庭农场的年度考核工作和日常抽查检查工作，工商管理部门对家庭农场的市场交易行为、产品质量问题等问题进行监督，维护正常的市场经济秩序，促进交易有序进行。

最后，建立家庭农场的退出机制。依据退出的主观意愿不同，家庭农场退出分为主动退出和被动退出两种方式。被动退出主要包括政府强制退出和因经营不善的破产退出。无论采用哪种方式退出，家庭农场都应当进

行清算。关于清算组的组成及清算程序等问题应依据家庭农场所采用的组织形式并参照适用《公司法》和《中华人民共和国企业破产法》（以下简称《企业破产法》）的相关规定，对于存在担保物权的债权，应当单独优先支付。

当家庭农场退出时，家庭农场财产足以承担对外债务时，由家庭农场的财产清偿对外债务，农民对自己的土地依然享有承包经营权，对于流转获得的土地是否继续流转可由土地流入方和流出方自主协商确定。当家庭农场退出时，家庭农场财产不足以承担对外债务时，这时的土地经营权能否用于清偿债务？首先，通过流转获得的土地经营权能否用于支付对外债务，主要看该经营权是属于用益物权还是债权，若属于用益物权，则土地经营权可以基于用益物权支配性清偿债务；若属于债权，根据《企业破产法》38条规定，土地经营权则不能用于清偿债务，应当说认定为债权较为合理，理由是根据《物权法》"一物一权"的原则，具有用益物权性质的土地承包经营权上不宜再存在其他具有物权性质的经营权，因此，通过土地流转方式获得的土地经营权不宜用于清偿家庭农场对外债务。其次，农民自身享有的土地承包经营权能否用于清偿债务，农民自身享有的土地承包经营权依《物权法》规定属于用益物权，并且作为一种财产权利进行家庭农场投资，应当说可以用于清偿债务，然而，当前中国农村土地依旧承担着农村社会保障的特殊功能，将农民赖以生存的土地用于清偿债务，可能会使农民失去基本生活保障，基于对农民生存权的保护，也不宜将土地承包经营权用于清偿债务。家庭农场应承担怎样的责任，取决于其所采用的组织形式，若采用法人型组织形式，家庭农场则承担有限责任；若采用非法人型组织形式，家庭农场则承担无限责任。家庭农场不仅影响农民基本生活水平，而且关乎农村经济发展水平，家庭农场在责任承担上宜以有限责任为主，当不能证明家庭财产独立于家庭农场财产时，才承担无限责任。对家庭农场退出责任承担，必要时可通过法律作出特殊规定。

任何事物的发展都离不开法律制度的规范与保障，家庭农场同样如此，中国家庭农场有必要单独立法，通过法律规定家庭农场认定标准、组织形式、内部治理结构、监管制度、市场准入与退出机制等，解决家庭农场的基本法律问题，未来家庭农场法律体系应该以《农业法》为指导，以《家庭农场法》为基本法，以其他农业农村部门法律法规为支撑，建立系统的家庭农场法律体系。

财政支持家庭农场发展研究

尚旭东

　　作为发端于传统家庭农户基础上的新型农业经营主体，家庭农场的出现是适逢城镇化深入推进、农村劳动力大量转移、农业农村现代化不断深入，它的健康发展顺理成章地肩负着推动中国农业农村现代化的历史重任，不可或缺地扮演着保障国家粮食及重要农产品供给安全、构建现代农业经营体系、发展农业适度规模经营的重要角色。实施乡村振兴战略，关键在人，重点在承担农业生产经营重任的代表性微观农业组织——家庭农场，这是既是由农业生产特性、家庭农场独特内生优势所天然决定的，也是世界各国农业组织不断筛选演化的结果，还是中国农业生产家庭经营方式的"再次回归"与"重装起航"。那么，兼具"剩余索取权"和"剩余控制权"优势的家庭农场，其发展仅仅凭借独特优势就可以一帆风顺、高枕无忧了吗？答案显然是否定的。这是由农业弱质性、经营高风险性所决定的。与此同时，机会成本、扩张压力、融资困难、经营风险、贸易威胁等生存压力无时无刻不考验着家庭农场发展，亟需以财政手段为核心的多政策支持。这就需要不断探索财政支持家庭农场发展的可行实践。

　　正是基于此，本研究旨在通过"凭什么财政要支持家庭农场""财政怎样支持家庭农场发展""财政支持家庭农场发展如何"三个问题的阐释，解析财政支持家庭农场发展的政策依据、政策行动和政策评价。通过聚焦家庭农场发展的制约因素、内外掣肘，浏览国内外财政支持家庭农场发展的实践经验，对财政支持家庭农场发展的政策效应作出评价。通过上述分析，本研究得到如下结论：（1）小主体与大贡献之间、小角色与大民生之间亟需政府着力扶持家庭农场；（2）作用的不可或缺和角色的不可替代亟需以财政手段为主导的支持政策；（3）财政支持应主要围绕技术采纳、基础设施建设等不有损社会福利的环节发力，而非过度依赖产出补贴和投入品补贴；（4）国内外实践既涉及要素集聚中主体、物资和项目的奖补，又涉及服务生产经营端主体、产品和税收的补贴，还涉及主体善意经营行为的嘉奖，国际经验在保障家庭农场收入和服务生产经营端主体、产品和税收的支持政策值得国内借鉴；（5）要构筑从土地流转到要素投入保障，从融资便利到保险支持，从建立制度到解决民生的全程财政保障体系。在此基础上，本研究提出应从"提升财政支持家庭农场发展绩效""明确财政支持家庭农场发展重点"和"创新财政支持家庭农场发展方式"三个方面不断完善财政支持家庭农场政策。

一 问题的提出：新时代推动农业农村现代化、落实乡村振兴战略需要健康发展的家庭农场

在中国，"家庭农场"是一个相对较新的农业组织称谓。言其新，主要是来自中央提及和其后密集宣传可溯源至 2013 年"中央 1 号文件"，"鼓励和支持承包土地向专业大户、家庭农场、农民合作社流转"的表述。① 这是"家庭农场"概念首次在"中央 1 号文件"中的出现。家庭农场最早出现在中央级报告中可追溯至党的十七届三中全会（2008 年）报告，首次将家庭农场作为农业规模经营主体之一被提出。与"家庭农场"相近的另一个农业组织称谓是"专业农户"，他们都是基于传统家庭经营基础上发展起来的"升级版"普通农户。FAO 在"2014 国际家庭农业年"年会中将"家庭农场"定义为"一个在农、林、牧、渔、水产业内部的生产组织，它由一个家庭管理经营，并主要依靠包括男女劳动者在内的家庭劳动力"。家庭和农场相互结合，共同发展，兼具经济性、社会性、环境性和文化性功能（Graeub et al., 2016）。该定义可理解为全球对家庭农场概念的普世认识。2015 年，美国农业部（USDA）将"任何多数业务主要由农场作业者（经营人）及其亲属所拥有的农场"定义为家庭农场。澳洲学者 Brookfield（2008）进一步认为精准的定义既不可能，也非必要。理想的定义是"将那些在所有情况下都由一个家庭经营和管理的农场视为家庭农场"。可见，一个由家庭全权负责并以家庭成员为主要劳动力，构成了家庭农场概念的核心。农业农村部对"家庭农场"界定是"家庭农场作

---

① 《中共中央 国务院关于加快发展现代农业进一步增强农村发展活力的若干意见》，2012 年 12 月 31 日。

为新型农业经营主体,以农民家庭成员为主要劳动力,以农业经营收入为主要收入来源,利用家庭承包土地或流转土地,从事规模化、集约化、商品化农业生产,保留了农户家庭经营的内核,坚持了家庭经营的基础性地位,适合我国基本国情,符合农业生产特点,契合经济社会发展阶段,是农户家庭承包经营的升级版,已成为引领适度规模经营、发展现代农业的有生力量",①该定义部分吸收了 FAO 和 USDA 有关界定。

家庭农场出现和发展背后折射出当代中国农业组织形式的变迁,该变化与新时代中国农业农村发展所内生的产业组织萌芽、兴起、变革密不可分(张红宇等,2017,2018)。从某种意义上可以将家庭农场理解为与中国农业集约化、专业化发展相生相伴的产物之一(黄宗智,2014)。与其他农业产业组织不同的是,家庭农场可谓最"根正苗红"的新型农业经营主体,言其"根正",主要因为它的出现内生于家庭经营这一基本经营制度;谓之"苗红",主要是它脱胎于传统农户,作为传统农户的升级版能够很好地兼顾"土地产出率"和"劳动生产率"(赵鲲、罗鹏、吴江,2014),中央认可、地方重视,2013 年以后的历年"中央 1 号文件"都对家庭农场格外重视。党的十九大报告中明确提出"构建现代农业产业体系、生产体系、经营体系,完善农业支持保护制度,发展多种形式适度规模经营,培育新型农业经营主体,健全农业社会化服务体系,实现小农户和现代农业发展有机衔接",这其中"构建以农户家庭经营为基础、合作与联合为纽带、社会化服务为支撑的立体式复合型现代农业经营体系"的基础在于家庭农场(赵鲲、吴晓佳、杨凯波等,2017)。

既然家庭农场是新时代中国农业发展不可或缺的重要组织形式,它的成长不可避免地将承载着诸多社会责任,如构建新型农业经营体系、保障国家粮食安全、助力乡村振兴等(吴晓佳,2013;杜志雄、肖卫东,2014)。这些社会责任及其内在优势构成了凭什么要政府支持家庭农场发展的重要理由。按照国际经验,从世界主要发达国家支持农业产业组织的重要经验来看,财政手段无疑是众多政策工具中普遍被认同、较为常用的手段之一。中国家庭农场发展同样需要财政支持。现实中,尽管各级政府认识到扶持家庭农场的重要性,但家庭农场生产经营时刻面临生存压力,很多环节需要以财政手段为核心的政策支持。到底财政该怎样支持家庭农

---

① 《农业部关于促进家庭农场发展的意见》(农经发〔2014〕1 号),2014 年 2 月 24 日。

场发展？理论分析可以给出借鉴，现实中财政支持家庭农场发展的国内实践有哪些？主要聚焦于哪些方面？国内外支持手段有何区别？哪些方面国内可以完善？回答这些问题都需要从财政支持家庭农场发展的若干环节、每个视角进行思考，由此引出本课题的研究内容。

本研究将聚焦四个目标：一是家庭农场何以需要财政支持。回答这个问题要弄清两点：为什么农业及其经营主体需要政府支持和凭什么财政支持家庭农场。二是财政支持家庭农场的发力环节及如何取舍。三是财政支持家庭农场的国内外实践及比较。四是财政支持家庭农场发展的政策评价。根据研究目标，引出本研究内容，即第二部分"为什么农业及其经营主体需要政府支持：基于弱质性、经营风险、农业生产正外部性的理论溯源"、第三部分"凭什么财政支持家庭农场：内生优势、趋同选择与效率优先"、第四部分"从家庭农场发展主要制约因素看：财政支持缺乏与发力环节"、第五部分"财政怎样支持家庭农场发展：聚焦国内实践"、第六部分"财政支持家庭农场发展：关照国际经验"、第七部分"财政支持家庭农场发展评价：沪市观察"，最后是主要结论与对策建议。

二 为什么农业及其经营主体需要政府支持：基于弱质性、经营风险、农业生产正外部性的理论溯源

作为新型农业经营主体的典型代表，家庭农场的出现既内生于农业、先天附带农业的某些特征，其发展也不可避免要遭遇某些风险，同时带来正的外部性。研究财政支持家庭农场发展问题，首先要跳出家庭农场，回归农业本源，把握家庭农场发展的根本劣势——农业弱质性，同时要聚焦农业经营的市场风险性——不可规避的价格波动，还要看到农业的社会贡献——生产正外部性。正确理解这些特征属性对准确把握家庭农场发展，特别是深入思考财政支持家庭农场发展意义重大。本部分将从为什么农业及其经营主体需要政府扶持出发，逐渐聚焦到为什么要财政支持家庭农场发展。事实上，第二部分与第三部分是逐渐递进、逐级聚焦的，目标在于更好回答为什么家庭农场发展需要财政支持和财政支持应聚焦于哪些方面。

（一）弱质产业扶持理论：受自然风险影响大与比较效益低的现实亟需政府财政扶持

农业是为人类提供基本生存和生活资料的基础部门，它为人类的生存和

国民经济发展提供了基本保障。农业生产具有自然和经济双重属性。家庭农场作为农业生产、特别是粮食供给的重要组织形式，在自然灾害和市场风险双重压力下，其自身发展往往受到自然风险和资源配置劣势等制约。

1. 农业受自然风险影响较大

农业生产过程很大程度上依赖于土壤、水利、气候等自然条件，且容易遭受自然灾害破坏。家庭农场作为农业生产的重要组织形式，人为规避自然风险的能力较弱，一旦遭遇自然灾害或不利气候条件，农业产量往往会大幅波动。此外，农业生产自然要素具有有限性和季节性，土地要素的非流动性特征明显，这些特性很大程度上制约了农业生产要素的市场配置。加之酸雨、全球变暖等环境气候日趋恶化，导致农产品产量和质量具有明显的差异性和波动性。

2. 比较利益低是农业可持续发展的内生缺陷

众所周知，农业投资周期长、资金周转慢、产品价值低等特性使得农业投资获得社会平均利润和平均劳动报酬的可能性不大，特别是那些关系民生的粮食等大田作物的平均收益率格外低。市场环境下，要素总是向更高收益率部门或行业流动，农业特别是粮食种植的效益低，很难吸引资本、技术、劳动力等要素存续甚至集聚，就连农业最为普及的要素——劳动力，近年来也伴随着工业化、信息化、城镇化深入推进，渐渐向非农领域转移，且趋势很难逆转（高帆，2006）。比较利益低无疑成为农业可持续发展的内在硬伤。

如图1所示，坐标系纵轴 OA 为全部要素配置到农业农村部门所能提供的农产品数量，横轴 OB 为全部要素配置到非农业部门所能提供的非农产品数量，AB 为生产的可能性边界，且 $OB > OA$。假设初始资源配置在 E_1 点，此时农产品的供给量为 OF，非农产品供给量为 OG。若考虑增加农产品供给量，将要素配置点移至 E_2 点，此时农产品的供给量为 OC，农产品增量为 CF，而非农产品供给量萎缩至 OD，供给量减少 DG，但 $DG > CF$。从图1不难看出，要素流动或者配置从非农部门到农业农村部门的转移成本较高。对应的，如果经济资源配置点从 E_2 滑向 E_1 点，则能够给要素流动带来更多收益，即要素从农业农村部门移至非农部门的成本较低，获益空间更大。这可以解释为什么市场环境下，投资者不愿意将资本、物资等要素大量或者持续地投入到农业农村部门。基于此，为改变农业比较效益低的困境，政府需要通过增加农业基础设施投入、科研开发投

340　三　理论文章

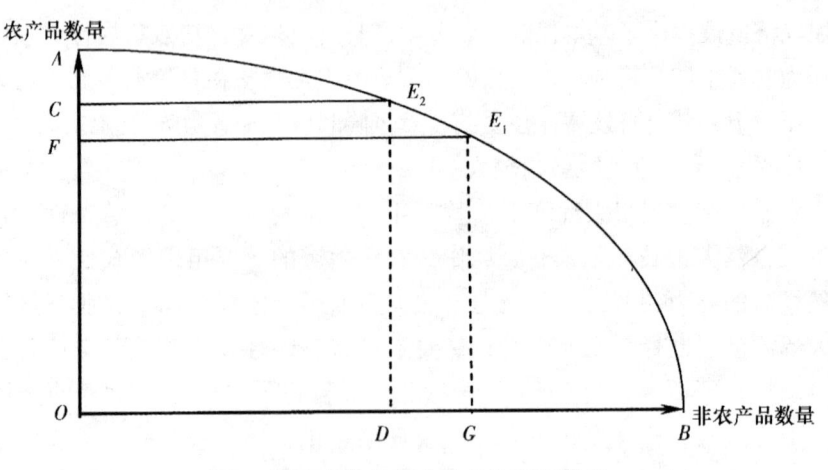

图1　要素在农业与非农业部门间流动

入、组织培育支持等措施，改善农业生产条件、提升农业科技含量、提高农业组织（如家庭农场）抗灾抗风险能力、减轻农业组织生产负担、降低农业组织生存压力，为农业组织健康稳定发展创造良好的发展空间。

（二）农业经营风险：不可避免的价格波动亟需政府干预和支持

众所周知，农产品的需求价格弹性小而供给价格弹性较大，相比于小农户，尽管家庭农场经营规模有所扩大，但受农产品价格波动影响不可避免。根据蛛网理论，由历年农产品价格及其产量所构成的蛛网模型是发散型的，即年份间农产品价格与产量变化较大。图2中，S线和D线分别代表农产品的供给线和需求线，曲线的交点即为均衡价格P_0。由于某种原因，一类农产品在某个生产周期内产量增加，供给量增至Q_1，同期该农产品的成交价为P_1（低于均衡价格P_0），导致生产者在下一个生产周期减少了该农品的供给，供给量随之降至Q_2，由于供给减少，导致消费者对该农产品的意愿支付价格升至P_2（高于均衡价格P_0），进而又导致第三个生产周期生产者产量增加，供给量增至Q_3，成交价格为P_3，（再次低于均衡价格P_0），如此循环，农产品的价格和产量急剧波动，即家庭农场在农产品销售环节不得不经历巨大的价格波动与市场风险，因此亟需政府对家庭农场提供一定的补贴，进而维持或者弥补价格与产量波动带来的损失。

此外，农产品从生产到最终被消费需要经历多个流通环节，这个过程中农产品的所有权要经历多次交易，整个流通环节既具有增值性，也面临着复杂性，表现在以下两个方面：一方面，流通渠道过长且利益联结松散，由此造成了农产品、资本、信息等要素流动错位与不充分，农产品供需以及价格信号传导数很难同步，容易对包括消费者在内的主体造成信息不对称，进而影响交易决策，由此造成了商品存量控制与价格操纵；另一方面，现阶段中国农产品期货市场建设不够完善，对现货市场的影响力和矫正力有限，有些甚至成为投机资金介入的场所，造成价格严重扭曲。这些交易风险使得受国际贸易影响的农产品供需受价格影响较大，极易影响家庭农场等生产主体经营决策，经营风险陡增，亟需政府介入和支持，特别是那些关系国计民生等重要农产品的生产。

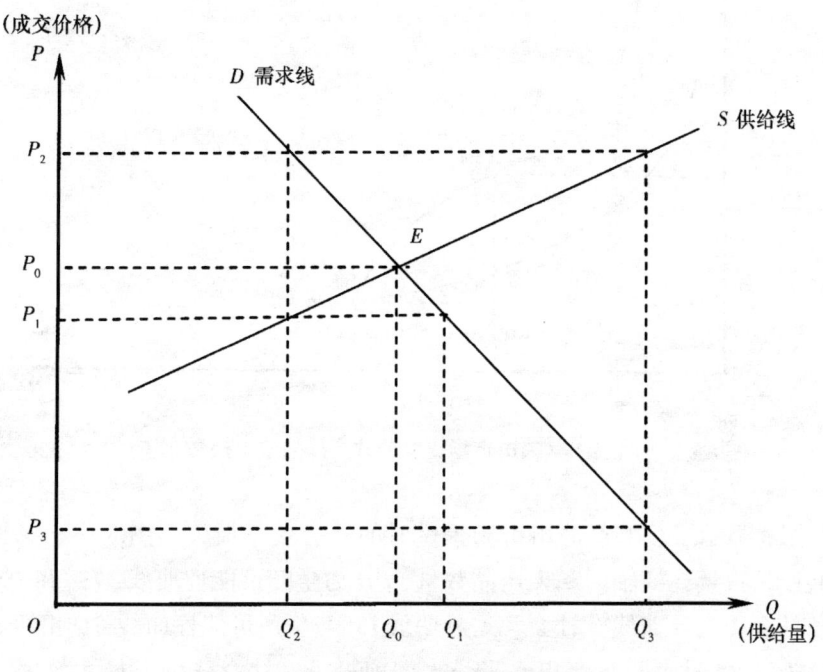

图2 农产品价格波动的蛛网模型解释

（三）农业生产的正外部性：市场不能自发提供，亟需政府支持

农业生产具有经济和自然属性双重特征，农业生产在创造社会产品同时，也带来一定程度的生态环境效益，存在明显的正外部效应（朱启臻，2008）。而该生态环境效益由农业生态系统直接提供给社会成员，属于纯公共产品，此时由于市场失灵，存在着明显的搭便车行为（秦颖，2006）。此时的农业生产难以通过竞争机制在市场上得到补偿。农业农村部门的正外部效应还会降低其他非农部门的发展成本，使得非农部门的经济效益和比较利益远远高于农业农村部门。为夯实农业创造生态环境效益的基础地位，继续鼓励农业农村部门向社会输出更多正外部效应，此时需要政府强化更多的制度供给，并能够扮演主要投资者角色，通过采取一定的措施（如财政补贴等）推动这种正外部效应内部化，即由政府对农业主体（如家庭农场）生产经营实施一定程度的生产补贴或其他环节的支持等。

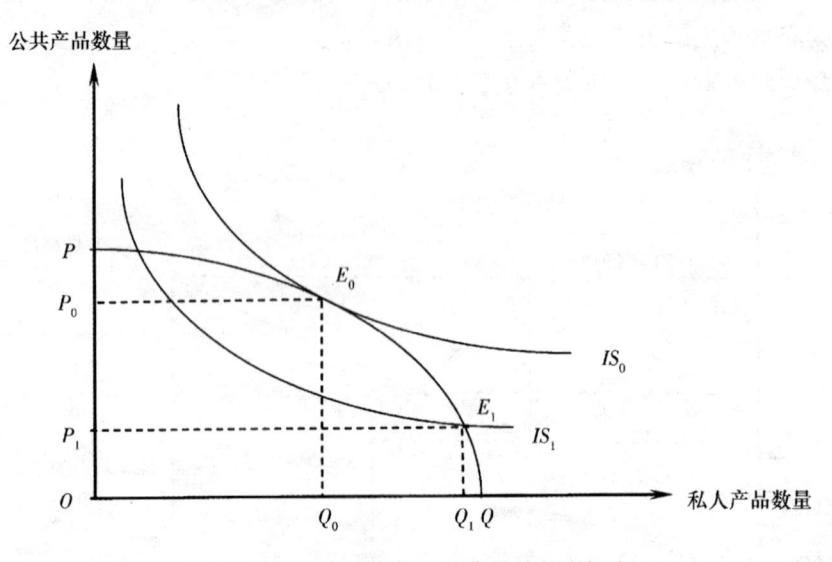

图3 单独由市场提供公共产品的效率损失

图3显示了公共产品由市场提供时的社会效率损失。图3中，纵轴为公共产品数量，横轴为私人产品数量，PQ为生产可能性曲线，IS_0和IS_1为两条社会无差异曲线。社会无差异曲线IS_0与生产可能性曲线PQ相切于均衡点E_0，此时表明在产出水平最大的前提下，社会获得了最大效用（私人产品数量Q_0，公共产品数量P_0），这也意味着经济资源无论在生产还是消费领域均达到了最佳配置。优于公共产品的非竞争性、非排他性特征，公共产品不可能自发由市场提供，即使有提供，也是少量的。如图3中的均衡点E_1所示，市场几乎把所有经济资源配置到私人产品上（Q_1远远大于P_1）。显然，经过E_1点的社会无差异曲线IS_1比经过E_0点的社会无差异曲线IS_0低很多，这显示社会从后一种产品组合配置（曲线IS_1）中得到的效用会大为缩减。它反映出具备非竞争性和非排他性的公共产品不可能通过市场机制实现自发有效供给。为弥补市场失灵的问题，政府需

要通过财政补贴等手段来主动提供公共产品，以满足社会经济发展对农业生产这样的公共产品的需求。

（四）小结与启示

作为保障国家粮食及重要农产品供给安全的重要力量，家庭农场经营属性天然归属于农业弱质性，受自然风险影响大且比较收益较低。不仅如此，家庭农场的"后天发展"还不得不面对无时不在的交易不确定性（市场风险），如价格波动。先天不足加之后天成长多难，使得原本具有正外部性的农业组织发展命运多舛。市场环境下，家庭农场发展很难同时有效应对"天灾"（自然风险）、"人祸"（市场风险）并降低"内生缺陷"影响（比较效益低），特别是三个不利叠加出现时，市场力量既不能自发提供，也不会被动成全，亟需政府出面干预甚至支持。本部分从家庭农场经营属性出发，通过明晰"农业弱质性""经营风险性"和"结果正外部性"，从家庭农场经营行为端回答了家庭农场发展的先天短板与后天不足，正是这些短板不足为财政支持家庭农场发展提供了不可辩驳的依据。但这只是从农业大属性层面回答了为什么要财政扶持农业进而支持家庭农场发展。具体来看，为什么财政要支持家庭农场发展？第三部分将从家庭农场内生优势、发展沿革、组织比较、趋同选择、社会价值等维度给出财政支持家庭农场发展的理论分析答案。

三 凭什么财政支持家庭农场：内生优势、趋同选择与效率优先

理解财政支持家庭农场发展，首先要明确家庭农场具备哪些优势。从古今中外实践和大量研究表明，以家庭经营为主要表征的家庭农场具备最契合农业生产特点、最贴合中国国情、有目共睹的全球化选择、规避雇工监督难题、节约交易费用、保障生产效率、兼具社会价值等诸多内生优势，这些优势成就了其他农业生产形式所不具备的比较优势，成为包括中国在内的世界多数国家支持家庭农场发展的先决条件。

（一）农业生产的高自然生物特性决定了家庭经营是最适于农业生产的组织形式，而家庭经营的载体即是家庭农场

Graeub 等（2016）依据 105 个国家和地区 2010 年以来的农业普查数据测算，家庭农场数量占全球农场总数的 98%，农业用地面积占全球农地

总面积超过53%。现有文献显示，全球农经界趋同的认识是农业生产自然生物特性成就了家庭农场在农业生产中的主导地位。

1. 农业生产的高自然生物属性决定了农业良好收成建立在主体高度负责加勤勉劳作基础上

20世纪80年代，美国农业效率委员会认定"收集并将太阳能存贮于动植物产品中作为食物能源是农业部门的事"。德国学者Valentinov（2007）指出："对农业组织影响深远的、最基本的部门专属特征是农业生产对自然（包括生物性因素和化学性因素）的巨大依赖"。农业的高自然生态性决定了农业生产中人的要素作用并非处于主导。周其仁（1985）指出"人类在农业中统治自然的程度较低"；人在农业中多半处于"照料者"和"侍弄者"地位，劳动者必须依据生物成长需要（特点）进行严格的服从性劳动。农业活动的这种特点使得农业生产过程中的许多方面不以人的意志为转移。Timmer（1988）强调："季节性对于农民至关重要……季节性往往还对及时完成的关键农活给予应有的奖赏。"但是"农业生产的季节性往往因投入瓶颈而限制产量。劳动力投入是最难以确定的，而化肥、种子、灌溉等供给也必须在特定时期投入才行。"

多数文献总结到，为有效利用自然要素获取更多收成，农业生产以在大规模土地上集中经营为发展趋势。如法国学者H.孟德拉斯（2010）指出："生物的自然机制有自有节律，尽管有时可以加速，但不会根本改变。空间和时间是田野劳动的两个重要约束条件，蒸汽机在这儿不会一路凯歌。……农业生产的社会组织与工业生产的社会组织在各个方面都形成鲜明的对比。"《美国农业生产的效率》（1981）曾这样界定过："农作物只能聚集一定的数量……它们散布在地面上，使之能获取足够的阳光和二氧化碳，从而生长成作物。植物并不适于采用大生产的方法……"鉴于农业的特殊属性，农业活动的不确定性远远超出了其他产业活动（Timmer，1988），这就对农业生产中主体行为的及时性、准确性与勤勉性提出很高要求，只有高度负责加勤勉劳作的主体才能获得不受意外因素影响的应有收成（Bernstein，2001）。

2. 农业生产的自然生态性特点决定了监督雇佣劳动等"委托—代理"问题很难被克服

众所周知，雇工劳动追求的是劳动工资，这使得雇工劳动与家庭成员劳作从根本上是不一致的。要想保证接近家庭成员的劳动效率与质量，必要的监督是不可或缺的，但监督是有成本的，即便有监督，农业生产的高自然生态属性决定了劳动者努力程度与最终收成之间缺乏明确可测量的"投入—产出"关系（韩朝华，2017），这使得对雇工劳动态度、强度、质量与其报酬之间很难衡量。一份来自德国的研究成果表明，20 世纪后期，对于同样的劳动，雇工每公顷平均劳动用时相当于家庭成员的两倍甚至更高（Brookfield，2008）。

雇工监督难问题是一个农业特性所决定的内生性问题，而古今中外应对这一难题的最终选择是坚持家庭经营。从理论上来讲，家庭经营成员劳动能够获得农业经营的"剩余索取权"，这可以从根本上杜绝农业生产中的劳动监督问题，而这是确保农业组织效率的核心配置（Milgrom & Roberts，1992）。事实上，在中国，对承包户（农户）最重要的并非是产权，因为产权本就不属于农户，在拥有用益物权——"承包经营权"权利下，农户所能追求的是土地经营的"剩余控制权"和"剩余索取权"（尤小文，1999）。只有让农户拥有全部剩余索取权，才能从根本上彻底克服农业劳动监督问题，而能够实现这一目标的农业组织形式，只有家庭，这一看似最传统，但却最具生命力的组织形式（孙新华，2013）。需要强调的是，这里的"家庭"并非家族式的"复合家庭"，如几代人在一起的大家庭或宗族家庭，也并非主导家庭（有能力的血缘亲戚）领导下的"家庭联盟"（韩朝华，2017），而是农业生产的最小单元（分家后形成的各自家庭），即获取"剩余索取权"最充分的单一家庭。

（二）中国农业生产家庭经营沿革：方式回归与制度重塑

在中国，农业生产的家庭经营沿革与农村土地制度改革总是相生相伴的。作为家庭经营制度的激励载体与实践途径，直到第五次农村土地制度改革（1978 年至今）后，农业生产家庭经营制度才最终确立。与前四次不同的是，这次沿革更多体现了制度诱致性变迁和市场化特征（罗必良等，2014），并就此带来了农业生产翻天覆地的变化（张红宇，2002）。当年家庭经营之所以短期内获得巨大成功（林毅夫，2008），与其节约监督成本、成员利益高度一致、高度激励机制等特有优势不无关系（郑景骥，2001）。事实上，如果没有前面因循农村土地改革实施的"私权分户分散经营（1949—1952）→私权入社合作经营（1953—1958）→公权公社合作经营（1959—1962）→公权小队合作经营（1963—1978）"的探索（黄少安，2005），也很难有家庭经营的重塑与回归。历经 30 年农业生产方式变革尝试后，家庭经营的"重奏"，本身就是农业生产关系适应生产力发展的鲜明佐证（吴方玉等，2000），在中国长期基本国情决定下，很可能是农业生产制度长期的必然选择。

（三）家庭农场：有目共睹的全球化选择

改革开放后家庭经营的回归并非中国特例，事实上，放眼全球，家庭经营始终嵌入在农业生产当中，以家庭经营为主要表征的家庭农场是有目共睹的全球化农业组织形式选择。

1. 农业生产制度的国外鉴证

在中国，家庭农场的萌芽与成长，是农业现代化进程中的"时代烙印"，还是特殊国情下的"必然产物"？回答这一问题，放眼海外或许能从中得到佐证。世界范围内，家庭经营从一开始就是农业生产的基本单位，自19世纪中期已相当普遍，其份额在20世纪显著上升（乔瓦尼·费德里科，2011）。美国、加拿大农业生产制度始终是以家庭经营的代表——家庭农场为主体的，尽管仍有近13%的合伙农场和公司农场，但99%的农场来自家庭经营（傅晨，2001）。与人少地多的美国和加拿大类似，人多地少的日本、韩国同样表现为以私有土地为基础的农业家庭经营，且比例接近100%（焦必方，1999）。人地比处于两个极端的美、日如此，人地比平衡的欧洲亦如此。且家庭经营规模普遍以中小农场为主，在法国和荷兰，家庭农场有着悠久的历史传统和旺盛的生命力，一直都是农业经营的主导组织形式（L. 道欧等，2003）。发达国家农业生产制度无一例外的选择家庭经营，特别是自第二次世界大战后，农业中的资本主义经营正逐渐被弱化，取而代之的是家庭经营的"扶正"，且一定程度上实现了土地相对集中与极少雇工甚至零雇工（牛若峰，2001）。无独有偶，发展中国家实践也呈现这一趋势，巴西80%农产品的提供者为小地块所有者或自耕农就是例证（杨素群，2002）。作为世界上最大和人口最多的发展中国家，中国家庭经营制度的确立也迎来了37个年头。

2. 与"合作经营"的横向比较

作为罗虚代尔（*Rochdale*）原则集大成者并将其付诸农业生产领域的合作经营组织，自实践以来表现出较强的生命力（洪远朋，1996），特别在引入中国后，为发展农业生产、增加农民收入焕发了第二春。当前，世界各国的农业合作经济组织主要是为农业产前、产中、产后提供服务的各类合作社，如流通合作社、服务合作社（涉及技术指导、信息咨询、装备使用等服务）。但唯有产中环节基本上由家庭经营完成，不论大小统一全为"家庭农场"（徐更生等，1986），这几乎成了所有国家的不二特征。

西方多数国家，入社农户一般都以部分生产资料入股，但家庭仍是独立不可分割的基本生产单位。在那里，政策尽管可以激励部分经营者合作，但也只能形成一些诸如父子或兄弟间的亲缘组合（仍未脱离家庭范畴），尽管如此，合作中主见分歧大，矛盾积累多。组合的初衷仅是为套取政策补贴、贷款优惠、就业安置等红利，"看来农业生产领域的合作社没有前途"（张晓山，2006）。

发达国家的经验未证明生产端合作经营优于家庭经营的主体选择，发展中国家的情况也好不到哪去，仅管有一些特例。如加纳的"村社社会主义"、坦桑尼亚的"乌贾马社会主义运动"、塞内加尔的生产合作社运动，埃及的农业合作化、印尼的"互助合作社会主义"等，即使取得过成绩，但无一幸免"红颜薄命"。究其原因，将农业生产通过国家行政"造运动式"地推进合作经营，能解决得了特殊背景下的一时困难，但背离农业生产规律，非农民自主选择的结果终究是徒劳而返。唯一一个曾让我们心怀敬畏的合作经济典范——以色列基布兹（Kibbutz）"集体农庄"，在整个20世纪发展农业生产方面取得了举世瞩目的成绩。但进入21世纪后，其发展暴露出诸多深层次问题，"债台高筑、危机四伏、难以为继"等困境使其难以走出合作运动"先扬后抑"的历史轮回。事实上，中国的人民公社运动也由此表征，所不同的是当年以色列面临的国际国内环境堪比中国更为残酷，基布兹内部成员间的合作动力也更强，内忧外患环境下的"合作成效"看起来更超出所有人预期。

合作经营的国际经验显示，无论是深处经济社会发展较好的欧洲列国，还是偏逢特殊历史背景、特定政治环境、严酷生存压力下的发展中国家，脱离家庭经营单纯追求合作经营的结果只能以失败而告终。

（四）家庭经营：理论证实、效率比较与社会价值评述

1. 来自交易费用理论的证实

与风靡一时、先扬后抑合作经营不同的是，低调实在的家庭经营始终在农业生产中保持着旺盛的生命力，这背后除了与节约监督成本、利益高度一致密不可分外，管理交易成本和配额交易成本均大大降低（杨名远，1999）。《产权理论探讨》和《生产、信息费用和经济组织》两文对此有所阐释，一致的观点是要克服合作经营中存在的偷懒、欺骗、搭便车等投机行为，必要的监督是不可或缺的，但监督是有成本的，就连监督人自身也存在因为逐利而投机，对监督人的监督会使原监督成本进一步抬升（朱启臻、胡鹏辉、许汉泽，2014），而避免这一切的最优产权配置是"赋予监督人剩余索取权"，使其成为利益共同体成员是克服监督人寻租的最佳方式。理论的核心是解释如何保证组织内部成员的高效生产，这为通过验证生产效率解释家庭经营优势提供了可能。

2. 与其他经营形式生产效率的比较

如此，对家庭经营与非家庭经营优越性的比较更多演变为对家庭经营与规模经营特别是大规模农地经营效率和收益等内容的争辩（宋圭武，1999；谭洪江，2000；罗必良，2000；卜范达等，2003；厉以宁，2008）。争辩的焦点在于家庭经营是否正在成为阻碍粮食供给的小规模经营，并由此上升为测度家庭经营效率与规模经营效率上。从研究结果看，多数学者认同大规模经营效率很难达到家庭经营的高效，这可从印度、肯尼亚、巴西等国外大小农场产量上得以确认（罗伊·普罗斯特曼等，1996；罗必良，1991；梁振华等，1988；陈健，1987），也可从国内学者研究结论得到同论。史正富（1993）发现农户的土地规模对土地产出率未显现促进作用。同期，万广华（1996）对中国玉米、早晚籼稻、冬小麦等主要谷物生产的计量估计显示，谷物生产几乎不存在规模经济效益，农户扩大经营规模未必能带来粮食增产。类似的观点认为，边际收益递减规律在农业生产中尤为突出，一旦经营规模超越拐点，投资将遭遇成本递增而收益递减或收益不变而成本快速上升的无奈。农业生产对自然条件依赖较大，不同地域的自然条件往往使得传统规模经营大打折扣，这使得农业规模生产并不像工业规模生产那样优势明显（陈华山，1996），农业的规模经济低效，或者至少整个一轮农村土地承包期内、二轮延包初期，分散的农户家庭经营是有效率的。相反，因地制宜的家庭经营却颇有适应力（黄祖辉，2014）。金和辉（1989）抽样调查表明，经营规模与土地产出率反向变动。任治君（1995）也得出类似的结论。部分学者尽管未否定规模经营优势，但也认为对农业规模经营利弊的判断有待衡量。厉以宁（2008）、许经勇（2004）等学者认为"家庭联产承包制与农业规模经营并不对立，关键要稳定承包权、放活经营权，不应行政性干预调整土地承包权，农地规模化经营应通过市场机制实现"。而建立在家庭经营基础上的适度规模经营才是最契合基本国情，可以有效兼顾土地产出率、产品商品率和劳动生产率（孙自铎，2001），确保农民增收是一种更有利于农村经济社会健康稳定发展的经营模式。上述对效率优劣的验证论述，实际上肯定了家庭经营相比农地大规模雇工经营、单纯合作经营和公司式规模经营更具效率优势，家庭经营与经营规模没有必然联系（朱信凯，2011）。

3. 对家庭经营社会价值的认同

除经济效率优势外，一些社会学者还认为家庭经营在就业稳定安置、粮食安全保障、闲散资源充分利用、农村生态维护及对市场风险有效规避等方面有其独特的社会价值（朱信凯，2011；陈锡文，1992，2014；任大鹏，2013）。

（五）小结与启示

对经典理论的回顾与文献梳理有助于在纷扰的争论中把握方向。显然，农业自身特点、全球实践、经典理论和已有研究从制度沿革、经验比较、效率验证、社会价值等维度回答了相比于大规模农场、合作经营等农业组织形态，以家庭经营为主要表征的家庭农场有其独特的内生优势和诸多比较优势，正是这些优势使得家庭农场持久地成为全球多数国家农业组织形式的首选和归宿。中国也不例外，在经历了中华人民共和国成立后一系列合作化运动探索失败后，迎来了家庭经营的"重装上阵"，其重要载体就是传承于普通农户之上的家庭农场。而近年来逐渐成长壮大的家庭农场，正是家庭经营不断自我发展、自我进化的产物，家庭农场的根基从未脱离过家庭经营。从这个意义上讲，在当前城镇化深入推进、农村劳动力大量转移、耕地保护红线趋紧背景下，保障国家粮食安全、构建新型农业经营体系、振兴乡村离不开最具内生优势、最有生产效率、最贴合乡村实情、最能联系小农户的家庭经营基础之上的家庭农场，这恰恰是家庭农场有别于其他农业组织形式的价值所在，也是我国基本国情和典型农情下的时代产物。新时代振兴乡村离不开也不可能脱离家庭农场，这成为以财政手段为代表的政策工具支持家庭农场发展的根本原因之一。

四 从家庭农场发展主要制约因素看：财政支持缺乏与乏力环节

家庭农场的不同属性，决定了家庭农场在新型农业经营体系中应当具有更基础的地位、更多样的作用。但通过实地调研发现，家庭农场在发展过程中仍存在不少突出的瓶颈和困难，制约了家庭农场作用的进一步发挥，也影响到中国新型农业经营体系的构建。

（一）家庭农场发展过程中的现实压力需要财政支持

与普通农户的兼业行为不同，家庭农场专业从事经营使得其注定要面临机会成本、要素约束、经营风险等现实压力，这些发展掣肘亟需财政支持。

1. 机会成本、扩张压力、经营风险等考验家庭农场经营能力

研究家庭农场发展问题，绕不开规模经营和适度规模经营问题。新古典经济学主张扩张经营规模可以有效降低生产成本，用"规模经济"确定企业的规模，长期平均成本最低点应是企业的最佳规模。交易费用理论强调企业的规模取决于交易费用和生产合作剩余边际值相等的临界点。新兴古典经济学认为企业的边界决定于具体生产过程分工经济、中间产品市场交易费用和劳动市场交易费用三者之间的动态均衡。家庭农场作为适度规模经营主体，"适度规模"是多少？一直存在争议。各地农业经营条件和农业收入不完全一样，如天津市规定家庭农场的经营规模为"以粮食生产为主的应在100亩以上；以蔬菜生产为主的应在10亩以上；以果品生产为主的应在20亩以上"，陕西省规定"一般情况下，从事种植业的，粮食耕种面积应在100亩以上（陕北200亩以上），果园面积30亩以上，设施蔬菜面积20亩以上，茶园面积50亩以上；从事养殖业的，牛存栏100头以上，猪存栏300头以上，羊存栏200只以上，鸡存栏1万羽以上；从事种养结合或特种种养业的，可适当放宽条件"。武汉市规定的家庭农场经营面积要达到100—300亩。[①] 家庭农场的适度规模可以从机会成本的角度进行估计。这里假设如下：

（1）现有技术条件对每一个家庭农场都是公平一致的；

（2）农户家庭成员从事家庭农场经营的选择是理想的；

（3）这里仅以种粮家庭农场为例，不涉及经济作物种植类、养殖类、种养结合类等其他类型家庭农场；

（4）这里不考虑有承包地但无劳动能力、残疾、主要负责带孩子妇女及儿童的家庭成员土地流转（出）年收益。之所以这么考虑，主要是考虑

---

① 《武汉市关于加快家庭农场发展的指导意见》。

这些成员土地流转收益与其生活开销可以基本抵消或尽管不能充分抵消，但不可抵消部分忽略不计；

（5）农户成员有两种行为选择："从事农业生产经营"和"外出务工"，如果外出打工较为稳定，土地可以实现充分流转。"从事农业生产经营"的机会成本是"外出务工"加上"土地流转收益"。机会成本理论认为，"生产一单位的某种商品的机会成本"是指生产者所放弃的使用相同的生产要素在其他生产用途中所能得到的最高收入。农户经营农场的机会成本是放弃外出务工。从机会成本看，家庭农场经营收益必须大于家庭外出务工收入与自有土地流转（出）收益之和，否则家庭成员会选择外出务工，家庭农场的底线"生存规模"应是满足农场经营收益等于"外出务工收入+自有土地流转（出）收益"的最小面积。

假设每个家庭拥有 n 个劳动力，成员年均外出务工收入为 R_j，家庭全年外出务工总收入为 $n \times R_j$，单个劳动力成员平均拥有承包地面积为 s、流转（入）土地面积为 t。承包地流转（出）年均价格为 r，土地流转（出）年收益为 $n \times s \times r$，农户不经营家庭农场的机会成本为 TR_j。即（1）式：

$$TR_j = n \times R_j + nsr \tag{1}$$

假设经营家庭农场的单位土地年收益为 R_l，经营家庭农场的年总收益为 TR_l，即（2）式：

$$TR_l = n \times (s + t) \times R_l \tag{2}$$

经营家庭农场的机会成本是"农场收益不低于外出务工收入与承包地流转（出）收益"，进而构建家庭成员外出务工和经营家庭农场的均衡条件，即（3）式：

$$TR_l \geq TR_j \tag{3}$$

（3）式两边分别对成员劳动力数量 n 求导，得到（4）式：

$$\frac{dTR_l}{dn} = (s + t) \times R_l \geq \frac{dTR_j}{dn} = R_j + sr \tag{4}$$

将（4）式进一步化简，得到（5）式：

$$s + t \geq \frac{R_j + sr}{R_l} \tag{5}$$

即家庭农场土地经营规模（面积）不能小于"家庭劳动力成员年均外出务工收入+劳动力承包地流转（出）收益"与"家庭农场单位土地年收益"的比值。（5）式即为成员经营家庭农场而非外出务工的均衡条件。将

(5) 式进一步化简可得到 (6) 式，即家庭农场流转 (入) 土地经营的最小规模 (面积) 表达式：

$$t \geq \frac{R_j + s(r - R_l)}{R_l} \quad (6)$$

遗憾的是，现实中，确保实现这一规模是很难的。经营家庭农场面临的困境很多：一方面，由于农地经营成本高居不下，特别是2013年"中央1号文件"关于支持家庭农场有关表述，加之后继两年粮食丰收，提升了转出方对土地流转收益的预期及其流转策略，土地流转价格 r 逐年攀升，远超过经营家庭农场的亩均收益 R_l，这使得通常情况下（即便是在粮价低位徘徊的2016—2017年），很多地方，集中连片规模流转土地后的亩均农场收益很难与租金相抵（$r - R_l \geq 0$）。另一方面，伴随农村劳动力大量转移和近年来劳动价格的不断攀升，农忙时节雇工难困境加剧了劳动力价格 R_j 高位维持。两类因素的持续影响使得贡献经营家庭农场机会成本的主要经营规模 t 不断提升，流转土地支付负担不断加重，上述困难考验着家庭农场主及其成员的综合实力（如经营能力、资本实力、关系能力等）。

2. 土地流转难度大、租金高、雇工工资贵成发展现实羁绊

2013年家庭农场首次出现在"中央1号文件"，其后的四年既是家庭农场爆发式发展的四年，也是粮食大丰收的四年。受国家对粮食最低收购价、托市的政策利好影响，种粮预期好、土地租金上涨，特别是2013—2015年。一方面，土地流转价格上涨虽然增加了转出农户收入，但也给家庭农场生产经营带来挑战，进一步压缩了种粮增收空间，影响到占家庭农场较大比例的种粮家庭农场的收益水平，导致一些家庭农场在土地流转后逐渐向经营特色种养业调结构、转方式。从调研情况看，相当一部分经营效益好的家庭农场大多是之前长期以低价流转的土地。如江汉平原2017年前土地流转价格大都在每亩800元以上，高的有些超过1000元。笔者调查组在山东滕州、平度两地调研家庭农场发展情况，显示2016年前土地流转价格基本集中在600—1100元。多数农场主明确表示，"种粮利薄，200亩以下不计算自己工钱，精耕细作每亩能挣到200元；300亩以上每亩最多100元，500亩以上的每亩不足50元，800亩以上的不仅不挣钱，还赔钱"。与此同时，随着外来资本大量进入农业特别是特色种养业，无形中抬高了土地租金，农户更愿意把土地流转给那些能支付更高租金的企业和合作社，种粮家庭农场要扩大规模只能被迫随行就市，其结果是种粮比较效益持续下降，有些甚至亏损，很多家庭农场主都在坚持。

3. 家庭农场发展面临"融资难、融资贵、融资慢"困扰

融资问题一直以来都是家庭农场主们反映最为普遍、最具集中的问题。由于自有资金基本用于生产经营的前期投入，用于基础设施改造升级、经营规模继续扩大的资金出现缺口，钱从哪里来？多数农场主只能求助贷款或向熟人借款，但贷款难问题从未在根本上得以解决。尽管不少地方出台了金融支持新型农业经营主体发展的有关政策，但执行效果总体并不理想。农场主们诉求主要在三个方面：一是贷不到款，农业设施、机械、土地经营权等不被银行视为有效抵押物，加之承包经营权、农民住房财产权抵押只是在少数地方试点，还未全面铺开，导致贷款困难；二是贷款程序繁琐，手续冗长琐碎，时效性差，很难满足农业投资"应季"的急迫要求，需要用钱时贷款迟迟不到位；三是授款额度低、期限短、利息高，从调研情况看，多数地区贷款额度一般在 5 万元以下，期限一般为 1—2 年且银行提前两个月催款，还款利息还要加上一些评估费和担保费等，总体看贷款成本偏高。

4. 与生产有关的农村基础设施建设薄弱

农村生产性基础设施薄弱一直以来都是现代农业发展的短板之一。现实中，由于水、电、路等配套基础设施建设不够完善，不少家庭农场流转土地后，还要进行土地平整、打井修渠、接电铺路，投入很大，但得到政府方面的扶持却很少，有些还因为土地租期等原因未能得到原本应该获得的支持。调研中，一些农场主诉苦，之所以经营出现亏损，很大一部分原因在于急需用水时却赶上"掐脖旱"，区域供水不足且不平衡、水井短缺且分布不均、渠路不够且不通畅等基础设施短板成粮食丰收的最大束缚。

5. 政策扶持力度不足与精准度不够并存

（1）专门扶持政策尚未实现市县一级覆盖。相比于农民合作社和龙头企业，家庭农场概念的提出滞后于前者。尽管 2013 年以后，多数省份出台了扶持或者说培育家庭农场发展的指导意见，但很多文件都是相互借鉴，围绕财政支持有关政策措施大同小异，因地制宜措施较少。中国幅员辽阔，300 多个地级市、2000 多个县（市、区），这样的大背景下，市级层面的扶持家庭农场发展的指导意见本就不多，落地不同地区的真正有针对性的指导意见就更少，仅有的涉及财政支持政策也较多包含于"扶持规

模经营""加快土地流转""培育新型经营主体"等文件。总体而言，指向性不够精准，措施力度也难以因地制宜、分类施策。

（2）已出台的支持政策缺乏刚性、落实较难。如不少省市出台的指导意见中有这么一条"允许财政项目资金直接投向符合条件的家庭农场"，但现实的是，项目申报资质门槛较高，广大的家庭农场不具备申报条件。能够符合这样条件的，只是那些少数的"明星农场"。

综上，家庭农场发展过程中，一方面，要面对自身发展的机会成本选择、规模扩张与经营风险增大等现实压力，另一方面，要素投入上又不得不面对土地难求与租金贵、雇工工资高、融资难贵慢等困扰与无奈，家庭农场发展束缚多、起飞难，支持家庭农场发展亟需以财政为主要手段在各个环节加以扶持。

（二）财政支持家庭农场发展的发力环节：社会福利效应证实

财政该如何支持家庭农场发展，我们能够想到的或者可以参考的手段很多，如实施最低农产品收购价格、对生产中的投入品进行补贴、对新技术使用开展补贴、对基础设施建设给予支持等。但到底哪种手段更为合适？这是一个对不同地域、不同发展阶段都不好回答的问题，由于各地在资源禀赋、经济实力、农业实力、认知程度、政策工具效率方面存在差异，基于实践的成功案例显然普适性不强，这就需要从理论上总结出一条集具普适性的分析结论，而社会福利效应能够很好地作为解释。

1. 对家庭农场产出的农产品实施补贴的福利效应分析

"产出补贴"，即对农业产出实施的补贴，最为典型的就是农产品价格补贴，即政府以高于市场价格从农民手中采购农产品，政府采购价格与市场均衡价格的差额，构成了农业补贴（冯海发，1996）。图4即为政府农业经营主体（如家庭农场）生产实行价格补贴的情形。纵轴 OP 为市场供需自发形成的均衡价格，P_1 为政府补贴下的支持价格。在忽略中间流通环节时，政府实施补贴情况下，消费者购买农产品所支付的价格与农业经营主体（如家庭农场）销售农产品所获得的价格均为 P_1，该价格高于为实施补贴时的均衡价格 P_0，因而家庭农场会扩大经营规模，农产品（如粮食）供给数量由 Q_0 增至 Q_1，消费者对农产品总需求会因为价格上升而减少，由 Q_0 缩减至 Q_2，此时出现了农产品剩余 Q_2Q_1，即这一部分实际上由政府购买。由此可见，对重要农产品（如粮食）生产实施价格补贴，能够促进农产品供给，增加经营主体（如家庭农场）收入，但同时会减少农产品需求总量，一定程度上增加了政府财政支出。对家庭农场产出实施补贴涉及两种情况，一是产品供给既定情况，二是产品供给增加情况。

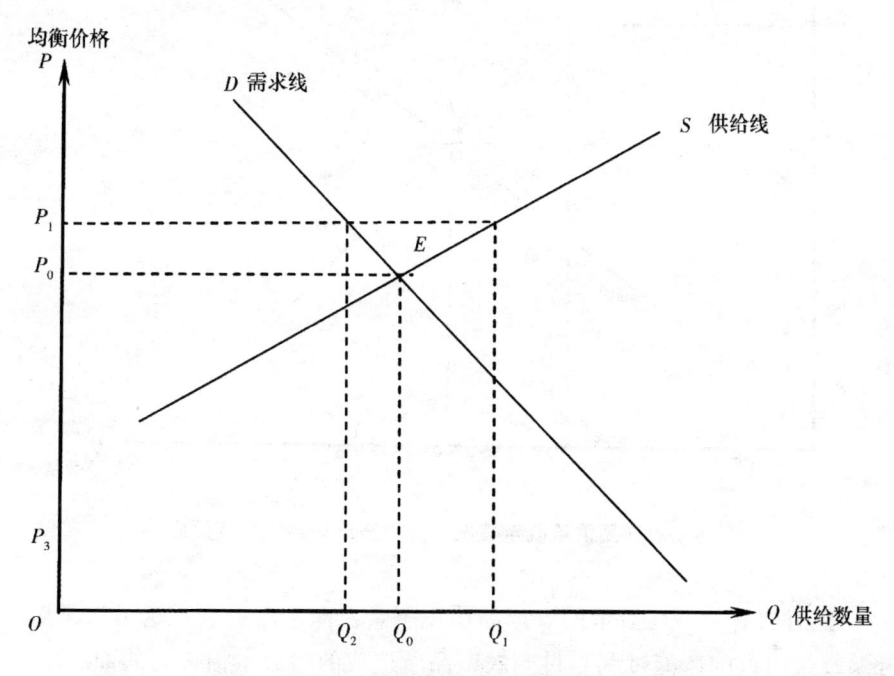

图4 对农产品实施价格补贴所引致增产效应

（1）在产品供给既定情形下，对家庭农场生产所实施的补贴效应。图5为政府价格补贴下农产品供给并未增加时的社会受益情况。事实上，现实中，农产品价格升高而供给未增加的情形是有的，如政府有意识控制农产品产量或农业后备资源枯竭、农产品生产能力难以提升等。假定政府规定了最低农产品补贴价格P_1，P_1下的产品需求量将由未实施价格补贴时的Q_0降至Q_2，而农产品的供给量并未增加。此时，消费者剩余减少了曲面P_1AEP_0的面积S_{P1AEP0}，生产者剩余仅增加了曲面P_1ACP_0面积与目前CEB的面积之差$S_{P1AEP0} - S_{CEB}$，全社会经济福利净损失了曲面ABE的面积S_{ABE}。

（2）在产品供给增加情形下，农产品供给增长条件下的产出补贴效应。价格补贴政策的直接效应之一，就是刺激了农业经营主体（如家庭农场）扩大生产，但此时社会经济总福利的损失可能更大。如图6所示，价格补贴政策实施后，农产品供给总量由Q_0增至Q_1，市场需求量由Q_0降至

356　三　理论文章

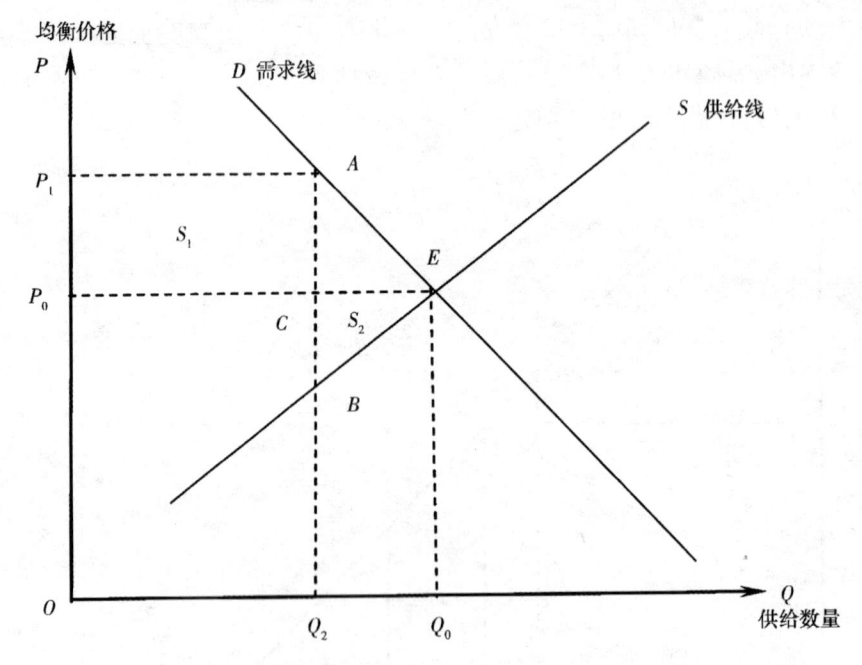

图5　农产品供给既定情况下实施产出补贴的政策效应

Q_2，此时将有 Q_2Q_1 数量的农产品出现剩余，即生产剩余，这可以理解为补贴政策引致的产能过剩。过剩农产品所造成的净成本损失为曲面 BDQ_1Q_2 的面积 $S_{BDQ_1Q_2}$。此时，若加上过剩农产品的净成本损失，生产者剩余的净变动量为曲面 P_1ACP_0 面积与三角形 CEB 面积及曲面 BDQ_1Q_2 面积之差 $S_{P_1AEP_0} - S_{P_1AEP_0} - S_{BDQ_1Q_2}$，消费者剩余的净减少为曲面 P_1AEP_0 的面积 $S_{P_1AEP_0}$。此时，全社会的经济利益将净减少曲面 AQ_2Q_1D 的面积 $S_{AQ_2Q_1D}$。

2. 对家庭农场经营中投入品实施补贴的福利效应分析

为增加粮食等重要农产品产出，世界上很多国家都会对生产端的要素等投入品（如种子、化肥、农药、塑料薄膜、农机等）进行补贴。补贴围绕两方面进行：一是是对投入品销售实行限价，二是对生产投入品的企业给予补贴。补贴的形式包括税减免收、定额补贴或全额亏损补贴等（方松海，2009）。理论上，对投入进行补贴能够降低农业生产成本，从而使农产品的供给曲线右移，图7中供给曲线 S_0 平移至 S_1，平移幅度等于单位农产品的成本降低额。

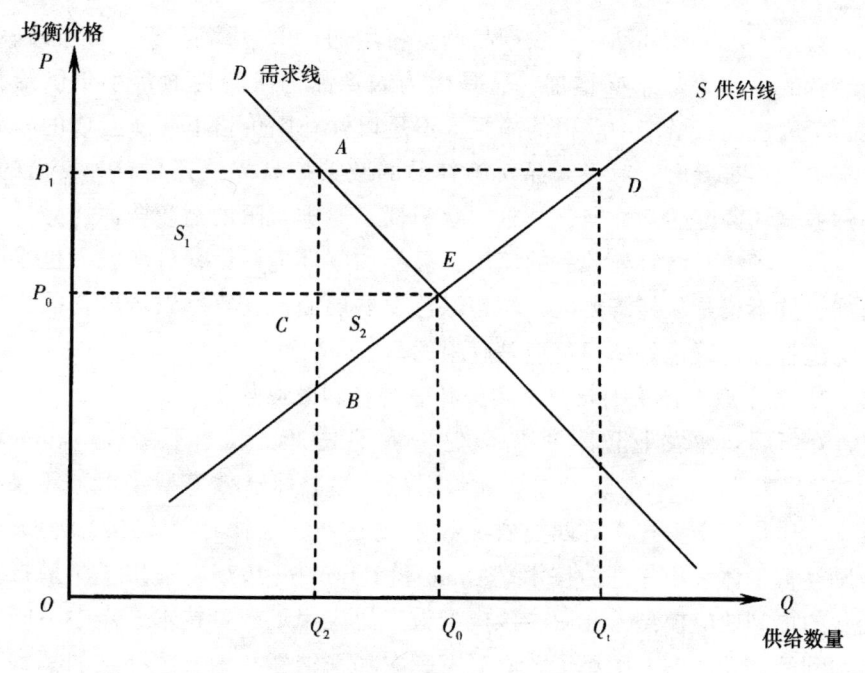

图 6 农产品供给增加情况下实施产出补贴的政策效应

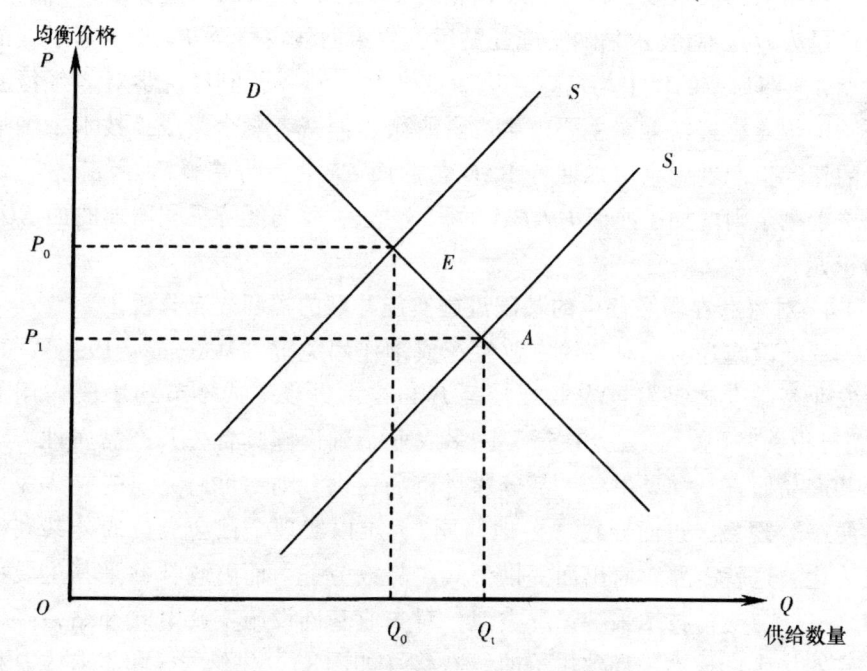

图 7 对农业投入品实施补贴的福利效应

对投入品实施补贴后，农产品产量将增加，由 Q_0 增至 Q_1，但家庭农场经营的净收入却未必增加，这是因为农产品需求弹性通常小于供给弹性，家庭农场从增产中获得的净收入不足以弥补因价格下降所造成的净收入损失。不难看出，对投入品实施补贴的政策工具弊端还是较为突出的，补贴方式和额度的不恰当，一方面既消耗了原本有限的财政资源，另一方面也增加了相对便宜投入品的使用，极易加剧环境污染，且净收入也未必增加，故不论是从经济角度，还是绿色发展层面，其家庭农场经营的投入品实施补贴的政策效率很可能是有限的。

3. 对家庭农场采纳新技术实施补贴的福利效应分析

众所周知，农业技术进步会促进农业增产、成本下降（Cochrane, 1958），基于此，当前政府主要通过对增产型技术、效率型技术、环保型技术、质量安全型技术等四类农业技术实施补贴（穆月英，2011），进而激励经营主体采用先进的技术。Akino 和 Hayami（1975）提出了测量技术变化的福利效应模型，此后，该模型被广泛应用于衡量技术进步中不同主体福利的变动。图 8 阐释了政府对家庭农场采纳新技术实施补贴的福利效应。补贴前，供给线 S 和需求线 D 相交于 E 点，此时的均衡价格为 P_0、均衡产量为 Q_0。对技术采纳实施补贴后，供给曲线右移至 S_t，S_t 与需求线的交点 A，即为新的供求均衡点，均衡价格 P_t。根据福利经济学对"经济剩余"的界定，经济剩余主要由生产者剩余和消费者剩余组成，技术采纳创造的新的生产者剩余增加曲面 BAO 与曲面 EP_0P_tB 的差额 $S_{BAO-EP_0P_tB}$，而消费者剩余则增加了曲面 EP_0P_tA 面积 $S_{EP_0P_tA}$，总的经济福利增加曲面 EOA 面积 S_{EOA}。

4. 对家庭农场经营中的基础设施实施补贴的福利效应分析

基础设施好与坏对节约农业生产成本作用关键（Morrison, 1996），建设农业基础设施是发挥农业规模经营和技术进步等成本节约手段作用的"先行投资"（曾福生，2015）。许多农业基础设施具备公共产品属性。对公共产品而言，如果由私人部分通过市场提供，则不可避免地造成"免费搭便车"现象，进而导致"公地悲剧"，难以实现全社会成员的公共利益最大化，这就需要政府出面提供公共产品或劳务，而财政补贴是其主要手段之一。与支持技术采纳情况类似，对农业基础设施实施财政补贴会降低家庭农场生产成本，导致供给曲线右移（如图 8）。供给线 S 和需求线 D 相交于 E 点，此时的均衡价格为 P_0、均衡产量为 Q_0。对技术采纳实施补贴后，农业生产综合能力得以提升促使供给曲线右移至 S_t。S_t 与需求曲线的交点 M，即为新的供求均衡点，均衡价格 P_t。此时，对农业基础设施实施补贴所导致的新的生产者剩余增加曲面 BAO 与曲面 EP_0P_tB 的差额 $S_{BAO}-S_{EP_0P_tB}$，而消费者剩余则增加了曲面 EP_0P_tA 面积 $S_{EP_0P_tA}$，总的经济福利增加曲面 EOA 面积 S_{EOA}。

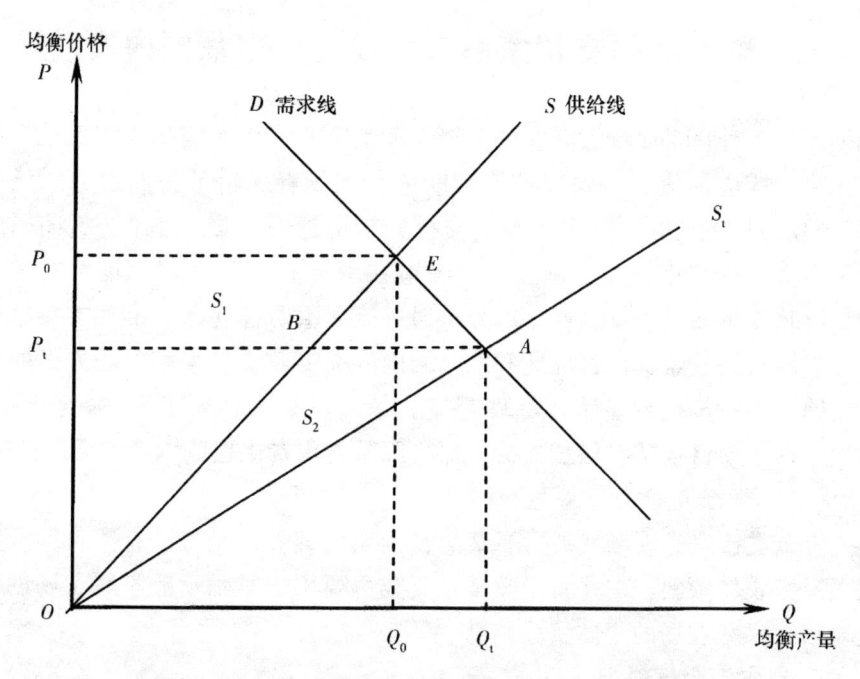

图8 对技术采纳和基础设施建设实施补贴的福利效应

(三) 小结与启示

作为发端于家庭经营基本经营制度基础上的新型农业经营主体代表，家庭农场的发展被赋予了制度烙印和社会责任，其发展也受到各方关注。应该看到，作为较为广泛的市场主体，家庭农场发展不可避免地面临生存压力，特别是在要素投入、基础设施配套、投融资困境等方面束缚较多。与此同时，政策扶持不够加重了这一不利，一定程度上制约了其发展，有些甚至成为家庭农场持续发展的现实牵绊，亟需以财政为主要手段的政策工具给予支持。那么，财政应在哪些方面支持家庭农场发展？除农场主反映外，理论层面又能给出怎样答案？基于福利效应的分析显示，"产出补贴"（价格支持政策）和"投入品补贴"可能降低全社会福利，还可能诱致新问题，因而政策效应是"打折的"或者说是"事倍功半"的。相反，围绕"技术采纳"和"基础设施建设"所开展的财政支持却能在使家庭农场发展受益同时，最大限度地不损害全社会福利，维护政策效应的帕累托最优，这恐怕应是未来财政支持家庭农场发展的发力环节。事实上，近年来多地财政政策实践从侧面也佐证了理论分析结论。

五　财政怎样支持家庭农场发展：聚焦国内实践

为什么财政要支持家庭农场发展？理论分析从家庭农场经营属性、内生优势、社会价值、趋同选择等维度进行了阐释，给了我们以一个近乎"不能反驳"的理由——亟需财政支持且越快越好。既然理论分析明确给出了答案，现实中，在中国大地，各地在引导和培育家庭农场发展过程中，财政支持都做了哪些？本部分将通过梳理主要省（区、市）支持家庭农场发展有关政策文件，以此归纳总结国内在财政支持家庭农场方面的探索实践。进一步梳理显示，财政支持家庭农场发展主要围绕"资金支持、涉农补贴、项目扶持、信贷支持、保险服务与税费优惠"六个方面展开。

（一）资金支持

资金支持家庭农场发展主要聚焦在两块内容：一是将已有涉农资金重点向家庭农场倾斜；二是将财政奖补资金主要用于奖励示范家庭农场创建及对培育家庭农场的主体实施奖励。

1. 涉农资金倾斜

该措施明确了常规涉农资金向家庭农场倾斜的要求。如河北省提出各级扶持新型农业经营主体发展资金要向符合条件的家庭农场倾斜，对示范家庭农场予以重点支持。中部的湖南省鼓励涉农资金向家庭农场倾斜；安徽省则明确了鼓励有条件的地方整合相关项目资金，按照农业发展规划建设连片成方、旱涝保收的优质农田优先流转给示范性家庭农场。南部的广东省强调要统筹安排涉农项目资金扶持家庭农场发展。

2. 奖补资金支持

主要是地方财政对示范性家庭农场创建和相关主体的奖励。如辽宁省从 2014 年开始，省政府每年评选省级示范家庭农场，并给予奖励。甘肃省利用省级财政奖补资金，重点支持省级示范性家庭农场建设。广西省支持家庭农场参与农村土地整理与连片开发，鼓励 100 亩以上集中连片的家庭农场参与高标准农田建设，开展"小块并大块"耕地整治，符合条件的给予资金奖补。福建省设立土地规模经营扶持专项资金，重点对土地流向适度规模经营的家庭农场，且对流转期限较长的流出农户给予土地流转租金补贴。上海市安排专项奖补资金对土地出租期限较长的流出农户和培育家庭农场发展的村委会进行考核奖补。

表1　全国主要省（市、自治区）财政支持家庭农场发展政策意见

地区	政策文件	资金支持政策
河北	河北省农业厅印发《关于促进家庭农场发展的意见》的通知（冀农管发〔2015〕25号）	各级扶持新型农业经营主体发展资金要向符合条件的家庭农场倾斜，对示范家庭农场予以重点支持
河北	河北省农业厅关于开展省级示范家庭农场创建活动的通知（冀农管发〔2015〕12号）	各级财政专项补助、涉农资金项目优先安排省级示范场
辽宁	辽宁省农委关于促进家庭农场健康发展的指导意见（辽农经〔2014〕144号）	从2014年开始，省政府每年将评选省级示范家庭农场，并给予奖励
上海	关于上海市加快推进家庭农场发展的指导意见（沪府办〔2013〕51号）	安排专项奖补资金，对土地出租期限较长的流出农户和引导培育家庭农场发展的村委会实行考核奖补
江苏	关于建立示范家庭农场名录制度的通知（苏农经〔2014〕10号）	省级财政将继续对省级示范家庭农场开展奖补扶持
浙江	浙江省人民政府办公厅关于培育发展家庭农场的意见（浙政办发〔2013〕120号）	逐步提高家庭农场的土、渠、路、电等建设标准，现代农业生产发展、农业综合开发等资金可用于扶持示范性家庭农场
安徽	安徽省人民政府办公厅关于培育发展家庭农场的意见（皖政办〔2013〕35号）	鼓励有条件的地方整合相关项目资金，按照农业发展规划建设连片成方、旱涝保收的优质农田，优先流转给示范性家庭农场
福建	福建省人民政府办公厅关于加快发展农户家庭农场的若干意见（闽政办〔2015〕91号）	鼓励各地财政设立土地规模经营扶持专项资金，重点对土地流向适度规模经营的家庭农场，且流转期限较长的流出农户，给予土地流转租金补贴；增加家庭农场的扶持资金规模
山东	山东省人民政府办公厅转发省农业厅等部门关于积极培育家庭农场健康发展的意见的通知（鲁政办发〔2013〕22号）	继续增加农业补贴资金规模
湖南	湖南省人民政府办公厅关于加快培育发展家庭农场的意见（湘政办发〔2015〕106号）	鼓励涉农资金向家庭农场倾斜
广东	广东省农业厅关于促进我省家庭农场发展的意见（粤农〔2014〕310号）	统筹安排涉农项目资金，扶持家庭农场发展

续表

地区	政策文件	资金支持政策
广西	广西壮族自治区人民政府办公厅关于促进家庭农场发展的意见（桂政办发〔2015〕125号）	鼓励家庭农场参与粮食生产功能区、现代农业园区建设，支持其参与农村土地整理和连片开发，鼓励集中连片经营100亩以上的家庭农场参与高标准基本农田建设，开展"小块并大块"耕地整治，符合条件的，自治区按规定给予资金奖补
四川	四川省农业厅关于印发《四川省家庭农场省级示范场评定暂行办法》的通知（川农业〔2015〕94号）	将省级示范场评定情况纳入家庭农场专项资金分配因素，对省级示范场加大扶持力度
甘肃	甘肃省人民政府办公厅关于培育发展家庭农场的指导意见（甘政办发〔2014〕170号）	省级财政奖补资金，重点支持省级示范性家庭农场建设
	甘肃省省级示范性家庭农场认定管理办法	对省级示范性家庭农场按照择优原则，给予相关项目、资金等扶持及政策优惠

注：这里只统计了省一级有关政策文件。市县一级由于涉及地域较多，将在下面有关论述中提及。这里省略。下同。

（二）涉农补贴

农业补贴作为常规支农政策，在引导和培育家庭农场上主要聚焦两个方面：一方面强调农业补贴资金向家庭农场倾斜，另一方面扩大了家庭农场农业补贴范围，既包括农业生产补贴，也包括农业基础设施建设和农业经营管理补贴。

1. 主体补贴倾斜

多数省（市、区）都将家庭农场纳入现有支农扶持政策，很多省份要求新增农业补贴资金向家庭农场倾斜。如河北省提出新增农业补贴资金要向家庭农场等新型农业经营主体倾斜。山西省明确新增农业补贴、土地流转、奖励补助、扶持培训等方面向家庭农场倾斜。江苏省要求新增农业补贴要向家庭农场倾斜。山东省提出新增补贴向主产区和优势产区集中，向专业大户、家庭农场、农民合作社等新型生产经营主体倾斜。湖北省要求农业新增补贴要向家庭农场倾斜，重点支持"米袋子""菜篮子"家庭农场。湖南省明确新增农业支持保护补贴要重点扶持以粮食种植为主的家庭农场。

2. 有关补贴范围

主要涉及四大类：一是对粮食作物、良种、农机具等实施补贴。如天津市明确了家庭农场种植粮食作物、购买良种、购置农机具等享受国家和本市有关补贴政策。广西壮族自治区将家庭农场列入农机购置补贴享受对象的范围，按照政策规定享受农机购置补贴。浙江省提出符合有关条件的家庭农场参照农民专业合作社享受农机购置补贴政策。二是对农业基础设施建设的补贴。如浙江省桐乡市（县级）对家庭农场开展符合市产业发展规划的主导产业示范基地建设，按其基础性设施和生产性设施设备实际投资额的 20%—30%（限额 100 万元）给予奖励。山东省诸城市（县级）鼓励家庭农场发展设施农业，当年新建标准冬暖式大棚（棚内 2 亩以上）每个补贴 5000 元，新建拱棚（棚内 1 亩以上）每个补贴 3000 元。浙江省诸暨市（县级）对从事经营两年以上、经营面积 100 亩以上，推广应用先进农技、农艺，且平均效益比普通农户高 50% 以上的家庭农场给予 3 万—5 万元的奖励。三是对新技术推广应用的补贴。如江苏省徐州市铜山区对推广应用新技术且平均效益比普通农户高 30% 以上的家庭农场，给予 3 万—5 万元的奖励。陕西省咸阳市杨陵区对推广应用新技术且平均效益比普通农户高 30% 以上的家庭农场，给予 1 万元的奖励。安徽省提出支持家庭农场开展农产品质量安全认证、农业生产基础设施建设、加工储运、市场营销等。广西壮族自治区鼓励家庭农场建设工厂化、自动化、智能化养殖业设施设备进行规模化养殖，对各级示范家庭农场通过贷款贴息、项目补助、以奖代补等形式予以支持。甘肃省支持家庭农场开展土地流转、产品质量认证、生产基础设施建设、新品种新技术引进和产品贮藏销售等。三是质量安全提升与品牌创建补贴。一些市（县、区）围绕质量安全提升与品牌创建实施了相关补贴。山东省诸城市（县级）鼓励家庭农场品牌认证，当年通过"农产品无公害农产品、绿色食品、有机食品认证和农产品地理标志"（三品一标）认证的每个补助 1 万元。品牌建设补贴方面，浙江省湖州市德清县对获得中国驰名商标的奖励 50 万元，对获得国家地理标志（集体）证明商标的奖励 20 万元，对获得总局核准注册的集体商标、省知名商号、省著名商标的奖励 10 万元，对获得市著名商标的奖励 3 万元；江西省南昌市对家庭农场新获得中国驰名商标奖励 5 万元，新获得省著名商标奖励 2 万元，新获得国家标志性产品奖励 10 万元。四是经营管理业绩补贴。如江苏省徐州市铜山区年销售实绩在 100 万元以上的家庭农场，给予实际销售收入 1% 的奖励，最高不超过 5 万元。陕西省咸阳市杨陵区对年销售业绩在 100 万元以上的家庭农场，给予实际销售收入 1% 的奖励（最高不超过 2 万元）。安徽省郎溪县（县级）对家庭农场创办的市、省、国家级示范农民专业合作社，分别奖励 2 万元、5 万元和 10 万元。

表2 全国主要省（市、自治区）农业补贴支持家庭农场发展的政策意见

地区	政策文件	农业补贴政策
天津	市农委 市发展改革委 市金融办 市财政局市工商局 市国税局 市国土房管局关于支持家庭农场发展的指导意见（津农委〔2013〕43号）	家庭农场种植粮食作物、购买良种、购置农机具等业务活动，享受国家和本市有关补贴政策，具体补贴办法按相关规定执行
河北	河北省农业厅印发《关于促进家庭农场发展的意见》的通知（冀农管发〔2015〕25号）	将家庭农场纳入支农补贴政策、农业基础设施建设和重点农业项目扶持范围并予以倾斜，重点支持家庭农场适度经营规模、改善生产条件、提高科技水平、改进经营管理等。新增农业补贴资金要向家庭农场等新型农业经营主体倾斜
山西	关于促进家庭农场发展的指导意见（晋农经发〔2014〕2号）	将家庭农场纳入现有支农惠农政策扶持范围，在新增农业补贴、土地流转、奖励补助、扶持培训等方面向家庭农场倾斜
辽宁	辽宁省农委关于促进家庭农场健康发展的指导意见（辽农经〔2014〕144号）	将家庭农场纳入现有支农政策扶持范围，并予以倾斜，重点支持家庭农场稳定经营规模、改善生产条件、提高技术水平、改进经营管理等
上海	关于上海市加快推进家庭农场发展的指导意见（沪府办〔2013〕51号）	将家庭农场纳入现有财政支农政策扶持范围，并予以倾斜，通过贷款贴息、项目补助、定额奖励等形式，支持家庭农场改善生产条件、实行标准化管理、降低经营风险等
江苏	关于积极稳妥发展家庭农场的通知（苏农经〔2013〕6号）	新增农业补贴要向家庭农场倾斜
浙江	浙江省人民政府办公厅关于培育发展家庭农场的意见（浙政办发〔2013〕120号）	参照农民专业合作社政策，鼓励家庭农场投身粮食生产功能区、现代农业园区建设，支持其参与农村土地整理和连片开发，鼓励集中连片经营100亩以上的家庭农场参与高标准基本农田地力建设，探索建立"以补代建"机制 符合有关条件的家庭农场参照农民专业合作社享受农机购置补贴政策
安徽	安徽省人民政府办公厅关于培育发展家庭农场的意见（皖政办〔2013〕35号）	加大对家庭农场的扶持力度，采取直接补助、以奖代补、贷款贴息等方式，支持家庭农场开展农产品质量安全认证、农业生产基础设施建设、农机购置补贴、种苗繁育、加工储运、市场营销等
山东	山东省人民政府办公厅转发省农业厅等部门关于积极培育家庭农场健康发展的意见的通知（鲁政办发〔2013〕22号）	新增补贴向主产区和优势产区集中，向专业大户、家庭农场、农民合作社等新型生产经营主体倾斜，使家庭农场享有与专业大户、农民合作社等经营主体同等的财政扶持政策。重点扶持发展家庭农场示范场
湖北	湖北省农业厅关于促进家庭农场健康发展的指导意见（鄂农发〔2015〕12号）	将家庭农场纳入现有支农政策扶持范围，农业新增补贴要向家庭农场倾斜，重点支持"米袋子""菜篮子"家庭农场
湖南	湖南省人民政府办公厅关于加快培育发展家庭农场的意见（湘政办发〔2015〕106号）	新增农业支持保护补贴要重点扶持以粮食种植为主的家庭农场
广东	广东省农业厅关于促进我省家庭农场发展的意见（粤农〔2014〕310号）	在发展特色种养业、农业标准化、农机购置等方面，要将符合扶持主体条件的家庭农场纳入财政奖补范围

续表

地区	政策文件	农业补贴政策
广西	广西壮族自治区人民政府办公厅关于促进家庭农场发展的意见（桂政办发〔2015〕125号）	家庭农场列入农机购置补贴享受对象范围，按照政策规定享受农机购置补贴。鼓励家庭农场建设工厂化、自动化、智能化养殖业设施设备进行规模化养殖。对各级示范家庭农场，通过贷款贴息、项目补助、以奖代补等形式予以支持
四川	四川省人民政府办公厅关于培育和发展家庭农场的意见（川办发〔2015〕89号）	以奖代补：注重示范性家庭农场能力建设，通过基础设施建设、农田水利基本建设综合示范区建设、农业机械装备配套建设、市场营销体系建设、农产品初加工能力建设、自身能力建设等，培育稳定安全的农产品生产经营主体
甘肃	甘肃省人民政府办公厅关于培育发展家庭农场的指导意见（甘政办发〔2014〕170号）	将家庭农场发展纳入扶持计划，发展扶持资金列入同级财政预算，通过直接补助、以奖代补、奖补结合和贷款贴息等方式，支持家庭农场开展土地流转、产品质量认证、生产基础设施建设、新品种新技术引进和产品贮藏销售等工作

（三）项目配套

该手段主要聚焦在对家庭农场申报和承担财政项目的，从农业基础设施类项目、农业生产类项目到农业社会化服务项目，优先对其在申报和立项环节给予支持。

1. 财政项目倾斜

该措施主要是鼓励家庭农场申报农业开发项目和财政专项补助项目，强调农业开发项目和财政专项补助项目向家庭农场倾斜，同等条件下在立项上突出家庭农场的优先地位。如天津市、江苏省、福建省都支持符合条件的家庭农场优先承担涉农项目。河北省安排符合条件的示范家庭农场优先承担土地整理、农田水利、高标准农田、节水农业、粮油高产创建、农机补贴、测土配方施肥、农作物病虫害防控、粪污资源化利用、农业科技入户、农产品产地初加工等项目。湖南省要求农业综合开发、土地整治、农村道路建设等项目优先安排在家庭农场比较集中、符合相关条件的地域实施。广东省也要求农业综合开发、农田水利建设、土地整治、农村道路建设项目要优先安排在家庭农场比较集中、符合相关条件的行政村或自然村实施。云南省明确高标准农田建设、农机购置、微小水利、乡村公路、仓储物流、小微企业等扶持项目向家庭农场倾斜，对粮食生产类家庭农场要优先安排。

2. 财政项目类别

主要涉及三类：一是农业基础设施建设类项目。如天津市支持农田水利设施建设、高产田创建、农业综合开发、土地整理等项目为支持类别。广东省明确了农业综合开发、农田水利建设、土地整治、农村道路建设等项目。湖南省聚焦于农业综合开发、土地整治、农村道路建设等项目。云南省要求高标准农田建设、微小水利、乡村公路等项目。二是农业生产类项目。如天津市支持新品种、新技术应用等生产类项目。河北省明确了粮油高产创建、农机补贴、农产品产地初加工等项目。海南省规定的范围相对广泛，涉及粮油高产创建、水稻标准化育秧工厂建设、标准化示范园区创建、瓜菜基地建设、畜禽标准化养殖小区创建等项目。三是农业社会化服务类项目。如河北省支持测土配方施肥、农作物病虫害防控、粪污资源化利用、农业科技入户、免费提供重大动物疫病免疫疫苗，优先安排病死畜禽无害化处理费用等项目。

表3　全国主要省（市、区）财政项目支持家庭农场发展的政策意见

地区	政策文件	财政项目扶持
天津	市农委 市发展改革委 市金融办 市财政局市工商局 市国税局 市国土房管局 关于支持家庭农场发展的指导意见（津农委〔2013〕43号）	各区县有关部门应将家庭农场作为项目承担主体之一，凡是适合家庭农场承担的各类农业开发项目和财政专项补助项目应向家庭农场倾斜
	市农委 市金融办 市财政局 市国土房管局 关于开展2014年农村承包土地规范化规模化流转试点工作的通知（津农委〔2014〕10号 津财农联〔2014〕19号）	市和各区县农田水利设施建设、高产田创建、农业综合开发、土地整理、新品种、新技术应用等农业项目，优先安排给符合条件的农民土地股份合作社和家庭农场试点承担
河北	河北省农业厅印发《关于促进家庭农场发展的意见》的通知（冀农管发〔2015〕25号）	安排符合条件的示范家庭农场承担扶持农业和粮食生产财政专项补助项目，优先承担土地整理、农田水利、高标准农田、节水农业、粮油高产创建、农机补贴、测土配方施肥、农作物病虫害防控、粪污资源化利用、农业科技入户、农产品产地初加工等项目，免费提供重大动物疫病免疫疫苗，优先安排病死畜禽无害化处理费用，增强家庭农场的生产能力
山西	关于促进家庭农场发展的指导意见（晋农经发〔2014〕2号）	进一步落实中央、省委省政府对家庭农场优惠政策，支持示范性家庭农场承担适合的农业项目

续表

地区	政策文件	财政项目扶持
江苏	关于积极稳妥发展家庭农场的通知（苏农经〔2013〕6号）	把家庭农场列为财政支农项目申报和实施主体，在项目立项上给予倾斜，支持家庭农场改善生产经营条件
	关于建立示范家庭农场名录制度的通知（苏农经〔2014〕10号）	全面落实对家庭农场的各项扶持政策，把示范家庭农场作为财政支农项目的重要申报主体，并予以倾斜
浙江	浙江省人民政府办公厅关于培育发展家庭农场的意见（浙政办发〔2013〕120号）	对省级示范性家庭农场，通过贷款贴息、项目补助、以奖代补等形式予以支持
福建	福建省人民政府办公厅关于加快发展农户家庭农场的若干意见（闽政办〔2015〕91号）	将家庭农场作为农业示范项目的实施主体，支持符合条件的家庭农场优先承担涉农项目
湖北	湖北省农业厅关于促进家庭农场健康发展的指导意见（鄂农发〔2015〕12号）	加大对家庭农场的扶持力度，通过贷款贴息、项目补助、定额奖励、涉农建设项目等形式，支持家庭农场改善生产条件、实行标准化管理、提高家庭农场经营管理水平
湖南	湖南省人民政府办公厅关于加快培育发展家庭农场的意见（湘政办发〔2015〕106号）	统筹安排涉农项目，支持家庭农场发展。农业综合开发、土地整治、农村道路建设等项目要优先安排在家庭农场比较集中、符合相关条件的地域实施。支持具备条件的家庭农场承担和实施粮油高产创建、农田基础设施建设等现代农业发展项目。省级财政从2015年起将加大家庭农场扶持力度，对省级示范型家庭农场和家庭农场示范县给予重点扶持
广东	广东省农业厅关于促进我省家庭农场发展的意见（粤农〔2014〕310号）	支持具备条件的家庭农场承担和实施粮油高产创建、农田基础设施建设等现代农业发展项目。农业综合开发、农田水利建设、土地整治、农村道路建设项目要优先安排在家庭农场比较集中、符合相关条件的行政村或自然村实施
广西	广西壮族自治区人民政府办公厅关于促进家庭农场发展的意见（桂政办发〔2015〕125号）	分期分批推进家庭农场田、水、路、电等综合整治，将家庭农场，特别是示范家庭农场纳入现代农业生产发展、现代特色农业示范区建设、农业综合开发等支农政策扶持范围
海南	海南省农业厅关于促进家庭农场发展的意见（琼农字〔2014〕125号）	有关农业发展项目要向示范家庭农场倾斜。支持符合条件的家庭农场承担和实施粮油高产创建、水稻标准化育秧工厂建设、标准化示范园区创建、瓜菜基地建设、畜禽标准化养殖小区创建等农业项目。支持家庭农场以农林剩余物为原料的综合利用和开展农林废弃物资源化利用、节能、节水等项目建设，发展循环经济。加强与有关部门沟通协调，推动将家庭农场生产基地纳入农田水利设施建设、中低产田改造、农业综合开发、土地整理等涉农项目实施范围，改善家庭农场生产设施条件。鼓励有条件的家庭农场发展休闲观光农业
重庆	重庆市农业委员会关于培育发展家庭农场的指导性意见（渝农发〔2015〕248号）	支持鼓励符合条件的家庭农场申报实施农业产业化、农业综合开发、农业科技入户、农技推广、农业标准化等涉农项目

续表

地区	政策文件	财政项目扶持
四川	四川省人民政府办公厅关于培育和发展家庭农场的意见（川办发〔2015〕89号）	项目支持：鼓励和支持符合条件的示范性家庭农场作为项目申报和实施主体参与农业、林业、水利项目建设；在符合项目建设有关规定和程序的前提下，对家庭农场予以重点倾斜
陕西	陕西省农业厅办公室印发《陕西省示范家庭农场评定及监测办法（试行）》的通知（陕农业办发〔2014〕153号）	凡适合家庭农场实施的农业项目要优先安排示范家庭农场承担，并通过财政奖补、项目扶持、贷款担保和贴息、政策性农业保险等方式支持示范家庭农场发展，充分发挥其示范带动作用
云南	中共云南省委办公厅 云南省人民政府办公厅印发《关于加快发展家庭农场的意见》的通知（云办发〔2014〕47号）	将家庭农场纳入现有财政支农政策扶持范围，高标准农田建设、农机购置、微小水利、乡村公路、仓储物流、小微企业等扶持项目向家庭农场倾斜，对粮食生产类家庭农场要优先安排，通过贷款贴息、项目补助、定额奖励等形式，支持家庭农场改善生产条件、实行标准化管理、降低经营风险，逐步提高家庭农场的水、路、电等建设标准
甘肃	甘肃省省级示范性家庭农场认定管理办法	对省级示范性家庭农场按照择优原则，给予相关项目、资金等扶持及政策优惠
宁夏	自治区党委农村工作领导小组关于促进家庭农场发展的指导意见（宁党农发〔2013〕4号）	自治区已经出台的产业扶持政策，同等条件下家庭农场优先享受，今后出台的各类扶持政策适当向家庭农场倾斜

（四）信贷扶持

信贷支持是破解家庭农场"融资难、融资贵、融资慢"重要手段，从全国主要省（市、自治区）发展实践看，主要分两步走：第一步是将家庭农场纳入融资担保服务范围，同时鼓励金融机构创新家庭农场抵押贷款方式；第二步是提高家庭农场贷款额度并对家庭农场贷款予以贴息，进而形成较为完善的信贷支持体系。

1. 信贷扶持倾斜

主要措施是将家庭农场纳入融资担保机构服务范围。如天津市要求融资担保机构将农民土地股份合作社和家庭农场试点纳入担保服务范围。浙江省支持各类政策性农业担保公司把家庭农场纳入服务范围，及时为符合条件的家庭农场提供融资性担保服务。安徽省鼓励各市、县（市、区）由政府出资设立的融资性担保公司为符合条件的家庭农场提供融资性担保服务，并与该担保公司享受有关扶持政策挂钩。福建省支持各类农业担保公司为家庭农场提供贷款担保服务，对符合申报条件的，享受省农户生产性贷款担保机构风险补偿政策。湖南省鼓励各地由政府出资设立融资担保公司为符合条件的家庭农场提供担保服务。四川省要求政策性农业担保机构要把示范性家庭农场作为支持重点，在符合条件的情况下给予费率优惠、担保额度放大等优惠。

2. 信贷扶持方式

主要有两类：一是创新家庭农场抵押贷款方式。如浙江省开展大型农用生产设施设备抵押、流转后土地承包经营权抵（质）押、动产质押、仓单和应收账款质押等新型信贷业务。安徽省扩大林权抵押贷款，探索开展大中型农机具、农村土地承包经营权、宅基地使用权抵押贷款试点。福建省开展大型农用生产设施设备抵押、林权和流转后土地承包经营权抵押、动产质押、仓单和应收账款质押等新型信贷业务。湖南省提出稳妥推进农村土地承包经营权、林权、农民住房财产权等产权抵押贷款试点。广东省鼓励有条件的地区探索开展家庭农场以大型农用设施、农村土地承包经营权、应收账款、仓库存货、专利权、注册商标专用权等办理抵押或权利质押贷款。广西壮族自治区开展大型农用生产设施设备抵押、流转后承包土地经营权抵（质）押、动产质押、仓单和应收账款质押等新型信贷业务。海南省支持家庭农场以大型农机具、房屋产权、注册商标专用权、土地承包经营权和土地收益权等为标的进行抵押担保贷款。四川省推出农机具抵押、存货抵押、订单抵押、土地流转收益保证、涉农直补资金担保、林权抵押、蔬菜大棚抵押、应收账款质押、畜禽产品抵押、小型水利工程使用权抵押等创新业务。云南省开展大型农用生产设施设备抵押、流转后土地经营权抵押、厂房抵押、动产质押、仓单和应收账款质押等新型信贷业务。二是提高家庭农场贷款额度并对家庭农场贷款予以贴息。如河北省规定从事种植业的家庭农场贷款金额最高可以为借款人从事农业生产经营所需投入资金的70%，其他家庭农场贷款金额最高可以为借款人从事农业生产经营所需投入资金的60%。江苏省和海南省对家庭农场开展贷款贴息。浙江省强化对家庭农场的信贷支持力度，要求有条件的市、县（市、区）对扩大用于家庭农场等新型主体的贷款给予贴息。湖南省要求建立健全农业信贷风险的补偿分担机制，对家庭农场给予贷款贴息、贷款及其担保损失补偿等优惠。

表4　　全国主要省（市、自治区）信贷支持家庭农场发展的政策意见

地区	政策文件	信贷支持
天津	市农委 市发展改革委 市金融办 市财政局 市工商局 市国税局 市国土房管局关于支持家庭农场发展的指导意见（津农委〔2013〕43号）	区县政府背景融资担保机构要将家庭农场纳入担保服务范围，为符合条件的家庭农场提供融资担保服务。引导支持其他融资担保机构为家庭农场提供融资担保服务
天津	市农委 市金融办 市财政局 市国土房管局关于开展2014年农村承包土地规范化规模化流转试点工作的通知（津农委〔2014〕10号 津财农联〔2014〕19号）	区县政府背景融资担保机构要将农民土地股份合作社和家庭农场试点纳入担保服务范围，为符合条件的试点单位提供融资担保服务
河北	河北省农业厅印发《关于促进家庭农场发展的意见》的通知（冀农管发〔2015〕25号）	对于符合条件的家庭农场，各银行业金融机构要简化审贷流程，合理确定利率水平，不得变相提高融资成本。根据农业生产周期实际需求，可适当延长贷款期限，在贷款利率和期限确定的前提下，可适当延长本息的偿付周期。原则上，从事种植业的家庭农场贷款金额最高可以为借款人从事农业生产经营所需投入资金的70%，其他家庭农场贷款金额最高可以为借款人从事农业生产经营所需投入资金的60%。各银行业金融机构要积极创新金融产品和服务方式，进一步拓宽抵质押担保物范围，针对不同类型、不同规模家庭农场的差异化资金需求，提供多样化的融资方案。各级农业部门和金融监管部门、金融机构要建立沟通协调机制，定期提供家庭农场名录，加大对符合条件家庭农场的支持力度
上海	关于上海市加快推进家庭农场发展的指导意见（沪府办〔2013〕51号）	将家庭农场纳入小额信贷保证保险范围，为家庭农场提供发展生产所需贷款服务
江苏	关于积极稳妥发展家庭农场的通知（苏农经〔2013〕6号）	积极争取对家庭农场的贷款贴息等金融支持政策
江苏	关于建立示范家庭农场名录制度的通知（苏农经〔2014〕10号）	推动落实涉农建设项目、税收优惠、信贷支持、抵押担保、农业保险、设施用地等相关政策
浙江	浙江省人民政府办公厅关于培育发展家庭农场的意见（浙政办发〔2013〕120号）	优化对家庭农场的信贷支持力度，有条件的市、县（市、区）要对扩大用于家庭农场等新型主体的贷款给予贴息。积极开展大型农用生产设施设备抵押、流转后土地承包经营权抵（质）押、动产质押、仓单和应收账款质押等新型信贷业务，盘活农村存量资产；积极支持各类政策性农业担保公司把家庭农场纳入服务范围，及时为符合条件的家庭农场提供融资性担保服务，省财政对符合条件的农业担保机构给予一定风险补偿

续表

地区	政策文件	信贷支持
安徽	安徽省人民政府办公厅关于培育发展家庭农场的意见（皖政办〔2013〕35号）	鼓励各市、县（市、区）由政府出资设立的融资性担保公司为符合条件的家庭农场提供融资性担保服务，并与该担保公司享受有关扶持政策挂钩。将家庭农场纳入融资担保风险补偿范围，分担融资性担保公司开展家庭农场融资担保业务所产生的损失。涉农金融机构要设计适合家庭农场生产经营特点的贷款产品，在信用评定基础上，综合采用保证、联保、抵押、质押等多种形式发放贷款；根据家庭农场的经营规模和综合投入产出等因素，进一步提高对家庭农场信用贷款的授信额度，对农业产业化程度高的家庭农场要进一步做好"龙头企业+家庭农场""合作社+家庭农场+农户"等供应链金融服务。积极扩大林权抵押贷款，探索开展大中型农机具、农村土地承包经营权、宅基地使用权抵押贷款试点。鼓励和支持涉农金融机构加大对省示范家庭农场、国家级农村综合改革试验区和省农村综合改革试点县（区）辖内家庭农场等的信贷支持力度。引导家庭农场规模化生产纳入期货品种的农产品，进行质押融资、套期保值，防范价格风险
福建	福建省人民政府办公厅关于加快发展农户家庭农场的若干意见（闽政办〔2015〕91号）	对家庭农场开展信用评级工作，对实力强、资信好的家庭农场根据经营情况及资金需求给予一定的授信额度，贷款优先办理，利率给予优惠。鼓励农村金融服务创新，根据家庭农场特点，开展涉农贷款流程再造，合理设定业务流程、贷款期限和还款时间。发挥农户联保贷款、农户小额贷款在支持家庭农场发展中的作用，适度扩大贷款额度。积极开展大型农用生产设施设备抵押、林权和流转后土地承包经营权抵押、动产质押、仓单和应收账款质押等新型信贷业务。支持各类农业担保公司为家庭农场提供贷款担保服务，符合申报条件的享受省农户生产性贷款担保机构风险补偿政策
山东	山东省人民政府办公厅转发省农业厅等部门关于积极培育家庭农场健康发展的意见的通知（鲁政办发〔2013〕22号）	积极开展金融创新，根据家庭农场等新型农业经营主体的特点，探索创新金融产品，制定专项信贷政策和金融服务措施，着力支持家庭农场发展，特别是要加大基础设施和固定资产投资方面的金融支持力度
湖北	湖北省农业厅关于促进家庭农场健康发展的指导意见（鄂农发〔2015〕12号）	继续实施新型农业经营主体主办行制度；积极稳妥开展土地承包经营权等抵押贷款试点
湖南	湖南省人民政府办公厅关于加快培育发展家庭农场的意见（湘政办发〔2015〕106号）	创新财政资金使用机制，灵活采取贷款贴息、风险补偿、创投基金等方式，帮助家庭农场拓宽融资渠道；引导银行机构为家庭农场进行融资增信，创新家庭农场信用贷款产品；稳妥推进农村土地承包经营权、林权、农民住房财产权等产权抵押贷款试点，拓宽涉农贷款抵押担保范围；推广POS机、网上银行、电话银行等新型支付业务，多渠道为家庭农场提供便捷的支付结算服务。推动建立健全农业信贷风险的补偿分担机制，对家庭农场给予贷款贴息、贷款及其担保损失补偿等优惠。鼓励各地由政府出资设立融资担保公司，为符合条件的家庭农场提供担保服务

续表

地区	政策文件	信贷支持
广东	广东省农业厅关于促进我省家庭农场发展的意见（粤农〔2014〕310号）	鼓励有条件的地区探索开展家庭农场以大型农用设施、农村土地承包经营权、应收账款、仓库存货、专利权、注册商标专用权等办理抵押或权利质押贷款
广西	广西壮族自治区人民政府办公厅关于促进家庭农场发展的意见（桂政办发〔2015〕125号）	各类金融机构要设计适合家庭农场生产经营特点的贷款产品，积极开展大型农用生产设施设备抵押、流转后承包土地经营权抵（质）押、动产质押、仓单和应收账款质押等新型信贷业务，逐步提高对家庭农场信用贷款的授信额度
海南	海南省农业厅关于促进家庭农场发展的意见（琼农字〔2014〕125号）	积极争取对家庭农场的贷款贴息等金融支持政策。鼓励和引导金融机构根据家庭农场生产经营的特点合理确定贷款期限、利率和偿还方式，创新金融产品和服务方式，扩大有效担保物范围，支持家庭农场以大型农机具、房屋产权、注册商标专用权、土地承包经营权和土地收益权等为标的进行抵押担保贷款，联系省农信社、邮储银行等开展无抵押小额贷款，有效满足家庭农场发展的资金需求
四川	四川省人民政府办公厅关于培育和发展家庭农场的意见（川办发〔2015〕89号）	把示范性家庭农场作为信贷支农的重点，建立金融服务主办行制度，提供"一对一服务"，给予全方位、系统性金融支持；创新组织、机制、产品和服务模式，简化贷款流程，合理确定利率、期限、额度，有效满足家庭农场的合理信贷需求；将对家庭农场的培育与创建支农再贷款省级示范基地建设相结合，发挥支农再贷款等货币政策工具对金融支持家庭农场的引导作用；积极开展农机具抵押、存货抵押、订单抵押、土地流转收益保证、涉农直补资金担保、林权抵押、蔬菜大棚抵押、应收账款质押、畜禽产品抵押、小型水利工程使用权抵押等创新业务，对资信情况良好的家庭农场积极发放信用贷款。政策性农业担保机构要把示范性家庭农场作为支持重点，并在符合条件的情况下给予费率优惠、担保额度放大等优惠
陕西	陕西省农业厅办公室印发《陕西省示范家庭农场评定及监测办法（试行）》的通知（陕农业办发〔2014〕153号）	凡适合家庭农场实施的农业项目要优先安排示范家庭农场承担，并通过财政奖补、项目扶持、贷款担保和贴息、政策性农业保险等方式支持示范家庭农场发展，充分发挥其示范带动作用
云南	中共云南省委办公厅 云南省人民政府办公厅印发《关于加快发展家庭农场的意见》的通知（云办发〔2014〕47号）	针对不同类型、不同经营规模家庭农场的差异化资金需求，提供多样化的融资服务。积极开展大型农用生产设施设备抵押、流转后土地经营权抵押、厂房抵押、动产质押、仓单和应收账款质押等新型信贷业务。对资信情况良好的家庭农场给予授信额度，加大信用贷款支持
甘肃	甘肃省人民政府办公厅关于培育发展家庭农场的指导意见（甘政办发〔2014〕170号）	积极开展金融创新，根据家庭农场的特点，探索创新金融产品，制定专项信贷政策和金融服务措施，积极推进土地承包经营权、林权抵押、担保贷款，着力支持家庭农场发展，特别是要加大在基础设施建设方面的金融支持力度

续表

地区	政策文件	信贷支持
宁夏	自治区党委农村工作领导小组关于促进家庭农场发展的指导意见（宁党农发〔2013〕4号）	积极协调金融监管机构开展"信誉农场"评星定级活动，推动金融部门为家庭农场授信。金融监管机构要适应现代农业经营体制机制创新的新形势新要求，不断创新农村金融产品，优化信贷结构，扩大农村信贷规模，增加针对家庭农场的金融产品，推行手续简便、适合家庭农场特点的贷款担保模式，积极探索农村土地所有权、承包权和经营权"三权分离"抵押贷款的新机制。要继续扩大农村妇女创业小额信贷担保贷款业务，引导农村妇女领办创办家庭农场，解决家庭农场发展资金难题

（五）保险服务

农业保险服务是有效降低家庭农场经营风险的重要保障，将家庭农场纳入政策性保险范围已成为多数省（市、自治区）开展家庭农场农业保险服务的主要做法，在此基础上，通过财政保费补贴提高家庭农场参与农业保险积极性，为家庭农场平稳发展保驾护航。

1. 农业保险服务倾斜

主要是将家庭农场纳入政策性保险范围。如天津、上海、浙江、安徽、福建、广东等省（市、自治区）明确提出将家庭农场纳入政策性保险范围。

2. 农业保险服务方式

做法集中在对家庭农场予以保费补贴。江苏省出台了实施家庭农场农业保险补助的支持政策。浙江省将家庭农场保险品种纳入中央财政保费补助范围。福建省支持家庭农场参加政策性农业保险，享受各级财政保费补贴政策。重庆市支持家庭农场参加农业保险和农业担保，并享受保险保费补贴。云南省创新适应家庭农场生产经营特点的保险产品，将家庭农场经营作物和养殖品种纳入财政保费支持范围。

表5　全国主要省（市、自治区）农业保险支持家庭农场发展的政策意见

地区	政策文件	农业保险服务
天津	市农委 市发展改革委 市金融办 市财政局 市工商局 市国税局 市国土房管局《关于支持家庭农场发展的指导意见》（津农委〔2013〕43号）	支持家庭农场参加政策性农业保险

续表

地区	政策文件	农业保险服务
	市农委 市金融办 市财政局 市国土房管局《关于开展2014年农村承包土地规范化规模化流转试点工作的通知》(津农委〔2014〕10号 津财农联〔2014〕19号)	支持参加试点的农民土地股份合作社和家庭农场参与政策性农业保险,提高试点区域政策性农业保险保障水平,积极在试点区域开展政策性农业保险业务创新
河北	河北省农业厅印发《关于促进家庭农场发展的意见》的通知(冀农管发〔2015〕25号)	开展家庭农场互助合作保险和家庭农场综合性保险试点。加强保险与涉农信贷协作配合,针对家庭农场的特点,创新抵(质)押担保方式和融资工具,积极探索开展农业保险保单质押贷款。引导保险公司为家庭农场发展提供种类多、品种全、服务优、效果好的特色化农业保险
山西	关于促进家庭农场发展的指导意见(晋农经发〔2014〕2号)	探索家庭农场风险保障机制
上海	关于上海市加快推进家庭农场发展的指导意见(沪府办〔2013〕51号)	将家庭农场纳入政策性农业保险范围,并予以政策倾斜;增加农业保险在家庭农场的险种
江苏	关于积极稳妥发展家庭农场的通知(苏农经〔2013〕6号)	积极争取对家庭农场的农业保险补助等支持政策
	关于建立示范家庭农场名录制度的通知(苏农经〔2014〕10号)	推动落实涉农建设项目、税收优惠、信贷支持、抵押担保、农业保险、设施用地等相关政策
浙江	浙江省人民政府办公厅《关于培育发展家庭农场的意见》(浙政办发〔2013〕120号)	扩大政策性农业保险覆盖范围,鼓励各地开发地方特色品种,积极争取将我省更多的农业保险品种纳入中央财政保费补助范围,开展家庭农场综合性保险试点。加强保险与涉农信贷协作配合,创新质押担保方式和融资工具,开展农业保险保单质押贷款。进一步加强农业保险基层服务体系建设,优化保险服务。完善政府补助和商业保险相结合的家庭农场保险体系
安徽	安徽省人民政府办公厅《关于培育发展家庭农场的意见》(皖政办〔2013〕35号)	扩大政策性农业保险覆盖范围。开展家庭农场互助合作保险和家庭农场综合性保险试点。加强保险与涉农信贷协作配合,针对家庭农场的特点,创新抵(质)押担保方式和融资工具,开展农业保险保单质押贷款。引导保险公司为家庭农场发展提供种类多、品种全、服务优、效果好的农业保险
福建	福建省人民政府办公厅《关于加快发展农户家庭农场的若干意见》(闽政办〔2015〕91号)	支持家庭农场参加政策性农业保险,享受各级财政保费补贴政策。在政策性农业保险基础上,开发商业性农业保险品种,提供各种保险服务,为家庭农场降低经营风险提供保险支持

续表

地区	政策文件	农业保险服务
山东	山东省人民政府办公厅转发省农业厅等部门《关于积极培育家庭农场健康发展的意见的通知》（鲁政办发〔2013〕22号）	在政策性农业保险基础上，创新商业性农业保险品种，提供各种保险服务，降低家庭农场的经营风险
湖北	湖北省农业厅《关于促进家庭农场健康发展的指导意见》（鄂农发〔2015〕12号）	将家庭农场纳入小额信贷保证保险、融资担保风险补偿和政策性农业保险范围
湖南	湖南省人民政府办公厅《关于加快培育发展家庭农场的意见》（湘政办发〔2015〕106号）	开展家庭农场综合性保险试点。完善政府补助和商业保险相结合的家庭农场保险体系，鼓励保险公司开发满足家庭农场风险需求的保险产品
广东	广东省农业厅《关于促进我省家庭农场发展的意见》（粤农〔2014〕310号）	将家庭农场作为政策性农业保险的支持重点，创新面向家庭农场的商业性农业保险项目
广西	广西壮族自治区人民政府办公厅《关于促进家庭农场发展的意见》（桂政办发〔2015〕125号）	开展家庭农场互助合作保险和家庭农场综合性保险
海南	海南省农业厅《关于促进家庭农场发展的意见》（琼农字〔2014〕125号）	鼓励家庭农场参加农业保险
重庆	重庆市农业委员会关于培育发展家庭农场的指导性意见（渝农发〔2013〕248号）	支持鼓励家庭农场参加农业保险和农业担保，并享受保险保费补贴等优惠政策
四川	四川省人民政府办公厅《关于培育和发展家庭农场的意见》（川办发〔2015〕89号）	鼓励家庭农场积极投保农业保险，稳步提高农业风险保障水平。推广"贷款+保险"的融资模式，积极参与"银保财互动"试点
陕西	陕西省农业厅办公室印发《陕西省示范家庭农场评定及监测办法（试行）》的通知（陕农业办发〔2014〕153号）	凡适合家庭农场实施的农业项目要优先安排示范家庭农场承担，并通过财政奖补、项目扶持、贷款担保和贴息、政策性农业保险等方式支持示范家庭农场发展，充分发挥其示范带动作用
云南	中共云南省委办公厅、云南省人民政府办公厅印发《关于加快发展家庭农场的意见》的通知（云办发〔2014〕47号）	扩大小额贷款保证保险试点对家庭农场覆盖面。创新适应家庭农场生产经营特点的保险产品，将家庭农场经营作物和养殖品种纳入财政保费支持范围
甘肃	甘肃省人民政府办公厅《关于培育发展家庭农场的指导意见》（甘政办发〔2014〕170号）	保险机构要在政策性农业保险基础上，创新商业性农业保险品种，提供各种保险服务，降低家庭农场的经营风险
宁夏	自治区党委农村工作领导小组《关于促进家庭农场发展的指导意见》（宁党农发〔2013〕4号）	鼓励家庭农场积极参加农业保险，切实落实各项农业保险政策

（六）税费优惠

税费优惠支持主要在两个方面：一是在销售自产农产品、提供农业社会化服务方面给予收入免征增值税，并对生产用地免征城镇土地使用税；二是在种植、养殖、初加工、大批包装方面的水电费给予农业生产用电价格优惠。

1. 增值税优惠

表现为对家庭农场销售自产农产品免征增值税。如天津市提出家庭农场对外销售自产农产品享受农业生产者销售自产农产品免征增值税优惠政策，免征家庭农场提供农业社会化服务取得收入增值税；河北省对家庭农场从事农业机耕、排灌、病虫害防治、植物保护、农牧渔保险以及相关技术培训业务，家禽、牲畜、水生动物的配种和疫病防治取得的收入免征增值税。①

2. 城镇土地使用税免征

对家庭农场直接用于农林牧渔的生产用地，免征城镇土地使用税。如浙江省和河北省均对直接用于农林牧渔业的生产用地免征城镇土地使用税。

3. 给予水电费优惠

上海市对家庭农场粮食、蔬菜种植用电、粮食烘干机械用电、畜禽水产养殖用电，执行农业生产用电价格。四川省和云南省均对家庭农场种植、养殖、农产品初加工、向初级市场提供大批包装形成的电水支出，按农业生产用电用水价格执行。

表6　全国主要省（市、自治区）税费优惠支持家庭农场发展的政策意见

地区	政策文件	税费优惠
天津	市农委　市发展改革委　市金融办　市财政局　市工商局　市国税局　市国土房管局《关于支持家庭农场发展的指导意见》（津农委〔2013〕43号）	家庭农场对外销售自产农产品享受农业生产者销售自产农产品免征增值税优惠政策。主管税务机关要按规定为家庭农场免费办理税务登记、发票领购、增值税减免税审批手续，并提供纳税申报咨询服务

---

① 原文件为营业税，由于2016年5月1日起全面实施营改增，在此用增值税代替原文件营业税。

续表

地区	政策文件	税费优惠
河北	河北省农业厅印发《关于促进家庭农场发展的意见》的通知（冀农管发〔2015〕25号）	家庭农场的农业生产经营活动按国家规定享受相应的农业和小微企业减免税政策。家庭农场直接用于农林牧渔业的生产用地免征城镇土地使用税，从事农业机耕、排灌、病虫害防治、植物保护、农牧渔保险以及相关技术培训业务，家禽、牲畜、水生动物的配种和疫病防治取得的收入免征营业税。符合条件的家庭农场销售自产农业产品，免征增值税。税务部门对家庭农场依规申办税务登记要即时受理、当场办结，对免税申报手续提供指导
内蒙古	关于印发《内蒙古自治区家庭农牧场认定工作意见》的通知（内农牧法发〔2015〕16号）	对家庭农牧场认定实行"三免"手续，即免收认定费和证书工本费，免于提交验资报告和资产评估报告
上海	关于上海市加快推进家庭农场发展的指导意见（沪府办〔2015〕51号）	家庭农场按规定享受国家对农业生产、加工、流通、服务和其他涉农经济活动相应的税收优惠。税务部门要对经工商登记后的家庭农场完善税收管理，在税务登记、纳税申报、发票领用等环节为家庭农场提供优质、便捷的服务。家庭农场中从事粮食、蔬菜等种植业的用电、粮食烘干机械的用电以及各种畜禽产品养殖、水产养殖的用电，执行农业生产用电价格
江苏	关于积极稳妥发展家庭农场的通知（苏农经〔2013〕6号）	对家庭农场用地用电用水等方面给予优惠
浙江	浙江省人民政府办公厅《关于培育发展家庭农场的意见》（浙政办发〔2013〕120号）	家庭农场的农业生产经营活动享受国家规定的有关农业减免税政策。农民专业合作社享有的税费优惠政策，家庭农场符合相关条件的给予同等享受。对家庭农场拖拉机不征车船税，直接用于农林牧渔业的生产用地免征城镇土地使用税，从事农业机耕、排灌、病虫害防治、植物保护、农牧保险以及相关技术培训业务，家禽、牲畜、水生动物的配种和疾病防治取得的收入免征营业税，税务部门要为家庭农场办理税务登记和免税申报手续提供指导和便利。家庭农场生产的鲜活农产品运输按规定享受"绿色通道"政策
安徽	安徽省人民政府办公厅《关于培育发展家庭农场的意见》（皖政办〔2013〕35号）	省政府已经出台的扶持农民合作社发展的有关税收政策适用于家庭农场
福建	福建省人民政府办公厅《关于加快发展农户家庭农场的若干意见》（闽政办〔2015〕91号）	家庭农场从事种植业、食用菌生产、畜禽和水产养殖业的用电，执行农业生产电价。家庭农场的农业生产经营活动享受国家规定的有关农业减免税政策。农民专业合作社享有的税费优惠政策，家庭农场符合相关条件的给予同等享受。家庭农场生产的鲜活农产品运输按国家有关规定享受"绿色通道"政策
山东	山东省人民政府办公厅转发省农业厅等部门《关于积极培育家庭农场健康发展的意见的通知》（鲁政办发〔2013〕22号）	确保家庭农场享受国家各项惠农及税收政策

续表

地区	政策文件	税费优惠
湖北	湖北省农业厅《关于促进家庭农场健康发展的指导意见》（鄂农发〔2015〕12号）	家庭农场的农业生产经营活动享受国家、省规定的有关用地、用水、用电和税收减免等优惠政策
湖南	湖南省人民政府办公厅《关于加快培育发展家庭农场的意见》（湘政办发〔2015〕106号）	农民专业合作社享有的税费优惠政策，符合相关条件的家庭农场同等享受。家庭农场销售自产农产品，按照农业生产者销售自产农产品的政策规定，免征增值税。家庭农场按规定享受行政事业性收费减免政策。各类经营主体为家庭农场提供劳务取得的收入，符合国家有关税收政策规定的，可申请享受税收优惠。家庭农场生产的鲜活农产品运输按规定享受"绿色通道"政策
广东	广东省农业厅《关于促进我省家庭农场发展的意见》（粤农〔2014〕310号）	家庭农场销售自产农产品，按照农业生产者销售自产农产品的政策规定，免征增值税。家庭农场按规定享受行政事业性收费减免政策；各类经营主体为家庭农场提供劳务取得的收入，符合国家有关税收政策规定的，可申请享受税收优惠。家庭农场生产的鲜活农产品运输按规定享受"绿色通道"政策
广西	广西壮族自治区人民政府办公厅《关于促进家庭农场发展的意见》（桂政办发〔2015〕125号）	家庭农场的农业生产经营活动依法享受国家规定的减免税费政策
四川	四川省人民政府办公厅《关于培育和发展家庭农场的意见》（川办发〔2015〕89号）	家庭农场的种植、养殖、农产品初加工与农产品大批包装以提供初级市场的用电用水，按照农业生产用电用水价格执行
云南	中共云南省委办公厅、云南省人民政府办公厅印发《关于加快发展家庭农场的意见》的通知（云办发〔2014〕47号）	家庭农场按规定享受国家对农业生产、加工、流通、服务和其他涉农经济活动相应的税收优惠。家庭农场从事种养业生产及初加工用电执行农业生产用电价格
甘肃	甘肃省人民政府办公厅《关于培育发展家庭农场的指导意见》（甘政办发〔2015〕170号）	对注册登记的家庭农场实行免税优惠政策

（七）小结与启示

落实中央有关精神，因循有关理论，也是出于应对家庭农场发展需要，各地在财政支持家庭农场发展方面出台了一系列政策，开展了大量有益尝试。从多地实践情况看，财政支持家庭农场主要集中在"资金支持""涉农补贴""项目配套""信贷支持""保险服务"和"税费优惠"六大领域，这与前面的理论分析基本吻合。

"资金支持"主要服务于"一创两奖"。"创"是创建市级（含）以上示范性家庭农场，"奖"的是两类主体：土地出租期限较长转出农户和培育家庭农场发展的基层政府（如村委会）。"奖"既有对传统农户配合家庭农场规模扩张的奖励，也有对村集体创造家庭农场良好发展空间的嘉奖。

"涉农补贴"集中在"一倾八补"。"倾"是新增农业补贴资金向家庭农场倾斜，"补"是对粮食种植、良种采购、农机具购置、质量安全认证、基础设施建设、加工储运、市场营销、品牌创建八类主体行为实施补贴。"八补"既涉及要素投入的补贴，也包括对主体"进取经营行为"和改善生态环境行为的补贴。

"项目配套"主要是"三扶两免"。"扶"是对"农业基础设施、农业生产类项目、农业社会化服务类项目"三类建设给予支持。农业基础设施建设项目涉及"土地整理、农田水利、高标准农田、乡村公路"等；农业生产类项目包括"粮油高产创建、农机补贴、产地初加工、新品种、新技术应用"等；农业社会化服务类项目涵盖"测土配方施肥、农作物病虫害防控、粪污资源化利用、农业科技入户"等。"免"的是"提供重大动物疫病免疫疫苗"和"优先安排病死畜禽无害化处理"。"三扶两免"既有参与工程项目、完善基础设施的扶持，也有对新技术示范、推广的奖励，还有对农业公共安全防范的覆盖。

"信贷支持"着重在"一鼓一提一贴一设"四个一上发力。"鼓"是鼓励金融机构创新家庭农场抵押贷款方式，"提"是提高家庭农场贷款额度，"贴"是给予家庭农场贷款贴息，"设"是政府出资设立的政策性农业担保公司。"四个一"意在从创方式、增金额、降利息等方面方便家庭农场贷款、增加授款额度、减轻还款压力。

"保险服务"侧重于"一补一纳"。"补"是对家庭农场投保的农业保险予以补助，"纳"是将家庭农场投保的农业保险品种纳入中央财政保费补贴范围。"一补一纳"意在从降低保费支出、增加险种数量方面，更全面地保护家庭农场生产经营。

"税收优惠"聚焦在"三免一惠"。"免"的是"自产农产品销售收入""农业社会化服务收入"和"农业生产用地支出"这三个领域的增值税或者使用税，"惠"的是生产经营中水电费支出，执行农业生产用水用电优惠。"三免一惠"意在从"减税"到"节支"双管齐下，降低生产开支、增加经营收入。

他山之石，可以攻玉。以上这些手段是国内财政支持家庭农场发展的主要应用。六种手段相互配合、互为补充、注重协调，各地在实践上往往能够因地制宜、因时施策。如江苏、浙江等省份，由于其家庭农场发展水平总体较高，财政支持更多向注重"项目配套""信贷支持""保险服务"等倾斜，这与家庭农场发展相对滞后地区偏重于"资金支持"和"农业补贴"不同。而家庭农场发展相对一般的省份，其支持手段更趋于全面借鉴，既考虑了"资金支持""农业补贴""项目配套"不可替代性，也注重适当向"信贷支持"和"保险服务"倾斜过渡，预留了一定政策调整空间。总体而言，整体内容是相互借鉴的，政策目标是大体趋同的，具体手段是差别各异的，但对政策工具间是否具有传导性和替代性、各类政策工具效力的比较与筛选欠缺设计。这可能成为下一步各地政策工具调整亟待研究的重点问题。

现实中，政策执行效果怎样？短期效应可否延续长期成效？仅仅一两年的实践很难下定论，这还未考虑政策断档、经济社会环境大背景变化等外生影响。因此，成效如何还需要进一步观察论证。国内是这样，国外农业发达国家和主要发展中国家在财政支持家庭农场发展上有哪些主要措施和成功经验？在总结国内实践基础上，借鉴国外国家成功经验，无疑将是完善现有财政支持家庭农场发展的有益补充。

六　财政支持家庭农场发展：观照国际经验

理论分析证实了家庭经营的天然内生优势，作为家庭经营现实中的重要承载主体——家庭农场，已然成为全球多数国家的趋同选择，家庭农场也顺理成章地得到了多国政府的重视与支持。农业资源禀赋、社会制度、经济发展水平、国内主要矛盾是影响农业及家庭农场发展、政府干预与扶持策略的重要因素。中国有自己的基本国情和典型农情，近年来各地在探索政府扶持家庭农场发展，特别是借助财政工具支持家庭农场发展方面进行了大量有益尝试，走出了一条中国式的道路。放眼世界，今日中国之路尽管与昨日发达国家发展轨迹大有不同，但趋同的问题与类似的经验仍具相似性。发达国家的某些做法不仅值得研究，更需要借鉴，这使得梳理发达国家特别是不同资源禀赋国家财政支持家庭农场发展的经验和做法尤为重要。本部分将从上一部分聚焦国内财政支持家庭农场发展实践，扩展至更多国家，着眼于不同资源禀赋国家财政支持家庭农场发展的具体政策与典型经验。

(一) 农业资源禀赋丰富国家财政支持家庭农场发展的经验借鉴

农业资源禀赋丰富的国家很多，如美国、澳大利亚、巴西等，其得天独厚的资源禀赋为家庭农场发展提供了先天优势。无一例外，家庭农场也是这些国家最具普适性和最有代表性的农业组织，他们的成长与发展或多或少地得到了本国财政的支持，有些支持颇具代表性，很多做法值得借鉴。

1. 美国财政支持家庭农场发展的主要做法

美国自建国之初就重视发展家庭农场。在美国，尽管农场可分为家庭农场、合作农场和公司农场三类，但绝大多数农场都是家庭农场，合作农场大部分也是以家庭农场为基础，公司农场更是主要由家庭农场控股，家庭农场已然成为美国农业最主要的经营主体。目前，美国约有220万个农场，其中87%为家庭农场，平均土地经营规模169公顷（丁忠民等，2016）。

家庭农场的健康发展需要在明晰产权基础上建立有效的土地交易机制，保障土地有序转让。早期美国为降低建立家庭农场土地成本，先后颁布了一系列法律规制。1820年颁布新的《土地法》，确立将公有土地以低价出售给农户建立家庭农场的制度。1862年颁布《宅地法》，规定在公有土地上耕作5年以上的个人或者家庭可免费获赠约65公顷的公有土地。随后1873年的《木材种植法》、1877的《沙漠土地法》、1978年的《林地法》和《沙地法》等法案中，都有让家庭农场低价甚至免费得到更多土地的规定与安排（张红宇等，2017）。这些举措为家庭农场成为美国最核心经营主体奠定了要素基础（吴晓佳，2017）。在可耕种的国有土地基本配给完毕后，家庭农场主要通过私有土地所有者间的买卖实现土地产权的进一步转移。

美国政府财政扶持家庭农场发展主要聚焦于三个方面：一是组合实施直接补贴和间接补贴政策。如根据农作物面积与产量，采取直接支付、反周期支付等形式，对大宗农作物开展直接补贴，同时积极实施出口补贴。二是开展农业保险服务。成立联邦农作物保险公司，对家庭农场农业保险费用、经营管理费用等实施补贴（孟莉娟，2015）。三是强化信贷支持。基于《农场信贷法》等法规向家庭农场提供低息或贴息贷款服务，推行出口信贷担保政策，降低家庭农场出口销售未能按期支付等风险（房加帅，2015）。

2. 澳大利亚财政支持家庭农场发展的主要做法

农业是澳大利亚五大支柱产业之一，农场是其最基本单位的农业经营单位。农场中的95%是家庭农场（含家族成员间合伙经营的农场），剩余5%的农场由合作经营农场和公司农场构成。就家庭农场生产特征而言，85%属于单一专业化生产型农场。截至2015年年初，澳大利亚农场数量不足12.8万个，尽管农场数量总体下降，但随着农场平均农地经营规模与作物面积的增加，生产效率和效益不断提升。澳大利亚国土面积的72%为国有，15%为私有，家庭农场的耕地大多来自租赁国有土地（丁琳琳，2016）。澳大利亚农业支持水平尽管低于世贸组织成员国平均水平，但其农业生产率却高出发达国家平均水平20%。澳大利亚政府财政支持家庭农场发展主要集中在财政补贴、税收优惠和金融扶持三个领域。

一是出台财政激励政策，鼓励弱质农场退出。20世纪70年代澳大利亚先后启动"农村重建计划"和"农村调整计划"，采取提供资助、贷款及福利等措施，鼓励没有生存能力的农场退出农业。20世纪90年代进一步通过修订农户援助系列法案调整资助额度，政府设置"农场主经营重新启动"项目，对资产规模小于9万澳元、打算退出农业的农场主给予相当于其一年收入的退出补贴（丁琳琳等，2015）。

二是给予具有一定生存能力和发展前景的农场资助和税收减免，帮助其调整债务、改善生产经营，增强其现金储备及抵御风险能力。如对征收农场主的所得税予以优惠。具体做法是鼓励农场主在丰收年将税前收入存入该计划，可用于抵消农场的商业贷款，即家庭农场主可享有80万澳元以内、为期12个月的存款税收优惠（夏春瑞等，2013）。亏损年份农场主需要提款时，其付税按取出金额及本年收入之和计算，以利于其调整盈亏减少税赋，提高农场经营的可持续性和抗风险能力。此外，财政政策还对农场主购置农机、柴油和售卖自产农产品免征销售税，减免农场新修水利设施的有关税款。为增加就业和扶持营业额200万澳元以内的小型家庭农场发展，澳大利亚政府对其实施新的减税政策。除上述措施外，澳大利亚政府还推行"平均税计划"，农场当年纳税额按前10年收入的平均数计算，如果年收入低于前10年平均数则按当年收入的一定比例纳税。另外，缩短家庭农场生产设备折旧年限，提高其折旧率以增强农场融资和竞争能力。

三是支持和引导金融服务主体为家庭农场提供"一揽子服务"。包括提供生产经营设备和农产品抵押贷款、财务管理、外汇与期权交易代理、自然灾害、人身意外和财产等风险管理服务。由于政府的优惠政策和"托底"角色，家庭农场大多通过银行、保险公司的相关业务便可获得良好的金融服务并实现风险控制（何向育等，2017）。

（二）农业资源禀赋一般国家财政支持家庭农场发展的经验借鉴

农业资源禀赋一般的国家相对较多，这其中家庭农场发展较好的典型代表是德国和法国，其趋同特征都是以土地私有制为基础的兼具规模与效率优势的中型家庭农场。无一例外，家庭农场从来都是这些国家农业组织的基石，其成长和发展得到了本国财政的大力支持，很多做法值得借鉴。

1. **德国财政支持家庭农场发展的主要做法**

中小型家庭农场是德国农业经济发展的支柱和基石。2014 年德国家庭农场数量为 28.68 万个，经营总面积 1672.48 万公顷，平均每户经营面积 58.3 公顷，其中，经营规模在 100 公顷以下（当地适度规模经营水平）的家庭农场数量有 25.14 万个，占比 87.66%。尽管中小型家庭农场数量众多，但其在经营面积上仍不及大型家庭农场，少数经营规模超过 100 公顷的家庭农场尽管只占家庭农场总数的 12.34%，但经营面积却占耕地总面积的 57.31%（袁梦等，2017）。

德国家庭农场平稳起步得益于《土地整理法》和《农业法》两部法律。1953 年德国联邦政府出台了《土地整理法》，法律规定每个州需设立土地整理审判委员会，负责审议和处理土地整理相关诉讼案件和纠纷，一定程度上解决了家庭农场发展用地过程中的有关纠纷，推动了德国农业用地的集中连片，为家庭农场规模扩张奠定了土地要素基础（徐会苹，2013）。20 世纪中期，德国颁布《农业法》，标志着土地私有在法律上得到承认，农户对自己土地享有所有权、使用权和处分权等权利，此外，又规定土地交易过程中农户必须遵守《土地交易法》，这极大激活了土地交易和租赁市场，促进了家庭农场规模扩张。

德国家庭农场发展过程中，政府财政扶持起到了不可忽视的作用。概括起来，主要集中在两大领域。

一是出台财政资金奖励和贷款政策。表现为：一方面，为鼓励土地等生产要素交易，对购买土地的农场提供政府低息贷款，对出售和出租土地的农民安排现金奖励并提供贷款支持。与此同时，德国政府还对不同规模家庭农场给予不同利率、不同期限的贷款支持。另一方面，为鼓励劳动力向农场转移，德国政府设立了种类多样的专项基金，如"改行奖金"，用于鼓励小农户转出农业行业，"提前退休奖金"，为鼓励农民提前退休，等等（马凯等，2016）。

二是实施可持续发展农业补贴政策。由于德国执行欧盟共同农业政策（CAP），补贴对象主要针对家庭农场和合作社。德国农业补贴政策经历了从"价格支持体系"到以"价格"和"直接补贴"为主的补贴机制，再到实行"单一家庭农场补贴支付机制"的演进过程。目前农业补贴核心是将农业补贴与生态环境保护、食品安全和动物福利挂钩，采取"先实施、后补贴"措施，只有家庭农场按照国家规定的要求从事经营，才能享受到相应补贴（袁梦等，2017）。

2. 法国财政支持家庭农场发展的主要做法

法国家庭农场规模以中小型为主，生产经营集约高效。全国家庭农场总量接近230万个，10公顷以下的有128万个，占农场总数的56%。经过多年发展耕耘，法国家庭农场专业化生产体系基本成型，按经营类别划分，大致有谷物农场、水果农场、蔬菜农场、畜牧农场等类型。其中，60%家庭农场从事谷物种植，11%家庭农场从事花卉栽培，8%家庭农场从事蔬菜经营，5%家庭农场从事养殖繁育，5%家庭农场从事水果种植，其他农场则采取多元化经营（何劲等，2014）。

法国家庭农场快速发展与成长得益于相关法律法规的制定和出台，其中最重要的是《农业指导法》。以该法为基础，法国政府制定了一系列法律和土地政策、信贷政策、价格政策、税收政策等，进一步规范家庭农场发展中的土地交易问题，保障土地交易的有效性，促进土地集中，推动中等规模家庭农场数量稳步增长（赵娴等，2017）。

法国政府财政支持家庭农场发展措施集中在三个方面：一是实施财政补贴政策。主要包括价格补贴和直接补贴。1992年法国农业改革前，补贴政策核心是对价格实行保护，改革之后，法国政府将由价格因素造成的损失直接补贴给农户，即从"价格补贴"转向"直接补贴"。此外，为鼓励老年家庭交易土地，法国政府出台了对其生活保障政策，规定当农民交易土地、放弃农业经营时，可获得政府给予的各项补贴（朱学新，2013）。二是开展农业信贷支持。政府对涉农资金实行低利率贷款政策，同时延长贷款期限，创新丰富农贷品种，扩大农贷规模，目标旨在为进一步提升家庭农场经营规模（丁忠民等，2016）。三是税收优惠。对所有农业经营实施"零农业税政策"（肖化柱等，2017）。

（三）农业资源禀赋贫瘠国家财政支持家庭农场发展的经验借鉴

农业资源禀赋贫瘠的国家不在少数，其中家庭农场发展较好地如丹麦、以色列、日本等国。这些国家虽然国土面积狭小、农业资源有限、农地规模总体较少，实践中三国同样探索出了符合本国特色的家庭农场发展之路。

1. 丹麦财政支持家庭农场发展的主要做法

尽管丹麦自然资源匮乏，但家庭农场发展令人羡慕，享有"农场主王国"的美誉。2015年，丹麦全国拥有家庭农场3.8万家，平均每个农场拥有土地70公顷，家庭农场生产的农产品远销世界170多个国家和地区（张红宇，2016）。

丹麦家庭农场迅速发展得益于金融机构的大力支持。丹麦农业抵押银行是由丹麦中央银行、丹麦农场主联合会、丹麦家庭农场协会和丹麦种植业者协会共同发起设立，农业抵押银行业务覆盖全国，主要针对农业、花卉和林业生产经营提供贷款。家庭农场所投入的资金中，75%—80%款项由农业信贷提供（杨大蓉，2014）。此外，丹麦还制订了一系列农业保险政策支持家庭农场发展，如设立大灾保险、止损再保险等专门农业保险，同时出台相应农业保险配套措施，损失补偿额度赔付高达140%（丁忠民等，2016）。

2. 以色列财政支持家庭农场发展的主要做法

以色列是典型的水资源和耕地资源严重匮乏的国家，但却创造了高达95%的农产品自给率，不仅如此，水果、蔬菜等果蔬还有大量出口。以色列的农业奇迹建立在家庭农场稳健发展基础之上，其家庭农场的成功则主要得益于政府的财政税收扶持政策。

以色列政府财政支持家庭农场发展的包括直接和间接扶持。直接扶持包括农业保险、生产要素购置和意外灾害补贴。如构建以商业银行为核心的农业金融体系，通过贷款及生产补助等形式向家庭农场提供资金支持（李燕凌，2013）。依据《农业投资鼓励法》，对家庭农场购置大型农用设备给予40%的资金补贴。联合保险公司和相关银行出售农业保险，一旦遭受灾害，农民可得到补偿或银行低息贷款，并可根据灾情大小获助一定救济款。此外，国家还承担国内农产品价格高于国外市场的出口风险补贴（盛立强，2014）。间接扶持包括农业垄断经营优惠税率。如对家庭农场从事农业项目，除所得税外都有优惠，销售税税率按0.5%征收，较其他行业低4%，用于发展农业的财产，可减免财产税税率等等（赵玉妹等，2017）。

3. 日本财政支持家庭农场发展的主要做法

日本由于人地矛盾突出，第二次世界大战后通过农地改革逐渐形成了以小规模家庭经营为主的"小农经济"格局。1950年，日本全国拥有农户593.1万，户均耕地面积0.87公顷，3/4农户耕地面积不足1公顷。随着20世纪60年代经济快速增长和工业化推进，日本农民兼业化、劳动力老龄化、农地抛荒现象日趋严重。为此，政府新颁了《农业基本法》，修改了《土地法》，废除了对农地规模持有量上限为3公顷的限制，鼓励出租和承租农地，对达到一定规模的农场主给予补贴，引导农场主扩大经营规模，鼓励小微型家庭农场转变成能够获得与非农所得相当收入的"适存农场"。这些法律政策的实施，产生了明显效果，仅2010—2014年，日本家庭经营数量由164.81万个下降至143.91万个，平均耕作面积由1.94公顷升至2.13公顷（蔺全录等，2016）。

日本政府财政扶持家庭农场发展的主要措施包括融资贷款政策、税收优惠政策、财政补贴政策、农产品价格支持与保护政策四大类（肖娥芳，2017）。如日本政府出台的"农业养老金制度"，通过对农地转出户给予税收优惠，扩大了家庭农场经营规模。此外，政府提出所有税收优惠和补贴政策向"合意的农业生产单位"（主要指向中等规模家庭农场）倾斜，进一步缩小农工收入差距。政府还陆续推出农业经营法人化、农业生产组织多样化等多种激励政策，缓解大规模家庭农场发展资金不足等问题。鼓励家庭农场实施产业结构调整并给予适当奖励和补贴，出台调整和完善农产品进出口贸易与保护政策等。

（四）小结与启示

纵览不同农业资源禀赋国家财政支持家庭农场发展的主要做法，不难发现，涉农补贴、信贷支持、保险服务、税收优惠是各国财政支持家庭农场发展的主要手段。

"涉农补贴"：既涉及对生产端"活要素"、土地等"固定要素"、各类生产性保险等的直接补贴，也包括基于项目工程的"以项代补"间接补贴；既涉及农场主退出、农场面积等"人""规模"的要素和特征方面补贴，还包含农产品价格等关乎收入的补贴。这是一个涉及家庭农场发展从"要素投入"到"平台机遇"、从"主体选择"到"收入保障"的全过程支持。对比国内，财政支持在保障家庭农场收入方面相对欠缺，仍需深入探索有效支持方式。

"信贷支持"：既有对要素购置品类上的倾斜，也有对贷款增加、手续减免方面的照顾；既有对利息优惠甚至延付，也有对还贷困难的减免甚至免责。内容上与国内各地实践大同小异。

"保险服务"：不仅包含对自然风险的尽可能穷尽，还有对市场风险的更多涉及；不但有险种增加、保费不变甚至下降的优惠，而且有偿付额度不断提高的支持。内容上与国内各地实践基本相同。

"税收优惠"：既有"固定要素"使用、购置的减少，也有"活要素"使用与购买、经营与业务拓展上的税款优惠，还有对所有经营实施零农业税的最大减免。内容上与国内各地实践大体一致。

四大手段实际使用中，各国往往根据自身情况交替使用、有的放矢。不同经济社会阶段、不同农业发展阶段，政策措施的使用与组合也不尽相同，其变化总体呈现"相容→不相容→调整→相容"的动态演进过程，并不断充实和完善，最终意在推动家庭农场平稳、有序发展。

七 财政支持家庭农场发展评价：沪市观察

财政支持家庭农场发展，不仅理论层面给出了肯定性答复和可供参考的政策选择，国外实践也积累了大量可供借鉴的经验。自2013年以来，随着各级政府对家庭农场的重视，家庭农场发展迎来"机遇期"，多地都将家庭农场视为重要的农业组织形式加以扶持，出台了以财政手段为核心和主要标志的系列政策，推动家庭农场成长，以期实现保障粮食等重要农产品供给安全、培育新型农业经营主体、发展农业适度规模经营等联合目标。这些财政手段对家庭农场发展有多大作用？哪些方面支持颇具成效？回答这一问题，关照现实应是最客观和最理性的判断。本部分将通过典型案例的解剖，以点带面、从局部到整体地审视财政支持家庭农场发展的政策绩效。

（一）家庭农场发展的"松江模式"梗概[①]

作为"中央1号文件"提出仅有4年的新型经营主体，家庭农场的出现与发展，无论在资格认定、发展路径，还是政策扶持、工具选择上，很

[①] 关于"松江模式"的报道很多，由于本研究主要聚焦于财政赤字手段，这里就不再重点介绍"松江模式"。

多地方的探索都是摸着石头过河，经历了由"理解文件→聚焦现实→参考借鉴→制定政策→落实行动"的过程。就全国而言，上海市松江区是我国家庭农场发展相对较早、成长相对提前、发展相对成熟且特色鲜明的重要发源地之一（赵鲲、赵海、杨凯波，2015），当地政府在培育家庭农场发展过程中，实施了一系列包括财政手段在内的政策措施，引导家庭农场发展由小到大、由弱到强。

松江是中国典型的江南水乡地区，家庭农场发展可追溯至2007年，当年"中央1号文件"中提出要通过培养新型农民来发展农业，怎样落实中央要求？松江区政府经反复调研论证，认为发展家庭农场、实行粮食专业化生产条件成熟，应该抓住这个时机发展家庭农场。松江区家庭农场以农户家庭为经营主体，主要依靠本地家庭劳动力（与全国其他地区不同，松江区一直坚持由本区户籍农民经营家庭农场的原则，这是"松江模式"的主要标志之一），实现生产规模化、专业化和集约化，大幅提高农业生产水平，有效调动农民种粮务农积极性，粮食经营收入成为农户家庭收入的主要来源（方志权等，2017）。

据2014年上海市农委统计显示，2007—2013年的7年间，全区家庭农场从597户增加到1267户，经营耕地面积从9.05万亩增加到15.2万亩，经营领域也由最初的粮食种植扩展到种养结合、粮菜搭配、机农一体，在促进粮食增产、农民增收、保护农田、改善生态等方面发挥着越来越重要的作用。历经7年发展历程，松江区逐渐形成了代表当地农业特色的"松江模式"（阚凯、杨光焰，2013）。十年来，松江区家庭农场在不断探索实践中提高，从规范发展到融合发展，取得了生产发展、农民增收、生态改善、农业可持续发展的显著成效，使家庭农场这一新型农业经营主体得以迅速推广。

（二）松江区财政支持家庭农场发展的主要措施

"松江模式"的成功，除区政府注重顶层设计和制度保障外，① 还与区政府的财政支持密不可分。当地政府主要通过"直接补贴""配套服务""财政贴息""构建农村社保"四大手段，构建起相对完整、合理有效、互为补充的财政扶持体系。

1. 实施直接补贴

一是实施以地方财政为主补贴政策。自2011年起，松江区政府整合

---

① 由于篇幅原因，这里不再单独拿出篇幅介绍顶层设计与制度保障。

中央、上海市、松江区三级政府补贴，向家庭农场提供高达 2607 万元的农业补贴，三级负担比例上，中央财政的占比 14%，剩余 86% 来自市区两级，其中 40% 来自上海市财政，46% 来自松江区财政（见表 7）。二是完善补贴方式。2008 年，为鼓励家庭农场的发展，区政府为流转（入）土地的家庭农场发放农地流转补贴，补贴额度为 200 元/亩（300 亩封顶）。2011 年，为进一步提升家庭农场经营效率，激励高水平农场主生产积极性，松江区创新扶持措施，对考核通过的经营者发放奖励。将原本直接 200 元/亩的土地流转补贴改为考核发放，即"100 元/亩直接发放 + 100 元考核发放"。通过建立 18 项指标的考核清单，对考核通过的经营者发放奖励。对 60 位考核优异者，松江区鼓励村集体经济组织与其延长经营期限 10 年。2013 年，补贴政策进一步调整为"结合生产要素价格和消费品价格浮动补贴"，与此同时，绿肥深翻补贴也做出了调整。这实际上更全面考虑了生产要素价格的变动，当种子、化肥、农药、农机服务等要素价格、保险服务提升时，农场主可以获得更多的补贴，接近于每亩按要素投入量实施补贴，突破了原 200 元/亩的"包干补贴"上限。从投入品角度看，补贴更有针对性，保障效力更充分，农场主也更放心，不必担心投入品价格风险。从财政效率看，当投入品要素价格下降时，原 200 元/亩的"包干补贴"可以进一步节省，有利于控制财政总体支出，节约出来的支出可以用在更需要支持的领域。

表 7　　　　　　　　上海市松江区家庭农场经营补贴类型

补贴大类	补贴种类	金额（元/亩）	补贴来源		
			中央财政（元/亩）	上海市财政（元/亩）	松江区财政（元/亩）
现金补贴	农资综合补贴	76	56	20	
	水稻种植补贴	150		80	70
	土地流转费用补贴	100			100
	家庭农场考核补贴	100			100
	绿肥种植补贴	200		150	50
保险补贴	水稻保险补贴	15		6	6
	二麦保险补贴	7.5		1.875	5.625

续表

补贴大类	补贴种类	金额（元/亩）	补贴来源		
			中央财政（元/亩）	上海市财政（元/亩）	松江区财政（元/亩）
物化补贴	药剂补贴	22.5		11	11.5
	常规稻良种补贴	16		16	
	杂交稻良种补贴	25		25	
	二麦种子补贴	35		20	15
	绿肥种子补贴	实物形式			约20
合计	12项补贴	约767	56	329.875	378.125

数据来源：根据松江农业网整理而得，http://sj.shac.gov.cn/jtnc/。

2. 开展配套服务

区政府围绕家庭农场生产服务需求，不断充实和完善农业服务体系。一是以低于市场价统一供应高于市场平均质量的良种。种子是粮食高产的核心，为提升农场产量，切实减轻农场主购种负担、提升购种质量，2008年，区农委建立了粮食种子繁育供应基地，实行水稻良种区级统一供应、规定低于市场优质良种的售价，此举实现了全区良种覆盖率100%。二是补贴开展低价农机服务。为降低粮食经营农机服务购买成本，2008年以来，区农委通过整合涉农补贴，陆续组建起农机专业合作社30家，实现水稻生产全程机械化，逐步实行"大农机专业化＋小农机家庭化"农机服务模式，农机服务价格普遍低于市场价格。三是提供低价便利农资服务。为更好打通农资供应最后一公里问题，捋顺农资供应渠道，区农委依托财政资金先后资助成立农资超市门店15家，实行农药统一到村送户服务，售价要求低于市场价格，农药价格上涨时，区财政按实际缺口给予补贴。四是提供烘干仓储服务。水稻烘干是关系农场主收成阶段重要的事情，2008年前，很多农户收割水稻往往因为未能晒干，损失较大。为应对这一问题，区农委利用专项资金，为农场主提供中大型粮食烘干设施，烘干用电执行农业生产用电价格，粮食烘干价格低于市场价格20%，同时要求区农委、银联、气象站等部门加强农技指导、农业金融和气象等方面服务。

3. 提供财政贴息

一是自2008年开始，松江区每年财政贴息2000万元鼓励银行向农场经营者贷款。如2008年，上海市农商行推出无抵押农户小额贷款，农户最高可贷款 8 万元，全区 100 多农户申请贷款，部分银行还专门设立"家庭农场小额信用贷款"。二是成立贷款担保基金，由区政府给予贷款贴息，为农民提供优惠贷款保险。自 2008 年开始，每年松江区农委都向银行推荐名单，经营状况、信用记录均良好的家庭即可获得无担保贷款资格。

4. 推行农村社保助理农户退地

家庭农场发展有赖于土地的归集与规模流转。为更好推动土地流转，区政府对自愿退出土地承包经营权的老年农民，自 2008 年 8 月起，可以享受每月 150 元的退养补助金。截至 2012 年，已超过 3 万农户领取了退养补助金。达到退休年龄后，退包土地的农民养老金水平可达每月 590 元，该水平参照上海市民最低收入保障浮动，所有资金全部由区、镇两级财政承担安排。

（三）松江区财政支持家庭农场绩效评价

围绕家庭农场，松江区建立起一系列制度框架和政策体系，较好地激励了家庭农场发展，松江区由此也成为中国家庭农场发展的"样本"。应该说，取得这样的成绩，离不开顶层设计和"政府规制"，更离不开农场主配合与政府不断"纠错"和政策调整，这其中财政手段起到了不可忽视的巨大作用。

本研究仅聚焦于财政支持家庭农场发展研究，松江区家庭农场发展取得瞩目成绩，从政策手段端很难说清楚哪些政策绩效主要源于制度建设，哪些得益于财政支持，哪些又出自政策组合。任何政策手段都不是孤立的，而需相互配合，才不至于"事倍功半"。因此，将政策绩效完全抽丝剥茧出由制度建设或者财政支持，再或者其他手段贡献，显然是困难的。但因此也不能"因噎废食"，对政策手段不予置评。这背离了政策评价的基本原则。较为合理可行的办法是仅对成效主要来自财政手段直接作用部分进行分析，以期达到既能聚焦政策绩效，又能找到政策痕迹与其因果关系。

1. 财政支持土地流转实现了完善承包地"三权"分置制度的"现身说法"

围绕松江家庭农场发展，一个不容争辩的事实就是，家庭农场发展很好实现了农村土地所有权、承包权和经营权"三权分置"。这其中，土地流转费用补贴（补贴额度为 200 元/亩，300 亩封顶）和财政为退地农户负担农村社保起到了关键性作用。正是早期土地流转费用补贴的正激励，为家庭农场规模形成夯实了原始积累。而安排社保让老年农户放心退地，解决了家庭农场发展所需要土地归集的最后一公里，基本实现了全域耕地的完全归集。

土地所有权属于村集体经济组织，便于根据本村实际制定家庭农场户数和规模经营者条件，统一操作土地流入转出、租金交付，有利于实现守土有责、保护耕田、优化土地资源配置、决定土地流向。土地承包权属于农户，通过土地流转获得稳定的流转费收益，实现离土离乡不离利益，同时也能保障其知情权，参与所有的决策表决过程。土地经营权属于家庭农场主，按照合同期内经营土地，安心从事农业生产，有利于经营者稳定队伍、提高素质。正是在"三权分置"理念的指导下，目前松江农民土地承包合同签订率达到100%，权证发放率达到100%。流转的土地，具备条件的全部通过统一委托流转，确保流转规范有序，保障了农民土地承包经营权益不受损害。据上海市农委统计，截至2017年年底，松江有家庭农场966户，经营面积14万亩，占全区粮田面积的95%，其中机农一体农场606个，占62.7%（方志权等，2017）。在松江家庭农场的示范带动下，上海其他各区也推广了家庭农场经营模式，全市共发展各类家庭农场超过4200户，经济、社会、生态效益显著。

2. 实现财政完善农业支持保护，培育新型农业经营主体，发展农业适度规模经营的"江村样本"

松江是典型的江村农区。通过发展家庭农场，松江改变了土地一家一户分散经营的方式，特别是财政手段支持和激励下，将土地、劳动力、农机等生产要素适当集中，实现适度规模经营，有利于现有生产条件下劳动力与耕种面积的合理配置，也有利于良种、栽培和防治等农业新技术的推广应用。自2013年起，松江重点推动发展机农结合家庭农场，实行"小机家庭化＋大机互助化"的农机作业方式，使全区粮食生产的机械化率从74.6%提高到96%。家庭农场的发展，使松江实现了现有生产条件下劳动力与耕地面积的合理配置，农户数量从2007年的4900家调整到目前的962家（方志权等，2017），大大提高了劳动生产率，使农民从兼业状态变为职业农民，推进了粮食生产的专业化进程。

3. 实现了产业兴旺、生活富裕与造就一支"一懂两爱"三农工作队伍深度融合的制度创设与财政支农"经典案例"

松江家庭农场发展十年来，制度供给和财政支持无时无刻不在发挥效力。制度供给既是长期的，但也需要财政持续不断地供给支持。十年的发展既见证了新型农业经营主体培育制度从无到有，更见了财政支持政策从零散组合到系统成章。家庭农场经营收入从刚开始户均 4.6 万元提高到目前的 12.2 万元，亩均净收入从 460 元持续提高到 973 元。根据上海市农委测算，按一个家庭农场两个劳动力计算，机农结合和种养结合家庭农场户均收入普遍超过 30 万元，农民拥有"体面的收入"，过上"体面的生活"，使农业成为"体面的职业"。经测算，在松江，家庭农场经营者人均可支配收入 5.3 万元，是全市农民人均可支配收入的 2.1 倍。在松江，家庭农场的实践使农民看到了种田的前景和希望，许多青壮年农民和一些受过高等教育的年轻人纷纷加入，成为新生代职业农民。据统计，目前 966 户家庭农场中，有 54 户经营者是"农二代"，未来这一趋势将成为松江家庭农场发展的常态。

4. 实现了生态宜居、乡风文明、治理有效基础上的乡村生态环境振兴

对长期和规模流转土地的农场主实施财政补贴，不仅保障了家庭农场的适度规模经营，而且一定程度上杜绝了过去因为土地租期短，农户不规范种植、掠夺性生产的问题，对保护基本农田作用明显，有效促进了农业生态环境的改善。特别是通过使用财政补贴低价统一供应的高质量良种，既减少了化肥施用量，又提升了农户"减肥提质"意识，还促进了种养结合型家庭农场发展和秸秆还田，不但降低了氮肥土壤存量，而且实现了农业生产的生态循环。更为重要的是，农场主生态环保意识的提高，根本杜绝了曾经因为劝阻过量施肥、防范秸秆焚烧引发的干群矛盾，有利于实现生态宜居、乡风文明、治理有效基础上的乡村生态环境振兴。

（四）关于松江财政支持家庭农场发展的启示与思考

"松江模式"家庭农场的成功发展为我们带来了很多宝贵经验。除制度建设、政府规制、顶层设计外，财政支持手段方面，主要有三点启示：一是在家庭农场发展初期，离不开政府各方面的支持，特别是财政方面的大力扶持。二是发展家庭农场，需要在财政支持体系下构筑从土地流转归集到要素投入保障，从融资便利到保险支持的全程社会化服务支撑。三是要构建起充足财政支撑的农村社保制度供给。当前，中国各地家庭农场蓬勃发展，松江财政支持家庭农场发展实践不仅是制度建设的"政策样本"，更是财政支持的"经典案例"，需要各地结合自身实际参考借鉴。

应该看到，松江财政支持家庭农场成功发展背后，两个问题值得

思考。

一是模式有其地域特殊性，多大程度上值得其他地区学习借鉴？松江模式的产生有其地域特性，如中国最发达城市（直辖市）的郊区、适宜机械化经营的平原地况、一系列的制度建设与强有力的财政支持等，这些特殊性使得务农根本不存在被边缘化。当地政府为培育新型农业经营主体、稳定粮食生产、发展现代农业，也是出于保护农业农村生态（水稻本身就属于湿地），探索以家庭农场为代表的新型农业经营主体培育，一系列补贴和项目更多眷顾于此。家庭农场可以享受到上海市和松江区各类补贴，如此大的补贴使得家庭农场发展对盈利压力贡献的政策价值到底有多大？水稻亩均收益主要源于家庭农场经营还是财政的巨大支持？

二是模式能否完整诠释中央提出的"构建以农户家庭经营为基础、合作与联合为纽带、社会化服务为支撑的立体式复合型现代农业经营体系"？在重点发展家庭农场单一农业组织形态倾斜下，松江家庭农场得到了快速发展，相关社会化服务政府财政支持力度大，但一定程度上对包括农业社会化服务组织在内的其他农业组织发展形成"挤出效应"。模式更多展现了"以农户家庭经营为基础""以社会化服务为支撑"等典型特征，但并未诠释"以合作与联合为纽带"这一内涵，模式能否完整诠释中央所提倡的"构建以农户家庭经营为基础、合作与联合为纽带、社会化服务为支撑的立体式复合型现代农业经营体系"值得思考。

受限于调研局限，本部分仅以松江区为样本，试图以点带面、从局部到整体评述财政支持家庭农场发展政策绩效及相关问题。客观说，一个地区的案例不足以全面、客观评价财政支持家庭农场发展政策绩效。对财政手段的政策效应评估有赖于更多的样本、更为全面的数据支撑。从这个意义上，对松江样本的评述不可避免地有"管中窥豹、可见一斑"的嫌疑，但"麻雀缩小、五脏俱全"，对松江模式的解剖，虽然全面性上有失偏颇，但具体性上更为典型。下一步，课题组将继续挖掘更多案例，以期对财政支持家庭农场发展政策绩效评述作出全面、客观和深入的评价。

八 主要结论与对策建议

财政支持家庭农场，既是一个新问题，也是一个老话题。言其新，这是因为家庭农场在中国出现时间的不长，对其发展的支持还在不断地探索、纠错和完善中，这其中财政手段的实践更是从无到有、从单一到系统；说其老，这是因为对家庭农场发展的支持，特别是借助财政手段，与其他主体有着相似的判断和趋同的实践。本研究基于家庭农场发展大背景，从"为什么农业及其经营主体发展需要政府支持"这个大问题出发，聚焦到理论辨析"凭什么财政支持家庭农场"，然后从"家庭农场发展主要制约因素"这个现实需要，补充了无论是理论层面、还是现实层面都需要财政支持家庭农场发展和怎样支持，进一步梳理了国内外支持家庭农场发展的具体实践，最后聚焦到典型样本，剖析了财政支持家庭农场发展的政策绩效。六个部分的分析遵循"理论→现实→实践→评述"的研究思路。通过上述分析，得到一些粗浅结论。

（一）主要结论

1. 小主体与大贡献之间、小角色与大民生之间亟需政府着力扶持

作为从事弱质性产业的新型农业经营主体重要代表，家庭农场生产经营不仅面临不可预期的自然风险，而且承受较为复杂的市场风险，但生产经营却带有显著的"正外部性"。经营过程的"困难多""付出大"与经营结果的"影响好""贡献大"形成鲜明反差，亟需政府着力扶持。

2. 作用的不可或缺和角色的不可替代亟需以财政手段为主导的支持政策

克服农业生产"委托—代理"难题的最终办法是让具有"剩余索取权"和"剩余控制权"的家庭农场从事农业生产。该优势使得家庭农场持久成为全球多数国家农业组织形式的终选。保障国家粮食安全、构建新型农业经营体系、振兴乡村离不开最具内生优势、最有生产效率、最贴合乡村实情、最能衔接小农户的家庭经营基础之上的家庭农场。"多种优势"在"多变环境""多重任务"背景下，家庭农场不仅应该成为承担起实现中国农业农村现代化的核心农业组织，而且有能力负担起新时代党和国家交予的历史责任，需要财政支持家庭农场发展。

3. 财政支持应主要围绕技术采纳、基础设施建设等不有损社会福利的环节发力，而非过度依赖产出补贴和投入品补贴

为解决要素投入、基础设施配套、投融资困境等生存压力问题，财政支持会涉及家庭农场生产经营的每个环节，但某些环节的支持效应存在损失，如产出补贴（价格支持政策）和投入品补贴因可能降低全社会福利，还可能诱致新问题，因而政策效应减半。相反，围绕技术采纳和基础设施建设等的财政支持却能在使家庭农场发展受益同时，尽可能不损害全社会福利，维护政策效应的帕累托最优，这可能应是未来财政支持家庭农场发展的发力环节。

4. 国内实践既涉及要素集聚中主体、物资和项目的奖补，又涉及服务生产经营端主体、产品和税收的补贴，还涉及善意经营行为的嘉奖

财政支持家庭农场国内实践，不仅有针对要素集聚过程中相关当事人、物资和项目的奖补（资金支持、涉农补贴和项目配套），而且有对服务生产和经营环节涉事主体、产品和税收的补贴（信贷支持、保险服务、税收优惠），还有对农场主进取和绿色生产行为、银行和保险机构配合政策的回报。从各地实践看，总体内容是相互借鉴的，政策目标是大体趋同的，具体手段是差别各异，但对政策工具间是否具有传导性和替代性、各类政策工具效力的比较与筛选欠缺设计。

5. 国际经验在保障家庭农场收入和服务生产经营端主体、产品和税收的支持政策值得国内借鉴

相比国内，国际经验在两方面值得国内借鉴改进：一是在要素积累方面更注重对家庭农场最终收益的保障，这方面国内很多是空白；二是在服务生产和经营环节涉事主体、产品和税收的补贴也更为具体。

6. 要构筑从土地流转归集到要素投入保障，从融资便利到保险支持，从建立制度到解决民生的全程财政保障体系

（二）思考与建议

结合理论分析、国外财政支持家庭农场发展经验、地方典型实践和当前家庭农场发展特点，课题组认为财政支持家庭农场发展应从以下三方面重点开展。

1. 提升财政支持家庭农场发展绩效

家庭农场作为一种新型农业经营主体，其经营方式与传统农业并不完全相同，它更加注重财政投入的产出效率和规模效应，因此需要建立一套有效的绩效测评和管理体系。为保障财政支持"家庭农场"的有效性、调动广大农场主的积极性、推动农业的现代化水平，需要采取两方面措施：一是根据家庭农场生命周期发展规律，给予相应的政策和资金支持。科学研判家庭农场发展的萌生期、发展期和成熟期，对处于不同周期阶段的家庭农场给予与其特点相适应的财政支持。二是建立家庭农场信息服务管理平台，加强动态管理。要建立服务家庭农场发展"三大系统"：政府信息传达系统、农场信息反馈系统和财政绩效测评系统。财政部门把三大系统监测的结果作为扶持家庭农场发展的参考依据，使相关部门有针对性地为家庭农场提供财政支持。

2. 明确财政支持家庭农场发展重点

应着重从两个方面入手：一是要强化家庭农场认定机制建设。各省（市、区）农业农村部门和工商部门应在原农业部《关于促进家庭农场发展的指导意见》（农经发〔2014〕1号）总方针下，因地制宜地制定具体的政策措施，建立起动态的准入、退出和激励机制。二是要支持家庭农场的基础设施、新技术使用推广和其他重点环节建设。建议地方农业农村相关部门出台专项政策，重点支持家庭农场烘干、冷藏、物流、农机购置等环节，相关设备由财政统一投入安排。农业农村部门可采取"以奖代补"方式鼓励家庭农场主购置农用机械设备，着力提高农业生产效率；完善以水、电、路、渠为主的农村基础设施建设体系。三是要重点培育示范型家庭农场，发挥以点带面作用。四是要健全家庭农场社会服务体系。建立健全公益性与经营性互融互通的农业社会化服务体系，拓展服务领域和内容。逐步完善科技、金融、市场、信息咨询、土地中介等方面的服务功能。

3. 创新财政支持家庭农场发展方式

可以从两个方面入手：一是跟踪支持家庭农场发展的新模式。财政支持向示范家庭农场倾斜同时，也应支持新模式农场发展，对达到一定标准并具有示范辐射带动作用的新模式家庭农场应给予相应补贴和奖励，提高农场主经营积极性。二是推进家庭农场与其他主体共同构建以农户家庭经营为基础、合作与联合为纽带、社会化服务为支撑的立体式复合型现代农业经营体系。

参考文献

［1］Graeub, Benjamin E. M, Jahi Chappell et al., "The State of Family Farms in the World", *World Development*, 2016, (11): 1 – 15.

［2］Brookfield, Harold, "Family. Farms Are Still Around: Time to Invert the Old Agrarian Question", *Geography Compass*, 2008, 2 (1): 108 – 126.

［3］张红宇、杨凯波：《我国家庭农场的功能定位与发展方向》，《开放时代》2017年第10期。

［4］张红宇：《家庭农场是我国农户经济发展的基本方向》，《农村工作通讯》2018年第4期。

［5］黄宗智：《"家庭农场"是中国农业的发展出路吗?》，《开放时代》2014年第3期。

［6］赵鲲、罗鹏、吴江：《家庭农场发展的几点思考与体会——基于对安徽宿州两户家庭农场的实地调研》，《农村经营管理》2014年第12期。

［7］赵鲲、吴晓佳、杨凯波等：《创新发展中的家庭农场》，《农村工作通讯》2017年第2期。

［8］吴晓佳：《从典型案例看现代农业经营体系构成》，《农村经营管理》2013年第11期。

［9］杜志雄、肖卫东：《家庭农场发展的实际状态与政策支持：观照国际经验》，《改革》2014年第6期。

［10］高帆：《中国农业弱质性的依据、内涵和改变途径》，《云南社会科学》2006年第3期。

［11］朱启臻：《农业特性的社会学思考》，《中国农业大学学报》（社会科学版）2008年第3期。

［12］秦颖：《论公共产品的本质》，《经济学家》2006年第3期。

［13］Valentionv, Vladislav, "Why Are Cooperatives Important in Aggriculture? An Organization Economic Perspective", *Journal of Institutional Economics*, 2007, 3 (1): 55 - 69.

［14］周其仁：《家庭经营的再发现—论联产承包制引起的农业经营组织形式的变革》，《中国社会科学》1985年第2期。

［15］Timmer, C. Peter, *The Agricultural Transformation*, Elsevier Science Publishers, 1988.

［16］H. 孟德拉斯：《农民的终结》，李培林译，社会科学文献出版社2010年版。

［17］美国农业效率委员会等：《美国农业生产的效率》，徐绪堃、关桂悟等译，农业出版社1981年版。

［18］Bernstein, Henry, "The Peasantry in Global Capitalism: Who, Where and Why", *Socialist Register*, 2001, (37): 25 - 51.

[19] 韩朝华：《个体农户和农业规模化经营：家庭农场理论评述》，《经济研究》2017年第7期。

[20] Milgrom, Paul, John Robert, *Economic, Organization and Management*, Prentice-Hall International, 1992.

[21] 尤小文：《农户：一个概念的探讨》，《中国农村观察》1999年第5期。

[22] 孙新华：《农业经营主体：类型比较与路径选择——以全员生产效率为中心》，《经济与管理研究》2013年第12期。

[23] 罗必良等：《农业经营制度：制度底线、性质辨识与创新空间——基于"农村家庭经营制度研讨会"的思考》，《农业经济问题》2014年第1期。

[24] 张红宇：《中国农村的土地制度变迁》，中国农业出版社2002年版。

[25] 林毅夫：《制度、技术与中国农业的发展》，格致出版社2008年版。

[26] 郑景骥：《不可否定农业的家庭经营》，《财经科学》2001年第1期。

[27] 黄少安等：《再论中国土地产权制度对农业经济增长的影响：对1950—1962年中国大陆农业生产效率的实证分析［C］. 厦门：2005年财政政策、货币政策与经济增长国际学术研讨会，2005.

[28] 吴方玉等：《中国农业的增长与效率》，上海财经大学出版社2000年版。

[29] 乔瓦尼·费德里科：《养活世界——农业经济史1800—2000》，中国农业大学出版社2011年版。

[30] 傅晨：《聚集：中国农村改革热点和重大问题研究》，山西经济出版社2001年版。

[31] 焦必方：《战后日本农村发展研究》，上海财经大学出版社1999年版。

[32] L. 道欧等：《荷兰农业的勃兴——农业发展的背景和前景》，中国农业科学技术出版社2003年版。

[33] 牛若峰等：《农业产业化经营的组织方式和运行机制》，北京大

学出版社 2001 年版。

　　[34] 杨素群：《中国农业现代化重大关系研究》，中国人民公安大学出版社 2002 年版。

　　[35] 洪远朋：《合作经济的理论与实践》，复旦大学出版社 1996 年版。

　　[36] 徐更生、刘开铭：《国外农村合作经济》，经济科学出版社 1986 年版。

　　[37] 张晓山：《创新农业基本经营制度发展现代农业》，《农业经济问题》2006 年第 8 期。

　　[38] 杨名远：《农业家庭经营制度：成本、效率、创新》，《华中农业大学学报》（社会科学版）1999 年第 1 期。

　　[39] 朱启臻、胡鹏辉、许汉泽：《论家庭农场：优势、条件与规模》，《农业经济问题》2014 年第 7 期。

　　[40] 宋圭武：《对小农问题的若干思考》，《农业经济问题》1999 年第 12 期。

　　[41] 谭洪江：《我国农业制度变革的根源与思路》，《农业经济问题》2000 年第 7 期。

　　[42] 罗必良：《农地经营规模的效率决定》，《中国农村观察》2000 年第 5 期。

　　[43] 卜范达等：《农户经营内涵的探析》，《当代经济研究》2003 年第 9 期。

　　[44] 厉以宁：《论城乡二元体制改革》，《北京大学学报》（哲学社会科学版）2008 年第 2 期。

　　[45] 罗伊·普罗斯特曼等：《中国农业的规模经营：政策适当吗？》，《中国农村观察》1996 年第 6 期。

　　[46] 罗必良：《土地制度：农村发展的深层问题——中国农村发展问题若干思考之四》，《农经理论研究》1991 年第 6 期。

　　[47] 梁振华等：《关于农业经营规模问题的观点综述》，《农业经济问题》1988 年第 3 期。

　　[48] 陈健：《规模经济质疑》，《农村经济文稿》1987 年第 12 期。

　　[49] 史正富：《农户经济规模的效果和动因》，北京大学出版社 1993

年版。

［50］万广华等：《规模经济、土地细碎化与我国的粮食生产》，《中国农村观察》1996年第3期。

［51］陈华山：《当代美国农业经济研究》，武汉大学出版社1996年版。

［52］黄祖辉：《必须坚持农业家庭经营》，《中国合作经济》2014年第4期。

［53］金和辉等：《关于土地生产率与土地经营规模的实证分析》，《农村经济文稿》1989年第2期。

［54］任治君：《中国农业规模经营的制约》，《经济研究》1995年第6期。

［55］许经勇：《论稳定土地承包制与启动土地承包经营权流转》，《财经研究》2002年第1期。

［56］孙自铎：《农业必须走适度规模经营之路——兼与罗必良同志商榷》，《农业经济问题》2001年第2期。

［57］朱信凯：《农村家庭经营适合我国国情》，《人民日报》2011年4月1日第7版。

［58］陈锡文：《关于家庭经营与集体经济的几个理论问题》，《党校论坛》1992年第3期。

［59］陈锡文等：《关于农业规模经营问题》，《农村工作通讯》2002年第7期。

［60］任大鹏：《农地家庭经营的价值和法律保护》，《农村经济》2013年第5期。

［61］冯海发：《对我国农业补贴的理论思考》，《中国农村经济》1996年第6期。

［62］方松海等：《成本快速上升背景下的农业补贴政策研究》，《管理世界》2009年第9期。

［63］Cochrane W., *Farm price: Myth and Reality*, Minneapolios: University of Minnesota Press, 1958.

［64］穆月英：《农作技术补贴的理论与实践》，中国农业出版社2011年版。

[65] Morrison C. J. , "Schwartz A. E. State Infrastructure and Productive Performance", *The American Economic Review*, 1996, 86 (5): 1095 – 1111.

[66] 曾福生等:《农业基础设施对粮食生产的成本节约效应估算——基于似无相关回归方法》,《中国农村经济》2015 年第 6 期。

[67] 丁忠民、雷俐、刘洋:《发达国家家庭农场发展模式比较与借鉴》,《西部论坛》2016 年第 2 期。

[68] 孟莉娟:《美国、日本、韩国家庭农场发展经验与启示》,《世界农业》2015 年第 12 期。

[69] 房加帅:《美国家庭农场的政策支持体系及经验借鉴》,《改革与战略》2015 年第 11 期。

[70] 张红宇、寇广增、李琳等:《我国普通农户的未来方向——美国家庭农场考察情况与启示》,《农村工作通讯》2017 年第 9 期。

[71] 吴晓佳:《相关国家(地区)农地权利配置安排对我国"三权分置"制度设计的借鉴经验(上)》,《农村经营管理》2017 年第 10 期。

[72] 吴晓佳:《相关国家(地区)农地权利配置安排对我国"三权分置"制度设计的借鉴经验(下)》,《农村经营管理》2017 年第 11 期。

[73] 丁琳琳、刘文勇:《澳大利亚家庭农场:经营特征与发展实践》,《农业经济》2016 年第 2 期。

[74] 丁琳琳、刘文勇、王大庆:《澳大利亚发展家庭农场的制度》,《世界农业》2015 年第 12 期。

[75] 夏春瑞、王晓瑾等:《国外家庭农场税收扶持政策对我国农业发展的启示》,《湖南农机》2013 年第 11 期。

[76] 何向育、何忠伟等:《澳大利亚金融支持奶业发展的经验借鉴》,《世界农业》2017 年第 8 期。

[77] 袁梦、陈章全:《德国家庭农场经营特征与制度实践:耕地可持续利用视角》,《世界农业》2017 年第 11 期。

[78] 徐会苹:《德国家庭农场发展对中国发展家庭农场的启示》,《河南师范大学学报》(哲学社会科学版) 2013 年第 4 期。

[79] 马凯、赵海:《德国扶持农业经营主体的措施及启示》,《农业工程技术》(综合版) 2016 年第 4 期。

[80] 何劲、熊学萍、宋金田:《国外家庭农场模式比较与我国发展路

径选择》,《经济纵横》2014年第8期。

[81] 赵娴、刘佳、吕泓成:《法国家庭农场经营特征、发展经验及启示》,《世界农业》2017年第11期。

[82] 朱学新:《法国家庭农场的发展经验及其对我国的启示》,《农村经济》2013年第11期。

[83] 肖化柱:《美法日家庭农场制度创新的特点及对我国的启示》,《齐齐哈尔学学学报》(哲学社会科学版)2017年第6期。

[84] 张红宇:《在变革中发展的欧洲家庭农场与合作社——瑞典、丹麦农业考察报告》,《世界农业》2016年第10期。

[85] 杨大蓉:《基于国外经验的江苏省家庭农场发展策略研究》,《世界农业》2014年第1期。

[86] 李燕凌、张远:《以色列推广体系的特色及其经验借鉴》,《湖南农业大学学报》(社科版)2013年第6期。

[81] 盛立强:《以色列现代农业发展中的政府支持》,《合作经济与科技》2014年第6期。

[88] 赵玉妹、焦源、高强等:《国外农业供给侧改革的经验与借鉴》,《江苏农业科学》2017年第19期。

[89] 蔺全录、包慧玲、王馨雅:《美国、德国和日本发展家庭农场的经验及对中国的启示》,《世界农业》2016年第11期。

[90] 肖娥芳:《家庭农场发展:形成机理、影响因素及路径趋势》,中农业大学,2017年。

[91] 赵鲲、赵海、杨凯波:《上海市松江区发展家庭农场的实践与启示》,《农业经济问题》2015年第2期。

[92] 方志权、张晨、楼建丽等:《上海松江家庭农场十年发展跟踪研究》,《科学发展》2017年第11期。

[93] 阚凯、杨光焰等:《财政支持家庭农场绩效评估——以上海市松江区家庭农场为例》,《经济视角》2017年第11期。

[94] 赵鲲、杨凯波:《从平均承包经营制到平均承包竞争经营制——对上海市松江区培育家庭农场的制度分析》,《农村经营管理》2015年第9期。

家庭农场联合与合作相关问题研究

穆向丽

一　当前中国家庭农场的发展态势

（一）家庭农场发展迅速

近年来，中国的家庭农场发展迅速，实力不断增强，收益水平稳步增加。截至 2016 年年底，纳入县级以上农业部门名录管理的家庭农场数量达到 44.5 万个。2017 年 9 月 13 日，经济日报社中国经济趋势研究院新型农业经营主体调研组发布《新型农业经营主体发展指数调查（五期）报告》中显示，2015 年新型农业经营主体销售净利润率的加权平均值为 49%。2016 年，各类家庭农场年销售农产品总值 1481.9 亿元，平均每个家庭农场 33.3 万元。其中，总值在 10 万元以下的家庭农场 15.4 万个，占家庭农场总数的 34.6%；10 万—50 万元的占 44.5%；50 万—100 万元的占 14.4%；100 万元以上的占 6.5%。各类家庭农场购买农业生产投入品总值 660.2 亿元，平均每个家庭农场 14.8 万元。如果忽略投入品中农业机械等固定资产的折旧因素以及土地流转租金和人工成本，平均每个家庭农场毛收益约 18.5 万元。家庭农场平均经营土地面积从 2015 年的 151.5 亩增加到 2016 年的 215.1 亩，扩大了 63.6 亩。其中，大型家庭农场增速最快，比总体增速快 9 个百分点。各类家庭农场经营耕地 5675.0 万亩，平均每个家庭农场（主要来自种植业家庭农场和种养结合类家庭农场）经营耕地在 175 亩左右。从事粮食生产的家庭农场，耕地经营规模在 50—200 亩的占 63.2%，200—500 亩的占 27.5%，500—1000 亩的占 6.8%，1000 亩以上的占 2.5%。从经营耕地的来源看，家庭承包经营的耕地面积 1288.9 万亩，占 22.7%，比 2015 年增长 2.3 个百分点；流转经营的耕地面积 4014.9 万亩，占 70.8%，以其他承包方式经营的耕地面积 371.2 万亩，占6.5%。

（二）家庭农场发展态势良好

2016年，获得财政资金扶持的家庭农场有2.9万个，比2015年增加6604个，占家庭农场总数的6.59%，占比与2015年持平，主要集中在上海、江苏、浙江、重庆、安徽等省市。扶持资金总额15.5亿元，其中，由省级扶持的占48.2%，市级占13.8%，县级占38.0%，平均每个享受财政扶持的家庭农场获得扶持资金5.7万元。获得贷款支持的家庭农场有2.9万个，比2015年增加8924个，占家庭农场总数的6.5%，比2015年增长0.6个百分点，主要集中在浙江、安徽、江苏、湖北等省市。其中，贷款金额在20万元及以下的家庭农场有1.9万个，约占65.1%。贷款扶持资金总额45.6亿元，平均每个获得贷款支持的家庭农场获得贷款资金15.7万元。

从世界各国农业发展实践看，家庭农场始终是最主要的农业经营方式。全球约5.7亿的农场（farm）中，90%以上，约5亿多是以家庭经营为主的家庭农场（family farm）。但目前为止，对家庭农场还没有统一的概念定义。联合国粮农组织定义家庭农场为主要由家庭劳动力管理经营农业、林业、渔业、畜牧业生产的农业经营方式。家庭和农场结合为家庭农场，融入了经济、环境、社会和文化功能（FAO，2013）。美国20世纪70年代初提出家庭农场的三条标准：一是由家庭成员经营管理，二是家庭承担风险，三是家庭必须提供本农场一半以上劳动力。认定为家庭农场才能享受政府优惠政策。美国农业部经济研究局定义家庭农场为主要经营者有血缘或婚姻关系、拥有一半以上农场经营业务的农场（James，2013）。2013年中央1号文件中，把家庭农场同专业大户、农民合作社一起界定为新型生产经营主体，并先后从农业补贴倾斜、土地流转优先、职业培训保障等方面4次提及扶持家庭农场发展。原农业部在《关于促进家庭农场发展的指导意见》（农经发〔2014〕1号）中指出，现阶段，家庭农场经营者主要是农民或其他长期从事农业生产的人员，主要依靠家庭成员而不是依靠雇工从事生产经营活动。家庭农场专门从事农业，主要进行种养业专业化生产，经营者大都接受过农业教育或技能培训，经营管理水平较高，示范带动能力较强，具有商品农产品生产能力。可以发现，根据原农业部的定义，家庭农场是指以家庭成员为主要劳动力，从事农业规模化、集约化、商品化生产经营，并以农业收入为家庭主要收入来源的新型农业经营主体。该定义从组织主体、经营领域、经营规模三个要素进行了界定，但缺少对组织方式和市场参与等要素的清楚界定，使家庭农场较难区别于种养大户。为此，我们将家庭农场从组织主体、组织方式、经营领域、经营规模与市场参与等几方面要素进行特征分析和概念界定，将家庭农场定义为：家庭农场是指具有独立市场决策行为能力的家庭，以农业规模化生产为基础，通过发挥农业多功能性（三生一服：生产、生活、生态和服务）获取经济收入的企业化组织。如此界定家庭农场的目的在于：一是明确家庭农场有别于种养大户，是企业化组织，能够进行工商登记，纳入企业序列管理；二是家庭农场经营范围有别于传统农户单一经营，以农业规模化生产为基础，实现农业其他功能性市场价值；三是家庭农场的组织主体不仅可以是农民家庭，也可以是城镇人员，甚至可以作为大学生创业对象，有利于引导多种资本参与农业建设，实现乡村振兴。虽然与其他国家的国情、农情有很多不同，在人均占有土地的资源禀赋方面存在天然差距，但从农业人员减少、土地流转加速、家庭农场规模扩大的阶段性特征来看，我国家庭农场发展变化符合全球农业发展的一般规律，与美国等发达国家家庭农场的演进趋势也高度吻合。当然，相比于美国、欧洲家庭农场的数量减少、规模不断扩大的质量提升阶段，中国尚处于普通农户平稳退出、家庭农场数量快速增长与规模不断扩大并存的数量扩张阶段。需要注意的是，如上海市松江区家庭农场数量在2013年达到了最高的1267个，随后数量不断减少，2016年为966个；平均经营规模则从113亩增加至143.3亩。从实践来看，适度规模经营的家庭农场是助推中国农业走出"小农困境"的微观基础，是实现农业现代化的关键所在。

（三）**家庭农场发展中遇到的问题**

虽然中国的家庭农场发展速度迅速，发展态势良好，但存在的困难和问题也很多。根据课题组对天津、河北、辽宁、吉林、上海、江苏、浙江、山东、重庆和湖南10个省（市）90户家庭农场主调研和重点访谈的情况来看，家庭农场主平均年龄43岁，家庭农场主受教育程度达到初中的有27%，中专或高中的达到46%，大专及以上的达到26%。平均每户家庭农场拥有3.89个家庭劳动力，2.92个常年雇佣劳动力。家庭收入情况如表1所示。

表 1 典型地区家庭农场主收入情况

总收入（万元）	1—20	21—40	41—60	61—80	81—100	101—200	201—300	301 以上
比例（%）	20.37	20.37	7.41	9.26	11.11	16.67	9.26	5.56

家庭主要劳动力多为 2—5 人（见图 1）。

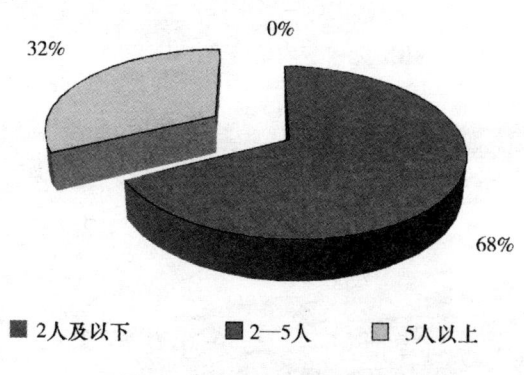

图 1 家庭农场主要劳动力情况

常年雇工多在 2 人以下（见图 2）。

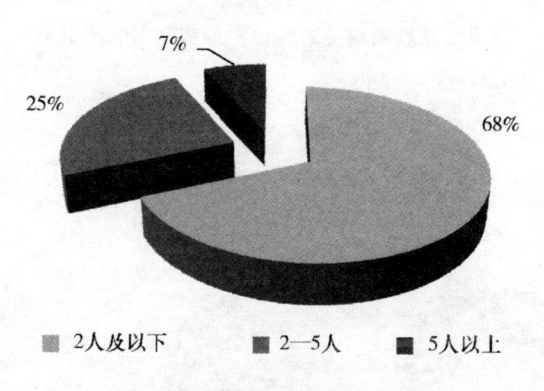

图 2 家庭农场常年雇佣劳动力情况

经营范围呈现多样化。单一发展种植业或养殖业的占绝大多数，而将种养殖及加工销售等结合进行的也占到了一定比例（见图 3）。

408　三　理论文章

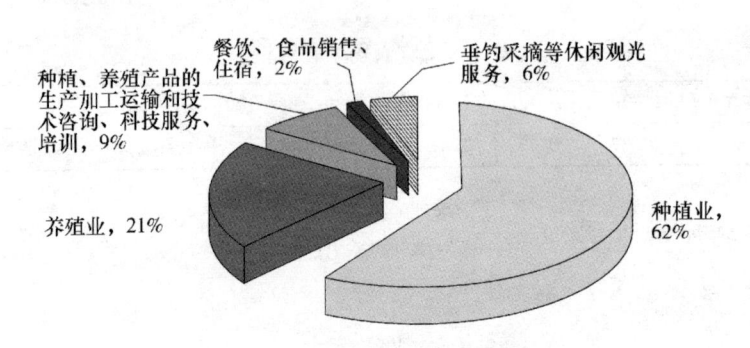

图3　家庭农场经营情况

（饼图：种植业，62%；养殖业，21%；种植、养殖产品的生产加工运输和技术咨询、科技服务、培训，9%；餐饮、食品销售、住宿，2%；垂钓采摘等休闲观光服务，6%）

调查中，绝大多数的家庭农场主认为种地是赚钱的（见图4）。

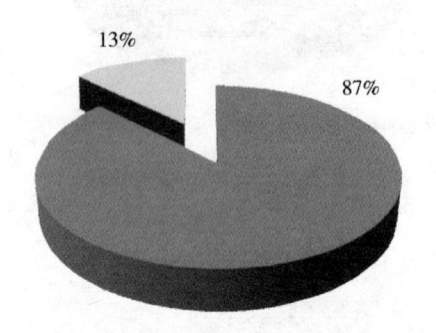

图4　家庭农场主对种地"赚钱"情况的认知

（饼图：87%；13%）

而与此同时，62%的家庭农场主负有外债。负债原因过半是因为生产经营（见图5）。

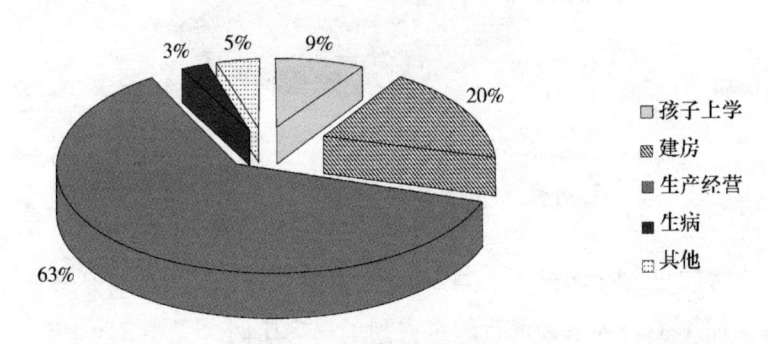

图5　家庭农场主负债原因

（饼图：生产经营63%；建房20%；孩子上学9%；其他5%；生病3%）

调研中发现，76%的家庭农场主完成了注册，51%享受到农技推广服务，并享受到一定的优惠政策，主要政策如图6所示。

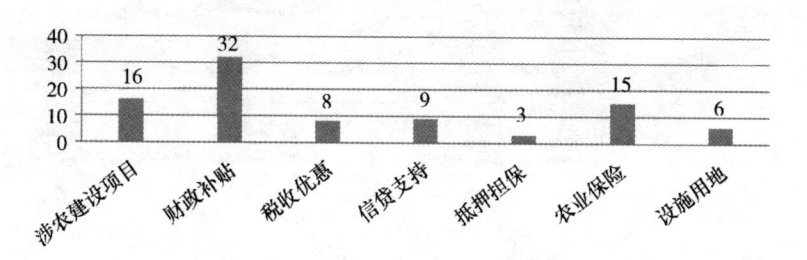

图6 家庭农场主享受优惠政策情况

而家庭农场主普遍期望能够享受的优惠政策主要集中在以下几个方面（见图7）。

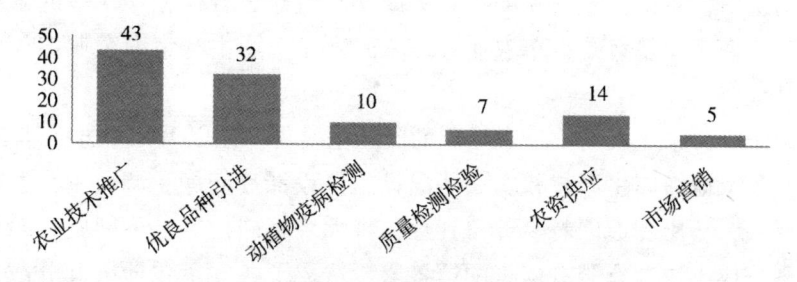

图7 家庭农场主期望享受优惠政策情况

调研中，家庭农场主对经营方面，主要期待以下培训内容（见图8）。

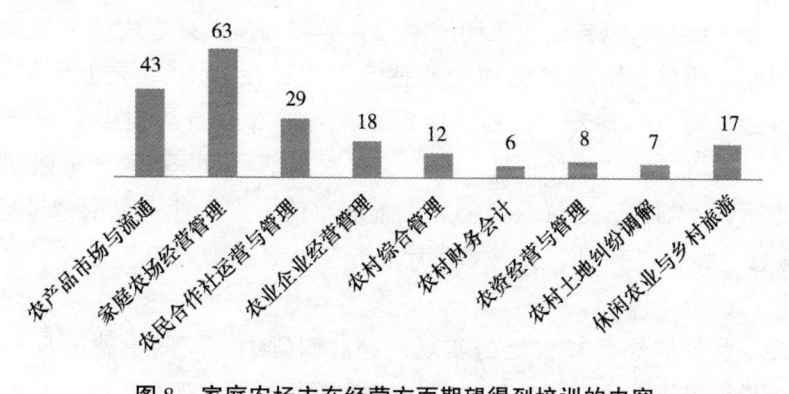

图8 家庭农场主在经营方面期望得到培训的内容

在农业工程方面，农场主希望得到以下内容的培训（见图9）。

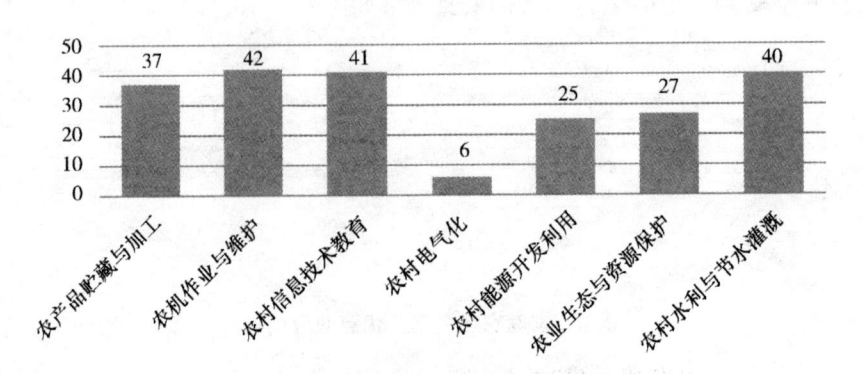

图9 家庭农场主在农业工程方面期望得到培训的内容

调研中，68%的家庭农场主牵头或参与组建了合作社，76%的家庭农场主与工商企业签订了订单农业，71%的家庭农场主与工商企业签订成为示范基地。

调研中，家庭农场主反映强烈的问题主要集中在以下几个方面。

一是土地细碎化严重和农业基础设施建设滞后问题。调研中，家庭农场主反映，从历史原因看，分田到户，将大块不同位置、不同肥力的集体耕地划分成小块，有肥有瘦搭配给各家，造成了各家承包地极其分散，又因为一些大家庭分为小家庭，二轮土地承包未对耕地进行整治，反而将一些大块地进一步分散，土地分散更加严重。此外，家庭农场承包的多为山地，需要投资建设的有路、水、电，山塘水库还需加固堤坝，基础设施建设资金投入巨大。以重庆市王明洪家庭农场和刘昌元家庭农场为例，2003年以来，王明洪在土壤培肥和土地整治中累计投入1000余万元，其中，财政资金资助200万元。目前，他想在流转的200亩耕地中实施土地整理，合并地块，修建耕作便道，虽然流转农户不反对，但受资金限制，实施困难很大。刘昌元建议政府要加大土地整治力度，让大量的"草帽地""鸡窝地"和"巴掌田"变成"成片成方"的高标准农田，为大型农机具规模作业创造条件。

二是承包地经营权权能的实现问题。调研中，家庭主普遍反映，目前，土地承包权、经营权的权属不甚明晰，流转土地双方的权利义务关系不甚明确，土地承包经营权的价格评估缺乏规范，流转后土地上的农业设施、道路、机井和建筑资产所有权界限模糊。虽然目前土地经营权是为数不多的法律允许抵押的不动产之一，但实现起来还是很难。除非由政府提供贷款风险补贴，或者引入担保公司向银行提供补充信用保证，否则银行几乎不接受此类抵押贷款申请。

三是抵押融资难问题普遍存在。调研中，家庭农场主普遍反映，虽然多年来一直从事农业生产经营，现在也有一定规模，但目前还是既怕恶劣天气，又怕价格下跌。农业生产比较效益低，前期资金投入大，投资收益回报周期长，收回成本一般都得3—5年。土地流转、农机投入、农资购买等都需要投入大量的资金，传统的小额信贷额度过小难以满足实际需求；家庭农场缺乏有效的抵押物，难以满足银行的借贷条件，加上银行在发放抵押贷款时要求须经过全体流转农户的同意，操作难度大，所以只能将自己赚的钱又投资到了田地里，发展速度降低。目前，仅王明洪通过林权抵押办理贷款20万元。大家普遍反映，希望国家能提供3—5年期的贴息贷款，以解决生产资金不足的问题。

四是家庭农场亟需成立相关联合与合作组织抱团发展。解决单个家庭农场在生产经营过程中存在的生产经营成本偏高、产品结构相对单一、市场话语权较小、产品供应持续性差、消费市场的多元化、高档化与提供产品的初级化等矛盾和困难。同时，调研中还发现，家庭农场主的品牌意识尚未深入，很多家庭农场主因为觉得注册手续麻烦、还需要收费用而不去注册商标和进行"三品一标"等质量认证。此外，家庭农场主集中反映在生产经营过程中申请金融贷款难、同时自有资产管理能力不足，增值能力差。此外，家庭农场主还普遍反映社会化服务体系不健全，集中体现在市场信息获取不易，虽然上网已经很方便，但打开网页搜索，得到的搜索结果数量巨大而繁杂，较难得到自己需要的信息；农资供应数量和品种都非常有限，农产品营销服务缺乏，生产技术、生产废弃物的转化和利用技术得不到指导，农机作业和维修服务不便，只能自己购置各种类型和型号的农机，费用开支较大；缺乏农产品初加工服务，降低了农产品销售收益。

二 提高家庭农场组织化程度的必要性

（一）适应现代农业发展的需要

实现农业农村现代化，必须要发展多种形式适度规模经营，培育新型农业经营主体。国际经验与国内现实都表明，家庭农场是发展现代农业最重要的经营主体。与公司制农场和集体农场相比，家庭农场因为家庭产权明晰、内部治理结构简单、成员之间经济利益高度一致、劳动责任心强、主动性高，不需要精确的劳动计量和监督，具有良好的适应性。因而在农业生产经营过程中，家庭农场可以在发挥其家庭经营的独特优势的基础上，有效配置各类资源要素，降低内部交易成本和违约风险，提高综合竞争力，获得长期、稳定、更多的经济收益。

中华人民共和国成立以来，中国立足小农，积极探索推进农业现代化。一是建立人民公社。人民公社制度实现了土地、劳动力等资源的集中，但由于机制僵化，制约了农民生产经营的积极性，束缚了生产力发展，无法推动"原始小农""自然小农"向现代农业转型。二是推行农业适度规模经营。改革开放后，中国农村实行家庭联产承包责任制，小农重新成为农业经济主体，农业生产力大幅提高，农业主体的市场意识不断增强。尤其是随着农民合作社、种粮大户、家庭农场等适度规模经营主体的涌现，中国基本实现了由"自然小农"向"商品小农"的转变。随着"三权分置"政策的实施，农村土地流转稳步推进，农业机械化水平的不断提高和农业机械社会化服务覆盖范围不断扩大，在一些发达地区已经出现了家庭农场质量提升阶段的发展苗头，越来越多的家庭农场主趋向于根据实际劳动力和经营能力情况，理性选择经营规模，使农业收入增加并与非农就业收入相当，促进家庭农场的适度规模经营。

与此同时，正因为家庭农场是相对独立的农业产品生产者，在决定、生产和销售等方面有一定的目的和主动权，生产出来的产品直接进入市场，当需求上升到一定阶段后，必然会受到家庭农场自身容量、能力和规模的限制。一旦具备条件，有一定的基础条件的家庭农场势必会联系周围的家庭农场或利益相关主体组成新的联合体，实现家庭农场的自我完善和发展。

（二）转变农业生产方式的需要

目前，中国普通农户有2.6亿，其中家庭承包经营农户有2.3亿。随着城乡一体化发展，不以农业收入为主的普通农户数量快速增长。据全国农村经营管理统计，非农户和非农业兼业户数量从2009年的3993万上涨到2016年的4698万，7年时间增加了700多万户，平均每年增加100万户。从三产就业角度来观察，农业从业人员数量下滑速度明显，第一产业从业人员占全社会就业总量的比重从 1978 年的 69.6%，下降到 2000 年的 50.0%，再继续下降到 2016 年的 28.3%，每年下降 1 个多百分点，绝对数量每年减少 1000 万人以上。与此同时，中国农村土地经营权加速流转，2016 年年底流转面积占家庭承包耕地总面积的 35.1%。可以预期的是，随着城镇化、工业化进程进一步加快，还会有越来越多的农村人口进入第二、第三产业，农村土地流转比例将会进一步提高，为家庭农场的增长创造了前提。家庭农场发展的过程，也伴随着农业机械化的发展。据农业农村部统计，中国农作物耕种收综合机械化水平已达到 60%。水稻、春玉米、春小麦、春大豆等粮油作物机耕率稳定在 90% 以上，机播率达到 52%。伴随着生产经营规模的扩大，家庭农场对机械化生产需求增加，相应的机械化水平普遍较高，很多家庭农场主还为周边农户提供相关生产服务。

要转变农业生产方式，必须要以产业为基础，立足规模经营的特点和需要，加强家庭农场的联合，对从事规模化种植的家庭农场，鼓励形成自愿松散农机管理和作业信息服务生产协同组织，为社会提供便捷、经济、高效的农机社会化服务；对于从事集约化养殖业和种养结合的家庭农场，可以通过统一技术，筹措资金，集中采购加工机械，开展农产品加工销售，增加产品附加值。

（三）提升家庭农场驾驭市场能力的需要

在当前经济全球化的背景下，农业不可避免地受到市场化和全球化的挑战。从实现农业现代化的途径来讲，全世界大致有两种解决方式：规模化生产、集约化经营，并在不同国家不同地区不同作物的生产中各有偏重。如美国人多地少，粮棉油等大田作物以规模经营为主，高附加值的烟草、干果生产就以集约化经营为主；如丹麦、荷兰等人多地少的国家，花卉、水果、蔬菜、养殖业的集约化水平相当高。

从实地调研情况看，对于以家庭为基础的家庭农场而言，生产规模小，产量非常有限；产品销售半径小，缺乏规范的储藏条件，供应时间集中；申请注册商品的比例较低，已申请的大多由于经营品种单一，品牌影响力低；生产有机绿色农产品、申报"三品一标"农产品认证率较低；网络销售开展不够，实体店欠缺，缺乏稳定的生产订单，价格受市场波动起伏较大，完全依靠自身的条件来应对商品经济的发展和市场经济的冲击，势必困难重重。随着家庭农场生产的发展，需要家庭农场主转变思维方式，扩展思路，加强横向技术和资金合作，改变原来各自为战封闭的生产经营销售方式，推进产业链的纵向延伸和横向整合，打通和拓展产业链条。一方面，家庭农场之间共同采购生产资料，开展农产品标准化生产、序列化加工、品牌化营销，既可以保障数量的稳定，又能促进产品的标准化、均质化，同时，可加强品牌共享，通过搭建线上电子商务和线下农超对接的销售体系，不断提升产业价值链。另一方面，适应市场需求，开展二三产业加工，解决初级农产品的供应数量日益增加与消费市场的需求品质化、高档化之间的矛盾。

案例1："大户"带"小户" "归雁"与"群雁"齐头飞

单个家庭农场在发展过程中，多数会因遇到生产经营成本偏高、产品结构相对单一、产品供应持续性差、品牌意识尚未深入、金融贷款难等困难，面临较大的市场风险。为解决这些难题，湖南省长沙市长沙县8家家庭农场联合发展，以返乡创业的"归雁"曹宇创办的地锦农场为"头雁"，带动本组其余7户家庭农场共同发展，"大户"带"小户"，扩大经营品种，增加产品供应种类，延长产品增值链条，统一规范品牌使用，降低生产经营成本，增强风险抵御能力，实现雁群齐头飞。

地锦家庭农场位于长沙县路口镇，成立于2013年，2017年被评为湖南省省级示范农场。负责人曹宇于2007年返乡创业，利用自家自留山发展食用菌种植。2013年，曹宇被当地农业部门作为农业领军人才，推荐到北京参加培训，受相关课程启发，曹宇萌生了发展家庭农场的想法。回乡后，她充分利用熟悉本村组情况的优势，在当地相关部门的支持下，事先征求意见，预先做好规划，联合本组另外7户家庭农场，形成了以地锦家庭农场的食用菌种植加工为主线，从事香猪养殖的东芳园家庭农场、湘西土黄牛养殖的凤湘先辉家庭农场、土鸡鸭养殖的原野里家庭农场、水稻种植和打米厂经营的聚宝彭家庭农场、绿芦笋种植的新实力家庭农场、双孢白蘑菇种植的杰阳金葵家庭农场及水果和茶树苗种植的瑞祥云家庭农场共同打造的以农事体验、科普教育、亲子娱乐、休闲采摘为主的多功能产销联合创意农场。联合农场中，大多是以留守妇女为主要负责人，主要利用自有承包土地和自留山，部分适度流转了土地，一场一业，统一规划，共享品牌，联合发展。产出的农产品 1/3 作为新鲜食材和加工后的土特产提供给休闲旅游来客，2/3 销往学校，进入超市和农贸市场。2017 年，地锦农场净收入 30 万元；其余农场平均净收入 6 万元，与家庭主要男劳动力全年外出务工收入相当。

可以发现，示范家庭农场在发展过程中，对先进技术的掌握、对市场反映的敏锐、对质量标准的管控等示范带动作用不可小觑。而在"大户"带"小户"，家庭农场实现群雁齐头飞的形成和发展过程中，既要有"头雁"带得动，更要有"群雁"跟得上。要有能人带头、发挥特长，也要有志同道合、提前规划、规模适度、优化品种和联合发展。总的来说，一是能人带头，要有"领头雁"。地锦农场负责人曹宇在回乡前，曾在城市经营公司，懂管理会经营，对市场有敏锐的感觉，有带领大家共同致富的决心和奉献精神。她总结，做带头人要有包容性和奉献心，大家对你的认同需要时间，我们要靠产品养活自己。为提升农场景观，2013 年她独立出资为全体农场主的房屋更换了琉璃瓦。也是她最早注册了商标"耀辉"，供大家统一使用。新技术的学习推广、组织对外考察学习也都由她来负责。二是发挥特长，要有规划意识。联合创意农场的农场主们同属于一个组，之前大多是有相关种养殖技术基础，在联合之前，就经过了相互选择，彼此经营理念一致，根据自己的特长选择产业，各自按标准开展养殖种植和加工，彼此不构成竞争，并共享品牌，取得了良好的经济效益。三是规模适度，要有创新意识。受当地自然资源禀赋限制，联合创意农场流转土地面积不多，规模适度，其中最大的聚宝彭农场和新实力农场面积也分别只有 50 亩和 60 亩，但非常注重发展特色种养殖业及三大产业的融合，从质量要效益，从价值提升谋收益。目前，联合创意农场游览已经成为当地旅行社的一条固定线路，并为多家幼儿园小学提供农事教育活动。从 2015 年 8 月正式营业至今，共接待游客 1.5 万多人次。四是联合发展，要有抱团取暖的意识。家庭农场的发展并不是一帆风顺，期间多有起伏，这一点地锦农场的负责人曹宇深有体会。2007 年回乡创业后，直到 2012 年蘑菇种植才开始盈利。为了使乡亲们少走弯路，她发起了家庭农场的联合与合作，共同发展。目前，联合创意农场发展态势喜人，大家见到了效益，也更加注重自身农产品的质量和周边环境的治理，努力打造更加整洁美丽的观光农场。随着经营的不断优化,联合创意农场也有扩大规模,吸引更多农场主加入规划。同时,大家普遍觉得,要继续加强生产管理,做好产品的同时加强对产品的宣传,打通多种销售渠道,把联合创意农场办得越来越好。①

案例2:合川6家微企家庭农场抱团组建"联合舰队"

微企通常因规模小导致管理成本高,因业务单一面临较大的市场风险,怎么办?近日,合川区太和镇亭子村6家微企决定共同出资组建新公司,以"联合舰队"的方式扩大经营规模、增加经营品种,降低管理成本、增强风险抵抗能力。

这家新公司名叫月亮湾乡村旅游开发公司。该公司负责人姚世明介绍,2012年年初,他成立了微企家庭农场,从附近村民手里租赁20亩土地种植莲藕。没过多久,他发现这种小规模经营方式存在一个大问题:以每月500元的价格聘请一位村民来看护藕塘的水位和记录病虫害,平均每亩每月管护成本高达25元;莲藕市场价格起伏不定,最低时每公斤只能卖到两元,远低于成本,有可能让他血本无归。

2012年年中,姚世明将种植规模扩大到300亩,管理成本省了九成。但对于单一业务潜藏的风险,他却"只能听天由命"。姚世明所在的亭子村有81家微企家庭农场,其中九成以上种植规模不到50亩,且种植的都是黄桃、柑橘、葡萄等单一品种。

2013年末,姚世明、李清兵等6位微企家庭农场主,凑了200万元组建月亮湾乡村旅游开发公司,租赁1000亩土地用于种植多个品种的果蔬,兴建果蔬观光长廊,同时修建餐厅、客房和鱼塘等配套设施,吸引城里人去"吃喝玩乐"。目前,新公司基础设施建设已经完成大半。按照设想,5年后,"联合舰队"年产值预计可超过1000万元,是该村微企农场平均收入的10倍以上。②

(四) 全面提高家庭农场主素质的需要

种植业和养殖业是经济再生产与自然再生产交织的过程,其劳动对象

---

① 穆向丽调研收集整理。
② 《重庆日报》2014年1月5日第1版。

是活的生物体，需要劳动者具备高度的责任心和主动性，及时对市场状况和自然环境变化作出反应。家庭农场主是属于生产经营型的职业农民，是以农业为职业、占有一定的资源、具有一定的专业技能、有一定的资金投入能力、收入主要来自农业的农业劳动力。在实地调研中我们发现，家庭农场主的年龄结构普遍偏大，文化程度偏低，大多数以普通农民和村干部为主。更突出的问题是农场主的经营管理水平还处于较低水平，主要是因为目前大部分家庭农场还缺乏长期规划，发展后劲不足；有些项目虽然在短时间内初见成效，但由于没有中、长期发展项目，形不成产业支柱，发展后劲不足，扩张困难，资本的回报率极低；加上农场经营的质量管理和成本核算、成本控制还很薄弱；家庭农场的经营决策大多还以家长式为主。因此，要培养一名普通的农民成为一个合格的家庭农场主，不仅仅是称呼的改变，更重要的是能力的提升。家庭农场主不但要管好自己人，还要管好雇工，提高雇工的工作效率，实现效率的最大化。因此，需要亟待制定家庭农场主的培育优惠政策，建立健全培训中介机构，依托现有中等职业教育、高等教育平台和资源，加强家庭农场主综合素质的培养与培训，提升家庭农场主的文化素质和职业技能。重点培养家庭农场主的产品意识、竞争意识和品牌意识，提高家庭农场主的生产技能和经营管理能力，转变农场主经营思路，提升其综合素质，为家庭农场的发展注入活力。

从理论上讲，新型职业农民应当是以青壮年劳动力为主体，具有像其他行业的劳动力一样的年龄结构，这当然是最理想的。但在实践中却很难达到这种理想状态。即使在美国、日本这样的发达国家，职业农民的年龄结构也没有实现年轻化。2007年美国家庭农场主平均年龄为57岁，其中55岁以上的占57%；2010年日本农业从业者的平均年龄高达66岁，其中65岁以上的占62%。虽然发达国家的农民年龄偏大，但由于他们掌握了现代农业生产经营的基本技能，不能否认他们就是从事现代农业的职业农民。职业农民的年龄与农业生产的机械化程度密切相关。农业机械化可以降低农业生产的体力劳动强度，机械化程度越高，农民的工作年龄也可以相应延长。

只有当农业生产具备了较高的收益，农村具有较完善的基础设施，城乡差距缩小时，才有可能实现新型职业农民的年轻化。显然这是一个渐近的发展过程。认清这个问题对中国来说非常重要，因为目前中国农村人口老龄化相当严重，在年轻人纷纷进城的情况下，一定要按年轻化的标准来培育新型职业农民，那就很难找到新型职业农民的培育对象。比如，根据最新的统计数据，在美国新型职业农民的年龄构成中，35岁以下的只占14%，35—54岁的占53%。因此，当前对新型职业农民的年龄不能寄予太高的要求。当然从长远来看，应该积极创造条件让更多的优秀青年加入到新型职业农民队伍中。通过开展农业从业资格认证，加快培养一支"爱农业、懂技术、善经营"的新型职业农民队伍。

三　其他国家和地区家庭农场联合与合作经验与启发

从一些典型国家和地区家庭农场发展的经验来看，普遍都采用了自上而下的行业协会管理制度。行业协会为会员提供信息、进行预测、制定规划、推广技术等服务并维护会员的个体权益。

（一）美国农场主联盟

美国农业生产以家庭农场为主。全美大约有209万个大小农场。其中家庭农场约占总数的87%，美西部加利福尼亚、俄勒冈和华盛顿三州农场数达到15万多个，农产值1041亿美元。90%的农场主平均拥有土地在10000亩以上。农场主参加了"全国农场主联盟"（NFU, National Farmers Union）、"农民联盟"（The Farmers' Alliance）、"美国公平社"（American Society for Equity）等独立的农民组织，还有众多农户参加了不同类型的农业生产与销售合作社。

美国农场主联盟源于1919年自发形成、并于1920年成立为一个普通的农场组织。是美国农业行业最大的农民自治组织，总部设在华盛顿。在全国50个州和波多黎各岛都设有分部，成员已达600万。其成立的目的在于保护、促进美国农场主和大牧场主的商业、经济、教育和社会利益。实现"农有、农治、农享"。

主要职能是帮助农场主解决农业生产、市场销售、国际贸易和技术培训中的问题。在公共政策、信息、公共关系、农产品营销计划和组织机构的开发等方面都起到带头作用，并代表美国农民与联邦和各州政府、国会沟通联系，提案直接影响议会的立法和政府的决策，是代表农民的最大游说集团。

（二）法国农会

法国农会性质和法国工商会及法国行会一样，都是公共的职业联合机构。成立于1924年，是一个农业职业性机构。在全国共设有116个分支机构，共有职工7750人，年度预算为5.33亿欧元。在法国，每个农民自动成为农会会员。而农民必须加入农民工会才能成为工会会员。法国农民加入工会的比率高达70%。法国农会是农民和农业界在向法国政府及欧盟提出各项要求的代言人。1994年法国农会常设委员会发文确定了全国农会向农民提供的六大主要服务：经济研究和前景分析、向企业提供建议、研究开发和试验、促进项目的实施、帮助农民和外界联系并提供信息、培训。

目前，在法国全国的116家农会分支机构中，有94个省级农会，22个大区级农会，另外还设有国家级的法国农会常设委员会（APCA，成立于1935年），由全国省级和大区级农会主席组成，设在巴黎。

法国农会的宗旨是"保全农利"。主要提供的服务内容包括：肥料、种子、农机具等农业资材的共同购买，以降低生产成本；代收会员农产品；向会员推广运用肥料、农业机械；推动农学研究；协助农民结社；宣传农业相关法令。

农会、银行对农民有多种扶持，其中，对农业的补助直接体现在贷款利率上。35岁以下的农业生产者还有机会享受无息贷款；农会还帮助农户建立网站或每年定期组织实体农贸市场帮助农民打通销售渠道。法国农会为农场提供包括从规划区域、明确定位、设计研发、发展策略、促销策略等一条龙服务。通过农会的打包宣传，将农场的了解和信任程度上升到国家层面，化解了个体农场的策划运营难题。农会下属机构设计研发"欢迎莅临农场"（Bienvenue à la ferme）组织网络，连结法国各个大区的农场，成为法国农场强有力的促销策略。法国政府每年组织一次为期两天的"欢迎莅临农场"博览会，让公众直接接触农民，认识农场，并每两周发行一次会讯，提供各项信息。农会每年就农场变动情况编辑"欢迎莅临农场"手册，包含了全部3大类型（美食品尝、休闲和住宿）9个种类的农场，详细记录了几千家已经加入该组织网络的农场，成为法国全国旅游观光农场的指导手册。制定专门条款，严格规范不得贩卖或采买其他远方农场的某些农产品。

（三）日本农业协同组合连合会

日本"农业协同组合连合会"，简称农协。从1992年4月开始，使用JA（Japan Agricultural Cooperatives）。农协成立于第二次世界大战后的1947年。前身是设立于1943年战时统制经济时期的农业会。而农业会则是以

1897年和1900年被法制化了的农会和产业合作社为中心，合并各种农业团体而形成的。作为农民自主经营的农业经济合作组织，农协主要从事农产品的销售、农业生产所需肥料农药及农机器具的采购、金融、技术与经营指导等活动，以"农业者"（包括农户以及小规模农业法人）为主体。从历史上来看，农协一直是以粮食管理体制等为媒介确定作为政府农业政策辅助机构的地位。

在世界各国的农业经济合作组织中，日本的农业协同组合无论规模还是组织能力都颇为强大，而且富有特色。日本农协覆盖范围广，成员人数众多，组织结构严密，本身就是一个较完善的农业物流系统。农协利用自身的组织，在保鲜、加工、包装、运输、信息网络等方面向成员提供多种服务，将农民手中的农产品集中起来进行统一销售，充当了不同生产者之间、生产者与批发商之间、生产者与消费者之间的中介。农协提供的服务主要有：农业经营指导与农业生产指导、农产品销售、生产资料购买、生活资料购买、信贷业务、保险业务、农协医院业务及其他业务（如红白喜事、理发美容、养老院、建造和管理租借住宅等）。

具有农协正式成员资格的为农民及从事农业经营的农事合作社法人。农民的范围在各合作社的章程中所规定的，一般指"耕作10公亩以上的土地者"，每年有90天以上"从事农业者"。每人有一票的表决权，参加负责人的选举和被选举，同时也有负担出资和缴纳税款的义务。所以通常农协成员一户一人，由户主参加，但近年来鼓励户主的妻子或接班人等一户几人加入。即便这样，由于农户户数的减少，正式社员在减少。与正式社员减少形成对照的是准社员在增加，最近已占农协成员总数的38%。准社员是指农民以外的当地居民，可利用农协的事业，但没有在大会上的表决权和负责人的选举权。准社员的增加是对农业衰退和农户户数减少以及农业村子的"农非混住社会化"的一种对策，农协试图利用扩大非农的生活服务事业来弥补农业事业量的萎缩。

（四）中国台湾地区农会

台湾农会是农民团体。是以保障农民权益、提高农民知识技能、促进农业现代化、增加生产收益、改善农民生活、发展农村经济为宗旨的非营利事业的公益社团法人。政府的许多农业政策与福利多通过农会辅助。台湾地区共302家。其中，285家以自然人为会员，其余以法人为会员。一般会员1045654位，赞助会员911252位。占全台农户总数的99%。

台湾农会的历史可追溯到日本占领时期。台湾地区最早的农会诞生于1900年的台北县三角涌，早起的三个农会，均由殖民政府的日人官僚联合台湾本土乡绅发起，主要目标为恢复秩序、协助征收地租、改良耕地、奖励养猪养鱼、争取财政独立、发展生产。第二次世界大战战后，各级农会多为接受政府委托业务和农复会以资金、技术支持的业务，缺乏对农民利益和需求的主动关注。第二次世界大战后，国民党当局以美国安德生博士的报告为蓝本，对农会进行了大规模改组。1949年，农会与合作社合并，这奠定了农会作为战后台湾最重要的农民组织的基础，并初步形成政治、经济、社会、教育等多目标功能的特点。1953—1954年，台湾地区农会区分了正式会员与赞助会员，使农会成为真正农民的农会；将农会经营权交予总干事，使农会权利阶层发生重大改变；国民党将其力量深入农会组织，并进而使其成为动员与控制农民的工具。可以说，第二次世界大战后台湾农会在继承日据时期台湾农业会的基础上，融入复兴会倡导的中立、民主精神和1949年前大陆的农会经验，形成了具有政治、经济、社会、教育等多目标功能，集农民职业团体、农村合作组织与政府附属机构等特质于一体的特殊的农民组织。改组后的农会，性质和功能都具有了特殊性。一方面负有动员农民、伸张农民权利等政治方面的任务；另一方面又承担农业推广、农村金融和农产品及农业资材的供运销等经济和社会方面的功能，甚至还有政府附属机构的影子，曾为第二次世界大战后台湾粮政做出很大的供销。

20世纪60年代末至70年代中期，台湾社会实现了农工转型，国民党政府在20世纪70年代初宣布实行农业新政后不久，着手修改"农会法"，将农会建成了"农有、农治、农享的公益社团法人"。其中，"农有"是指按照"农会法"规定，农会会员分为正式会员和赞助会员，只有直接耕作的农民才能成为正式会员，每户限一人参加，享有选举权和被选举权。农会财产属于法人财产，归全体会员所有。"农治"是指农会实行理事会领导下的总干事负责制，农会干部分为选任和聘任两种，理事和监事由农民直接选举产生，都是义工，不拿工资；总干事及工作人员都是聘任，属于雇员，量等定薪。"农享"是指农会为农民提供全面服务，受益由会员共享。试图将农会改造成更偏重经济的组织，并通过总干事遴选制度的变化，充分掌握总干事人选，使其进一步加强对农会的控制。但改革诉求只部分得到实现，改革后的台湾农会在理论上仍维持多种组织特征混杂的

"四不像"特点。目前，台湾地区农会主要提供供销经营服务、信用贷款服务、金融保险服务和技术推广服务。实现保障农民权益（如实施农健保、老农津贴）、提高农民知识技能（如开展产销班讲习）、促进农业现代化（推广新品种、农机、农业设施）、增加生产收益（如协助产与销）、改善农民生活（增加收益）和发展农村经济（如实施农村再造）。

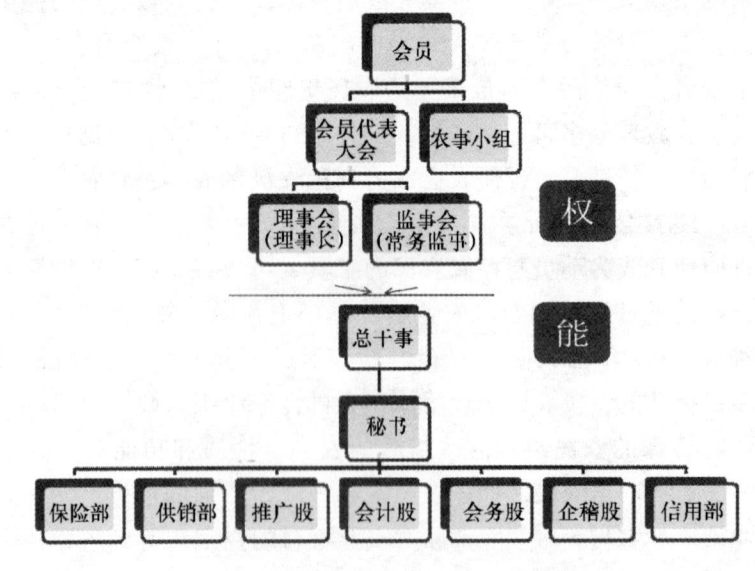

图1 中国台湾地区农会的组织体系

　　作为非盈利事业公益社团法人，台湾地区农会不仅提供农业政策推广、农产品产销行情信息、灾害预警、农产品销售渠道及台湾农场旅游景点推广等资讯服务，还结合农民务农实际需要，不断开发新的辅导服务项目，在土地、资金、设施设备及营销管理等方面积极为青年农民提供日常的辅导、支持和专业技术培训。

　　在土地和资金支持方面，台湾农会于2007年正式设立了"农地银行"，为有意从事农业的新农民提供全方位服务。农地银行是提供专门化农地租赁、买卖信息和农地利用法律法规咨询、农产品生产营销、融资贷款信息服务的综合性中介服务平台。农地银行在成立之初就将台湾最大的地主——台湾糖业公司所有土地及公有农地都纳入平台管理，整体规划后进行农地租赁利用，协助新从事农业的人进行租赁，取得经营土地。而在2009年5月，台湾"农委会"公布了《推动"小地主大佃农"政策执行方案》之后，作为扩大推动"小地主大佃农"政策的五大措施之一，农地银行中介服务平台更是在原有基础之上，专门开辟了小地主大佃农信息专区，按照提供登录农地租赁信息、协助农地媒合与签约和审查大佃农纳入辅导资格要件等三个阶段，为小地主大佃农农地租赁提供中介服务，并为大佃农长期承租农地租金提供无息贷款和经营资金低息贷款。通过引导农地活化利用，在继续鼓励老农释放农地之余，积极促进休耕、废耕等闲置不用的土地转移给有意经营农业者使用，以扶植专业农民并达到扩大农地经营规模、实现小农结构变成大农结构的政策目标。此外，农会还指导和协助青年农民办理青年从农优惠创业贷款，提供从事农业生产所需要的经营资金。目前全台共有农会信用部277家，营业点1100处，基本上做到了应保尽保、需贷尽贷，农民正常的贷款需求都得到了满足。

在技术推广方面，农会建置"青年农民创业入口网"，便利青年农民取得信息与咨询服务；设置了技术推广组、推广课、推广股，辅导青年农民加入产销班、合作社场、农民市集，协助开拓营销通路；通过开展产销班、四健（农村青少年手、脑、心、身）作业组和家政（农村妇女）改进班培训，提高农民知识技能，并协助生产和销售，增加农业生产收益。

在供销经营服务方面，特别值得一提的是产销班。产销班作为地区性同产业合作组织，兴起于20世纪80年代，是由毗连或邻近土地的家庭农场农民或生产同类禽、畜、水产品或提供休闲农业体验服务的邻近农民，自愿结合的共同经营组织。主要分为蔬菜、果树、花卉、杂粮、稻米、有机农产品、香草、毛猪、肉鸡、蛋鸡、乳牛、羊、鸭、鹅、蜂、特用作物、菇、养殖水产品、休闲农业及其他20项。一个农会往往有多个产销班，每个产销班由5—10户组成，产销班以合伙制或股份制组建，既负责产前、产中的种植管理，也负责产后的产品收购、分级包装、运销等业务。农民就同一产业类别仅能选择参加一个产销班，但若是从事多元化生产，也可以另外参加其他不同产业类别的产销班。产销班有着规范的管理制度，主要是农产品的共同运输、销售和生产资料的共同采购，做到"共选共计"（共同选择，共同计价），不仅可以扩大经营规模、提高农民议价能力，还能够降低运输、销售、采购的成本，提高经济效益。产销班内的农产品生产由农户独立进行，但共同研究农业技术、经常性学习交流实务操作，共同开拓销售市场、共同防治病虫害、共同购置、使用少量大型机器设备、共同创造产品品牌。此外，成立产销班后还可以申请到农业资产补助和农机贷款补助。目前全台湾共有产销班6747家，班员133661人。

结合以上国家和地区的实践来看，自上而下的行业协会可以极大范围地为会员提供信息、技术、发展和维权等多维度服务。行业协会通过开展市场预测，研究制定会员发展规划，为会员提供相关产业信息和流通服务，提高市场竞争力和话语权并提升会员素质。

四 家庭农场联合与合作的地方实践与经验

（一）家庭农场联合与合作的地方实践

截至本课题研究结束时，共有河北省和江西省2个省成立了省一级的家庭农场联合会；17个省（区、市）分别成立了市、县级的家庭农场联合与合作组织。

表2　　　　　　　　省级家庭农场联合合作组织设立情况

省份	成立时间	组织名称	会员单位（家）	业务主管单位	登记管理机关
河北省	2015.11.10	河北省家庭农场联合会	32家家庭农场代表；5个农业社会化服务组织	河北省农业厅	河北省民政厅
江西省	2017.1.11	江西省家庭农场联合会	1879	江西省农业厅	江西省民政厅

资料来源：课题组收集整理。

表3　　　　　　　　市县家庭农场联合合作组织成立情况

省（区、市）	成立时间	所属省（市）	组织名称	会员单位（家）	业务主管单位	登记管理机关
河北省	2015.12.22	邢台市	巨鹿县家庭农场管理者协会	67	巨鹿县农工委	巨鹿县民政局
	2016.12.16	张家口市	张北县家庭农场协会			张北县民政局
辽宁省	2004.3.30	葫芦岛市	葫芦岛市家庭农场协会			
	2015.2.9	铁岭市	西丰县宝丰家庭农场协会	6	西丰县科学技术协会	西丰县民政

续表

省（区、市）	成立时间	所属省（市）	组织名称	会员单位（家）	业务主管单位	登记管理机关
吉林省	2015.1.16	吉林市	吉林市家庭农场协会	40	吉林市农业委员会	吉林市民政局
	2016.1.1		龙潭区家庭农场协会			吉林市龙潭区民政局
	2015.12.25	延边朝鲜族自治州	延边家庭农场（专业农场）协会	300	延边朝鲜族自治州农业委员会	
	2016.4.11		龙井市家庭农场协会			龙井市民政局
江苏省	2014.9.16	宿迁市	宿城区家庭农场联盟	108		
	2015.4.7	泰州市	泰州市家庭农场服务联盟	个人会员627名、单位会员14名	泰州市农业委员会	泰州市民政局
	2015.4.17	徐州市	沛县龙固镇家庭农场协会		沛县县委农村工作办公室	沛县民政局
	2015.10.14	扬州市	扬州市农户家庭农场协会		中共扬州市委农村工作办公室	扬州市民政局
	2017.3.27	盐城市	响水县家庭农场联合会	227	中共响水县委农村工作办公室	响水县民政局
浙江省	2013.5.29	嘉兴市	海盐县家庭农场联合会	86个家庭农场、2家农机合作社、3家劳务合作社、1家植保合作社、1家测土施肥合作社组成	海盐县农经局	海盐县民政局
	2013.11.5	衢州市	衢江区家庭农场协会	65	衢江区农业局	衢江区民政局
	2013.12.13		龙游县家庭农场协会		龙游县农业局	龙游县民政局
	2013.12.13		常山县家庭农场协会		常山县农业局	常山县民政局
	2014.2.17		柯城区家庭农场协会	88	柯城区农业局	柯城区民政局
	2014.04.10		开化县家庭农场协会	30	开化县农业局	开化县民政局
	2014.4.11		江山市家庭农场协会	66	江山市农业局	江山市民政局
	2016.2.3	宁波市	余姚市家庭农场协会		余姚市农林局	余姚市民政局
	2016.2.15	杭州市	余杭区家庭农场协会		余杭区农业局	余杭区民政局
	2016.11.28	舟山市	岱山县东沙镇家庭农场协会	31	岱山县农林水利围垦局	岱山县民政局
	2017.2.21	绍兴市	诸暨市家庭农场联合会	58	诸暨市农林局	诸暨市民政局

续表

省（区、市）	成立时间	所属省（市）	组织名称	会员单位（家）	业务主管单位	登记管理机关
安徽省	2009.7.8	宣城市	郎溪县家庭农场协会	216	郎溪县农业委员会	郎溪县民政局
	2017.03.07	滁州市	天长市家庭农场主协会		天长市科学技术协会	天长市民政局
福建省	2013.11.8	龙岩市	新罗区岩山镇家庭农场协会	58	龙岩市新罗区岩山镇	新罗区民政局
江西省	2017.5.28	抚州市	江西省家庭农场联合会黎川分会	56		
	2017.9.26		江西省家庭农场联合会南城分会	75		
	2017.7.29	赣州市	江西省家庭农场联合会定南分会	40+		
	2018.1.7		江西省家庭农场联合会石城分会	43		
	2017.5.27	吉安市	江西省家庭农场联合会吉水分会			
	2017.7.23		江西省家庭农场联合会永新分会	53		
	2017.10.13	九江市	江西省家庭农场联合会泰和分会	120+		
	2017.5.7		江西省家庭农场联合会永修分会	100+		
	2017.7.18	南昌市	江西省家庭农场联合会都昌分会	52		
	2018.3.6		江西省家庭农场联合会进贤分会	50		
	2016.12.13	上饶市	鄱阳县家庭农场协会			鄱阳县民政局
	2017.5.21		江西省家庭农场联合会婺源分会	42		
	2017.7.2		江西省家庭农场联合会铅山分会	52		
	2017.9.9		江西省家庭农场联合会玉山分会			
	2017.11.18		江西省家庭农场联合会弋阳分会			
	2017.8.18	宜春市	江西省家庭农场联合会奉新分会	40		
	2018.2.2		江西省家庭农场联合会袁州区分会	60		

续表

省（区、市）	成立时间	所属省（市）	组织名称	会员单位（家）	业务主管单位	登记管理机关
山东省	2016.1.22	德州市	德州市家庭农场科技联盟	22		
河南省	2013.12.3	南阳市	内乡县家庭农场发展促进会		县委农村工作办公室	内乡县民政局
	2017.2.15	许昌市	禹州市家庭农场协会		禹州市农业林业局	禹州民政局
湖北省	2010.7.26	武汉市	汉南区邓南家庭农场协会			汉南区民政局
	2013.6.25	襄阳市	宜城市家庭农场协会	1120		宜城市民政局
湖南省	2018.1.26	张家界市	永定区家庭农场协会		永定区农业局	
广东省	2015.4.13	梅州市	蕉岭县家庭农场协会	124		蕉岭县民政局
重庆市	2013.7.19		璧山区德康现代家庭农场养殖协会			璧山区民政局
	2015.1.6		万州区家庭农场促进会	45	万州区农委	万州区民政局
	2016.6.7		江津区家庭农场协会	80	江津区农业委员会	江津区民政局
四川省	2013.11.15	成都市	成都市温江区家庭农场协会	60	温江区农村发展局	温江区民政局
	2015.1.19		蒲江县家庭农场协会		蒲江县经济科技和信息化局	蒲江县民政局
	2017.1.23		成都市家庭农场协会			成都市民政局
	2014.11.20	乐山市	夹江县家庭农场协会	52	夹江县科协	夹江县民政局
	2015.06.15	眉山市	彭山区家庭农场联盟会	145	彭山区委农村工作领导小组办公室	彭山区民政局
	2016.12.20	绵阳市	游仙区石板兴仙家庭农场联盟合作社	70	农业部门	
陕西省	2014.12	安康市	旬阳县家庭农场协会	43	旬阳县农林科技局	旬阳县民政局
新疆维吾尔自治区	2010.1		新疆兵团148团家庭农场协会			

资料来源：课题组收集整理。

各地的家庭农场在发展过程中,采取了多种联合与合作的形式,既注重家庭农场之间的联合与合作,也积极加强与合作社、社会化服务组织和龙头企业之间的合作,呈现了多样化的发展模式。

1. 江西家庭农场之间的联合与合作

2017年1月11日,江西的青年农场主自愿联合抱团发展,成立了江西省家庭农场联合会。在根据地域积极建设县级分会的同时,江西省家庭农场联合会还根据产业特色,在联合会内部设立产业链。2017年11月19日,江西省家庭农场联合会成立了旗下的第一个产业联盟——江西肉牛产业联盟。江西肉牛产业联盟成立后,主要在采购、技术和销售方面提供服务。统一购买牛种,统一购买饲料,为会员降低成本,节约开支;对接专家作为联盟的技术顾问,同时,同行之间随时交流养殖经验,解决技术难题;联盟统一注册"八大山牛"商标后统一进行销售,数量的增加使成员的议价权得到提升,卖1头牛就能增加好几百元,会员的收益都有所提高。此外,联盟还在争取实现直接屠宰,直接向消费者提供安全放心的牛肉,更好保障会员的收入。

2. 河北家庭农场与合作社的联合与合作

河北省于2015年11月10日成立了省级家庭农场联合会。联合会由省内具有一定规模的家庭农场和农民合作社自愿结成,属于地方性、非营利性社会团体。联合会为会员提供统一的农资采购和销售信息,并提供生产技术指导。

3. 浙江省海盐市家庭农场+合作社+龙头企业的联合与合作

浙江省海盐县的家庭农场联合会成立于2013年5月29日,由86个家庭农场、2家农机合作社、3家劳务合作社、1家植保合作社、1家测土施肥合作社组成。家庭农场领办组建了合作社后与龙头企业签订农产品收购合同,既保证了龙头企业原材料的稳定供应,又实现了家庭农场收入的稳定和增长,取得了良好的社会经济效益。

4. 上海市家庭农场与农业社会化服务组织的联合与合作

上海市松江区主要通过机农一体互助模式,开展家庭农场与108个农机联合互助点的联合与合作,实现了专业化生产和规模化经营,培育了一支有经验、懂技术、会经营的专业农民队伍。农业机械化水平显著提高,农业的劳动强度大大降低。以张小弟机农一体互助点模式为例,是把本村周边5户家庭农场联结起来,由张小弟出资购买农机,聘请这5户人家作为农机手,为本互助点成员进行耕田、播种、防治、收割等农业生产全程机械化服务。互助点成员平时经营自己的粮田,在操作农机时由张小弟根据农机手的作业面积发放农机操作报酬,并根据作业面积向服务成员收取服务费用。截至2016年年底,全区家庭农场966户,总经营面积14.5万亩,占全区粮食种植面积95%,户均经营面积143.3亩,2016年家庭农场户均净收入已达12.2万元。其中,机农一体和种养结合家庭农场占全区70.9%。

(二) 全国首家家庭农场合作组织:安徽省宣城市郎溪县家庭农场协会

1. 概况

2007年,郎溪县首次提出"家庭农场"这个概念,并确立了发展家庭农场的基本思路;2008年,郎溪县农委首次召开了家庭农场研讨会,第一次把家庭农场作为未来的农业经营主体来研究;2009年,首次开展郎溪家庭农场"五十强"评比表彰,并确定以后每年表彰10至20个。郎溪县家庭农场协会成立于2009年。是由郎溪县有一定规模的家庭农场生产、经营者自愿结成的非营利性社会组织。通过遴选产业代表性强、规模较大、辐射带动作用明显且有一定影响力的家庭农场主为会员,并向上争取项目和内部协调,为家庭农场成员提供指导和帮助,使得各类家庭农场得到了有效的培育和发展。协会连续两年争取省财政扶农项目资金20万元,用于20个家庭农场进行信息化建设。此外,郎溪县家庭农场协会还和郎溪新华村镇银行联合召开了助农扶农座谈会,由协会出面协调,针对协会会员贷款,无须抵押,通过协会担保或5户联保,每户都可以在新华村镇银行贷到10万—50万元的贷款,基本解决了资金制约的问题。

2. 宗旨

遵守中华人民共和国宪法、法律、法规和国家政策,遵守社会道德风尚,以"科学发展观"重要思想为指导,以为"三农"服务为己任,以联合和合作为纽带,积极兴办家庭农场生产组织,引导农村各类家庭农场规范运作,健康发展,提高农民进入市场的组织化程度,推动农业产业化经营,促进农业结构调整和农民增收,维护家庭农场的合法权益,密切党和政府与农民的联系,为繁荣农村经济,富民强县,全面建设社会主义新农村贡献力量。

3. 业务范围

郎溪县家庭农场协会业务范围主要包括:①组织会员学习政策、法规，科学技术知识；提供培训、信息咨询服务；②开展各项农业生产技术指导；③为会员提供资金融通服务；④大宗生产、生活资料的集中采购与供应服务；⑤为会员提供农产品深加工、包装、销售服务；⑥为会员提供法律维权服务；⑦协调、规范协会内部生产和经营行为；⑧承办有关部门委托或交办与本协会有关的其他事项或任务。

4. 章程

郎溪县家庭农场协会章程

（经2009年7月8号会员大会通过）

第一章　总则

第一条　本团体的名称：郎溪县家庭农场协会。

第二条　本团体的性质是郎溪县有一定规模的家庭农场生产、经营者自愿结成的非营利性社会组织。

第三条　本团体的宗旨是：遵守中华人民共和国宪法、法律、法规和国家政策，遵守社会道德风尚，以"科学发展观"重要思想为指导，以为"三农"服务为己任，以联合和合作为纽带，积极兴办家庭农场生产组织，引导农村各类家庭农场规范运作，健康发展，提高农民进入市场的组织化程度，推动农业产业化经营，促进农业结构调整和农民增收，维护家庭农场的合法权益，密切党和政府与农民的联系，为繁荣我县农村经济，富民强县，全面建设社会主义新农村贡献力量。

第四条　本团体接受郎溪县农业委员会、郎溪县民政局的业务指导和监督管理。

第五条　本团体住所地是郎溪县农业委员会大楼。

第二章　业务范围

第六条　本团体的业务范围：

（一）组织会员学习政策、法规，科学技术知识，提供培训、信息咨询服务；

（二）开展各项农业生产技术指导；

（三）为会员提供资金融通服务；

（四）提供大宗生产、生活资料的集中采购与供应服务；

（五）为会员提供农产品深加工、包装、销售服务；

（六）为会员提供法律维权服务；

（七）协调、规范协会内部生产和经营行为；

（八）承办有关部门委托或交办与本协会有关的其他事项或任务。

第三章　会　员

第七条　本团体的会员种类是个人会员。

第八条　申请加入本团体的会员，必须具备下列条件：

（一）拥护本团体的章程；

（二）有加入郎溪县家庭农场协会的意愿；

（三）在郎溪县家庭农场领域内具有一定的规模和影响。

第九条　会员入会的程序是：

（一）提交入会申请书；

（二）经理事会讨论通过；

（三）由理事会发给会员证。

第十条　会员享有下列权利：

（一）本团体的选举权、被选举权和表决权；

（二）参加本团体的活动；

（三）获得本团体服务的优先权；

（四）对本团体工作的批评建议权和监督权；

（五）入会自愿、退会自由。

第十一条　会员履行下列义务：

（一）执行本团体的决议；

（二）维护本团体合法权益；

（三）完成本团体交办的工作；

（四）按规定交纳会费；

（五）向本团体反映情况，提供有关资料。

第十二条　会员退会应书面通知本团体，并交回会员证。会员如果1年不交纳会费或不参加本团体活动的，视为自动退会。

第十三条　会员如有严重违反本章程的行为，经理事会或常务理事会表决通过，予以除名。

第四章　组织机构和负责人产生、罢免

第十四条　本团体的最高权力机构是会员代表大会，会员代表大会的职权是：

（一）制定和修改章程；

（二）选举和罢免理事；

（三）审议理事会的工作报告和财务报告；

（四）决定终止事宜；

（五）决定其他重大事宜。

第十五条　会员代表大会须有 2/3 以上的会员代表出席方能召开，其决议须经到会会员代表半数以上表决通过方能生效。

第十六条　会员代表大会每届三年。因特殊情况需提前或延期换届的，须由理事会表决通过，报业务主管单位审查并经社团登记管理机关批准同意。但延期换届最长不超过 1 年。

第十七条　理事会是会员代表大会的执行机构，在闭会期间领导本团体开展日常工作，对会员代表大会负责。

第十八条　理事会的职权是：

（一）执行会员代表大会的决议；

（二）选举和罢免会长、副会长、秘书长；

（三）筹备召开会员代表大会；

（四）向会员代表大会报告工作和财务状况；

（五）决定会员的吸收或除名；

（六）决定设立办事机构、分支机构、代表机构和实体机构；

（七）决定副秘书长、各机构主要负责人的聘任；

（八）领导本团体各机构开展工作；

（九）制定内部管理制度；

（十）决定其他重大事项。

第十九条　理事会须有 2/3 以上理事出席方能召开，其决议须经到会理事 2/3 以上表决通过方能生效。

第二十条　理事会每年至少召开一次会议；情况特殊的，也可采用通讯形式召开。

第二十一条　本团体的会长、副会长、秘书长必须具备下列条件：

（一）坚持党的路线、方针、政策，政治素质好；

（二）在本团体业务领域内有较大影响；

（三）会长、副会长、秘书长最高任职年龄不超过 70 周岁；

（四）身体健康，能坚持正常工作；

（五）未受过剥夺政治权利的刑事处罚的；

（六）具有完全民事行为能力；

第二十二条　本团体会长、副会长、秘书长如超过最高任职年龄的，须经理事会表决通过，报业务主管单位审查并社团登记管理机关批准同意后，方可任职。本团体会长、副会长、秘书长任期三年。会长、副会长、秘书长任期最长不得超过两届，因特殊情况需延长任期的，须经会员代表大会 2/3 会员代表表决通过，报业务主管单位审查并经社团登记管理机关批准同意后方可任职。

第二十三条　本团体会长为本团体法定代表人。如因特殊情况需由秘书长担任法定代表人，应报业务主管单位审查并经社团登记管理机关批准同意后，方可担任。本团体法定代表人不兼任其他团体的法定代表人。

第二十四条　本团体会长行使下列职权：

（一）召集和主持理事会；

（二）检查会员代表大会、理事会决议的落实情况；

（三）代表本团体签署有关重要文件。

第二十五条，本团体秘书长行使下列职权：

（一）主持办事机构开展日常工作，组织实施年度工作计划；

（二）协调各分支机构、代表机构、实体机构开展工作；

（三）提名副秘书长以及各办事机构、分支机构、代表机构和实体机构主要负责人，交理事会决定；

（四）决定办事机构、代表机构、实体机构专职工作人员的聘用；

（五）处理其他日常事务。

第五章　资产管理、使用原则

第二十六条　本团体经费来源：

（一）会费；

（二）捐赠；

（三）政府资助；

（四）在核准的业务范围内开展活动或服务的收入；

（五）利息；

（六）其他合法收入。

第二十七条　本团体按照国家有关规定收取会员会费。

第二十八条　本团体经费必须用于本章程规定的业务范围和事业的发展，不得在会员中分配。

第二十九条　本团体建立严格的财务管理制度，保证会计资料合法、真实、准确、完整。

第三十条　本团体配备具有专业资格的会计人员。会计不得兼任出纳。会计人员必须进行会计核算，实行会计监督。会计人员调动工作或离职时，必须与接管人员办清交接手续。

第三十一条　本团体的资产管理必须执行国家规定的财务管理制度，接受会员代表大会和财政部门的监督。资产采源属于国家拨款或者社会捐赠、资助的，必须接受审计机关的监督，并将有关情况以适当方式向社会公布。

第三十二条　本团体换届或更换法定代表人之前必须接受社团登记管理机关和业务主管单位组织的财务审计。

第三十三条　本团体的资产，任何单位、个人不得侵占、私分和挪用。

第三十四条　本团体专职工作人员的工资和保险、福利待遇，参照国家对事业单位的有关规定执行。

第六章　章程的修改程序

第三十五条　对本团体章程的修改，须经理事会表决通过后报会员代表大会审议。

第三十六条　本团体修改的章程，须在会员代表大会通过后15日内，经业务主管单位审查同意，并报社团登记管理机关核准后生效。

第七章　终止程序及终止后的财产处理

第三十七条　本团体完成宗旨或自行解散或由于分立、合并等原因需要注销的，由理事会或常务理事会提出终止动议。

第三十八条　本团体终止动议须经会员代表大会表决通过，并报业务主管单位审查同意。

第三十九条　本团体终止前，须在业务主管单位及有关机关指导下成立清算组织，清理债权债务，处理善后事宜。清算期间，不开展清算以外的活动。

第四十条　本团体经社团登记管理机关办理注销登记手续后即为终止。本团体终止后的剩余财产，在业务主管单位和社团登记管理机关的监督下，按照国家有关规定，用于发展与本团体宗旨相关的事业。

第八章　附则

第四十一条　本章程经2009年7月8日会员大会表决通过。

第四十二条　本章程的解释权属本团体的理事会。

第四十三条　本章程自社团登记管理机关核准之日起生效。

(三) 全国首家省级家庭农场合作组织：河北省家庭农场联合会

1. 概况

河北省家庭农场联合会，是全国首家省级家庭农场合作组织，是由河北省内具有一定规模的家庭农场和农民合作社自愿结成的地方性、非营利性社会团体。经河北省农业厅同意，河北省民政厅批准于 2015 年 11 月 10 日在石家庄市成立，接受河北省民政厅和河北省农业厅的监督管理和业务指导。

2. 宗旨

遵守中华人民共和国宪法、法律、法规和国家政策，遵守社会道德风尚，以联合和合作为纽带，密切政府与农民群众的联系，引导家庭农场和农民合作社规范运行，联合合作，健康发展，提高经营主体进入市场的组织化程度，维护会员单位的合法权益，为推进河北省农业结构调整，促进农民增收，建设新农村贡献力量。

联合会秉承当好助手，搭建桥梁，编织纽带，提供服务，自律发展的办会理念：

当好助手。接受政府委托，对家庭农场和农民合作社的基本情况进行统计、分析，开展基础调查，研究发展中面临的问题，提出建议，供业务主管部门参考。协助、配合政府推进规模化、集约化、商品化现代农业健康发展。

搭建桥梁。畅通政府与会员之间的沟通渠道，向会员宣传政府制定和实施的发展政策、行政法规和有关法律，推动惠农政策落地。反映会员呼声，传递会员的关切和诉求；

编织纽带。促进各会员单位之间的交流合作，制定并执行联合会的规章公约和各类标准，协调家庭农场与家庭农场、农民合作社与农民合作社、家庭农场与农民合作社之间的经营行为，倡导资源共享，互惠互利，互助共赢。

提供服务。以服务为核心，以服务求发展，为会员提供信息服务、教育与培训服务、咨询服务、金融服务、供销服务、举办展览、组织会议等，协助培育新型职业农民。

严格自律，合法维权。引导家庭农场和农民合作社规范运行、守法经营，对农场产品和服务质量、竞争手段、经营作风等进行严格监督，维护公共利益和信誉，鼓励公平竞争，打击违法、违规行为，依法维护会员单位合法权益。

3. 业务范围

①宣传贯彻党和国家的有关方针、政策，加强家庭农场联合会与政府的联系，积极配合政府有关部门家庭农场新型农业经营模式的各项活动及工作，发挥联系家庭农场与政府之间的桥梁纽带作用。

②协助省农业厅做好家庭农场人员的技术培训、政策宣传，帮助规范管理，推动家庭农场之间的技术交流与合作，实行产销研一条龙服务。

③积极推广新品种、新技术、新品牌产销服务，引导和推广农业生产无公害、绿色、有机农产品，提高农产品的品质和经营管理水平。

④及时向政府反映会员心声和建议，为会员排忧解难，依法维护会员的合法权益。

⑤发挥自律职能，引导会员诚信为本，守法经营，树立我省家庭农场经营者的良好形象。

⑥号召全体会员向社会奉献爱心，发挥群体优势，组织会员积极参与社会公益和慈善活动。

4. 章程

第一章　总　则

第一条　本联合会名称：河北省家庭农场联合会。

第二条　本联合会为河北省内具有一定规模的家庭农场农场主自愿结成的地方性、非营利性社会组织。

第三条　本联合会的宗旨是：遵守中华人民共和国宪法、法律、法规和国家政策，遵守社会道德风尚，以联合和合作为纽带，密切党和政府与农民群众的联系，引导家庭农场规范运行，健康发展，提高农民进入市场的组织化程度，维护家庭农场的合法权益，为推进我省农业结构调整，促进农民增收，建设社会主义新农村贡献力量。

第四条　本联合会坚持"属地管理"的组织原则，接受河北省民政厅和河北省农业厅的业务指导和监督管理。

第五条　本联合会办公地址为石家庄市民生路33号嘉鲤小区（北区）。

第二章　业务范围

第六条　联合会的业务范围是：

（一）宣传贯彻党和国家的有关方针、政策，加强家庭农场联合会与政府的联系，积极配合政府有关部门家庭农场新型农业经营模式的各项活动及工作，发挥联系家庭农场与政府之间的桥梁纽带作用。

（二）协助省农业厅做好家庭农场人员的技术培训、政策宣传，帮助规范管理，推动家庭农场之间的技术交流与合作，实行产销研一条龙服务。

（三）积极推广新品种、新技术、新品牌产销服务，引导和推广农业生产无公害、绿色、有机农产品，提高农产品的品质和经营管理水平。

（四）及时向政府反映会员心声和建议，为会员排忧解难，依法维护会员的合法权益。

（五）发挥自律职能，引导会员诚信为本，守法经营，树立我省家庭农场经营者的良好形象。

（六）号召全体会员向社会奉献爱心，发挥群体优势，组织会员积极参与社会公益和慈善活动。

第三章 会员

第七条 本联合会会员种类为单位会员。

第八条 申请加入本联合会，必须具备下列条件：

（一）必须拥护本联合会章程。

（二）有加入河北省家庭农场联合会的意愿。

（三）在河北省家庭农场领域内具有一定的规模和影响。

第九条 会员入会的程序是：

（一）提交入会申请书。

（二）经理事会讨论通过。

（三）由理事会发给会员证。

第十条 会员享有下列权利：

（一）享有本联合会的选举权、被选举权和表决权。

（二）参加本联合会举办的各项活动。

（三）享有本联合会各项服务的优先权。

（四）对本联合会工作的批评、建议权和监督权。

（五）入会自愿，退会自由权。

第十一条 会员应履行以下义务：

（一）遵守宪法和法律，维护社会公德和职业道德、遵守劳动纪律、本联合会章程及有关规定。

（二）执行本联合会决议、决定。

（三）维护本联合会合法权益。

（四）完成本联合会交办的各项工作。

（五）按规定按时缴纳会费。

（六）向本联合会反映情况，提供有关文件及资料。

第十二条　会员退会应书面通知本联合会，并交回会员证。会员如果一年不交纳会费或不参加本联合会活动的，视为自动退出本联合会。

第十三条　会员如有严重违反本章程的行为，经理事会或常务理事会表决通过，予以除名。

第四章　组织机构和负责人的产生、罢免

第十四条　本联合会最高权力机构是会员代表大会，其职责是：

（一）制定和修改本联合会章程。

（二）选举和罢免理事，组成和改组理事会。

（三）听取审议理事会的工作报告和财务报告。

（四）通过有关决议、决定等重大事项。

第十五条　会员代表大会须有三分之二以上的会员出席方能召开，其决议须到会会员半数以上表决通过方能生效。

第十六条　会员代表大会每届三年。因特殊情况需提前或延期换届的，须由理事会表决通过，报业务主管单位审查并经社团登记管理机关批准同意，但延期换届最长不得超过一年。

第十七条　理事会是会员代表大会的执行机构，在会员代表大会闭会期间，领导本团体开展日常工作，对会员代表大会负责。

第十八条　理事会的职责：

（一）执行会员代表大会的决议。

（二）选举和罢免会长、副会长、秘书长。

（三）筹备召开会员代表大会。

（四）向会员代表大会报告工作和财务状况。

（五）决定会员的吸收或除名。

（六）决定设立办事机构、分支机构、代表机构和实体机构。

（七）决定副秘书长、各机构主要负责人的聘任，决定名誉会长、顾问的聘请。

（八）领导本团体各机构和会员开展工作。

（九）制定内部管理制度和年度计划，召开年会。

（十）决定其他重大事项。

第十九条　理事会须有三分之二以上理事出席方能召开，其决议须经到会理事三分之二以上表决通过方能生效。

第二十条　理事会每年至少召开一次会议，特殊情况也可以采用通讯形式召开。

第二十一条　本联合会的会长、副会长、秘书长必须具备以下条件：

（一）坚持党的路线、方针、政策，政治素质好。

（二）在本联合会领域内有较大影响。

（三）会长、副会长、秘书长最高任职年龄不超过70周岁。

（四）身体健康，能坚持正常工作。

（五）未受过剥夺政治权利的刑事处罚。

（六）具有完全民事行为能力。

第二十二条　会长、副会长、秘书长如超过最高任职年龄的，须经理事会表决通过，报业务主管单位审查和登记机关批准同意后，方可任职。

第二十三条　会长、副会长、秘书长的任期每届三年，最长不得超过两届，因特殊情况需要延长任期的，须经三分之二以上会员表决通过，报业务主管单位审查并经社团登记管理机关批准同意后方可任职。

第二十四条　本联合会内秘书长为法定代表人。本联合会法定代表人不得兼任其他团体的法定代表人。

第二十五条　本联合会会长行使下列职权：

（一）召集和主持理事会工作。

（二）检查会员代表大会、理事会决议的落实情况。

（三）代表本联合会签署有关重要文件。

第二十六条　本联合会秘书长行使下列职权：

（一）主持办事机构开展日常工作，组织实施年度工作计划。

（二）协调各分支机构、代表机构、实体机构开展工作。

（三）提名副秘书长及各机构、分支机构、代表机构和实体机构主要负责人，交理事会决定。

（四）决定办事机构、代表机构、实体机构专职工作人员的聘用。

（五）处理其他日常事务。

<h3 style="text-align:center">第五章 经费管理及资产使用原则</h3>

第二十七条 本联合会经费来源：

（一）按国家有关规定收取会员会费。

（二）接受会员及其他有关人士的捐款。

（三）政府部门和其他组织的资助。

（四）在核准的业务范围内开展活动或服务的收入。

（五）利息。

（六）其他合法收入。

第二十八条 本联合会按照国家有关规定收取会员会费。

第二十九条 联合会经费必须用于本章程规定的业务范围和事业发展，不得违反有关规定在会员中分配。

第三十条 本联合会建立严格的财务管理制度，保证会计资料合法、真实、准确、完整。

第三十一条 本联合会配备专业会计人员，会计不得兼任出纳。会计人员必须进行会计核算，实行会计监督。会计人员调动或离职时，必须与接管人员办清交接手续。

第三十二条 本联合会的资产管理必须执行国家规定的财务管理制度，接受会员代表大会和财政部门的监督。

第三十三条 本联合会换届或更换法定代表人之前必须接受社团登记管理机关和业务主管单位组织的财务审计。

第三十四条 本联合会的资产，任何单位、个人不得侵占、私分和挪用。

第三十五条 本团体专职工作人员的工资和保险、福利待遇，参照国家对事业单位的有关规定执行。

<h3 style="text-align:center">第六章 章程的修改程序</h3>

第三十六条 本联合会章程的修改，须经理事会表决通过后报会员代表大会审议。

第三十七条 本联合会修改的章程，须在会员大会通过后十五日内，经业务主管单位审查同意，并报社团登记管理机关核准后生效。

<h3 style="text-align:center">第七章 终止程序及终止后的财产处理</h3>

第三十八条 本联合会完成宗旨或自行解散或由于分立、合并等原因

需要注销的，由理事会或常务理事会提出终止协议。

第三十九条　本联合会终止协议须经会员大会表决通过，并报业务主管单位审查同意。

第四十条　本联合会终止前，须在业务主管单位及有关机关指导下成立清算组织，清算债权，处理善后事宜。清算期间不展开清算以外的活动。

第四十一条　本联合会社团登记管理机关办理注销登记手续后即为终止。

第四十二条　本联合会终止后的剩余财产，在业务主管单位和社团登记管理机关的监督下，按照国家有关规定，用于发展与本团体宗旨相关的事业。

第八章　附　则

第四十三条　本章程经 2015 年 11 月 10 日会员代表大会表决通过。

第四十四条　本章程的解释权属本联合会理事会。

第四十五条　本章程自社团登记管理机关核准之日起生效。

（四）全国首家 1 个省级家庭农场联合会与 19 个分会组织：江西省家庭农场联合会

1. 概况

2017 年 1 月 11 日，江西省家庭农场联合会在南昌正式挂牌成立。发起人为江西农业工程职业学院现代青年农场主一期培训班学员。联合会经省民政厅登记，由具有一定种养规模的家庭农场主们自愿联合组建，他们资源共享、优势互补、抱团发展。各联合会分会以省联合会"根植农业、服务会员、团结互助、合作共赢"为宗旨，在农业产业交流、农技推广服务、农产品展销推广等业务范围开展活动。截至 2018 年 3 月 6 日，共成立 19 个分会。

2017 年，江西省家庭农场联合会在政府部门、联合会省理事会指导下，共成立分会 17 个，拥有会员 1879 名，筹建产业联盟近 80 个，实现了产业优化，品牌打出。2018 年江西省家庭农场联合会把工作重点放在加强党建工作，统一思想建设，完善各项制度，加强行业自律，优化产品结构，提升产品质量，提高产品知名度。带动会员成为合格新型职业农民，做到懂农业、爱农村、爱农民，在扶贫、脱贫工作中做出贡献，促进乡村经济发展。

2. 宗旨

江西省家庭农场联合会的宗旨是宣传贯彻党和国家的有关方针、政策，加强家庭农场联合会与政府的联系，积极配合政府部门开展家庭农场的各项活动及工作，发挥联系家庭农场与政府之间的桥梁纽带作用。帮助规范管理，推动家庭农场之间的技术交流与合作，实行产销研一条龙服务。积极推广新品种、新技术、新品牌产销服务，引导和推广农业生产无公害、绿色、有机农产品，提高农产品的品质和经营管理水平，积极对接省内外农产品市场。为会员排忧解难，依法维护会员的合法权益。发挥自律职能，引导会员诚信为本，守法经营，树立家庭农场经营者的良好形象。

（五）其他典型地区的探索和实践：浙江省衢州市衢江区家庭农场协会

1. 概况

衢州市衢江区家庭农场协会，是衢江区有一定规模的家庭农场生产、经营者自愿结成的非营利性社会组织。协会住所地是衢江区农业局大楼内（衢江区茶苑路15号）。

2. 宗旨

遵守中华人民共和国宪法、法律、法规和国家政策，遵守社会道德风尚，以党的十八大精神为指导，以为"三农"服务为己任，以联合和合作为纽带，积极兴办家庭农场生产组织，引导农村各类家庭农场规范运作，健康发展，提高农民进入市场的组织化程度，推动农业产业化经营，促进农业结构调整和农民增收，维护家庭农场的合法权益，密切党和政府与农民的联系，为繁荣我区农村经济，促进农民增收，全面建设社会主义新农村贡献力量。

3. 协会的业务范围

①组织会员学习政策、法规，科学技术知识；提供培训、信息咨询服务；

②开展各项农业生产技术指导；

③为会员提供资金融通服务；

④大宗生产、生活资料的集中采购与供应服务；

⑤为会员提供农产品深加工、包装、销售服务；

⑥为会员提供法律维权服务；

⑦协调、规范协会内部生产和经营行为；

⑧承办有关部门委托或交办与本协会有关的其他事项或任务。

4. 章程

浙江省衢州市衢江区家庭农场协会章程

（经 2013 年 6 月 24 日会员大会通过）

第一章 总则

第一条 本协会名称：衢州市衢江区家庭农场协会。

第二条 本协会的性质是衢江区有一定规模的家庭农场生产、经营者自愿结成的非营利性社会组织。

第三条 本协会的宗旨是：遵守中华人民共和国宪法、法律、法规和国家政策，遵守社会道德风尚，以党的十八大精神为指导，以为"三农"服务为己任，以联合和合作为纽带，积极兴办家庭农场生产组织，引导农村各类家庭农场规范运作，健康发展，提高农民进入市场的组织化程度，推动农业产业化经营，促进农业结构调整和农民增收，维护家庭农场的合法权益，密切党和政府与农民的联系，为繁荣我区农村经济，促进农民增收，全面建设社会主义新农村贡献力量。

第四条 本协会接受衢江区农业局、区民政局的业务指导和监督管理。

第五条 本协会住所地是衢江区农业局大楼内（衢江区茶苑路 15 号）。

第二章 业务范围

第六条 本协会的业务范围：

（一）组织会员学习政策、法规，科学技术知识；提供培训、信息咨询服务；

（二）开展各项农业生产技术指导；

（三）为会员提供资金融通服务；

（四）大宗生产、生活资料的集中采购与供应服务；

（五）为会员提供农产品深加工、包装、销售服务；

（六）为会员提供法律维权服务；

（七）协调、规范协会内部生产和经营行为；

（八）承办有关部门委托或交办与本协会有关的其他事项或任务。

第三章 会员

第七条 本协会的会员种类是个人会员。

第八条　申请加入本协会的会员，必须具备下列条件：

（一）拥护本协会的章程；

（二）有加入衢江区家庭农场协会的意愿；

（三）在衢江区家庭农场领域内具有一定的规模和影响。

第九条　会员入会的程序是：

（一）提交入会申请书；

（二）经理事会讨论通过；

（三）由理事会发给会员证。

第十条　会员享有下列权利：

（一）本协会的选举权、被选举权和表决权；

（二）参加本协会的活动；

（三）获得本协会服务的优先权；

（四）对本协会工作的批评建议权和监督权；

（五）入会自愿、退会自由。

第十一条　会员履行下列义务：

（一）执行本协会的决议；

（二）维护本协会合法权益；

（三）完成本协会交办的工作；

（四）按规定交纳会费；

（五）向本协会反映情况，提供有关资料。

第十二条　会员退会应书面通知本协会，并交回会员证。会员如果1年不交纳会费或不参加本协会活动的，视为自动退会。

第十三条　会员如有严重违反本章程的行为，经理事会或常务理事会表决通过，予以除名。

第四章　组织机构和负责人产生、罢免

第十四条　本协会的最高权力机构是会员代表大会，会员代表大会的职权是：

（一）制定和修改章程；

（二）选举和罢免理事；

（三）审议理事会的工作报告和财务报告；

（四）决定终止事宜；

（五）决定其他重大事宜。

第十五条　会员代表大会须有 2/3 以上的会员代表出席方能召开，其决议须经到会会员代表半数以上表决通过方能生效。

第十六条　会员代表大会每届三年。因特殊情况需提前或延期换届的，须由理事会表决通过，报业务主管单位审查并经社团登记管理机关批准同意。但延期换届最长不超过 1 年。

第十七条　理事会是会员代表大会的执行机构，在闭会期间领导本协会开展日常工作，对会员代表大会负责。

第十八条　理事会的职权是：

（一）执行会员代表大会的决议；

（二）选举和罢免会长、副会长、秘书长；

（三）筹备召开会员代表大会；

（四）向会员代表大会报告工作和财务状况；

（五）决定会员的吸收或除名；

（六）决定设立办事机构、分支机构、代表机构和实体机构；

（七）决定副秘书长、各机构主要负责人的聘任；

（八）领导本协会各机构开展工作；

（九）制定内部管理制度；

（十）决定其他重大事项。

第十九条　理事会须有 2/3 以上理事出席方能召开，其决议须经到会理事 2/3 以上表决通过方能生效。

第二十条　理事会每年至少召开一次会议；情况特殊的，也可采用通讯形式召开。

第二十一条　本协会的会长、副会长、秘书长必须具备下列条件：

（一）坚持党的路线、方针、政策，政治素质好；

（二）在本协会业务领域内有较大影响；

（三）会长、副会长、秘书长最高任职年龄不超过 70 周岁；

（四）身体健康，能坚持正常工作；

（五）未受过剥夺政治权利的刑事处罚的；

（六）具有完全民事行为能力。

第二十二条　本协会会长、副会长、秘书长如超过最高任职年龄的，须经理事会表决通过，报业务主管单位审查并经社团登记管理机关批准同意后，方可任职。

第二十三条　本协会会长、副会长、秘书长任期三年。会长、副会长、秘书长任期最长不得超过两届，因特殊情况需延长任期的，须经会员代表大会2/3会员代表表决通过，报业务主管单位审查并经社团登记管理机关批准同意后方可任职。

第二十四条　本协会会长为本协会法定代表人。如因特殊情况需由秘书长担任法定代表人，应报业务主管单位审查并经社团登记管理机关批准同意后，方可担任。本协会法定代表人不兼任其他协会的法定代表人。

第二十五条　本协会会长行使下列职权：

（一）召集和主持理事会；

（二）检查会员代表大会、理事会决议的落实情况；

（三）代表本协会签署有关重要文件。

第二十六条　本协会秘书长行使下列职权：

（一）主持办事机构开展日常工作，组织实施年度工作计划；

（二）协调各分支机构、代表机构、实体机构开展工作；

（三）提名副秘书长以及各办事机构、分支机构、代表机构和实体机构主要负责人，交理事会决定；

（四）决定办事机构、代表机构、实体机构专职工作人员的聘用；

（五）处理其他日常事务。

第五章　资产管理、使用原则

第二十七条　本协会经费来源：

（一）会费；

（二）捐赠；

（三）政府资助；

（四）在核准的业务范围内开展活动或服务的收入；

（五）利息；

（六）其他合法收入。

第二十八条　本协会按照国家有关规定收取会员会费。

第二十九条　协会经费必须用于本章程规定的业务范围和事业的发展，不得在会员中分配。

第三十条　协会建立严格的财务管理制度，保证会计资料合法、真实、准确、完整。

第三十一条　协会配备具有专业资格的会计人员。会计不得兼任出纳。会计人员必须进行会计核算，实行会计监督。会计人员调动工作或离职时，必须与接管人员办清交接手续。

第三十二条　本协会的资产管理必须执行国家规定的财务管理制度，接受会员代表大会和财政部门的监督。资产采源属于国家拨款或者社会捐赠、资助的，必须接受审计机关的监督，并将有关情况以适当方式向社会公布。

第三十三条　协会换届或更换法定代表人之前必须接受社团登记管理机关和业务主管单位组织的财务审计。

第三十四条　协会的资产，任何单位、个人不得侵占、私分和挪用。

第三十五条　协会专职工作人员的工资和保险、福利待遇，参照国家对事业单位的有关规定执行。

第六章　章程的修改程序

第三十六条　本协会章程的修改，须经理事会表决通过后报会员代表大会审议。

第三十七条　修改的章程，须在会员代表大会通过后15日内，经业务主管单位审查同意，并报社团登记管理机关核准后生效。

第七章　终止程序及终止后的财产处理

第三十八条　协会完成宗旨或自行解散或由于分立、合并等原因需要注销的，由理事会或常务理事会提出终止动议。

第三十九条　本协会终止动议须经会员代表大会表决通过，并报业务主管单位审查同意。

第四十条　协会终止前，须在业务主管单位及有关机关指导下成立清算组织，清理债权债务，处理善后事宜。清算期间，不开展清算以外的活动。

第四十一条　协会经社团登记管理机关办理注销登记手续后即为终止。

第四十二条　协会终止后的剩余财产，在业务主管单位和社团登记管理机关的监督下，按照国家有关规定，用于发展与本协会宗旨相关的事业。

第八章　附则

第四十三条　章程经2013年6月24日会员大会表决通过。

第四十四条　本章程的解释权属本协会的理事会。

第四十五条　本章程自社团登记管理机关核准之日起生效。

五　家庭农场联合与合作的发展趋势

一是家庭农场需要联合与合作。国内外的实践证明，家庭农场的深度发展必然趋向于联合与合作。这由农业生产的特殊性与家庭经营的局限性所决定，与家庭农场自身的完善与发展相适应。从内在动力来讲，家庭农场之间的自主联合与合作，是家庭农场经营方式的自我完善，是家庭农场从封闭走向开放的开端，是满足市场需要的必需；从外部压力来讲，联合与合作最直接的反映就是农产品的流通领域，是家庭农场适应商品经济的发展和市场机制作用的必然。

二是家庭农场联合与合作应重点解决横向组织化问题。从实践来看，延长农产品产销链，推动农产品产销链分工精细化、实施标准化，是当前家庭农场联合与合作的关键所在。维持这种稳定的联结机制，需要有稳定而有力的横向组织，提供产业信息服务，做好市场预测，强化产业发展规划，组织会员统一实施标准化、规模化和专业化生产，提升产品竞争力，并通过组织增强谈判能力，促进成员经济收入增长和话语权的提升。同时，对内监督会员行为，提升会员规范生产的自觉性。

三是家庭农场联合与合作组织提供的应该是综合性服务。应有全国性的自上而下的家庭农场联合与合作组织，提供综合全面的多元化生产、生活服务。涵盖农资的购买、供应、技术咨询服务、农产品加工销售等服务，以便成员可以获得价格较为低廉的农资产品，以相对较低的成本得到农产品加工和销售服务，减少中间商获取的费用和差价；与农技推广、农业科研单位、涉农院校等加强对接，加强对家庭农场主的生产经营指导服务；在产业发展、生产服务、营销促销等方面开展联合与合作，促进家庭农场共同发展。

四是家庭农场联合与合作应探求金融创新。目前，中国金融机构涉农贷款业务无一例外地要求需要能够在市场上变现的固定资产作为抵押物，一旦发生违约，银行可以出售其抵押资产而进行还贷。但农村土地归集体所有，不允许进行买卖。重庆的"地票"交易的也是在城乡建设用地增减挂钩政策下的建设用地指标，而不是宅基地本身。家庭农场在生产经营过程中遇到的资金缺口仍较难通过贷款来满足。实践中，可以借鉴日本农协和台湾地区农会经验，探索在家庭农场联合与合作过程中，收取会员会费后将其为有需要的成员提供贷款。

五是家庭农场联合与合作应减少不必要的政府干预。从日本农协和中国台湾地区农会的发展实践来看，家庭农场的联合与合作应坚持民办、民营、民管的原则，采取开放式准入，勇于创新，敢于实践，不断探索适合现实发展需要的道路。政府应更多地通过法律和经济杠杆引导其健康发展，如加快家庭农场立法，明确家庭农场地位，依法规范政府与家庭农场关系。

依据信息平台分析形成家庭农场精准管理体系问题研究报告

农业农村部规划设计研究院

一 研究背景

中央高度重视发展培育家庭农场，一些地方家庭农场快速发展，取得了显著成效。但是，家庭农场发展仍面临诸多困难和问题，如形成适度规模难、改善农业设施难、家庭经营人才短缺、获得社会化服务难、融资保险渠道短缺等。由于家庭农场管理服务人员缺乏，传统统计制度的缺陷，不少地方的家庭农场存在基础数据不准、更新不及时等问题，为农经管理部门精准管理家庭农场发展情况带来了一定困难，一定程度上影响家庭农场的健康发展。落实中央要求，进一步明确引导扶持的方向，提高扶持政策的精准性和靶向性，迫切需要研究建立家庭农场精准管理体系。

二 研究思路

本研究拟在借鉴国内外开展农场精准化管理经验做法的基础上，结合国内有关地区的实践经验，分析当前农场管理中存在的问题，依托农场名录系统采集的全面、实时的家庭农场信息，基于承包地确权等地理信息数据和互联网、大数据等技术，分析构建农场精准化管理体系，并以2017年年底农场名录系统中的抽样数据展开研究。**主要研究内容包括：一是**研究建立健全基于信息平台的家庭农场直报制度，为实现家庭农场的精准化管理和服务提供基础数据支撑；**二是**研究利用承包地确权数据和遥感等现代信息技术，核实家庭农场经营者填报的信息准确性、真实性；**三是**研究影响家庭农场经营者如实、准确、及时填报相关信息的相关因素，提出改善家庭农场经营者如实填报数据的能力、积极性的建议。

三 国内外家庭农场精准化管理的做法与经验

(一) 欧盟家庭农场精准化管理的做法与经验

欧洲是家庭农场的发源地，经过 100 多年的发展，家庭农场已经成为欧盟成员国农业中最重要的模式，在解决粮食安全、提供公共产品、保持农村发展、确保高质量产品供应等方面发挥了重要作用，是实现欧盟共同农业政策目标及确保欧盟农业可持续发展不可或缺的途径。欧盟在 2014—2020 年政策框架中明确，农业公共政策的目标之一就是通过建立现代、有竞争力、环境友好型的家庭农场，吸引更多的年轻人从事农业，进而促进农村社区的繁荣。

为了促进家庭农场发展、提高家庭农场竞争力，欧盟对家庭农场实施了持续的、高水平的支持与保护。欧盟委员会 2014 年公布数据显示，1993—2005 年，欧盟与生产挂钩的直接补贴支出超过 3100 亿欧元，平均每年 240 亿欧元，约占欧盟共同农业政策支出的 57% 左右，其补贴对象主要是家庭农场。2010 年之后，每年提供约 390 亿欧元直补给 1200 万个农场主。为提高家庭农场扶持政策的精准性、靶向性，确保农业直接补贴的正常、有序发放，杜绝家庭农场套取或骗取农业补贴的违规行为，欧盟建立了农业综合管理控制系统（IACS）和比较健全的运行管理制度。

1. 农业综合管理控制系统（IACS）

从 1992 年开始，通过欧盟理事会法规第 3508 号形式，要求各成员国采用 IACS 系统来辅助执行包括农场主直补在内的多项农业政策。2003 年，《欧盟理事会法规》第 1782 号规定，2005 年 12 月 1 日之前，各成员国的 IACS 系统，必须建立基于地理空间信息的地块识别子系统。经过多年的推行使用，目前 IACS 系统已涵盖了管理和实时控制等应用功能，管理着欧盟 90% 以上的农业补贴资金，每年接收并处理大量的农场主提交的补贴申请，实现了对欧盟各国政府的农业决策支持作用。

IACS 系统由四个部分组成：一是实时更新的农场数据库系统，包括精细到地块尺度的地理空间信息数据、农场主等生产者信息数据、历年补贴发放信息、农场违规信息等。二是自动识别系统，能够识别欧盟境内所有的农业地块、所有的农场主身份甚至农场主饲养的动物。三是受益人注册识别系统。

四是补贴核查和削减计算系统，可以自动检查申请人是否存在违规行为。

IACS 系统具体功能包括：一是监管直接补助资金正确发放到农场主手中；二是预防、核查并控制直接补助资金发放过程中的违规行为；三是实时跟进、快速恢复过量支付的直接补助资金；四是支持农场主提交补贴申请，并核查申请的合格性。

2. 健全运行管理制度

欧盟先后以《欧盟委员会法规》1122 号/2009、《欧盟理事会法规》（3508/1992、1593/2000、1782/2003、73/2009）等法律规章形式，对欧盟农场申请 2014 年之前的直接补贴和 2014 年之后的基础补贴、绿色补贴、青年农场主补助等做出详细、明确的规定。**一是实行农业补贴申报制**。在欧盟各成员国，每个想要获取农业直接补贴的农场主，必须在每年的固定时间段向支付代理机构提交纸质或电子版的申报材料，包括申请人身份信息、申领补贴金额、种植面积、品种、往年领取的补贴额度以及执行补贴标准情况等，同时提交农场的地理空间位置图。**二是实行补贴发放审核制**。欧盟共有 85 个支付代理机构，专门负责收集、处理和审核每个申请者提交的申报材料，并向符合条件的申请者支付补贴。在补贴发放前，支付代理机构利用综合管理和控制系统，通过采用交叉检查等多种方式对所有的补贴申请进行检查，同时辅以 5%—10% 的现场核查。如果系统检查发现虚报、瞒报等可疑情况，则会提高现场核查比例。近几年，欧盟大力采用遥感、地理信息系统等现代信息技术核查来代替人工现场核查，降低运行成本。2007 年，欧盟利用遥感技术核查了 50 万个农场的面积、大小以及种植情况，占补贴申请总数的 5.7%。通过管理核查和现场核查评估申请者是否执行欧盟有关标准和规定。经核查证实存在违规行为的申请者，其获得的补贴额度将视违规严重程度予以适度削减甚至取消。每年，欧盟成员国都要向欧盟农业委员会提交带有详细数据分析的补贴申请、核查和削减报告。**三是建立严格的审查制度**。2003 年，欧盟便建立了农场审计制度，审计部门将定期地对农场的投入水平进行审查，以确定是否符合有关的环境、食品安全和动物福利要求。此外，每年欧盟都委托第三方机构对 85 个支付代理机构进行财务清算、年度审计，评估支付代理机构是否存在违法违规的行为。欧盟农业委员会在下一年度的 4 月左右公示审查报告。**四是建立咨询培训制度**。欧盟要求各成员国必须建立"农场咨询系统"，向农民提供如何在生产过程中按照有关标准和良好操作规范咨询服务。同时，积极加强对青年农民、家庭农场主的教育培训，帮助其掌握、利用新技术、新品种，及时掌握农业共同政策变化情况。

(二) 中国部分地区家庭农场精准化管理实践探索

为贯彻落实中央要求，2008 年以来，江苏、重庆、四川、浙江等省市陆续自发探索开展新型经营主体补贴试点，四川等有些地方实行次年按上年的种植面积、分档次进行财政补贴，上海松江等有些地方按照当年播种面积、分档次给予财政补贴。2012 年开始，财政部在黑龙江、辽宁、山东、安徽、江西五省启动种粮大户补贴试点工作，补贴资金原则上通过项目支持的形式实施，主要采取"贴息"和"以奖代补"两种方式，帮助种粮大户改善生产条件，重点支持种粮大户的生产成本补偿、生产能力建设以及金融机构为种粮大户提供金融服务。2012—2014 年，财政部累计拨付试点经费 18 亿元。从试点实践看，开展种粮大户补贴试点，无论采用项目支持还是资金支持的形式实施，虽然在程序、方法上会有所差别，但核心工作都是围绕对种粮大户资格确认和面积核实开展的。

1. 项目支持形式的补贴试点——以山东省德州市为例

根据财政部《开展种粮大户补贴试点工作的指导意见》（财建〔2012〕386 号）和《2012 年山东省种粮大户补贴试点工作方案》等文件精神，2013 年德州市下发的《种粮大户补贴试点工作管理暂行办法》规定：(1) **前置土地流转备案**。种粮大户需签订规范的流转合同，经村委会初审、乡镇核实后，及时上报县农业、财政部门备案，建立种粮大户档案。(2) **明确申报审核程序**。首先，由种粮大户持流转备案审批表、分户明细表、分户流转合同、种粮地块平面示意图等有关材料自主申报并做出真实性承诺；其次，由乡镇经管部门以承包和流转合同等合法手续为依据予以初审，审核合格的加盖乡镇政府印章后上报；再次，由县级农业、财政部门负责对各乡镇种粮大户材料进行复核确认，对种植面积超过 300 亩的进行现场检查复核；最后，在乡、村两级公示后，县级将汇总后的种粮大户种植情况在当地农业信息网或电视台公示 7 天。(3) **规范补贴资金发放**。经各级审核、公示、确定后，按照"先干后奖，不干不奖"的原则，种粮大户凭当前农业年度投资修建基础设施等的相关资料和凭证，经乡、县两级财政、农业（经管）部门审核无误后，予以奖补。(4) **加强补贴资金监管**。乡镇政府要通过深入田间地头实地丈量，确保种粮大户种植面积等基础数据准确无误。县、市、省级财政、农业、监察等部门要各司其职，建立并运转相应的建档立案、动态管理、违纪处罚等保障监管措施，必要时予以实地复核。

2. 资金支持形式的补贴试点——以上海市松江区为例

2007年以来，围绕发展粮食型家庭农场这一重点，松江区采取了一系列的政策措施，其中补贴政策的调整是一个重要因素。2008年松江区就出台《粮食生产家庭农场土地流转费补贴实施细则》，对种植面积为100—200亩的种粮家庭农场，区财政给予每亩200元的土地流转费补贴。此后，经过多次优化完善，松江区明确：将中央和上海市财政提供的良种补贴、农资补贴由普惠制改为以粮食种植面积为基础、根据生产管理考核结果向家庭农场发放。其具体做法：（1）**明确前提**。要求本地户籍，具备较强的农业生产经营能力，实际经营中无转包、外包等现象，粮食种植规模一般在100—150亩，并确定由村集体经济组织按照民主程序，择优选择家庭农场经营者。（2）**量化标准**。按照百分制，从生产经营管理、农田生态环境、商品粮销售量等六个方面予以考核，根据考核得分按四个等级享受相应补贴，其中的优、良、中分别补贴每亩200元、150元、100元，以200亩为补贴上限，差的不补贴。（3）**明晰程序**。首先，由村（居）民委员会对本村符合条件的家庭农场进行登记，对生产管理情况予以初评，并汇总上报乡镇农业办公室（农业服务中心）。其次，由镇农业办公室对各村家庭农场进行全面检查和初审，由区农委组织有关部门随机选取各镇上报的30%家庭农场进行抽查。再次，由乡镇将考核结果在村内进行公示。公示无异议后，由家庭农场主/种粮大户对各自的考核结果进行签字确认，由镇农业办公室将考核资料妥善存档。最后，根据考核分值，确定补贴标准，将补贴资金，以"一卡通"形式直接拨付给农户。

3. 取得的成效及存在的问题

从试点效果看，对种粮大户、家庭农场等新型经营主体进行补贴，对增加新型经营主体的收入、调动种植粮食的积极性、促进粮食生产规模化和粮食生产方式转变发挥了积极作用。2007—2013年，上海市松江区家庭农场从597户增加到1267户，经营耕地面积从9.05万亩增加到15.2万亩，已占总播种面积的90%，粮食总产量达到11.1万吨，比2006年增长8.3%，劳均粮食生产能力超过4万公斤，家庭农场主80%的收入来自农业。

但是，在试点也遇到了一些问题，如有些地方出现了种粮大户、家庭农场或合作社等新型经营主体通过虚报播种面积套取补贴的违规行为，有的地方新型经营主体与原承包农户之间围绕新增补贴分配发生纠纷等问题，这些都影响了新增补贴正常发挥的效果。综合分析有关机构、学者的研究论述，之所以出现上述问题主要有以下三方面原因：**一是缺乏详实的基础数据**。新型经营主体实现连片规模经营的少，租种面积年际变化大且地块分散的多，农户承包地块数量和实际播种面积难核实。全国政协委员、宁夏回族自治区人大常委会副主任孙贵宝向南方都市报记者反映，一些所谓的"种粮大户"，通过虚报播种面积来冒领土地种粮补贴，西部有的地区甚至出现了种粮户一年多上报1000多亩土地，冒领200多万元土地种粮补贴的案例。**二是缺乏有效手段，监督成本过高**。在缺乏详实基础数据的前提下，按实际播种面积或商品粮数量补贴的程序相对复杂，干部将疲于调查取证并带来高运行成本。据浙江省农业部门反映，经测算，若按实际播种面积补贴，每亩地的核实运行成本将高于农业补贴额度，得不偿失。2014年，浙江省龙游县通过查阅资料、实地查看和走访农户等方法，先后耗费近40天才完成全县20亩以上种粮大户早稻补贴面积核查。**三是在政策法规等层面还需深入研究并完善**。如何处理好新型经营主体与原承包农户之间的权利和利益关系，做到既保护流入方的合法利益，又保护原承包农户的合理诉求，尚需进一步研究。

4. 示范性家庭农场认定管理

为了规范示范性家庭农场的认定及管理，山西、河北、上海、江苏、浙江等12个省份出台了省级示范性家庭农场认定管理办法，不少地市、县级也出台了市级、县级示范性农场认定管理办法。上海、山西等省还开发了农场管理系统，加强对家庭农场的精准化管理服务。

(1) 省级示范农场评定依据。主要从符合家庭农场的条件和要求、经营主体合法性、基础设施完备程度、从业人员稳定性、经营规模适度、生产标准规范、农场科学合理运行、经营效益明显以及登记备案及时等方面作为示范家庭农场评定依据。

(2) 省级示范农场评定程序。评定程序一般包括自愿申报、初审推荐、评选认定、发文公布四个环节。新申请时间一般1年1次。申报材料包括农场基本情况介绍、申报表、县级认定及登记复印件、会计报表或财务收支记录、流转合同证明材料、农场劳动力身份材料、三品一标等证明材料、标准化生产记录、销售单据等。

(3) 省级示范农场评定监管。多数省份实行动态管理，有效期1—3年。设置"一票否决"条件，一经发现取消省级示范资格，并明确3年内不得再次申请。

四 农场名录系统数据分析

农场名录系统数据分析是以系统中已填报且经管理员审核通过的约9.7万家庭农场名录信息作为抽样数据。

（一）农场基本情况

本部分从家庭农场分布、示范家庭农场占比、工商登记和品牌建设等方面进行分析，描述农场名录系统录入农场的基本情况。

1. 全国家庭农场分布

通过用户在空间地图上点选农场位置以及农场地址信息识别，可知东南沿海及内陆地区家庭农场数量较多且分布较密集，以安徽、江苏、四川数量最多。

2. 示范家庭农场占比

在系统抽样数据中，有11.29%属于示范性家庭农场，共计约1.1万家。如图1所示，其中，省级示范家庭农场占2.35%，市级示范家庭农场占3.17%，县级示范农场占5.77%。

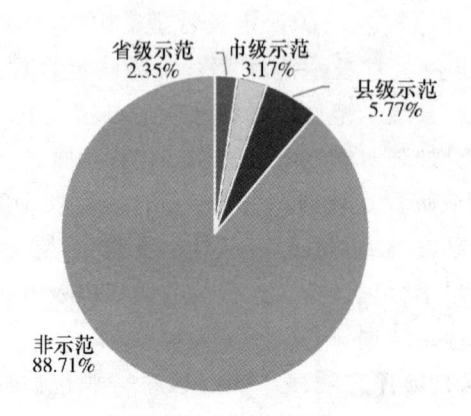

图1 示范家庭农场数量占比统计

3. 工商登记情况

在系统抽样数据中，有约68.13%的家庭农场办理了工商部门注册登记，登记类型以个体工商户和个人独资企业注册登记为主，两者合计占52.67%，其中个体工商户登记注册约占38.74%左右，个人独资企业登记注册约占13.93%，另有0.17%的家庭农场登记为合伙企业，0.42%的家庭农场登记为公司，14.86%的家庭农场登记为其他类型。由此可知，中国家庭农场在工商部门注册的认可度较高，这可能与家庭农场市场化参与程度较高有关，工商注册获得市场经济主体地位有利于农场参与市场经营。

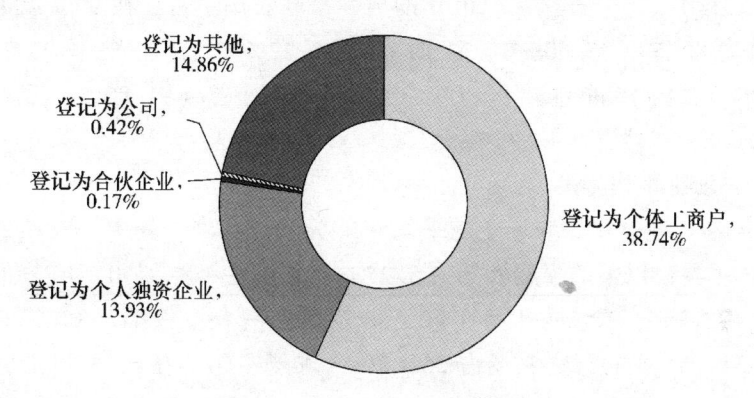

图2 家庭农场工商部门登记注册类型占比统计

分省（区、市）来看，在工商部门办理了注册登记的家庭农场比重在80%以上的省（区、市）有14个。其中，12个省（区）的比重为大于90%，分别为广西壮族自治区、宁夏回族自治区、湖北省、山东省、吉林省、四川省、青海省、浙江省、广东省、河北省、河南省、江西省、贵州省和福建省；在工商部门办理了注册登记的家庭农场比重在50%以下的省（区、市）有8个，分别为云南省、湖南省、新疆维吾尔自治区、黑龙江省、内蒙古自治区、海南省、上海市和辽宁省。

4. 品牌建设情况

在系统抽样数据中，全国有商标的家庭农场占1.18%，有三品一标的家庭农场占1.69%。

在具备三品一标的家庭农场中，拥有无公害农产品标识的占89.1%，有绿色食品认证的有6.6%，有农产品地理标识的有3.7%，有有机产品认证的有5.3%。

从抽样数据统计结果看，现阶段，家庭农场经营者市场意识、品牌意识不足，与新形势的新要求尚存在较大差距。

（二）农场生产经营者情况

本部分从家庭农场主性别、年龄、户籍、受教育程度、从业经历、家庭劳动力及雇工情况等方面，对家庭农场主基本情况及家庭农场构成进行统计分析。

1. 农场主性别

系统抽样数据中，87.8%的家庭农场主为男性，12.2%的家庭农场主为女性。其中，7个省（区、市）的男性家庭农场主占比在90%以上，分别为黑龙江省（95.60%）、江西省（92.22%）、新疆维吾尔自治区（92.12%）、内蒙古自治区（92.04%）、湖南省（91.80%）、青海省（91.40%）、吉林省（90.33%）。

2. 农场主平均年龄

系统抽样数据中，农场主的平均年龄为45.89岁。其中，农场主年龄在30岁（含）以下的家庭农场占5.27%，农场主年龄在30—40岁的家庭农场占19.13%，农场主年龄在40—50岁的家庭农场占41.68%，农场主年龄在51—60岁的家庭农场占26.66%，农场主年龄在61岁以上的家庭农场占7.26%。农场主年龄在在50岁以上的家庭农场合计占比为33.92%，而2017年公布的第三次全国农业普查数据表明全国农业就业人口55岁以上比例为33.6%。可以看出，家庭农场主的平均年龄略低于全国农业从业人员平均年龄。

3. 农场主户籍情况

如图3所示，家庭农场主主要来自本乡、本村，其中来自本村的占65.63%，来自本乡（本村及本乡外村）的占84.92%，可见家庭农场主主要从本地户籍的农民中产生。

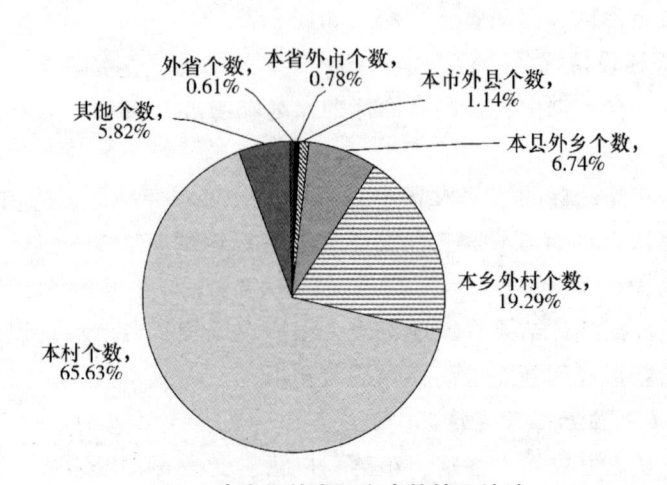

图3 庭农场的农场主户籍情况统计

4. 农场主受教育程度

农场主的受教育程度以初高中为主，如图4所示，两者的占比分别为54.58%和24.12%，合计占比为78.70%；小学及以下的仅占9.01%。

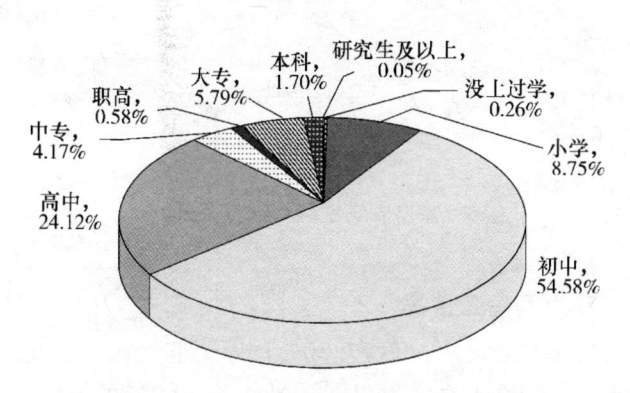

图4 家庭农场主受教育程度占比统计

但是总体上看，与2017年公布的第三次全国农业普查结果中农业生产经营人员有43.8%、规模农业经营户和农业生产经营人员有34.2%的受教育程度为小学及以下相比，已填报系统的农场主受教育程度远高于二者的平均水平。全部家庭农场、种植类、粮食类家庭农场农场主各层次受教育程度的分布情况大体一致。

此外，据系统抽样数据统计，家庭农场主的学历结构呈现出较强的地域差异性特征，东部沿海发达地区农场主的学历层次整体上要明显高于中西部地区，特别是安徽、福建、浙江、海南的大专以上文化程度的家庭农场主占比均超过15%，占比分别为26.56%、22.58%、19.14%、16.28%。

5. 农场主从业经历

根据系统抽样数据统计，中国家庭农场农场主主要来自于普通农民。如图5所示展示了家庭农场主从业经历占比情况，总体上看，48.35%的农场主都是来自于普通农民，由传统农民转变过来，有过个体投资经历的占比16.77%，有过合作社主要负责人经历的占比10.79%，有过村干部（大学生村官）经历的占比5.36%，有过进城务工返乡经历的占比4.91%，有过农机手从业经历的占比2.93%，有过企业管理层经历的仅占1.46%。

460　三　理论文章

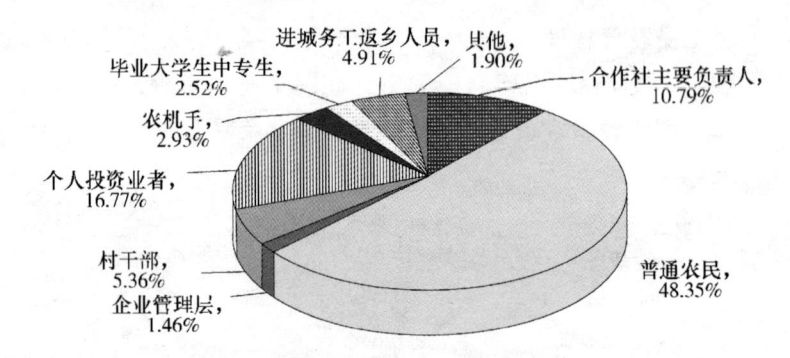

图5　家庭农场主从业经历占比统计

6. 家庭劳动力及雇工情况

根据系统抽样数据统计，有77.80%的家庭农场没有常年雇佣劳动力，5.70%的家庭农场拥有1个常年雇佣劳动力，7.60%的家庭农场拥有2个常年雇佣劳动力，2.70%的家庭农场拥有3个常年雇佣劳动力。通过以上数据可知，约93.80%的家庭农场拥有不超过3个常年雇佣劳动力。每个家庭农场投放在农场上的家庭成员人数为2—3个。

拥有常年雇工的家庭农场占比为22.20%。在拥有常年雇工的家庭农场中，常年平均雇佣1—2个劳动力。

（三）农场土地经营情况

本部分从土地经营规模、种植类家庭农场土地经营规模情况、种植类家庭农场土地细碎化程度等方面，描述家庭农场的土地经营情况。

1. 家庭农场土地经营规模

据系统抽样数据统计分析，家庭农场的平均土地经营面积为364.75亩，土地经营面积较多集中于10—1000亩，如图6所示，在这个区间内的家庭农场约占总数的87.00%，土地经营面积占全部土地经营总面积的31.50%。土地经营面积在1000亩及以上的家庭农场比重约为4.00%，但其土地经营面积却占全部土地经营总面积的58.80%。经营规模500亩以下的农场数量累计占比约91.00%，但500亩以下的农场土地经营规模总和占全部农场土地经营面积总和的比例仅为36.01%。

种植类家庭农场平均土地经营面积为264.01亩。土地经营面积在100—1000亩的家庭农场比重为64.21%。土地经营面积在1000亩及以上的家庭农场比重为3.19%，但其土地经营面积却占全部土地经营总面积的

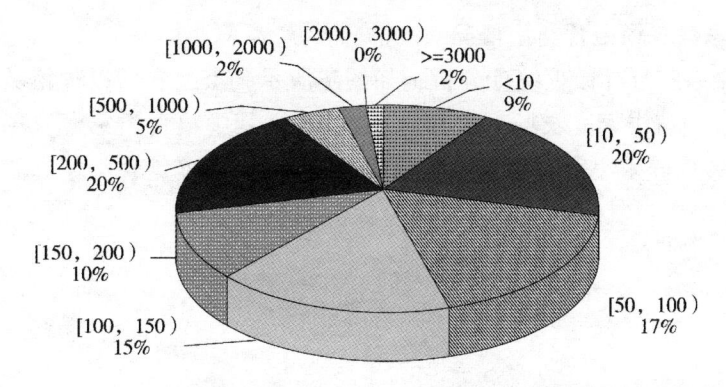

图6 家庭农场数量占比统计（根据平均经营面积统计）

28.98%。土地经营面积在50亩以下的家庭农场比重为1.87%。

粮食类家庭农场的平均土地经营面积为265.86亩。土地经营面积在100—1000亩的家庭农场比重为63.46%，土地经营面积占全部土地经营总面积的63.92%。土地经营面积在1000亩及以上的家庭农场比重为3.24%，但其土地经营面积却占全部土地经营总面积的29.26%。土地经营面积在50亩以下的家庭农场比重为1.88%。

2. 种植类家庭农场土地经营规模情况

根据系统抽样数据统计分析，9个省（区）种植类家庭农场的平均土地经营面积高于全国家水平，分别为新疆维吾尔自治区、宁夏回族自治区、黑龙江省、青海省、河南省、吉林省、湖北省、辽宁省和内蒙古自治区。其中，内蒙古自治区种植类家庭农场的平均土地经营面积最大，达1337.28亩。

3. 种植类家庭农场土地细碎化程度

种植类家庭农场，每个家庭农场平均拥有约20块耕地，块均面积约13亩。其中，重庆市、贵州省、青海省、宁夏回族自治区、广东省、甘肃省、四川省、湖北省、广西壮族自治区种植类家庭农场场均地块数在25块及以上，表明这9个省（区）种植类家庭农场所经营的土地较为分散，细碎化程度较高。粮食类家庭农场中，每个家庭农场平均拥有20—21块耕地。

（四）农场生产经营情况

本部分从农场生产经营类型、农场收入和投入资金等方面，描述家庭农场的生产经营情况。

1. 家庭农场经营类型情况

根据系统抽样数据统计分析，如图 7 所示，家庭农场以种植类家庭农场为主。种植类家庭农场占总数的 61.29%，其中粮食类家庭农场占总数的 31.8%；养殖类家庭农场占总数的 25.01%；种养结合类家庭农场占总数的 11.85%；其他类家庭农场占总数的 1.85%。

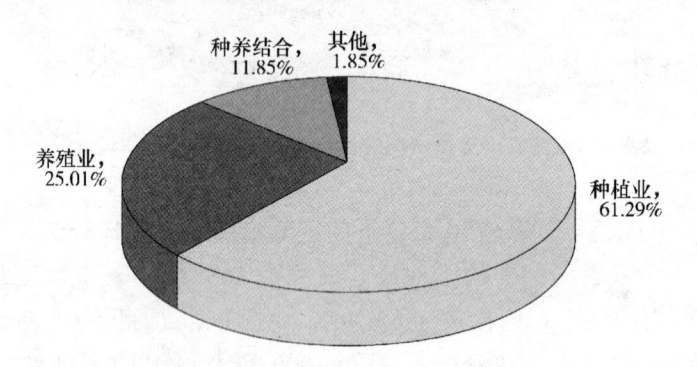

图 7　家庭农场经营类型占比统计

绝大多数省区的家庭农场同样以种植类家庭农场为主。种植类家庭农场所占比重在 80% 以上的省（市）共有 7 个，分别是河北省、黑龙江省、天津市、山东省、吉林省、辽宁省、河南省；6 个省（区）的养殖类家庭农场所占比重在 30% 以上，分别是内蒙古自治区、重庆市、青海省、云南省、四川省、江西省；11 个省的种养结合类家庭农场所占比重在 10% 以上，分别是湖北省、四川省、湖南省、甘肃省、江西省、云南省、浙江省、青海省、陕西省、辽宁省、河南省。

2. 家庭农场收入和投入资金情况

家庭农场总收入超过 20 亿元的地区包括江苏省、四川省、山东省、湖南省、内蒙古自治区和江西省 6 个省。家庭农场净利率超过 10 亿元的地区包括江苏省、四川省、山东省和湖南省。平均每个家庭农场净利率超过 20 万元的地区包括新疆维吾尔自治区、福建省、湖北省和宁夏回族自治区 4 个地区。

据抽样统计数据分析，平均每个农场农资投入 3.3 万元，生产经营服务投入 1.3 万元，产值为 13.7 万元，收入为 12.7 万元，净利润为 5.7 万元。

五 "以图管场"试点试验

为研究分析基于农村土地承包经营权确权登记颁证成果构建"以图管场"的可行性以及土地确权对土地规模经营的影响,课题组选择宁夏平罗县、浙江省湖州市吴兴区八里店镇、德清市为例,进行了典型案例研究分析。同时,鼓励各地通过家庭农场名录系统填报地块代码。

(一) 宁夏回族自治区平罗县试点

1. 平罗县农场承包地块代码填报情况统计

将系统中已填报且审核通过的137家家庭农场作为样本数据,其中105家农场完成了地块代码的填报,占平罗县所有审核通过农场的76.64%。其中,22家省级示范农场,1家市级示范农场,82家非示范农场。目前,平罗县已经整理出105家家庭农场的地块代码情况。

	行政区域	农场总数(个)	有地块信息农场 数量(个)	占农场总数比(%)
1	宁夏回族自治区	371	121	32.61%
2	银川市	405	16	3.95%
3	中卫市	452	4	.88%
4	固原市	269	0	0%
5	石嘴山市	271	117	43.17%
6	大武口区	3	0	0%
7	惠农区	16	9	56.25%
8	**平罗县**	**137**	**105**	**76.64%**
9	吴忠市	584	3	.51%

图8 确权地块代码填写情况统计(系统截图)

在平罗县试点过程中,试点实验的137家家庭农场经营总面积为8.3万亩,105个已经填报承包地块代码的家庭农场总面积为5.4万亩,经国家级承包地确权成果库核定的平罗县103个家庭农场经营地块面积约5.3万亩,相差约785.5亩,试点地区各乡镇家庭农场数量及面积占比情况如图9所示,虽然各乡镇家庭农场的系统填报经营面积占比、管理员所录入地块面积占比与国家级确权成果库核实面积占比之间存在差异,面积占比趋势相似。105个农场平均经营面积约586亩，对录入地块代码情况进行了详细追踪，家庭农场面积差异如表1所示，差异主要集中于养殖业家庭农场。过半的农场地块比较分散，流转土地来源包括承包地、开荒地等，此外还有一些养殖类的家庭农场和种养结合类家庭农场的边界范围无法准确界定，因此给填报地块代码带来一定难度，而经过核查，已填报的信息与实际农地确权成果库统计结果之间也存在一定的差异。

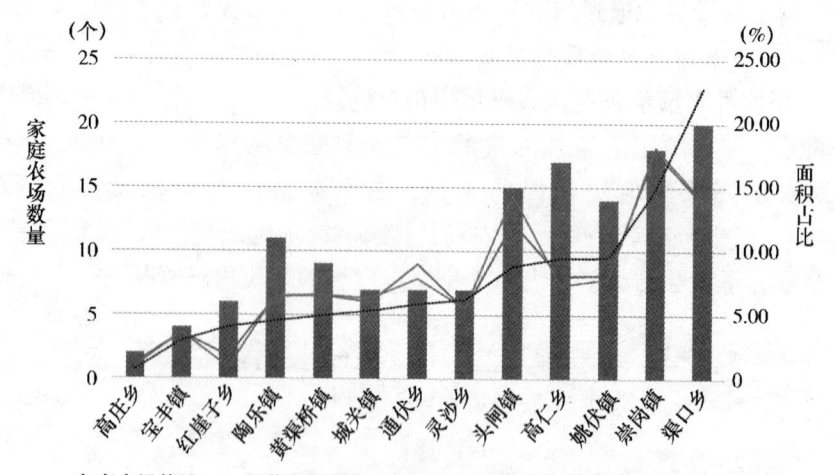

图9 试点实验各乡镇家庭农场数量及面积占比情况

表1　试点实验家庭农场面积核实情况　　　　　单位：亩

序号	乡	农场编号	经营行业	系统填报经营总面积	县级管理员录入地块面积	国家级成果库实测面积	录入地块与成果库实测面积差异	经营总面积与国家级成果库实测面积差异	导致面积差异原因
		合计		82735.90	54072.90	53286.39	786.51	29449.51	
1	城关镇(7)	农场1	种养结合	10.00	0.00	0.00	0.00	10.00	养殖业
2		农场2	种植业	1065.00	1078.00	1073.35	4.65	-8.35	
3		农场3	种植业	556.00	0.00	0.00	0.00	556.00	合同到期
4		农场4	种植业	2018.00	1396.00	1396.10	-0.10	621.90	其余622亩为荒地，未确权
5		农场5	种植业	272.80	289.00	289.76	-0.76	-16.96	
6		农场6	种植业	336.00	336.00	371.28	-35.28	-35.28	
7		农场7	种植业	160.00	160.00	229.25	-69.25	-69.25	

续表

序号	乡	农场编号	经营行业	系统填报经营总面积	县级管理员录入地块面积	国家级成果库实测面积	录入地块与成果库实测面积差异	经营总面积与国家级成果库实测面积差异	导致面积差异原因
8		农场8	养殖业	1460.00	0.00	0.00	0.00	1460.00	鱼塘（荒地没确权）
9		农场9	种植业	176.00	211.00	210.48	0.52	-34.48	
10		农场10	种植业	473.00	500.00	498.23	1.77	-25.23	
11		农场11	种植业	430.00	0.00	0.00	0.00	430.00	高速公路旁未确权
12		农场12	种植业	760.00	425.00	424.97	0.03	335.03	其余335亩为鱼塘没确权
13		农场13	种植业	110.00	100.00	100.35	-0.35	9.65	
14	姚伏镇(14)	农场14	种植业	210.00	221.00	218.08	2.92	-8.08	
15		农场15	种植业	1580.00	1525.00	1512.10	12.90	67.90	
16		农场16	种养结合	310.00	20.00	20.05	-0.05	289.95	其余290亩为鱼塘没确权
17		农场17	种植业	304.00	213.00	0.00	213.00	304.00	其余91亩国有土地，未确权
18		农场18	种植业	423.00	441.00	440.11	0.89	-17.11	
19		农场19	种植业	371.00	0.00	0.00	0.00	371.00	林场全部为国有土地，未确权
20		农场20	种植业	650.00	752.00	752.41	-0.41	-102.41	
21		农场21	养殖业	594.00	0.00	0.00	0.00	594.00	养殖业（鱼塘）
23		农场22	种植业	500.00	462.00	461.98	0.02	38.02	
24		农场23	种植业	1176.00	1207.00	1207.24	-0.24	-31.24	
25	通伏乡(7)	农场24	种植业	461.00	466.00	465.24	0.76	-4.24	
26		农场25	种植业	648.22	645.00	645.33	-0.33	2.89	
27		农场26	种植业	857.43	850.00	850.13	-0.13	7.30	
28		农场27	种植业	638.00	657.00	0.00	657.00	638.00	
		农场28	种植业	564.00	564.00	564.28	-0.28	-0.28	

续表

序号	乡	农场编号	经营行业	系统填报经营总面积	县级管理员录入地块面积	国家级成果库实测面积	录入地块与成果库实测面积差异	经营总面积与国家级成果库实测面积差异	导致面积差异原因
29	渠口乡(20)	农场29	种植业	592.40	628.00	628.18	-0.18	-35.78	
30		农场30	种植业	7300.00	0.00	0.00	0.00	7300.00	全部土地为国有土地，不确权
31		农场31	种植业	1380.00	1358.00	1358.76	-0.76	21.24	
32		农场32	种植业	1300.00	0.00	0.00	0.00	1300.00	全部土地为国有土地，不确权
33		农场33	种植业	260.00	249.00	249.91	-0.91	10.09	
34		农场34	种植业	1009.00	779.00	779.55	-0.55	229.45	230亩为荒地，未确权
35		农场35	种植业	1381.00	0.00	0.00	0.00	1381.00	流转地没有确权
36		农场36	种植业	450.00	0.00	0.00	0.00	450.00	全部土地为国有土地，不确权
37		农场37	种植业	277.97	294.00	294.30	-0.30	-16.33	
38		农场38	种植业	631.70	428.00	428.77	-0.77	202.93	转包给其他农户210亩
39		农场39	种植业	70.00	0.00	0.00	0.00	70.00	合同到期
40		农场40	种植业	260.00	257.00	257.50	-0.50	2.50	
41		农场41	种植业	529.87	530.00	530.99	-0.99	-1.12	
42		农场42	种植业	100.89	92.00	92.68	-0.68	8.21	
43		农场43	种植业	500.00	539.00	539.26	-0.26	-39.26	
44		农场44	种植业	233.00	0.00	0.00	0.00	233.00	合同到期
45		农场45	种植业	532.80	436.00	406.19	29.81	126.61	
46		农场46	种植业	586.00	408.00	408.41	-0.41	177.59	
47		农场47	种植业	551.00	551.00	535.20	15.80	15.80	
48		农场48	种植业	924.00	924.00	924.71	-0.71	-0.71	

续表

序号	乡	农场编号	经营行业	系统填报经营总面积	县级管理员录入地块面积	国家级成果库实测面积	录入地块与成果库实测面积差异	经营总面积与国家级成果库实测面积差异	导致面积差异原因
49	头闸镇(15)	农场49	种植业	372.00	163.00	154.94	8.06	217.06	209亩退包
50		农场50	种植业	555.00	200.00	201.66	-1.66	353.34	355亩为国有土地,不确权
51		农场51	种植业	227.00	222.00	222.32	-0.32	4.68	
52		农场52	种植业	518.00	414.00	412.86	1.14	105.14	转包给其他农户100亩
53		农场53	种植业	503.00	545.00	544.85	0.15	-41.85	
54		农场54	种植业	200.90	196.00	196.87	-0.87	4.03	
55		农场55	种植业	306.00	296.00	296.27	-0.27	9.73	
56		农场56	种植业	418.00	306.00	306.43	-0.43	111.57	112亩退包
57		农场57	种植业	179.00	168.00	193.80	-25.80	-14.80	
58		农场58	种植业	340.00	340.00	342.52	-2.52	-2.52	
59		农场59	种养结合	630.00	630.00	679.64	-49.64	-49.64	
60		农场60	种植业	330.00	357.00	357.09	-0.09	-27.09	
61		农场61	种植业	760.00	789.00	783.31	5.69	-23.31	
62		农场62	种养结合	452.00	452.00	452.71	-0.71	-0.71	
63		农场63	种植业	1525.00	1525.00	2525.97	-1000.97	-1000.97	
64	灵沙乡(7)	农场64	种植业	310.00	319.00	319.89	-0.89	-9.89	
65		农场65	种植业	300.00	349.00	349.76	-0.76	-49.76	
66		农场66	种植业	120.00	109.00	109.53	-0.53	10.47	
67		农场67	种植业	215.00	235.00	235.36	-0.36	-20.36	
68		农场68	种植业	1200.00	0.00	0.00	0.00	1200.00	河滩地没确权
69		农场69	种植业	1200.00	917.00	917.00	0.00	283.00	283亩为荒地,未确权
70		农场70	种植业	1785.00	1026.00	1026.80	-0.80	758.20	759亩为荒地,未确权

续表

序号	乡	农场编号	经营行业	系统填报经营总面积	县级管理员录入地块面积	国家级成果库实测面积	录入地块与成果库实测面积差异	经营总面积与国家级成果库实测面积差异	导致面积差异原因
71	宝丰镇(4)	农场71	种植业	230.00	210.00	209.55	0.45	20.45	
72		农场72	种植业	1130.00	665.00	665.26	-0.26	464.74	465亩为荒地，未确权
73		农场73	种植业	500.00	450.00	450.62	-0.62	49.38	50亩为荒地，未确权
74		农场74	种植业	600.00	600.00	603.30	-3.30	-3.30	
75	黄渠桥镇(9)	农场75	种植业	1020.00	795.00	795.72	-0.72	224.28	225亩为荒地，未确权
76		农场76	种植业	102.00	0.00	0.00	0.00	102.00	合同到期
77		农场77	种植业	708.00	730.00	730.27	-0.27	-22.27	
78		农场78	种植业	228.00	248.00	247.68	0.32	-19.68	
79		农场79	种植业	300.00	145.00	147.21	-2.21	152.79	155为国有土地，未确权
80		农场80	种植业	254.00	188.00	187.90	0.10	66.10	66亩给移民分地
81		农场81	种植业	233.40	195.00	194.87	0.13	38.53	
82		农场82	种植业	750.00	765.00	765.37	-0.37	-15.37	
83		农场83	种植业	477.00	477.00	456.97	20.03	20.03	
84	高庄乡(2)	农场84	养殖业	75.00	0.00	0.00	0.00	75.00	养殖业
85		农场85	种植业	500.00	642.00	496.85	145.15	3.15	
86	崇岗镇(18)	农场86	种植业	384.58	421.00	421.07	-0.07	-36.49	
87		农场87	种植业	300.00	335.00	334.76	0.24	-34.76	
88		农场88	种植业	712.10	0.00	0.00	0.00	712.10	全部土地为国有土地，未确权
89		农场89	种植业	170.00	163.00	163.62	-0.62	6.38	
90		农场90	种植业	715.28	707.00	706.78	0.22	8.50	
91		农场91	养殖业	218.00	0.00	0.00	0.00	218.00	养殖业。流转地没有确权
92		农场92	种植业	1090.00	1103.00	1103.66	-0.66	-13.66	
93		农场93	种植业	704.00	668.00	668.64	-0.64	35.36	
94		农场94	种植业	400.00	217.00	217.26	-0.26	182.74	183亩为荒地，未确权

续表

序号	乡	农场编号	经营行业	系统填报经营总面积	县级管理员录入地块面积	国家级成果库实测面积	录入地块与成果库实测面积差异	经营总面积与国家级成果库实测面积差异	导致面积差异原因
95		农场95	种植业	429.28	339.00	399.82	-60.82	29.46	90亩为荒地，未确权
96		农场96	种植业	550.00	577.00	577.20	-0.20	-27.20	
97		农场97	种植业	230.00	215.00	215.92	-0.92	14.08	
98		农场98	种植业	301.00	305.00	305.40	-0.40	-4.40	
99		农场99	种植业	311.18	333.00	333.45	-0.45	-22.27	
100		农场100	种植业	1024.00	1003.00	989.09	13.91	34.91	
101		农场101	种植业	500.00	0.00	0.00	0.00	500.00	合同到期退出
102		农场102	种植业	2300.00	1964.00	1964.50	-0.50	335.50	
103		农场103	种植业	1900.00	1290.00	1290.45	-0.45	609.55	
104		农场104	种植业	242.00	246.00	246.06	-0.06	-4.06	
105		农场105	种植业	1173.00	1181.00	1181.47	-0.47	-8.47	
106		农场106	种植业	241.00	260.00	260.60	-0.60	-19.60	
107	陶乐镇(11)	农场107	种植业	60.00	0.00	0.00	0.00	60.00	集体土地没确权
108		农场108	种植业	120.00	0.00	0.00	0.00	120.00	全部土地为国有土地，未确权
109		农场109	种植业	100.00	0.00	0.00	0.00	100.00	全部土地为国有土地，未确权
110		农场110	种植业	320.00	290.00	290.37	-0.37	29.63	
111		农场111	种植业	530.00	511.00	511.64	-0.64	18.36	
112		农场112	种植业	564.20	573.00	573.90	-0.90	-9.70	
113		农场113	种植业	380.00	375.00	374.84	0.16	5.16	
114		农场114	种养结合	40.00	40.00	40.29	-0.29	-0.29	

续表

序号	乡	农场编号	经营行业	系统填报经营总面积	县级管理员录入地块面积	国家级成果库实测面积	录入地块与成果库实测面积差异	经营总面积与国家级成果库实测面积差异	导致面积差异原因
115	高仁乡(17)	农场115	种养结合	710.00	0.00	0.00	0.00	710.00	养殖业（流转地属于国有土地）
116		农场116	种植业	402.00	158.00	158.32	-0.32	243.68	244亩为河滩地，未确权
117		农场117	种植业	400.00	391.00	390.68	0.32	9.32	
118		农场118	种养结合	250.00	0.00	0.00	0.00	250.00	养殖业自己开垦地没确权
119		农场119	种植业	300.00	0.00	0.00	0.00	300.00	全部土地为国有土地，未确权
120		农场120	种植业	103.00	111.00	111.09	-0.09	-8.09	
121		农场121	种植业	703.00	204.00	204.50	-0.50	498.50	499亩为河滩地，未确权
122		农场122	种植业	600.00	0.00	0.00	0.00	600.00	全部土地为国有土地，未确权
123		农场123	种植业	480.00	485.00	484.52	0.48	-4.52	
124		农场124	种植业	436.00	438.00	438.84	-0.84	-2.84	
125		农场125	种植业	223.00	222.00	222.30	-0.30	0.70	
126		农场126	种养结合	420.00	0.00	0.00	0.00	420.00	养殖业河滩地没确权
127		农场127	种植业	224.00	0.00	0.00	0.00	224.00	全部土地为河滩地，未确权
128		农场128	种养结合	150.00	0.00	0.00	0.00	150.00	合同到期
129		农场129	种植业	1200.00	1200.00	772.56	427.44	427.44	
130		农场130	种植业	530.00	428.00	409.20	18.80	120.80	
131		农场131	种植业	700.00	722.00	722.30	-0.30	-22.30	

续表

序号	乡	农场编号	经营行业	系统填报经营总面积	县级管理员录入地块面积	国家级成果库实测面积	录入地块与成果库实测面积差异	经营总面积与国家级成果库实测面积差异	导致面积差异原因
132	红崖子乡（6）	农场132	种植业	220.00	220.00	119.46	100.54	100.54	
133		农场133	种养结合	2000.00	0.00	0.00	0.00	2000.00	国有土地没确权
134		农场134	种植业	420.00	0.00	0.00	0.00	420.00	国有土地没确权
135		农场135	种植业	200.00	200.00	220.43	-20.43	-20.43	
136		农场136	种植业	218.90	218.90	115.12	103.78	103.78	
137		农场137	种植业	300.00	300.00	0.00	300.00	300.00	

在此次试点实验中，发现家庭农场集中连片程度情况不同，如图10和图11所示，浅灰色边界代表承包地块，灰色边界代表家庭农场实际经营边界。通过农场主指认地图、将土地流出方代表姓名与确权成果数据库中承包方代表姓名进行匹配等方式可以较精准地找到集中连片经营的家庭

图10 土地集中连片经营农场样例

图 11 土地分散经营农场样例

农场所流转土地的面积进而核查家庭农场经营面积。因此集中连片的家庭农场，特别是集中连片的种植类家庭农场的地块代码采集工作相对轻松且准确性较高。而相较之下，对农场主而言，通过地图指认较分散的承包地块存在一定困难，容易在信息采集时出现误差（或错误），影响数据的准确性。

2. 平罗县示范家庭农场流转合同扫描件采集情况

在平罗县经管站协助下，采集了 23 个家庭农场流转合同扫描件，包括：20 家省级示范农场，1 家市级示范农场，2 家非示范农场。目前，平罗县流转合同均填写了流转面积，大多数流转合同中没有填写承包地块代码，这是导致农场主无法在系统中填报地块代码重要因素之一。

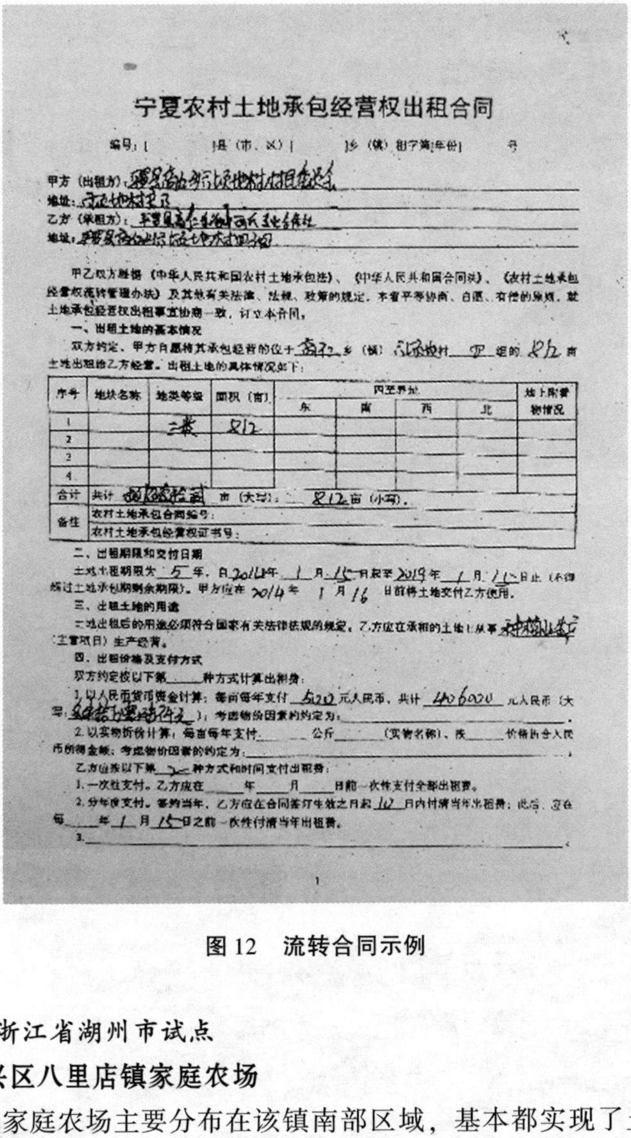

图12 流转合同示例

(二) 浙江省湖州市试点
1. 吴兴区八里店镇家庭农场

八里镇家庭农场主要分布在该镇南部区域，基本都实现了土地集中连片、规模经营。通过将确权地块信息、土地流转信息与家庭农场经营信息进行关联，得到如图13、图14、图15所示的八里店镇家庭农场土地流转经营期限、土地用途和土地流转价格等情况。

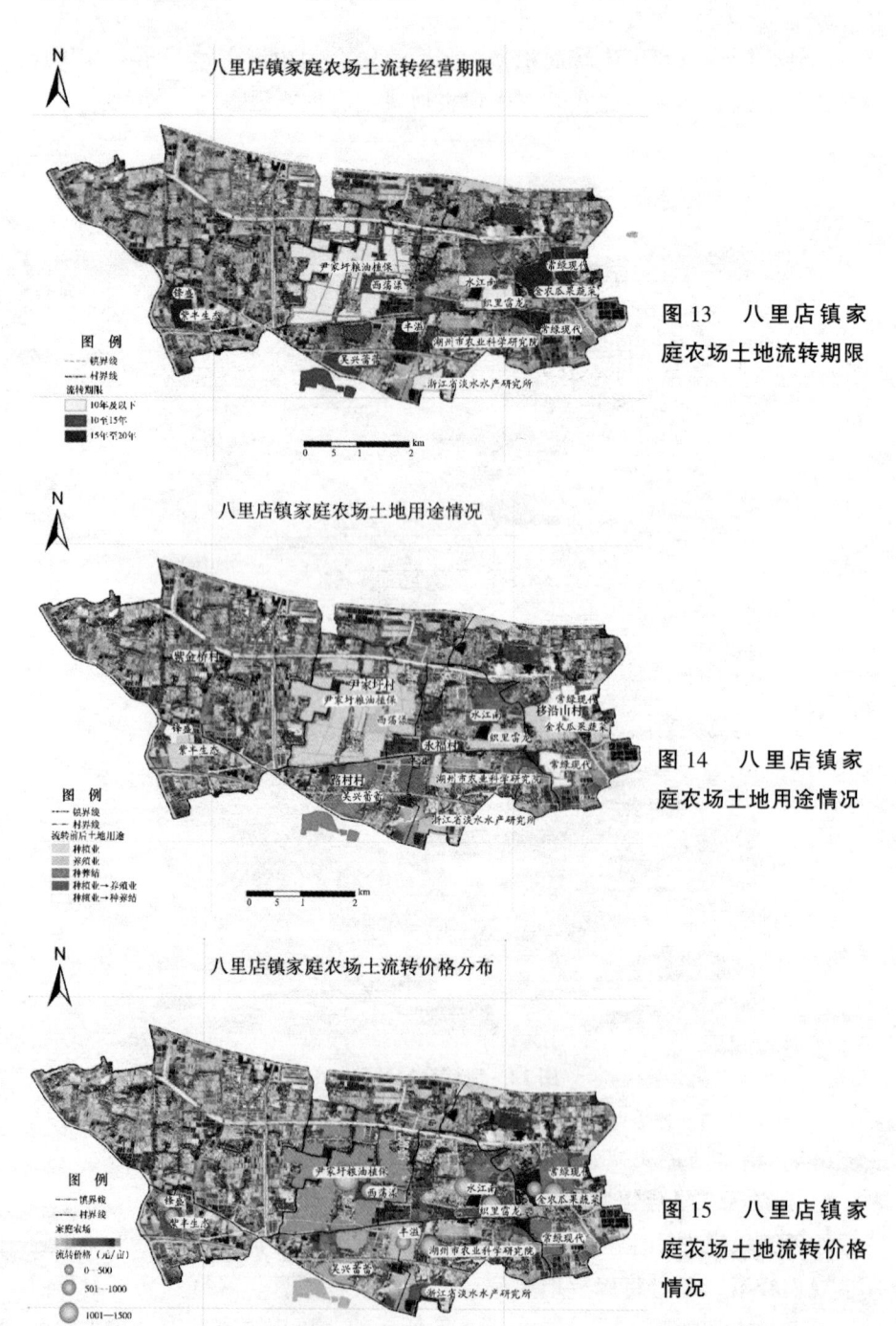

图13 八里店镇家庭农场土地流转期限

图14 八里店镇家庭农场土地用途情况

图15 八里店镇家庭农场土地流转价格情况

2. 吴兴尹家圩粮油植保农机专业合作社

尹家圩村集体土地面积共计2266.3亩，共有432个承包农户、983个承包地块，块均经营面积2.31亩。截至本课题研究结束时，尹家圩村土地流转率已超过99.28%，流转的2250亩全部都交由8个家庭农场经营，并全部打破田埂，实行土地集中连片、规模化经营。这8个家庭农场共同组成了尹家圩粮油植保农机专业合作社，实现病虫害绿色防控和统防统治、统一机械化耕种、种养循环，农业投入品废弃物回收利用、秸秆资源化利用，有效降低了耕种成本，提高了经济效益。

其中，银堂家庭农场在尹家圩村流转土地面积175亩，涉及81个承包农户、82个承包地块；经平整后，分成15个大地块，单块土地平均经营面积11.39亩，是传统承包农户的5.35倍。

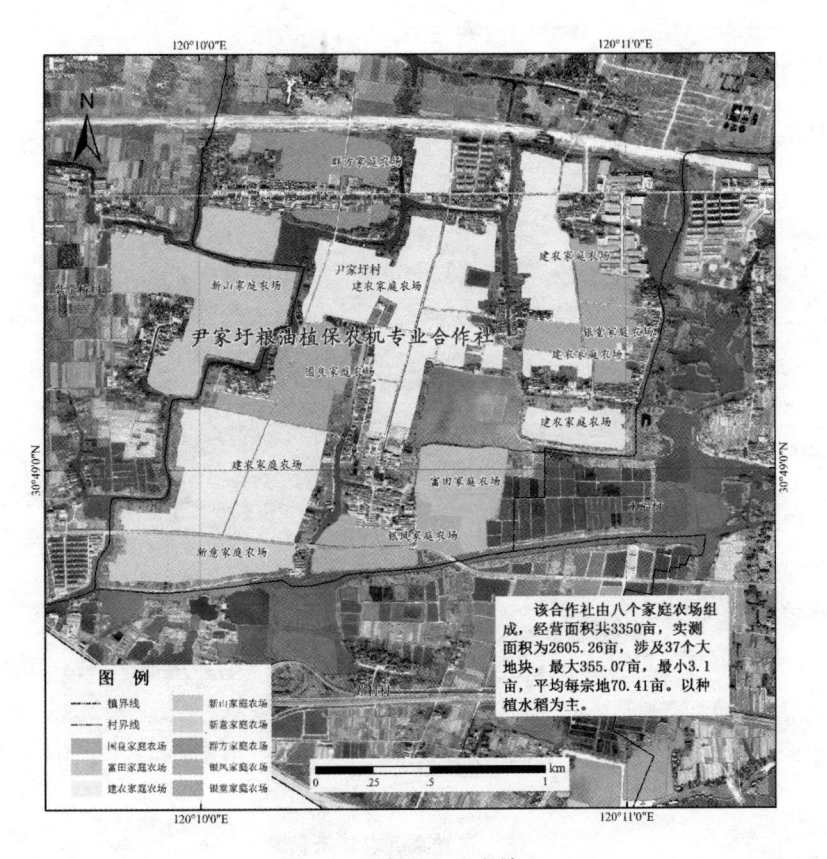

图16　家庭农场分布情况

476　三　理论文章

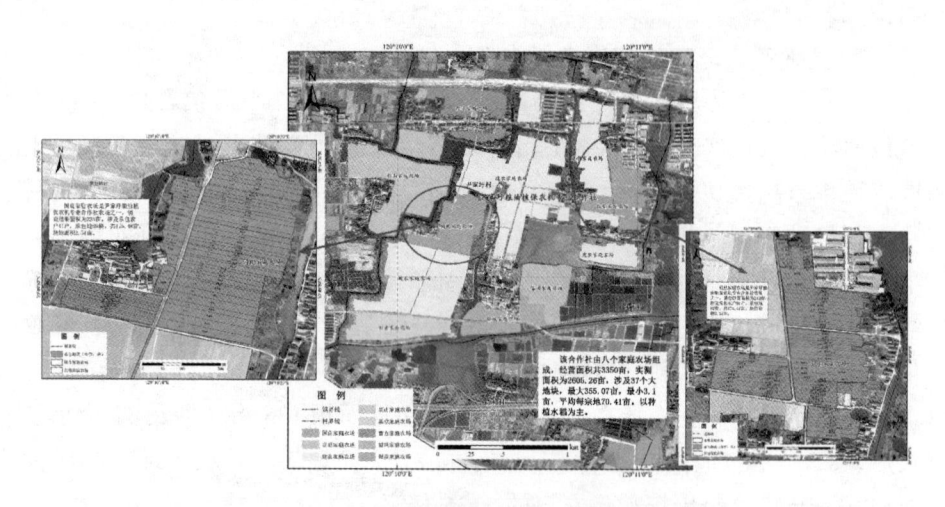

图 17　银堂家庭农场位置示意图

图 18　银堂家庭农场示意图

（三）国家级农村土地承包经营权信息应用平台家庭农场应用案例

根据在宁夏平罗县、浙江湖州、德清等地的试点试验，结合确权成果数据库中地块图形和属性信息，完成了确权信息应用平台家庭农场应用案例的原型开发。从技术层面实现了确权空间信息、承包经营权信息与家庭农场名录信息的关联，实现了"以农场查地""以地查经营权"的功能，系统功能截图如图19所示。

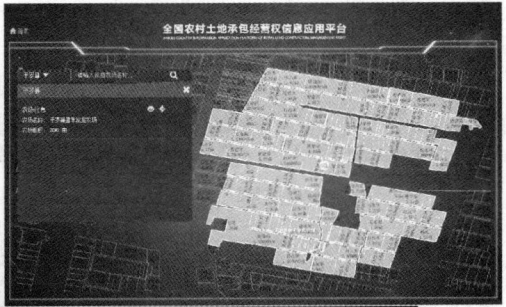

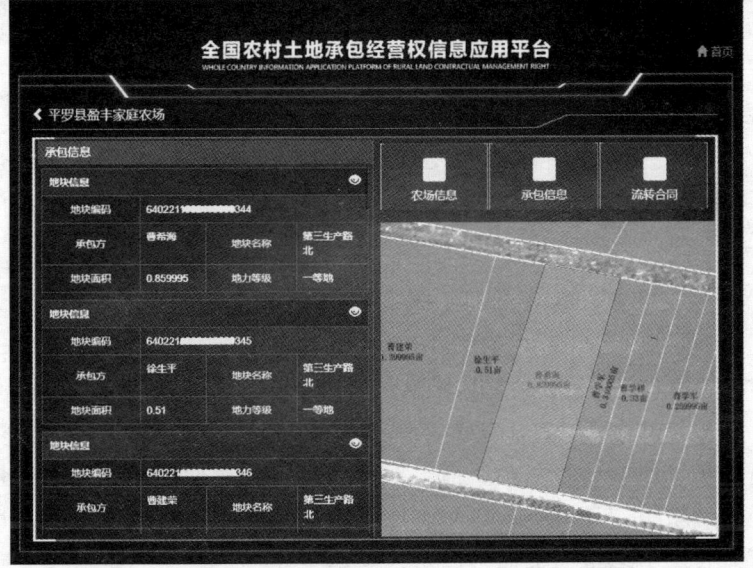

图19　信息应用平台家庭农场应用案例原型系统效果图

（四）地块代码系统填报情况分析

全国范围内，农场名录系统中填报了确权地块代码的农场数量并不多。根据平罗县调研以及农场名录客服反馈情况，分为以下几个方面：**第**

一，农场成立时间早于土地确权完成时间，导致农场主确实不知道已流转的土地的地块代码；第二，有些地方确权完成但是受限于信息更新周期缓慢、业务部门数据不共享、基层办公信息化条件较差等原因，农场主/农经人员并不能及时准确地掌握到农场具体流转的地块代码信息；第三，基层人力资源有限而农经工作量超负荷，导致地方农场主/农经人员在农耕或收获季节没有耐心填报过于琐碎的各类信息，缺少填报动力；第四，限于试点实验时，一些地方确权登记颁证进度稍慢，不利于确权地块代码的获取；第五，根据平罗县的实地调研了解到，农场主和农经人员对地图判读的能力较弱，即便通过识图指认了地块，也不能十分确认所填写的地块代码信息。

（五）未确权土地影响地块代码填报完整性

在试点试验过程中，受限于土地确权仍在进行中，发现在系统所收集的地块代码存在一些未确权、没有地块代码的土地等问题，需要妥善解决。以宁夏平罗县为例，经核查，105个在农场名录系统中填报地块代码的农场，其填报的经营面积与国家级农村土地承包经营权确权登记颁证数据库中对应地块面积基本相符的有86家，其中17家的部分地块有部分面积没有确权；完全无法对应的有24家，其经营土地主要是开荒地、河滩地。此外，有一些农场计划扩大经营面积。浙江省德清市新市镇也存在5000多亩的家庭农场经营土地暂时没有调查确权、没有地块代码的问题。

六 存在问题和有关建议

从统计数据看，2017年更新录入农场名录系统的家庭农场数据只占全国家庭农场总数的1/4，存在大量的家庭农场尚未进入农场名录系统。从农场名录系统使用和实地调研情况看，原因是多方面的，一是现阶段要求农场经营者填报信息很多，占用农场经营者大量时间。激励政策不明确的情况下，农场主填报积极性不高。二是不少农场主年龄较大、文化程度不高、不会利用手机或电脑填报。三是一些地方经管人员缺乏人员代报，或者不会填报。

1. **建议开展新型农业经营主体信息"最多报一次"试点**。积极贯彻落实2017年《政府工作报告》"最多跑一次"精神，选择积极性高的浙江等地，探索构建新型农业经营主体名录系统，推行新型农业经营主体信息

"最多报一次"试点，妥善解决当前各类部门要求家庭农场等新型农业经营主体重复填报信息的问题，大幅度减少新型农业经营主体的工作量，提高填报信息的准确性。

2. **建议引导扶持家庭农场向集中连片经营发展**。从国内外经验看，集中连片经营有利于提高土地利用率、机械化水平、农产品品质和产量，降低生产成本。目前，国家鼓励引导新型农业经营主体发展适度规模经营，更多地是从数量上进行规范、引导，对于规模经营主体是否实现集中连片经营，释放的激励政策信号不明朗，建议今后制定政策时予以考虑。

3. **建议制修订土地流转合同示范文本时，将地块代码列为必选项**，允许填报承包地块代码、"两区"划定地块代码。

4. **建议扶持政策向填报农场名录系统积极的省份、地市和直报农场主倾斜，打造示范模范效应**。在培训方面，加强对基层经管部门和农场主开展三品一标、种养循环等方面的培训力度，引导家庭农场率先走质量兴农、品牌强农的路径。

5. **建议建立农村土地流转管理系统，与名录系统进行数据互补**。家庭农场经营土地每年都会有不同程度的变化，凭借农场主个人能力去采集流转土地的地块代码可能性非常小，就会导致名录系统中家庭农场地块代码登记一次后不会根据实际情况发生变化，长期的信息不更新，系统中地块代码存在的意义就不大。通过建立农村土地流转管理系统，将流转土地的家庭农场名称、工商注册号和流转地块编码准确登记，名录系统可以直接从农村土地流转管理系统中采集家庭农场地块信息，减轻农场主采集地块的负担，减轻农经部门管理负担，也极大提高了地块代码采集的准确性，定期通过与流转系统的数据比对，将名录系统中"土地信息"中的"承包地块"指标及数据采集做到及时自动更新。

附：

课题主持人
胡华浪　农业农村部规划设计研究院农业资源监测站　副站长、高级工程师

课题组成员
张儒侠　农业农村部规划设计研究院农业资源监测站　工程师
张欣欣　农业农村部规划设计研究院农业资源监测站　工程师

刘志军　宁夏回族自治区农村经济经营管理站　　站长
谈晓昀　宁夏回族自治区农村经济经营管理站　　科长、高级农经师
马莉莉　宁夏回族自治区农村经济经营管理站　　副站长、农经师
王　云　平罗县农村合作经济经营管理站　　站长、高级农艺师
刘长青　灵武市农村合作经济经营管理站　　副站长、农经师
李宏阳　平罗县农村合作经济经营管理站　　工程师

四 政策文件

中共中央办公厅 国务院办公厅印发《关于加快构建政策体系培育新型农业经营主体的意见》的通知

（中办发〔2017〕38号）

各省、自治区、直辖市党委和人民政府，中央和国家机关各部位，解放军各大单位、中央军委机关各部门，各人民团体：

《关于加快构建政策体系培育新型农业经营主体的意见》已经中央领导同志同意，现印发给你们，请结合实际认真贯彻落实。

中共中央办公厅
国务院办公厅
2017年5月18日

关于加快构建政策体系
培育新型农业经营主体的意见

在坚持家庭承包经营基础上，培育从事农业生产和服务的新型农业经营主体是关系我国农业现代化的重大战略。加快培育新型农业经营主体，加快形成以农户家庭经营为基础、合作与联合为纽带、社会化服务为支撑的立体式复合型现代农业经营体系，对于推进农业供给侧结构性改革、引领农业适度规模经营发展、带动农民就业增收、增强农业农村发展新动能具有十分重要的意义。为加快构建政策体系，引导新型农业经营主体健康发展，现提出如下意见。

一、总体要求

（一）指导思想。全面贯彻党的十八大和十八届三中、四中、五中、六中全会精神，深入贯彻习近平总书记系列重要讲话精神和治国理政新理念新思想新战略，认真落实党中央、国务院决策部署，紧紧围绕统筹推进"五位一体"总体布局和协调推进"四个全面"战略布局，牢固树立和贯彻落实新发展理念，围绕帮助农民、提高农民、富裕农民，加快培育新型农业经营主体，综合运用多种政策工具，与农业产业政策结合、与脱贫攻坚政策结合，形成比较完备的政策扶持体系，引导新型农业经营主体提升规模经营水平、完善利益分享机制，更好发挥带动农民进入市场、增加收入、建设现代农业的引领作用。

（二）基本原则

——坚持基本制度。坚持农村土地集体所有，坚持家庭经营基础性地位。既支持新型农业经营主体发展，又不忽视普通农户尤其是贫困农户，发挥新型农业经营主体对普通农户的辐射带动作用，推进家庭经营、集体经营、合作经营、企业经营共同发展。

——坚持市场导向。发挥市场在资源配置中的决定性作用和更好发挥政府作用。运用市场的办法推进生产要素向新型农业经营主体优化配置，发挥政策引导作用，优化存量、倾斜增量，撬动更多社会资本投向农业，既扶优扶强、又不"垒大户"，既积极支持、又不搞"大呼隆"，为新型农业经营主体发展创造公平的市场环境。

——坚持因地制宜。充分发挥农民首创精神，鼓励各地积极探索，不断创新经营组织形式，不断创设扶持政策措施，重点支持新型农业经营主体发展绿色农业、生态农业、循环农业，率先实施标准化生产、品牌化营销、一二三产业融合，走产出高效、产品安全、资源节约、环境友好的发展道路。

——坚持落地见效。明确政策实施主体，健全政策执行评估机制，发挥政府督查和社会舆论监督作用，形成齐抓共促合力，确保政策措施落到实处。

（三）主要目标。到 2020 年，基本形成与世界贸易组织规则相衔接、与国家财力增长相适应的投入稳定增长机制和政策落实与绩效评估机制，构建框架完整、措施精准、机制有效的政策支持体系，不断提升新型农业经营主体适应市场能力和带动农民增收致富能力，进一步提高农业质量效益，促进现代农业发展。

二、发挥政策对新型农业经营主体发展的引导作用

（四）引导新型农业经营主体多元融合发展。支持发展规模适度的农户家庭农场和种养大户。鼓励农民以土地、林权、资金、劳动、技术、产品为纽带，开展多种形式的合作与联合，积极发展生产、供销、信用"三位一体"综合合作，依法组建农民合作社联合社。支持农业产业化龙头企业和农民合作社开展农产品加工流通和社会化服务，带动农户发展规模经营。培育多元化农业服务主体，探索建立农技指导、信用评价、保险推广、产品营销于一体的公益性、综合性农业公共服务组织。大力发展农机作业、统防统治、集中育秧、加工储存等生产性服务组织。发挥供销、农垦等系统的优势，强化为农民服务。促进各类新型农业经营主体融合发展，培育和发展农业产业化联合体，鼓励建立产业协会和产业联盟。

（五）引导新型农业经营主体多路径提升规模经营水平。鼓励农民按

照依法自愿有偿原则，通过流转土地经营权，提升土地适度规模经营水平。支持新型农业经营主体带动普通农户连片种植、规模饲养，并提供专业服务和生产托管等全程化服务，提升农业服务规模水平。引导新型农业经营主体集群集聚发展，参与粮食生产功能区、重要农产品生产保护区、特色农产品优势区以及现代农业产业园、农业科技园、农业产业化示范基地等建设，促进农业专业化布局、规模化生产。支持新型农业经营主体建设形成一批一村一品、一县一业等特色优势产业和乡村旅游基地，提高产业整体规模效益。

（六）引导新型农业经营主体多模式完善利益分享机制。引导和支持新型农业经营主体发展新产业新业态，扩大就业容量，吸纳农户脱贫致富。总结土地经营权入股农业产业化经营试点经验，推广"保底收益+按股分红"等模式。进一步完善订单带动、利润返还、股份合作等新型农业经营主体与农户的利益联结机制，让农民成为现代农业发展的参与者、受益者，防止被挤出、受损害。支持龙头企业与农户共同设立风险保障金。探索建立政府扶持资金既帮助新型农业经营主体提升竞争力，又增强其带动农户发展能力，让更多农户分享政策红利的有效机制。鼓励地方将新型农业经营主体带动农户数量和成效作为相关财政支农资金和项目审批、验收的重要参考依据。允许将财政资金特别是扶贫资金量化到农村集体经济组织和农户后，以自愿入股方式投入新型农业经营主体，让农户共享发展收益。

（七）引导新型农业经营主体多形式提高发展质量。鼓励农户家庭农场使用规范的生产记录和财务收支记录，提升标准化生产和经营管理水平。引导农民合作社依照章程加强民主管理、民主监督，发挥成员积极性，共同办好合作社。鼓励龙头企业通过兼并重组，建立现代企业制度，加大科技创新，优化产品结构，强化品牌建设，提升农产品质量安全水平和市场竞争力。鼓励各类社会化服务组织按照生产作业标准或服务标准，提高服务质量水平。深入推进示范家庭农场、农民合作社示范社、农业产业化示范基地、农业示范服务组织、一村一品示范村镇创建，发挥示范带动作用。

三、建立健全支持新型农业经营主体发展政策体系

（八）**完善财政税收政策**。加大新型农业经营主体发展支持力度，针

对不同主体，综合采用直接补贴、政府购买服务、定向委托、以奖代补等方式，增强补贴政策的针对性实效性。农机具购置补贴等政策要向新型农业经营主体倾斜。支持新型农业经营主体发展加工流通、直供直销、休闲农业等，实现农村一二三产业融合发展。扩大政府购买农业公益性服务机制创新试点，支持符合条件的经营性服务组织开展公益性服务，建立健全规范程序和监督管理机制。鼓励有条件的地方通过政府购买服务，支持社会化服务组织开展农林牧渔和水利等生产性服务。支持新型农业经营主体打造服务平台，为周边农户提供公共服务。鼓励龙头企业加大研发投入，支持符合条件的龙头企业创建农业高新技术企业。支持地方扩大农产品加工企业进项税额核定扣除试点行业范围，完善农产品初加工所得税优惠目录。落实农民合作社税收优惠政策。

（九）**加强基础设施建设**。各级财政支持的各类小型项目，优先安排农村集体经济组织、农民合作组织等作为建设管护主体，强化农民参与和全程监督。鼓励推广政府和社会资本合作模式，支持新型农业经营主体和工商资本投资土地整治和高标准农田建设。鼓励新型农业经营主体合建或与农村集体经济组织共建仓储烘干、晾晒场、保鲜库、农机库棚等农业设施。支持龙头企业建立与加工能力相配套的原料基地。统筹规划建设农村物流设施，重点支持一村一品示范村镇和农民合作社示范社建设电商平台基础设施，逐步带动形成以县、乡、村、社为支撑的农村物流网络体系。新型农业经营主体所用生产设施、附属设施和配套设施用地，符合国家有关规定的，按农用地管理。各县（市、区、旗）根据实际情况，在年度建设用地指标中优先安排新型农业经营主体建设配套辅助设施，并按规定减免相关税费。对新型农业经营主体发展较快、用地集约且需求大的地区，适度增加年度新增建设用地指标。通过城乡建设用地增减挂钩节余的用地指标，优先支持新型农业经营主体开展生产经营。允许新型农业经营主体依法依规盘活现有农村集体建设用地发展新产业。新型农业经营主体发展农产品初加工用电执行农业生产电价。推进农业水价综合改革，建立农业用水精准补贴机制和节水奖励机制，在完善水价形成机制的基础上，对符合条件的新型农业经营主体给予奖补。

（十）**改善金融信贷服务**。综合运用税收、奖补等政策，鼓励金融机构创新产品和服务，加大对新型农业经营主体、农村产业融合发展的信贷支持。建立健全全国农业信贷担保体系，确保对从事粮食生产和农业适度规模经营的新型农业经营主体的农业信贷担保余额不得低于总担保规模的70%。支持龙头企业为其带动的农户、家庭农场和农民合作社提供贷款担保。有条件的地方可建立市场化林权收储机构，为林业生产贷款提供林权收储担保的机构给予风险补偿。稳步推进农村承包土地经营权和农民住房财产权抵押贷款试点，探索开展粮食生产规模经营主体营销贷款和大型农机具融资租赁试点，积极推动厂房、生产大棚、渔船、大型农机具、农田水利设施产权抵押贷款和生产订单、农业保单融资。鼓励发展新型农村合作金融，稳步扩大农民合作社内部信用合作试点。建立新型农业经营主体生产经营直报系统，点对点对接信贷、保险和补贴等服务，探索建立新型农业经营主体信用评价体系，对符合条件的灵活确定贷款期限，简化审批流程，对正常生产经营、信用等级高的可以实行贷款优先等措施。积极引导互联网金融、产业资本依法依规开展农村金融服务。

（十一）**扩大保险支持范围**。鼓励地方建立政府相关部门与农业保险机构数据共享机制。在粮食主产省开展适度规模经营农户大灾保险试点，调整部分财政救灾资金予以支持，提高保险覆盖面和理赔标准。落实农业保险保额覆盖直接物化成本，创新"基本险+附加险"产品，实现主要粮食作物保障水平涵盖地租成本和劳动力成本。推广农房、农机具、设施农业、渔业、制种保险等业务。积极开展天气指数保险、农产品价格和收入保险、"保险+期货"、农田水利设施保险、贷款保证保险等试点。研究出台对地方特色优势农产品保险的中央财政以奖代补政策。逐步建立专业化农业保险机构队伍，提高保险机构为农服务水平，简化业务流程，搞好理赔服务。支持保险机构对龙头企业到海外投资农业提供投融资保险服务。扩大保险资金支农融资试点。稳步开展农民互助合作保险试点，鼓励有条件的地方积极探索符合实际的互助合作保险模式。完善农业再保险体系和大灾风险分散机制，为农业保险提供持续稳定的再保险保障。

（十二）**鼓励拓展营销市场**。支持新型农业经营主体参与产销对接活动和在城市社区设立直销店（点）。落实鲜活农产品运输绿色通道、免征蔬菜流通环节增值税和支持批发市场建设等政策。鼓励有条件的地方对新型农业经营主体申请并获得专利、"三品一标"认证、品牌创建等给予适当奖励。加快实施"互联网+"现代农业行动，支持新型农业经营主体带动农户应用农业物联网和电子商务。采取降低入场费用和促销费用等措施，支持新型农业经营主体入驻电子商务平台。实施信息进村入户入社工程，建立农业信息监测分析预警体系，为新型农业经营主体提供市场信息服务。组织开展农民手机应用技能培训，提高新型农业经营主体和农民发展生产的能力。

（十三）支持人才培养引进。依托新型职业农民培育工程，整合各渠道培训资金资源，实施现代青年农场主培养计划、农村实用人才带头人培训计划以及新型农业经营主体带头人轮训计划，力争到"十三五"时期末轮训一遍，培养更多爱农业、懂技术、善经营的新型职业农民。办好农业职业教育，鼓励新型农业经营主体带头人通过"半农半读"、线上线下等多种形式就地就近接受职业教育，积极参加职业技能培训和技能鉴定。鼓励有条件的地方通过奖补等方式，引进各类职业经理人，提高农业经营管理水平。将新型农业经营主体列入高校毕业生"三支一扶"计划、大学生村官计划服务岗位的拓展范围。鼓励农民工、大中专毕业生、退伍军人、科技人员等返乡下乡创办领办新型农业经营主体。深入推行科技特派员制度，鼓励科研人员到农民合作社、龙头企业任职兼职，完善知识产权入股、参与分红等激励机制。建立产业专家帮扶和农技人员对口联系制度，发挥好县乡农民合作社辅导员的指导作用。

四、健全政策落实机制

（十四）加强组织领导。地方各级党委和政府要高度重视培育和发展新型农业经营主体，抓紧制定符合当地实际的具体措施和实施意见，加强对扶持政策落实的督促指导。各有关部门要加强协作配合，形成工作合力，结合各自职责抓好贯彻落实。要加强农村经营管理体系建设，鼓励各地采取安排专兼职人员、招收大学生村官等多种途径，充实基层经营管理工作力量，保障必要工作条件，确保支持新型农业经营主体发展的各项工作抓细抓实。

（十五）搞好服务指导。加强调查研究，及时掌握新型农业经营主体发展的新情况新问题，宣传政策，搞好服务，促进其健康发展。完善家庭农场认定办法，落实农民合作社年度报告公示制度，开展重点龙头企业运行监测。鼓励有条件的地方建立新型农业经营主体名录并向社会公布，探索建立新型农业经营主体会计代理和财务审计制度，引导新型农业经营主体规范运行。

（十六）狠抓考核督查。将落实培育新型农业经营主体政策情况纳入工作绩效考核，并建立科学的政策绩效评估监督机制。畅通社会监督渠道，适时开展督查，对政策落实到位的地方和部门予以表扬，对工作不力的予以督促整改。进一步建立和完善新型农业经营主体统计调查、监测分析和定期发布制度。

（十七）强化法制保障。加快推进农村金融立法工作，确保农村改革与立法衔接。切实维护新型农业经营主体的合法权益，引导其诚信守法生产经营，为新型农业经营主体健康发展提供法制保障。